GW00362455

prisma
miniwoordenboek

Engels – Nederlands
Nederlands – Engels

In de reeks Prisma miniwoordenboeken zijn verschenen:

Afrikaans
Deens
Duits
Engels
Fins
Frans
Fries
Italiaans
Kroatisch en Servisch
Latijns-Amerikaans Spaans
Nederlandse Gebarentaal
Nieuwgrieks
Noors
Pools
Portugees
Slowaaks
Spaans
Tsjechisch
Turks
Zweeds

prisma
miniwoordenboek

Engels – Nederlands
Nederlands – Engels

Prisma Woordenboeken en Taaluitgaven
Postbus 2073
3500 GB Utrecht
www.prisma.nl

Leiding en eindredactie:
Hanny Demeersseman

Redactie:
Ingo Mackintosh
Piet Vermeer

Omslagontwerp: K. Hoeve, Amsterdam
Zetwerk: Logic Use, Amsterdam
Druk: L.E.G.O., Italië
Eenendertigste druk: 2006
Eerder verschenen als Kramers Woordenboek Engels

ISBN-10: 90 274 9225 5
ISBN-13: 978 90 274 9225 8
NUR 627

Inhoudsopgave

Lijst van gebruikte afkortingen

~	=	herhaling trefwoord
[de]	=	niet-onzijdig Nederlands zelfstandig naamwoord
[het]	=	onzijdig Nederlands zelfstandig naamwoord
Amer	=	Amerikaans
bez vnw	=	bezittelijk voornaamwoord
bijw	=	bijwoord
bn	=	bijvoeglijk naamwoord
Br	=	Brits
comp	=	computer
cul	=	culinair
elektr	=	elektriciteit
fig	=	figuurlijk
fotogr	=	fotografie
gemeenz	=	gemeenzaam
jur	=	juridisch
kaartsp	=	kaartspel
luchtv	=	luchtvaart
med	=	medisch
mil	=	militair
muz	=	muziek
mv	=	meervoud
onoverg	=	onovergankelijk
overg	=	overgankelijk
pers vnw	=	persoonlijk voornaamwoord
recht	=	rechtspraak
rk	=	rooms-katholiek
rtv	=	radio en televisie
sbd	=	somebody
scheepv	=	scheepvaart
scheik	=	scheikunde
sth	=	something
sp	=	sport, spel
taalk	=	taalkunde
telw	=	telwoord
tsw	=	tussenwerpsel
univ	=	universiteit
v	=	vrouwelijk
vnw	=	voornaamwoord

voegw	=	voegwoord
vz	=	voorzetsel
wisk	=	wiskunde
ww	=	werkwoord
ZA	=	Zuid-Afrikaans
zn	=	zelfstandig naamwoord

Engels – Nederlands

A

A prima, uitmuntend (op rapport)
A.A. = 1 *Automobile Association* (soort ANWB in Engeland) • 2 *Alcoholics Anonymous*, Anonieme Alcoholisten
a, an een • per
aback terug, achteruit • *to be taken ~*, verbluft staan, geschokt zijn
abandon verlaten, opgeven • *~ oneself*, zich overgeven (aan)
abandonment overgave • staking, het opgeven • verlatenheid
abashed beschaamd
abate verminderen, lenigen
abatement vermindering, korting
abbey abdij
abbot abt
abbr. = *abbreviation*, afkorting
abbreviation afkorting
abdicate afstand doen
abdomen onderbuik
abduction ontvoering
aberration afdwaling, afwijking
abet ophitsen, aanzetten
abeyance *in ~*, vacant, opgeschort • *keep in ~*, in reserve houden
abhor verfoeien, verafschuwen
abhorrence afgrijzen
abide (abided; abided) uitstaan, harden • *~ by*, zich houden aan
ability bekwaamheid • kunnen
abject verachtelijk, laag
abjure afzweren

ablaze in lichterlaaie
able bekwaam • *be ~*, kunnen
able-bodied sterk en gezond
abnormal abnormaal
abnormality abnormaliteit, onregelmatigheid
aboard aan boord • *go ~*, embarkeren • *all ~!* instappen!
abode verblijfplaats
abolish afschaffen
abolition afschaffing
abominable afschuwelijk
aborigines *mv* Aboriginals
abort aborteren • stopzetten
abortion abortus • mislukking
abortive mislukt • vruchteloos
abound overvloeien van
about ongeveer • omheen, rondom • bij • betreffende • *be ~ to*, op 't punt staan om
about-face ommezwaai
above boven, meer dan • omhoog • *~ all*, vooral
above-board eerlijk
above-mentioned bovenvermeld
abrasion ontvelling
abreast naast elkaar • *keep ~ of*, op de hoogte blijven van
abridge af-, be-, verkorten
abroad van huis, buitenslands • in omloop
abrogate afschaffen
abrupt bruusk • plotseling
abscess abces, gezwel
abscond er vandoor gaan
absence afwezigheid
absent afwezig
absent-minded verstrooid
absolute(ly) *bn bijw* absoluut, volstrekt • onbeperkt
absolution vrijspraak

absolve vrijspreken • de absolutie geven
absorb opnemen, opslurpen
absorption opname
abstain zich onthouden
abstinence onthouding
abstract abstract • *zn* abstract kunstwerk • uittreksel • *ww* uitnemen, onttrekken
abstracted absent, afgeleid, in gedachten
abstraction abstractie
abstruse duister, ondoorzichtig
absurd ongerijmd, dwaas
absurdity ongerijmdheid • dwaasheid
abundance overvloed
abundant overvloedig
abuse *zn* misbruik, belediging, misstand • *ww* misbruiken, beledigen
abusive wreed, gewelddadig • grof, beledigend
A.C. *alternating current*, wisselstroom
academic(al) academisch
academy academie • school
accede (to) aanvaarden, toetreden
accelerate versnellen, bespoedigen
acceleration versnelling • bespoediging
accelerator gaspedaal
accent accent • klemtoon
accentuate nadruk leggen op
accept accepteren, aannemen
acceptable acceptabel
acceptance ontvangst, accept
access toegang
accession toetreding

accessory bijkomend • medeplichtig • *zn* accessoire
accident ongeluk • toeval
accidental *bn* toevallig • bijkomstig • bij toeval
acclamation bijval, applaus
accommodate schikken • onderdak schenken • aanpassen • bijleggen
accommodating inschikkelijk
accommodation aanpassing • plaats, ruimte • onderdak
accompaniment begeleiding
accompany begeleiden • vergezellen
accomplice medeplichtige
accomplish volbrengen
accomplished talentvol
accomplishment voltooiing • prestatie • talent
accord overeenstemming • *of one's own ~*, spontaan • *ww* toestaan, verlenen • (overeen)stemmen
accordance overeenstemming
accordingly dienovereenkomstig, dus
according to overeenkomstig, volgens • naar gelang, dat...
accost aanspreken
account rekening • rekenschap • verslag • *of no ~*, onbeduidend • *ww* rekenen • *~for*, rekenschap geven van • voor zijn rekening nemen
accountable verantwoordelijk
accountant boekhouder • *chartered ~*, accountant
account current rekening-courant
account number

rekeningnummer
accoutrement toebehoren, spullen
accredit officieel aannemen, accrediteren
accrue aangroeien
accumulation ophoping
accurate nauwkeurig, stipt
accusation beschuldiging
accuse beschuldigen
accused beklaagde
accustom gewennen
accustomed gewoon
ace aas • uitblinker
acerbity wrange humor
ache *zn* pijn • *ww* pijn doen
achieve volbrengen, presteren
achievement verrichting, prestatie • wapenfeit
Achilles tendon achillespees
acid zuur, scherp
acidity zuurheid
acknowledg(e)ment erkentenis • erkenning • erkentelijkheid • ontvangstbevestiging
acknowledge er-, bekennen • berichten
acme toppunt, glanspunt
acorn eikel
acquaint (with) bekend maken (met)
acquaintance bekendheid, kennis • bekende
acquiesce toestemmen
acquire verkrijgen
acquisition aanschaffing, verwerving
acquit vrijspreken • ontslaan • ~ *oneself,* zich kwijten van
acquittal vrijspraak
acre oppervlaktemaat van ±

0,4047 ha
acrid wrang • bitter
acrimonious scherp, bits
across dwars, kruiselings • aan (naar) de overkant • *to run ~,* tegen het lijf lopen
across the street overkant (aan de -)
act *zn* handeling • akte • bedrijf (toneelstuk) • *ww* handelen, opvoeren, acteren
action handeling, daad, actie • werking • gevecht
active werkzaam, bedrijvig
activity werkzaamheid • activiteit
actor toneelspeler
actress toneelspeelster
actual werkelijk, feitelijk
actuality werkelijkheid
actuate in beweging brengen
acumen scherpzinnigheid
acute scherp, scherpzinnig • acuut, hevig
A.D. *Anno Domini* in het jaar des Heren
adapt aanpassen, bewerken
adaptation aanpassing, bewerking
adapter adapter
add bijvoegen, optellen
addict verslaafde
addition bij-, toevoeging • optelling
additional extra, bijkomend
addle in de war brengen • ~ *brained* warhoofdig
address *zn* adres • toespraak • *ww* adresseren, aan-, toespreken • (zich) wenden tot • adres
addressee geadresseerde
adduce aanvoeren (bv. redenen)

add up optellen (plus)

adept ervaren • *zn* ingewijde

adequate voldoende • doelmatig, geschikt

adhere aanhangen • gedragen naar

adherent aanhanger

adhesion aankleving • adhesie

adhesive tape plakband

adjacent aangrenzend

adjoin grenzen aan

adjourn uitstellen, verdagen

adjournment uitstel

adjudge verklaren

adjunct toevoegsel, aanhangsel • assistent • *(gram)* bepaling

adjust regelen, in orde brengen, instellen, aanpassen

adjustment aanpassing

adjutant adjudant

administer beheren • toedienen

administration bestuur, beheer

administrator beheerder, administrateur

admirable bewonderenswaardig

admiral admiraal

admiration bewondering

admire bewonderen

admissible toelaatbaar

admission toelating, entree, toegang • *~fee*, toegangsprijs

admission number toegangsnummer

admit toelaten, aannemen • toegeven

admittance toegang, toelating • *no ~*, verboden toegang

admonish vermanen

admonitory vermanend

ado *without further ~*, zonder verder oponthoud

adolescent *bn* opgroeiend • *zn* puber

adopt aannemen • adopteren

adoptive aangenomen • *~ parents*, pleegouders

adoration aanbidding

adore aanbidden

adorn versieren, tooien

adrift drijvend, vlot

adroit behendig, handig

adult volwassene • *bn* volwassen

adulteration geknoei, geprutst

adultery overspel, echtbreuk

advance vordering, voortgang • voorschot • *in ~*, bij voorbaat • *ww* vorderen • vooruitbrengen, verhaasten • bevorderen • voorschieten • vooruitkomen

advancement bevordering

advantage voordeel

advantageous voordelig

adventure *zn* avontuur • *ww* op avontuur gaan

adventurer avonturier

adventurous gewaagd • avontuurlijk

adverb bijwoord

adversary tegenstander

adverse vijandig, negatief

adversity tegenspoed

advert letten op

advertise aankondigen • adverteren • te koop lopen met

advertisement advertentie

advice raad, advies

advisable raadzaam

advise aanraden • berichten

advisedly welberaden

adviser adviseur

advocate *zn* verdediger
• voorstander • *ww* bepleiten
• voorstaan
aerial *bn* lucht- • bovengronds
• *zn* antenne
aerodrome klein vliegveld
aeronautics ontwerp en bouw
van vliegtuigen
aeroplane vliegtuig
aerosol spuitbus
aesthetics esthetica
afar ver, in de verte
affable vriendelijk, minzaam
affair zaak • (buitenechtelijke)
verhouding
affect werken op, beïnvloeden,
aandoen, bewegen • veinzen
affectation gemaaktheid
affected gemaakt, geveinsd
affection toegenegenheid
affectionate liefhebbend,
toegenegen
affiliation aansluiting, connectie,
band • filiaal
affinity affiniteit, verwantschap
affirm bevestigen, bekrachtigen
affirmative *bn* bevestigend • *zn*
bevestiging
affix *ww* aanhechten • *zn*
achtervoegsel
afflict bedroeven, kwellen,
teisteren
affliction droefheid, kwelling
affluence overvloed, weelde
affluent rijk, welvarend
afford verschaffen • veroorloven
affront belediging • *ww*
beledigen
afield *far* ~ ver weg
afire in brand
aflame in brand, vlammend, in

lichterlaaie
afloat vlot, drijvend
afoot te voet
aforesaid voornoemd
afraid bevreesd, bang • *be* ~
bang zijn
afresh opnieuw, wederom
African Afrikaan(s)
after daarna, later, nadat, na
after all per slot van rekening,
toch (nog)
after-care nazorg
aftermath gevolgen *mv*, nasleep
afternoon middag, namiddag
• *in the* ~ 's middags
aftershave aftershave
afterward(s) naderhand
again weer, opnieuw • ~ *and* ~
telkens weer, herhaaldelijk
against tegen, aan
age leeftijd • ouderdom • tijdperk
• eeuw • *to (be) come of* ~,
meerderjarig worden • *under*
~, minderjarig
aged oud, bejaard
agency agentschap • bureau
• bemiddeling
agenda agenda (v. vergadering)
agent geheim agent • middel
agglomeration opeenhoping
aggravate verergeren
aggressive agressief • strijdlustig
aggrieved gekrenkt
aghast ontzet, verbijsterd
agile rap, vlug • intelligent
agility vlugheid, rapheid
agitation beroering, onrust
agitator opruier
ago geleden • *a week* ~, een
week geleden
agonize worstelen, zichzelf

kwellen
agony kwelling, marteling
agree overeenkomen
• toestemmen • het eens
worden • ~d!, akkoord!
agreeable aangenaam
• overeenkomstig
agreement afspraak (akkoord),
overeenkomst, verdrag
• vergelijk
agriculture landbouw
aground aan de grond, gestrand
ahead vooruit, voorwaarts
aid hulp • first ~, eerste hulp (bij
ongelukken) • ww helpen,
bijstaan
AIDS aids
ail schelen, schorten
ailing ziekelijk • verzwakt
aim streven, doel • ww mikken • ~
at, streven naar
air lucht • melodie • by ~, per
vliegtuig • ww luchten
• uitzenden
airbase luchtbasis
airbed luchtbed
airborne lucht(landings-)
air-conditioned met lucht die
constant op eenzelfde
vochtigheidsgraad en
temperatuur wordt gehouden
air-conditioning airconditioning
air-cooled luchtgekoeld
aircraft vliegtuig(en) (mv)
aircraft carrier
vliegtuigmoederschip
air filter luchtfilter
air force luchtmacht
air hostess luchtstewardess
airily luchtig
airing 't ventileren • take an ~,

een luchtje scheppen
airline lucht(vaart)lijn
airliner passagiersvliegtuig
airmail luchtpost
airplane vliegtuig
airport vliegveld
airport tax luchthavenbelasting
air pump luchtpomp
air raid luchtaanval
air sick luchtziek
air sick(ness) luchtziek(te)
airstrip landingsstrook
airtight luchtdicht
airway luchtvaartlijn
airways ademhalingsstelsel
airy ruim, luchtig • luchthartig
aisle zijbeuk (v. kerk) • pad
Aix-la-Chapelle Aken
ajar op een kier, half open
akimbo in de zij(den)
akin verwant
alacrity bereidvaardigheid
• levendigheid, opgewektheid
alarm zn alarm • wekker • schrik,
verontrusting • ww alarmeren,
verontrusten
alarm clock wekker
alarming verontrustend
alas helaas!
album album, plaat
alcohol alcohol
alcoholic alcoholisch
alcove alkoof
alder elzenboom
alderman wethouder, schepen
ale bier
alert bn waakzaam, vlug • zn
alarm • be on the ~, op zijn
hoede zijn
alibi alibi
alien vreemd, buitenlands

alienate vervreemden
alight aangestoken, brandend • *ww* uitstappen, landen
alike gelijk, eender, evenzeer
alimentary voedend • ~ *canal* spijsverteringskanaal
alimony alimentatie
alive levend, levendig • krioelend (van)
all al(le), geheel, gans, allemaal • ~ *but*, nagenoeg, bijna • ~ *of us*, wij allen • ~ *the better*, des te beter • ~ *over*, geheel en al • *at* ~, over het geheel genomen • *not at* ~, in het geheel niet • *after* ~, per slot van rekening
all clear veilig signaal na luchtalarm • toestemming
allege aanhalen, beweren
allegiance trouw
allegory zinnebeeldige voorstelling, allegorie
allergic allergisch *(to* voor)
alleviate verzachten
alley steeg • laan • doorgang
alliance verbond
all-in alles inbegrepen
allocation toewijzing
allotment aandeel • toewijzing • perceel, volkstuintje
allow toestaan, veroorloven • erkennen
allowance toelage, vergoeding • *make* ~ *for*, in aanmerking nemen
alloy gehalte
all right alles in orde! begrepen!
all-round veelzijdig, volleerd, van alle markten thuis
All Saints' Day Allerheiligen

All Souls' Day Allerzielen
all the time steeds
allude zinspelen, doelen op
allure allure, aantrekkingskracht
allurement verlokking
allusion zinspeling
alluvium aanslibbing, aangeslibd land
ally *zn* bondgenoot • *ww* (zich) verbinden • *the Allied forces*, de geallieerden
almanac almanak
almighty almachtig • *the Almighty*, de Almachtige
almond amandel
almost bijna
alms aalmoes
aloft omhoog, boven, in de lucht
alone alleen • eenzaam
along langs, voort, door • ~ *with*, samen met • *take* ~, meenemen
alongside langszij • naast
aloof afzijdig • gereserveerd • afstandelijk
aloud hardop
alphabetical alfabetisch
Alps (the) de Alpen *mv*
already al, reeds
also ook, eveneens, bovendien
altar altaar
alter veranderen, wijzigen
alterable veranderlijk
alteration verandering
altercation twist
alternate *bn* afwisselend • *ww* (elkaar) afwisselen • *on* ~ *days*, om de andere dag
alternating current wisselstroom
alternative alternatief, keus (uit twee)

alternator dynamo
although (al)hoewel, ofschoon
altitude hoogte
altogether over het geheel
 • helemaal, volkomen
always altijd
a.m. = *ante meridiem*, vóór de
 middag, 's ochtends
am *I am* ik ben
amalgamate fuseren • mengen
amass ophopen, verzamelen
amateur amateur
amaze verbazen
amazement verbazing
ambassador ambassadeur,
 afgezant
amber amber, barnsteen
ambiguity dubbelzinnigheid
ambition aspiratie • eerzucht
ambitious ambitieus • eerzuchtig
 • groots
ambulance ambulance,
 ziekenwagen, ziekenauto
ambush hinderlaag
ameliorate verbeteren
amendment verbetering
 • amendement
amends *make ~* goedmaken
amenities faciliteiten
America; U.S.A. Amerika
amiable beminnelijk, vriendelijk
amicable vriendschappelijk
amid(st) te midden van
amiss verkeerd, mis
amity vriendschap, vrede
ammunition munitie
amnesty amnestie
amok *run ~*, amok maken
among(st) onder, tussen
amorous hartstochtelijk
amount som • bedrag,

hoeveelheid • *ww* bedragen
amphetamines *mv* wekaminen
 mv, pepmiddelen *mv*
amphibian amfibie
 • amfibievliegtuig
ample wijd, ruim, breed(voerig)
amplification uitbreiding • *rtv*
 versterking
amplifier geluidsversterker
amplitude omvang
 • geluidssterkte
amputate amputeren
amuse vermaken
amusement vermaak, tijdverdrijf
amusement park pretpark
an een (vóór klinker)
anaemia bloedarmoede
anaesthesia narcose, verdoving
analogous overeenkomstig
analogy overeenkomst
analysis ontleding
anathema ban, vloek
anatomy ontleedkunde,
 anatomie
ancestor voorvader
ancestry voorvaderen *mv*
anchor anker
anchorage ankerplaats,
 ankergeld
anchovy ansjovis
ancient oud • klassiek
anciently eertijds, in vroegere
 tijden
ancillary ondergeschikt, hulp
 • bijkomend
and en
and so on (etc.) enzovoort (enz.)
anew opnieuw
angel engel
anger boosheid, woede
angle hoek • *fig* gezichtspunt

angler visser
Anglican Anglicaans
angling hengelsport
angry kwaad (boos)
anguish angst, pijn, leed
animal *zn* dier • *bn* dierlijk
animate *ww* bezielen • *bn* levend
animated bezield, levendig,
opgewekt
animation bezieling
• enthousiasme
• tekenfilm(kunst)
animator vervaardiger van
tekenfilms
animosity verbittering, wrok
anise anijs
ankle enkel (van voet)
annals *mv* jaarboeken,
geschiedboeken *mv*
annex *ww* aanhechten,
bijvoegen • *zn* bijlage
• dependance
annexation bijvoeging,
aanhechting • annexatie
annihilate vernietigen
anniversary verjaardag, jaarfeest
annotation aantekening
announce aankondigen
announcement mededeling
announcer *(rtv)* omroeper
annoy ergeren, hinderen • *to be
annoyed*, zich ergeren, boos
zijn
annoyance ergernis • last
annoying lastig, hinderlijk,
vervelend
annual jaarlijks • éénjarig
annuity annuïteit
annul ongeldig, nietig verklaren
annunciation verkondiging
• *Annunciation (day)*, Maria

Boodschap
anomalous afwijkend
anomaly afwijking,
onregelmatigheid
anon. = *anonymous*, anoniem
another een ander • nog een
answer antwoord • *ww*
antwoorden • zich
verantwoorden wegens • ~ *the
door*, opendoen • antwoord
answerable verantwoordelijk
answering machine
antwoordapparaat
ant mier
antagonist tegenstander
Antarctic zuidpool
antecedent *bn* voorafgaand • *zn*
voorganger
antediluvian van voor de
zondvloed, zeer oud
• ouderwets
antelope antilope
antenna antenne, voelhoorn
anterior voorste
anthem koorzang, lofzang
• *national* ~, volkslied
anthology bloemlezing
anthracite antraciet
antibody antistof
anticipate vooruitlopen op
• verwachten
anticipation afwachting • *in* ~ *of*,
in afwachting van
anticorrosive *bn zn* roestwerend
(middel)
antidote tegengif
anti-freeze antivries
antipathy antipathie, aversie
antipodean uit, betreffende
Australië en Nieuw-Zeeland
antiquarian oudheidkundige,

antiquaar, antiquair • bn
oudheidkundig

antique zn antiquiteit • bn
ouderwets

antiques antiek

antiquity Oudheid • ouderdom

antithesis antithese,
tegenstelling

Antwerp Antwerpen

anus anus

anvil aambeeld

anxiety benauwdheid, zorg
• verlangen

anxious bezorgd • verlangend

any enig • een, iemand • nog
• ~one, ~body, iemand, een
ieder

anyhow hoe 't ook zij

anything iets • alles • ~ but, alles
behalve

anyway hoe dan ook

anywhere ergens • overal

A.P. = Associated Press

apace snel, vlug

apart afzonderlijk • ~from,
afgezien van

apartment appartement • ~
building, ~ house, flatgebouw

apathetic ongevoelig, lusteloos

apathy ongevoeligheid,
lusteloosheid

ape ww na-apen • zn mensaap
• na-aper

aperitif aperitief

aperture opening

apex punt, top

apiece het stuk, per stuk

apologies excuses

apologize zich verontschuldigen

apology verontschuldiging
• verdediging

apoplexy beroerte • woede

apostasy afvalligheid

apostate afvallige

apostle apostel

apostrophe apostrofteken

appal verschrikken, ontstellen

apparatus toestel, apparaat
• gereedschappen • organen
mv

apparent blijkbaar

apparition (geest)verschijning

appeal zn beroep, appel • ~ for
mercy, verzoek om gratie
• aantrekkingskracht • ww een
beroep doen op • appelleren
• aantrekken

appear verschijnen • schijnen

appearance verschijning, schijn
• to keep up ~s, de schijn
ophouden

appease kalmeren, sussen,
lessen, stillen

appendectomy
blindedarmoperatie

appendix blindedarm
• toevoegsel

appertain toebehoren

appetite eetlust, trek • begeerte

applaud toejuichen,
applaudisseren

applause toejuiching, applaus

apple appel

apple juice appelsap

apple pie appeltaart • in ~ order,
in de puntjes

apple sauce appelmoes

appliance toepassing • toestel

applicable toepasselijk

applicant sollicitant

application gebruik, toepassing
• vlijt, ijver • sollicitatie • ~

form, aanvraagformulier
• computerprogramma

apply gebruiken, toepassen
• aanbrengen • ~ *to*, zich
wenden tot • ~ *for*, aanvragen

appoint bepalen • benoemen,
aanstellen

appointment bepaling, afspraak
• beschikking • benoeming • *by
appointment*, volgens afspraak
• *by ~ to his (her) Majesty*,
hofleverancier

apposition *(gram)* bijstelling

appraisal schatting, waardering

appraise schatten

appreciate waarderen
• begrippen hebben voor • in
prijs doen stijgen

apprehend aanhouden,
gevangen nemen • bevatten,
begrijpen • vrezen

apprehension gevangenneming
• begrip • vrees

apprentice leerjongen

apprenticeship leertijd

apprise kennis geven van

approach *zn* (be)nadering,
toegang • aanpak • *ww*
(be)naderen, gelijken

approbation goedkeuring • *on ~*,
op zicht

appropriate geschikt, bestemd
• *ww* toe-eigenen • bestemmen

approval goedkeuring,
instemming • *on ~*, op zicht

approve goedkeuren

approximate *ww* naderen,
naderbij brengen • benaderen
• *bijw* bij benadering

après-ski après-ski

apricot abrikoos

April april

April Fool's Day de eerste april

apron schort

apt bekwaam, geschikt

aptitude geschiktheid,
bekwaamheid

aquatic water-

aqueduct waterleiding

Arab Arabier • Arabisch

arbiter (scheids)rechter

arbitrary willekeurig

arbitration arbitrage

arbour prieel

arc boog (v. cirkel)

arcade winkelgalerij, booggang

arch *zn* boog • *ww* welven

archaeology archeologie

archaic verouderd

archbishop aartsbisschop

archipelago archipel

architect architect

architecture bouwkunde

archives *mv* archief

archway boog, gewelfde gang

Arctic noordelijk • noordpool-

ardent vurig, hartstochtelijk

ardour hitte, ijver, vuur, passie

arduous steil • moeilijk

are *we, you* ~ wij zijn, jij, jullie, u
bent

area oppervlakte • open plek,
streek, gebied, terrein

Argentine Argentijns • *the ~*,
Argentinië

argue betwisten, redeneren
• ruzie maken

argument bewijsgrond,
argument • discussie • ruzie

arid dor • bar

aridity dorheid, droogte

arise (arose; arisen) ontstaan,

opstaan
aristocracy aristocratie
arithmetic rekenkunde
ark ark • *fig* toevluchtsoord
arm arm • tak • wapen • ~*s*, wapenschild • *ww* (be)wapenen
armament(s) bewapening • wapenwedloop
armature wapenrusting • bewapening • anker
armchair leun(ing)stoel
armistice wapenstilstand
armour wapenrusting • *ww* pantseren
armpit oksel
army leger
aroma geur
arose zie *arise*
around rondom
arouse opwekken
arrange (rang)schikken • afspreken, tot een vergelijk komen
arrangement schikking, regeling • akkoord
arrant doortrapt, verstokt
array verzameling • rangschikking • *ww* (rang)schikken • tooien
arrest *zn* arrest • arrestatie • *ww* tegenhouden • arresteren • fascineren
arrival aankomst
arrive aankomen • gebeuren • er komen
arrogant aanmatigend
arrow pijl
arsenic rattenkruit
arson brandstichting
art kunst

arterial road hoofdverkeersweg
arteriosclerosis aderverkalking
artery slagader
artful listig, handig • elegant
article lidwoord • artikel
articulate duidelijk uitspreken • uitdrukken • *bn* gearticuleerd
artifice kunstgreep, list
artificial kunstmatig, kunst- • ~ *teeth*, valse tanden
artillery artillerie
artisan handwerksman
artist kunstenaar, kunstenares
artistic artistiek
artless ongekunsteld, naïef
as aangezien, daar • zo als, gelijk • ~ *for*, ~ *to*, wat betreft • ~ *soon* ~, zodra als • ~ *though*, ~ *if*, alsof • ~ *yet*, nog
ascend opstijgen, (op)klimmen • beklimmen
ascendancy overwicht, invloed, prestige
ascendant opgaand • *zn* ascendant
ascension bestijging • Hemelvaart
Ascension Day Hemelvaartsdag
ascertain nagaan, vaststellen
ascribe toeschrijven • aanhangen
aseptic steriel
ash es(boom) • as
ashamed beschaamd
ashes *mv* as
ashore aan land, aan wal • *washed* ~, gestrand
ashtray asbakje
Asia Azië
Asian Aziatisch
aside ter zijde, op zij
as if alsof

ask verzoeken (vragen)

askew scheef, schuin

asleep in slaap

asparagus asperge

aspect aspect, (onder)deel
• voorkomen • aanblik
• gezichtspunt

asphyxiate doen stikken, verstikken

aspiration streven, aspiratie

aspire streven, trachten

aspirin aspirine

ass ezel • kont

assail aanvallen

assailant aanvaller

assassin politieke moordenaar

assassinate vermoorden

assault aanvallen, -randen • *zn* aanval, storm • *by ~* stormenderhand • *sexual ~* aanranding

assay proef, toets • *ww* toetsen, keuren

assemble samenkomen
• monteren

assembly vergadering • *~line* lopende band

assent toestemming • *ww* toestemmen, instemmen

assert handhaven • beweren, verklaren

assertion bewering • verklaring

assertive assertief

assess evalueren • schatten

assessment evaluatie • schatting

assets *mv* activa *mv* • bezit

asshole kont,gat

assiduity ijver, naarstigheid

assiduous ijverig, naarstig

assign aanwijzen, bestemmen

assignation rendez-vous

assimilate gelijk maken
• opnemen, assimileren

assist helpen • bijwonen

assistance bijstand, hulp

assistant helper, assistent

assize rechtszitting

associate metgezel, compagnon, collega • *ww* in verband brengen met • *~ with* omgaan met

association vereniging

assort uitzoeken, sorteren • bij elkaar passen

assortment sortering

assuage verzachten, lenigen

assuasive verzachtend

assume aannemen, aanvaarden
• zich aanmatigen

assumption aanneming, onderstelling • *A~*, Maria-Hemelvaart

assurance verzekering
• zelfvertrouwen • assurantie

assure verzekeren

assured zeker, stellig
• zelfverzekerd

aster aster

asterisk sterretje (*)

astern achterin, achteruit (v. schip)

asthma astma

astonish verbazen, verwonderen

astonishment verbazing

astounding(ly) *bn bijw* verbazingwekkend

astray *go ~*, spoorloos raken
• *lead ~*, misleiden

astride schrijlings, wijdbeens

astringent *bn* stelpmiddel

astrology astrologie

astronomy sterrenkunde

astute scherpzinnig, sluw
asunder middendoor
asylum asiel, toevluchtsoord
• gesticht • *apply for ~*, asiel
aanvragen
at tot, te, in, van, bij, aan, naar,
om, over • *~first*, eerst • *~ the
very first*, in het begin
• *~present*, nu • *~ most*, op zijn
meest • *~ length*, eindelijk
ate zie *eat*
athlete atleet
athletic atletisch • *~s*, atletiek
atlas atlas
atmosphere sfeer • atmosfeer
atom atoom
atom bomb atoombom
atomic energy atoomenergie
atomizer verstuiver
atone boeten
atonement boete • verzoening
atop boven op
atrocious afgrijselijk
atrocity wandaad
atrophy uittering
attach vastmaken, hechten
attachment verbinding
• verknochtheid • beslaglegging
• accessoire (v. apparaat,
machine)
attack aanval
attain bereiken, verkrijgen
attempt *zn* poging • *ww*
trachten
attend vergezellen • bijwonen • *~
to*, aandacht schenken aan
• verplegen
attendance aanwezigheid
• bediening • geleide, gevolg
attendant *zn* bediende • oppasser
• *bn* dienstdoend • begeleidend

attention oplettendheid,
aandacht
attentive(ly) aandachtig
attenuate *ww* verdunnen, dun
worden • verzwakken,
reduceren • *bn* dun
attest betuigen, getuigen
attestation attest • getuigschrift
attic zolder(kamer)
attire uitdossen, optooien • *zn*
kleding
attitude houding • *~ of mind*,
denkwijze
attorney procureur • *Attorney
General*, procureur-generaal
attract aantrekken
attraction aantrekkelijkheid
• aantrekkingskracht
• (toeristische) attractie
attractive aantrekkelijk
attractiveness
aantrekkingskracht
attribute toeschrijven
auburn goud-, kastanjebruin
auction veiling
audacious gedurfd, gewaagd
audacity gewaagdheid
audible hoorbaar
audience publiek • audiëntie
auditor toehoorder • accountant
auditory *zn* gehoorzaal
• toehoorders *mv* • *bn* hoor-
augment vermeerderen,
verhogen
augmentation vermeerdering,
verhoging
August augustus
august verheven, hoog
aunt tante
auspices steun, auspiciën
auspicious gunstig

austere streng, sober
Australia Australië
Austria Oostenrijk
authentic(al) echt, authentiek
author schrijver, auteur,
  bedenker
authority gezag, macht • *from
(on) good* ~ uit goede bron
authorization machtiging
automobile auto(mobiel)
autumn herfst
auxiliary hulp- • *zn* helper
  • hulptroep
avail baat, nut • *ww* baten • ~
oneself of benutten
available aanwezig, beschikbaar,
  voorradig • geldig
avalanche lawine
avarice gierigheid
avaricious gierig
avenge wreken
avenue wijze, methode • *Amer*
  brede boulevard of straat
aver betuigen, verzekeren
average *bn* gemiddeld • *zn*
  gemiddelde • *ww* gemiddeld
  halen, zijn, etc.
aversion afkeer
avert afwenden
aviation luchtvaart, vliegsport
avid enthousiast • begerig
avoid vermijden
avouch (for) instaan (voor),
  waarborgen
avow bekennen
avowal bekentenis
await verwachten, wachten
awake *ww* (**awoke** of **awaked**;
  awoke) wekken • wakker
  worden • *bijw* wakker
awaken wekken

award uitspraak • beloning, prijs
  • *ww* toekennen
aware bewust (van), gewaar
away weg, voort
away game uitwedstrijd
awe ontzag • *ww* ontzag
  inboezemen
awful(ly) *bn bijw* ontzagwekkend
  • vreselijk • reuze-
awhile voor enige tijd
awkward onhandig, lomp
  • gênant • ongemakkelijk
awl els (priem)
awning dekzeil
awoke zie *awake*
awry scheef, krom, verkeerd
axe bijl
axis, axle as (spil)

B

B.A. = *Bachelor of Arts*, kandidaat
  in de letteren
babble gesnap, gebabbel
baboon baviaan
baby klein kind, baby
babysitter oppas
bachelor vrijgezel • *univ*
  kandidaat
bacillus bacil
back *zn* rug • achterkant • *at the*
  ~, aan de achterkant • *in the* ~,
  achterin • *sp* achterspeler • *bijw*
  terug • *far* ~, heel lang geleden
  • *bn* achter, verwijderd • *ww*
  doen teruggaan
  • achteruitrijden • steunen
  • wedden op

backache rugpijn
backbite (backbit; backbitten) (be)lasteren
backbone ruggengraat • basis, kracht
backcomb terugkammen
backdoor achterdeur
backfire terugslaan (v. motor) • mislopen
background achtergrond
back of the head achterhoofd
backpack *Amer* rugzak
back-pedal brake terugtraprem
backroom achterkamer
back seat achterbank
backside achterste
backstage achter het toneel
back talk brutaal antwoord
backward achterlijk, traag • achterover • achterwaarts
backwater dood water • geïsoleerde plaats
back wheel achterwiel
backyard achtertuin
bacon spek
bad kwaad, slecht, ziek, erg, ernstig
bade zie *bid*
badge insigne, onderscheidingsteken
badger *zn* das (dier) • *ww* lastig vallen
bad luck pech
badly kwalijk, slecht, erg
baffle verbijsteren
bag tas, zak
baggage bagage
bagpipe doedelzak
bail *zn* borg(tocht) • *ww* ~ *out*, (financieel) helpen, de borgtocht betalen

bailiff rentmeester • gerechtsdienaar, deurwaarder, baljuw
bait (lok)aas • ophitsen, sarren
baize baai (ook de stof)
bake bakken, braden
baker bakker
bakery bakkerij
baking bak- • ~ *heat*, gloeiende hitte
balance balans • evenwicht • batig saldo • *ww* in evenwicht houden • opwegen tegen • afsluiten • vereffenen • ~ *of payments*, betalingsbalans • ~ *of trade*, handelsbalans
balance sheet balans • *draw up the* ~ balans opmaken
balcony balkon
bald kaal
bale baal
baleful verderfelijk, slecht
balk balk • rug tussen twee voren • *ww* verijdelen • weigeren
ball bal • kogel • kluwen
ballad ballade, liedje
ball bearing kogellager
ballet ballet
balloon (lucht)ballon
ballot stembriefje • ballotage • loting • *ww* stemmen • balloteren • loten
ballpoint balpen
ballroom danszaal
balm balsem
baloney *Amer gemeenz* onzin
Baltic Sea Oostzee
bamboo bamboe
ban *zn* ban • verbod • *ww*

verbieden
banal banaal
banana banaan
band groep, bende
• muziekgroep, muziekkorps
bandage *zn* verband, zwachtels
• *ww* verbinden
bandit bandiet
bandy *ww* (woorden) wisselen
• *zn* ijshockey (stick)
bane verderf • vergif
bang *zn* slag, bons • knal
• ponyhaar • *ww* slaan,
bonzen, dreunen
bangle armband • voetring
banish verbannen, bannen
banister stijl • ~s, trapleuning
bank bank (voor geld) • oever
• berm
bank card bankpas
banker bankier
bank holiday *Br* algemene vrije
dag
banknote bankbiljet
bankrupt bankroet, failliet
bankruptcy bankroet
banner vaan
banns huwelijksafkondiging
banquet banket (feestmaal)
bantam kemphaan *(let en fig)*
banter gekscheren, schertsen
baptism doop
baptize dopen
bar staaf, stang, tralie • balie
• advocatuur • bar • reep
(chocolade) • hindernis • maat
(streep)
barb weerhaak • ~ed wire,
prikkeldraad
barbaric, barbarous barbaars
barbecue *zn* barbecue • *ww*

barbecuen
barber herenkapper
bare naakt, kaal, bloot
barefaced onbeschaamd
barefoot(ed) op blote voeten
barehanded met de blote
handen
bareheaded blootshoofds
barely ternauwernood,
nauwelijks
bargain *zn* koopje • *ww* afdingen
barge (woon)schuit • aak, sloep
bark *zn* bast, schors • *ww* blaffen
• brullen
barkeeper barkeeper
barley gerst
barmaid barvrouw, barmeisje
barn schuur
barometer barometer
baron baron
baronet niet-adellijke, die het
erfelijke predikaat *Sir* vóór zijn
doopnaam voert
barracks *mv* kazerne
barrage stuwdam • *mil*
bombardement
barrel vat • geweerloop
barrel organ draaiorgel
barren dor, kaal • onvruchtbaar
barricade *zn* barricade • *ww*
versperren
barrier slagboom • hinderpaal
• barrière
barrister *Br* advocaat
bartender *Amer* barkeeper
barter *zn* ruilhandel • *ww*
(ver)ruilen, kwanselen,
sjacheren
basal fundamenteel
base *bn* slecht, laag • *zn* basis
baseball *sp* honkbal

base-line basis • achterlijn • *mil* operatielijn
basely op een lage wijze
basement grondslag • souterrain, kelder
baseness laagheid • onechtheid
bashful bedeesd • verlegen
basic fundamenteel, elementair, grond-
basil basilicum
basin bekken, bassin, waskom
basis *(mv* bases) basis, grondslag
basket korf, mand
basketball basketbal
Basle Bazel
bass bas • baars
bastard bastaard
bat vleermuis • kolf, slaghout
batch troep, partij
bath bad • *have/take a* ~, baden
bathe baden • betten
bathing bag badtas
bathing cap badmuts
bathing pool zwembassin
bathing suit badpak
bathroom badkamer • *Amer* toilet
bath salts badzout
bath towel badhanddoek
battalion bataljon
batter *zn* beslag (van gebak) • *ww* beuken, havenen • bonzen op • mishandelen
battery batterij, ook: accu
battle veldslag, strijd
battle dress veldtenue
battlefield slagveld
battleship slagschip
Bavaria Beieren
bawdy liederlijk, ontuchtig
bawl schreeuwen, tieren

bay *zn* baai, golf • uitbouw • vos (paard) • laurier • *bn* bruinrood • *ww* aanblaffen
bayonet bajonet
bazaar bazaar
BBC = *British Broadcasting Company*, Britse staatszender
be zijn
be (was; been) zijn, wezen • worden • duren • *to* ~ *sold (let)* te koop (huur)
beach strand
beach chair strandstoel
beachhead *mil* landingshoofd
beacon baken
bead kraal • druppeltje
beak snavel, bek
beam *zn* balk • straal • ~ *of light*, lichtbundel • *ww* stralen
bean boon • *brown* ~s, bruine bonen • *white* ~s, witte bonen
bear *zn* beer • *ww* **(bore; borne)** dragen, verdragen • gedragen • voortbrengen • ~ *away*, behalen • ~ *back*, terugdrijven • terugwijken • ~ *off*, wegvoeren, afwenden • ~ *out* bevestigen • ~ *with*, geduldig zijn met • ~ *witness*, getuigen
beard baard
bearer drager • houder
bearing houding • gedrag • lager
bearskin berenvel • berenmuts
beast beest
beastly beestachtig
beat (beat; beaten) *ww* kloppen, slaan, verslaan • *zn* slag, klap, tik • ronde, wijk (v. politieagent)
beau (mv beaux) vriendje, vrijer
beautiful prachtig, mooi

beauty schoonheid
beauty parlour schoonheidssalon
beaver bever • vilt
became zie *become*
because omdat, want • ~ *of*, wegens
beckon wenken
become (became; become) worden • goed staan • betamen, passen
becoming passend, betamelijk • netjes, flatteus
bed bed • bedding • bed
bedclothes *mv* beddengoed
bedlam chaos
bedpan (onder)steek
bedrid(den) bedlegerig
bedroom slaapkamer • *single, double ~*, één-, tweepersoonsslaapkamer
bedside lamp bedlamp
bedspread sprei
bee bij (insect)
beech beuk(enboom)
beef rundvlees
beef cube bouillonblokje
beefsteak runderlap
beef tea bouillon
beehive bijenkorf • ~ *chair*, strandstoel
been zie *be*
beer bier
beet(root) beetwortel, biet
beetle kever, tor
befall (befell; befallen) treffen • overkomen, gebeuren
befit betamen
before vóór (v. tijd en plaats) • eerder • in het bijzijn van
beforehand vooruit, vooraf
beg bedelen • verzoeken, vragen

began zie *begin*
beggar bedelaar
begin (began; begun) beginnen
beginner beginneling
beginning begin, aanvang
beguile charmeren • verlokken
begun zie *begin*
behalf *on ~ of*, ten bate (behoeve) van, in naam van
behave oneself zich gedragen
behaviour gedrag
beheld zie *behold*
behind achter
behindhand achter, niet bij • achterstallig • traag, laat
behold (beheld; beheld) aanschouwen, waarnemen
being *zn* bestaan, wezen • *ww* zijnde
belated *zn* verlaat
belch *zn* oprisping • *ww* oprispen
belfry klokkentoren
Belgian *bn* Belgisch • *zn* Belg
Belgium België
belie verloochenen • ontkrachten
belief geloof
believe geloven • *make ~*, net doen alsof
belittle verkleinen, kleineren
bell bel, klok • *(scheepv) six bells*, *mv* zes glazen (halve uren)
bellboy *Amer* piccolo
bellicose oorlogszuchtig
belligerent *bn* agressief
bellow loeien, bulderen
bellows *mv* blaasbalg
belly buik
bellyache buikpijn
belong behoren • ergens thuishoren

belongings *mv* bezittingen *mv*
beloved *bn* bemind • *zn* beminde
below beneden
belt riem (ceintuur), gordel • *mil* koppel • zone • *ww* omgorden
bemoan bejammeren
bench bank • rechtbank • *be on the ~*, rechter zijn
bend *zn* bocht, kromming • *ww* **(bent; bent)** buigen, krommen
beneath beneden, onder
benediction zegening • *rk* lof
benefaction weldaad
benefactor weldoener
beneficent weldadig
benefit *zn* voordeel • uitkering • benefiet • *ww* voordeel hebben (van)
benevolence welwillendheid
benign goedaardig
bent *zn* neiging • overtuiging • *bn* verbogen • zie ook **bend**
benumb verkleumen
bequeath nalaten, vermaken
bequest legaat
bereave (bereft; bereft) beroven
bereavement zwaar verlies
bereft zie *bereave*
beret baret, alpinopet
Berlin Berlijn
berry bes
berth *(scheepv)* hut, kooi, couchette • ligplaats
beseech (besought; besought) smeken
beside naast, bij
besides bovendien • behalve
besiege belegeren
besmirch besmeuren

besought zie *beseech*
bespeak (bespoke; bespoken) getuigen van
bespoke department maatafdeling
best best • *to make the ~ of it* het beste ervan maken • *to the ~ of my belief* naar mijn beste weten
bestial beestachtig
best man getuige (bij huwelijk)
bestow geven, schenken
bestowal gift
bet *zn* weddenschap • *ww* wedden
betray verraden • *~ one's duty*, zijn plicht verzaken
betrayal verraad
better *bn* beter • *ww* verbeteren • genezen
better, bettor wedder
between tussen
beverage drankje
bewail betreuren
beware (of) oppassen, zich hoeden (voor)
bewilder verbijsteren
bewitch betoveren
beyond boven, buiten • voorbij
bias neiging • vooroordeel, partijdigheid
bib slabbetje
bible bijbel
biblical bijbels
bicker kibbelen
bicycle fiets
bicycle chain fietsketting
bicycle pump fietspomp
bicycle rack fietsenrek
bicycle repairer fietsenmaker
bicycle shed, shelter

rijwielbewaarplaats
bicycle shop rijwielhandel
bid (bade; bidden) *ww*
verzoeken, nodigen • ~ *good morning*, ~ *farewell*, goedemorgen wensen, afscheid nemen • **bid (bid; bid)** bieden • pogen • *zn* bod • poging
bidder *the highest* ~ de meestbiedende
bide verbeiden, wachten
bier (lijk)baar
bifocal dubbelfocus
big dik, groot, zwaar
biggest grootste
bigness dikte, grootte
bigot bevooroordeeld persoon
bigwig hoge piet
bike fiets
bikini bikini
bilateral tweezijdig
bilberries bosbessen
bile gal
bilious galachtig
Bill Willem, Wim
bill rekening • aanplakbiljet • biljet • wetsontwerp • snavel • ~ *of exchange* wissel
billboard aanplakbord
billet *zn mil* kwartier • *ww* inkwartieren
billiards biljart
billion biljoen • *Amer* miljard
bin *zn* bak, kist, container • *ww* weggooien
bind (bound; bound) binden, inbinden • bekrachtigen
binding *bn* (ver)bindend • verplichtend • *zn* (boek)band • omboordsel

binoculars *mv* verrekijker
biography levensbeschrijving, biografie
birch berk
bird vogel, ~ *of prey*, roofvogel
bird's-eye view perspectief in vogelvlucht
birth geboorte • afkomst
birth certificate geboorteakte
birth control geboortebeperking
birthday verjaardag
birthmark moedervlek
birthplace geboorteplaats
biscuit biscuit • koekje
bishop bisschop • loper (in het schaakspel)
bishopric bisdom
bit *zn* beetje, stuk • *to do their* ~, hun steentje bijdragen • *ww zie* bite
bitch teef
bite *zn* beet, hap • *ww* **(bit; bitten)** bijten, toehappen • invreten
bitter bitter, scherp • (bitter) bier
bitumen asfalt
blab verklappen
black zwart, donker
black and white photo zwartwitfoto
blackberry braam
blackbird merel
blackboard schoolbord
blacken zwart maken
blackguard schurk
blackhead mee-eter
blackmail chantage
black market zwarte markt
blackout *mil* verduistering • stroomuitval • tijdelijk verlies van bewustzijn

blacksmith smid
bladder blaas
blade spriet, halm • lemmet
  • schouderblad • scheermesje
blamable berispelijk
blame zn beschuldigen
  • afkeuren • zn schuld
  (verantwoordelijkheid)
blameless onberispelijk
bland saai, duf • smakeloos (v.
  eten)
blank bn wit, bleek • open
  • beteuterd, wezenloos • zn
  leemte, opening, spatie, leeg
  vlak • losse flodder
blanket deken
blare loeien, schetteren
blasphemy godslastering
blast ontploffing • ~ of air,
  luchtstroom
blast furnace hoogoven
blatant schreeuwerig • opvallend
blaze zn brand • in a ~, in
  lichterlaaie • ww (op)vlammen,
  schitteren
bleach blonderen • bleken
bleak kil, koud, guur • kaal
  • somber
bleat blaten
bleed (bled; bled) bloeden
  • aderlaten
blemish smet, klad, vlek
blend (blent; blent) (ver)mengen
bless zegenen
blew zie blow
blighter Br schooier, kerel
blind zn zonneblind • bn blind
blindfold blinddoeken
blindly blindelings
blindness blindheid
blink knipperen (met ogen)

bliss zaligheid, geluk
blissful zalig, gelukkig
blister blaar
blitz hevige luchtaanval • stunt
blizzard sneeuwstorm
bloat opzwellen
block zn blok • ww afsluiten,
  blokkeren
blockade blokkade
blockhead domkop
block-up versperring
bloke Br kerel, vent
blond blond
blood bloed
bloodthirsty bloeddorstig
blood vessel bloedvat
bloody bloedig
bloom zn bloesem • bloei • ww
  bloeien
blooming bloeiend • verduiveld,
  vervloekt
blossom bloesem
blot zn klad, (inkt)vlek • ww
  bekladden • vloeien
blotting paper vloeipapier
blouse blouse
blow zn slag, klap • windvlaag
  • ww **(blew; blown)** blazen,
  waaien
blow-dry föhnen
blow-up vergroting (v. foto)
bludgeon knuppel,
  ploertendoder • ww neerslaan
blue bn blauw • (fig) somber,
  verdrietig • zn, the ~s,
  Amerikaanse muzieksoort
blueberry bosbes
bluebottle bromvlieg
blue ribbon blauwe wimpel
bluestocking blauwkous
bluff zn gebluf • bn openhartig,

ronduit • *ww* bluffen
bluish blauwachtig
blunder flater
blunt *bn* bot, stomp • lomp, dom
• *ww* verstompen
bluntly ronduit
blurry onduidelijk, vaag
blurt out er uitflappen
blush blos • *ww* blozen
bluster *zn* razen, bulderen,
tieren
boar beer (mannetjesvarken)
• wild zwijn
board *zn* plank • kost • kostgeld
• boord • bestuur, college
• ministerie • ~ *and lodging*,
kost en inwoning • *ww*
instappen, aan boord gaan
boarder kostganger
boarding card instapkaart
boarding house pension
boarding-school kostschool
boast *zn* opschepperij,
grootspraak • *ww* bluffen,
opscheppen
boat boot
boat excursion boottocht
boat race roeiwedstrijd
boatswain bootsman
boat train boottrein
boat trip rondvaart • boottocht
bob *zn* pagekopje • korte staart
• shilling • *ww* op en neer
gaan
bobby politieagent
bodice lijfje
bodily lichamelijk, compleet
body lichaam, romp • lijk
• organisatie, groep • massa
bodyguard lijfwacht
bog moeras, laagveen

Bohemian Bohemer • bohémien
• *bn* Boheems
boil koken (water) • *zn* steenpuist
boiled gekookt
boiler kook-, stoom-, waterketel
• warmwaterreservoir
boiling-point kookpunt
Bois-le-Duc 's-Hertogenbosch
boisterous onstuimig,
luidruchtig
bold vrijmoedig • vet (v.
drukletter)
bold-faced onbeschaamd
Bolshevik bolsjewiek
bolster peluw • *ww* versterken,
verhogen
bolt *zn* bout • grendel
• bliksemstraal • sprong • *ww*
grendelen • er vandoor gaan
• op hol slaan • ~ *upright*,
kaarsrecht
bomb bom
bombardment bombardement
bombastic hoogdravend
bomber, bombing plane
bommenwerper
bomb-proof bomvrij
bonbon bonbon
bond band • obligatie
• schuldbrief • verplichting
bone bot (been) • graat • balein
bones *mv* gebeente
bonfire vreugdevuur
bonnet *Br* muts • kap, motorkap
bonny *Schots* aardig, lief
bony been(achtig) • vol graten
booby prize poedelprijs
booby-trap valstrikbom
book *zn* boek • *ww* boeken • ~
for A, een kaartje nemen naar
A • ~ *in advance (seats)*,

(plaatsen) bespreken
bookbinder boekbinder
bookcase boekenkast
book-end boekensteun
booking/box office loket (voor kaartjes), bespreekbureau
book-keeper boekhouder
bookseller boekhandelaar
bookshop boekhandel
bookstall boekenstalletje
book token/certificate boekenbon
boom zn (haven) boom • hoogconjunctuur • toename • ww daveren • reuze succes hebben
boon geschenk, gunst
boor lomperd, pummel
boost versterken, verhogen • zn zetje
boot Br kofferbak • laars
booth kraam • cabine
bootlace schoenveter
bootleg illegaal
boot-polish schoensmeer
boots laarzen
booty buit
border zn rand, boord, grens • ww (be)grenzen
bore zn vervelend, lastig persoon • ww boren • vervelen • zie ook bear
boredom verveling
born geboren • not ~ yesterday, (fig) niet van gisteren
borne zie bear
borough (deel)gemeente
borrow from lenen van, ontlenen aan
bosom boezem • borst • schoot (kerk • familie)

boss baas, werkgever • ww besturen, de baas spelen
B. O. T. = Board of Trade, Ministerie van Handel
botany plantkunde
botch zn knoeiwerk • ww verknoeien
both allebei, beide • ~ ... and, zowel...als
bother hinderen • vervelen • zaniken • moeite doen
bottle fles • one-trip ~, wegwerpfles
bottleneck (fig) vernauwing • knelpunt
bottle of (half a) een halve fles
bottle-opener flesopener
bottom zn grond, bodem • scheepv kiel • bn onderste, laagste
bottomless bodemloos
bought zie buy
bounce (op)springen • op en neer gaan • reflecteren • zn stoot
bound zn grens • bijw bestemd (voor) • ww zie bind
boundary grens(lijn)
boundless grenzeloos
bountiful rijk, rijkelijk
bow boog, strijkstok, buiging, boeg • ww buigen
bowels mv ingewanden mv, move one's ~, z'n behoefte doen
bowl zn schaal, kom • ww bowlen
bowler bolhoed • sp werper (cricket)
bow-window rond uitspringend venster, erker

box doos, koffer • bak • loge
• hokje, vakje
boy jongen • bediende
boyhood jongensjaren *mv*
Bp. = *bishop*, bisschop
bra beha
brace *zn* paar, koppel • bretel
• beugel • *ww* spannen,
versterken
bracelet armband
bracket haakje • categorie
brag opscheppen
braid *zn* vlecht • boordsel • *ww*
vlechten
brain brein, hersenen *mv*
brainwave (lumineus) idee
brake *zn* rem • *ww* remmen
brake block remblokje
brake cable remkabel
brake disc remschijf
brake light remlicht
brake oil remolie
brake pads remblokken
branch tak • (leer)vak • filiaal
branch office bijkantoor
brand brandmerk • merk, soort
brandish zwaaien (met)
brand-new spiksplinternieuw
brandy cognac • brandewijn
brass geelkoper • brons
• blaassectie (v. orkest)
brave *ww* trotseren • *bn* dapper
bravery moed, dapperheid
brawl razen, tieren
brawny gespierd, sterk
brazen onbeschaamd
breach breuk • bres • schending
bread brood
bread (half a loaf of) een half
brood
bread (wholemeal)

volkorenbrood
bread bin broodtrommel
breadth breedte
bread-winner kostwinner
break (broke; broken) *ww*
breken, afbreken • pauzeren
• kapotgaan/maken • schenden
• beëindigen • *zn*
onderbreking, pauze
breakdown in(een)storting
• panne
breakdown lorry kraanwagen
breakers *mv* branding
breakfast ontbijt
breakfast (have) ontbijten
breakthrough *mil* doorbraak
breakwater golfbreker
• strandhoofd
breast(s) borst
breath adem • *a ~ of*, een beetje
breathe ademen • fluisteren
bred zie *breed*
breeches *mv* korte (rij)broek
breed (bred; bred) telen,
(aan)fokken
breeder fokker
breeding opvoeding, beschaving
breeze koelte • bries
brethren *mv* broederen *mv*
brevity kortheid
brew brouwen
brewer brouwer
brewery brouwerij
bribe omkopen
brick baksteen
bricklayer metselaar
brickwork metselwerk
bridal bruids-
bride bruid
bridegroom bruidegom
bridesmaid bruidsmeisje

bridesman getuige v.d.
bruidegom
bridge brug • *kaartsp* bridge
bridle toom, teugel • *ww*
beteugelen
brief kort, beknopt
briefcase aktetas
brigand (struik)rover, bandiet
bright helder, schitterend
• pienter • opgewekt
brighten ophelderen
• opvrolijken
brilliancy glans • schittering
brilliant *bn* schitterend • *zn*
briljant
brim rand
brimful boordevol
brine pekel, zilt water
bring (brought; brought)
(mee)brengen • halen,
aanvoeren
bring back terugbrengen
brink rand, kant
brisk levendig, wakker, vlug
bristle *zn* stoppel • (borstel)haar
• *ww* overeind staan, zetten
Britain Groot Brittannië
British Brits
Briton Brit
brittle bro(o)s, breekbaar
broach aanbreken
broad breed, wijd • grof, ruw
broadcast uitzenden, omroepen
broaden (zich) verbreden
broadminded onbekrompen
brochure brochure
broil *zn* ruzie, tumult • *ww*
roosteren • *zn* gebraden vlees
broke zie *break* • blut, aan lager
wal
broken gebroken, kapot • zie

break
broken-down defect
broken-hearted diep bedroefd
broker makelaar
brokerage makelarij
• makelaarsloon, courtage
bronze *bn* brons • *ww* bronzen
brooch broche
brood *zn* broedsel • *ww* broeden
brook *zn* beek • *ww* tolereren
broom bezem • brem
Bros. = *Brothers*, gebroeders
broth bouillon
brother broer, broeder
brotherhood broederschap
brother-in-law zwager
brought zie *bring*
brow wenkbrauw • kruin, top
browbeat intimideren
brown bruin
brown (bread) bruin brood
browse *fig* inkijken, rondkijken
• grazen
Bruges Brugge
bruise *zn* kneuzing • *ww*
kneuzen
brunch ontbijtlunch
brush *zn* borstel, stoffer • penseel,
kwast • kreupelhout
• schermutseling • *ww*
afborstelen, strijken langs • ~
up, opfrissen
brushwood kreupelhout
Brussels Brussel • ~ *sprouts*, *mv*
spruitjes *mv*
brutal beestachtig, woest
brute *zn* bruut, woesteling • *bn*
dierlijk, woest
Bt. = *Baronet*, z.a.
bubble bobbel, (lucht)bel
bubble gum klapkauwgom

buccaneer boekanier
buck *Amer* dollar
bucket emmer
buckle *zn* gesp • *ww* gespen
bud *zn* knop • *(Amer)* maatje
  • *ww* uitbotten
Buddhism Boeddhisme
buddy *gemeenz* broer, kerel,
  maat(je)
budge (zich) verroeren
budget begroting, budget
buff *zn* enthousiasteling • *bn*
  zeemkleurig, lichtgeel
  • gespierd
buffalo buffel
buffer buffer
buffet restauratie, buffet
buffet car restauratiewagen
buffoon hansworst, clown
bug insect • computerstoring
buggy buggy
bugle (jacht)hoorn
bugler hoornblazer
build (built; built) bouwen
building gebouw
bulb bloembol • gloeilamp
bulb-grower
  (bloem)bollenkweker
bulge (op)zwellen • uitpuilen
bulk omvang, grootte
bulkhead *scheepv* schot
bulky dik, groot, lijvig
bull stier
bulldog buldog
bullet (geweer)kogel
bulletin bulletin
bull's-eye luchtgat • roos
  (schietschijf)
bully *zn* bullebak • *ww*
  intimideren
bulwark bolwerk

bumblebee hommel
bump *zn* buil, knobbel • hobbel
  • stoot • *ww* hotsen, stoten
bumper bumper
bumpkin pummel
bun broodje
bunch bos, tros • troep, groep
bundle bundel, bos
bungalow bungalow
bungle (ver)knoeien
bunk kooi (v. schip, caravan) • ~
  bed, stapelbed
bunny konijn
buoy boei
buoyancy stuwkracht
  • opgewektheid
burden *zn* last, vracht • *ww*
  belasten
burdensome lastig, zwaar
burglar inbreker
burglary inbraak
burgundy bourgogne(wijn)
burial begrafenis
burly zwaarlijvig, groot, dik
burn *zn* brandwond • *ww* **(burnt**
  of burned; burnt) branden,
  verbranden
burnish polijsten
burn ointment brandzalf
burnt zie *burn*
bursary studiebeurs
burst *zn* barst • *ww* **(burst;**
  burst) barsten
bury bedekken, begraven
bus bus
bus connection busverbinding
bush struik, kreupelhout
bushel schepel
busily druk, bezig
business bezigheid, zaak • zaken
  mv, handel, bedrijf

business class businessklasse
business hours kantooruren *mv*, openingstijden
businesslike zaakkundig, zakelijk
business trip zakenreis
bus station busstation
bus stop bushalte
bust *zn* buste, borstbeeld • *ww* kapotmaken • *bn* failliet
bustle *zn* gewoel • *ww* zich reppen
busy bezig, druk
busybody bemoeial
but maar • behalve
butane gas campinggas
butcher slager
butler butler
butt doel, mikpunt • kolf • *Amer* kont
butter boter • *a packet of ~*, een pakje boter
butter bean witte boon
buttercup boterbloem
butterfly vlinder
buttermilk karnemelk
buttock bil
button knop, knoop
buttonhole knoopsgat
buxom mollig
buy (bought; bought) kopen
buyer koper
buzz gonzen, zoemen
by door, bij • per • *~ heart*, van buiten • *~ himself*, alleen • *day ~ day*, dag aan dag • *~ the way*, à propos! • *one ~ one*, een voor een • *~ sea*, over zee • *~far*, verreweg • *~ no means*, geenszins • *~ and ~*, straks • *~ and large*, over 't geheel genomen • *~ the ~*, tussen twee

haakjes
bye! dag! (tot ziens)
bygone vroeger, voorbij
bypass *zn* rondweg • hartoperatie • *ww* vermijden
bystander toeschouwer
bystreet zijstraat, achterstraat

C

cab taxi • cabine (v. vrachtwagen)
cabaret cabaret
cabbage kool (groente)
cabin hut, kajuit
cabinet kabinet, kast • ministerraad
cable kabel • tv per kabel • telegram
cable railway kabelspoorweg
cache geheime bergplaats
cackle kakelen
cad ploert, schoft
caddie golfjongen
cadre kader
cafeteria cafetaria
cage kooi
cajole vleien
cake koek, gebak, taart
calamity ramp
calculate berekenen
calculation berekening
caldron ketel
calendar kalender
calf (mv calves) kalf • kalfsleer • kuit
calibre kaliber, formaat
call *zn* roep, geroep • bezoek

• telefoontje • *take the* ~, de telefoon aannemen • *ww* roepen, benoemen, bezoeken • afkondigen (staking) • opbellen • ~ *for*, vragen naar • ~ *into question*, in twijfel trekken • *be called*, heten
call box *Br* telefooncel
call boy piccolo
calling roeping • beroep
calling credit beltegoed
callosity eelt • *(fig)* hardvochtigheid
call-up oproep
calm *zn* kalmte, windstilte • *bn* kalm • *ww* bedaren
calor gas butagas
calumniate lasteren
calumny Laster(praat)
came zie *come*
camel kameel
camera fototoestel, camera • *35 mm* ~, kleinbeeldcamera
cameraman cameraman
camomile kamille
camp *zn* kamp, legerplaats • *ww* legeren • kamperen
campaign campagne • veldtocht
camp bed kampeerbed
camper camper
camphor kamfer
camping equipment kampeerbenodigdheden
camping shop kampwinkel
camping site camping
camp stool vouwstoeltje
campus terrein behorende bij universiteit, hogeschool of school
camshaft nokkenas
can *zn* kan • bus • blikje • *ww*

inblikken • **(could)** kunnen
Canadian Canadees
canal kanaal, vaart, gracht
canary kanarievogel
cancel schrappen, annuleren, afzeggen
cancer kanker
cancerous kankerachtig
candid oprecht, openhartig
candidate kandidaat
candle kaars
candlestick kandelaar
candy *Amer* snoepgoed
cane riet • wandelstok
cannibal kannibaal
cannon kanon • carambole
canoe *zn* kano • *ww* kanoën
cant jargon • hellend vlak
canteen kantine • veldfles
canter korte galop
canvas zeildoek • doek, schilderij
canvass (stemmen) werven • uitpluizen
canyon ravijn
cap pet, muts, kap
capable bekwaam • in staat tot
capacity bekwaamheid • hoedanigheid • aanleg
cape kaap
Cape Town Kaapstad
capital *zn* kapitaal • hoofdstad • hoofdletter • *bn* hoofd- • uitmuntend
capitalism kapitalisme
capitulation capitulatie
capoc kapok
caprice bevlieging, gril
capricious grillig, nukkig
capsize kapseizen • omslaan
capsule capsule
capt. = *captain*, kapitein • *sp*

aanvoerder
caption titel, onderschrift
captive gevangene
captivity (krijgs)gevangenschap
capture zn vangst • ww vangen
car kar, wagen, tram • auto
• *oncoming* ~, tegenligger
carafe karaf
caravan karavaan • woonwagen
• kampeerwagen, caravan
carbon koolstof
carbonic acid koolzuur
carbuncle karbonkel, steenpuist
carburetor carburator
carcass karkas, geraamte
card (speel)kaart • visitekaartje
• bankkaart • kompasroos • *no
cards*, enige kennisgeving
cardboard karton
cardiac patient hartpatiënt
cardigan (dames)vest
cardinal bn voornaamst, hoofd-
• zn kardinaal
card index kaartregister
car documents autopapieren
care zorg, moeite • ~ *of*, per
adres • ww zorgen, zich
bekommeren, geven om • *take*
~, zorgen • oppassen
career carrière, loopbaan • *in
full*~, in volle vaart
careful zorgvuldig
careful! pas op!
careful (be) oppassen
careless zorgeloos, nonchalant
caress zn liefkozing • ww
liefkozen
caretaker Br huisbewaarder
cargo (scheeps)lading
cargoboat vrachtboot
car hire autohuur

carload wagenvracht
carnation anjer • vleeskleur
carnival carnaval
carnivorous vleesetend
carol lied, vreugdezang
carp karper
car park Br parkeerplaats
car park attendant Br
parkeerwacht
carpenter zn timmerman • ww
timmeren
carpet tapijt, karpet
carpetbag reistas, valies
car-radio autoradio
carriage wagen, wagon, rijtuig
carriageway rijweg • *dual* ~, weg
met gescheiden rijbanen
carrier vrachtrijder, besteller
• drager • bagagedrager
• postduif
carrier bag draagtas
carrot wortel, peen
carry dragen, brengen • ~ *off*,
wegvoeren
carrying agent expediteur
carrying capacity laadvermogen
car sick wagenziek
cart kar, wagen
carte, à la à la carte
cartel kartel
cartilage kraakbeen
carton kartonnen doos
cartoon politieke spotprent
• tekenfilm • striptekening
cartridge patroon • cassette (voor
foto's)
car trouble pech
carve graveren • houtsnijden
cascade watervalletje
case tas, kist, doos • overtrek,
koker • (ziekte)geval • proces

• naamval

cash *zn* (contant) geld, kas • ~ *on delivery*, rembours • *ww* incasseren, innen (cheque)

cashbook kasboek

cash dispenser geldautomaat

cashier kassier

cash price prijs bij contante betaling

casing omhulsel, koker, kozijn

casino casino

cask vat

cassation cassatie

casserole braad-, stoofpan

cassette tape geluidsbandje

cast *zn* worp, gooi • gietvorm, afgietsel • (toneel) bezetting • *ww* (**cast**; **cast**) werpen • gieten (ijzer) • afdanken • (stem) uitbrengen

castaway verstoteling, schipbreukeling

castigate kastijden • tuchtigen

casting gietsel • casting

cast iron gietijzer

castle kasteel

castor oil wonderolie

castor sugar poedersuiker

casual toevallig

casualty ongeval • sterfgeval, verlies, slachtoffer

casualty list, list of casualities *mil* verlieslijst

cat kat

catalogue catalogus

cataract waterval • grauwe staar

catarrh slijmvliesontsteking

catastrophe ramp

catch *zn* vangst • *ww* (**caught**; **caught**) vangen, betrappen • inhalen, raken

catching besmettelijk

catchup ketchup

catchword kreet, leus

catchy pakkend [v. melodie e.d.]

categorical uitdrukkelijk

category klasse, categorie

cater leveren, zorgen voor, maaltijden verzorgen

caterpillar rups • ~*wheel*, rupsband

cathedral kathedraal

Catholic katholiek

catnap dutje

cattle vee

caught zie *catch*

cauliflower bloemkool

causal oorzakelijk

cause *zn* oorzaak, reden • *ww* veroorzaken

caution voorzichtigheid • borgtocht • *ww* waarschuwen

caution! voorzichtig!

cautious voorzichtig

cavalry cavalerie

cave *zn* hol, grot • *ww* ~*in*, instorten

cavern spelonk, hol

cavity holte • gaatje

CD cd

CD player cd-speler

C. E. = *civil engineer*, civiel-ingenieur

cease ophouden met, staken • (be)eindigen

ceaseless onophoudelijk

cede afstaan, toegeven

ceiling plafond, zoldering • hoogtegrens • maximum stijghoogte (vliegtuig) • uiterste grens (prijzen, lonen)

celebrate vieren

celebrated beroemd
celebrity beroemdheid
celerity spoed
celery selderie, selderij
celestial hemels
celibacy ongehuwde staat
cell cel
cellar kelder
cellular cellulair • *Amer*, ~ *phone*, mobiele telefoon
cement cement
cemetery begraafplaats
censor *zn* censor • *ww* censureren
censure berisping, afkeuring • *ww* bekritiseren, afkeuren
centenary *bn* honderdjarig • *zn* eeuwfeest
centimeter centimeter
central heating centrale verwarming
centrality centrale ligging
centralize centraliseren
centre *zn* centrum • middelpunt • (voetbal) midvoor • ~ *of gravity*, zwaartepunt • *ww* (zich) concentreren, zich richten op
century eeuw
ceramic aardewerk
cereals graangewassen, havervlokken *mv*
cerebral hersen-
ceremonial ceremonieel
ceremonious vormelijk, plechtig
ceremony plechtigheid • ceremonieel
certain zeker • bepaalde
certificate *zn* getuigschrift, attest, certificaat, akte • *ww* diplomeren

certify verzekeren, getuigen
cf. = *confer (compare)*, vergelijk
ch. = *chapter*, hoofdstuk
chafe schaven • ergeren • sarren
chafer (mei)kever
chaff *zn* kaf • *ww* plagen
chafing dish komfoor
chain *zn* ketting, keten • *ww* ketenen
chair *zn* (voorzitters)stoel • *take a* ~, ga zitten • *ww* voorzitter zijn
chair (high) kinderstoel
chair lift stoeltjeslift
chairman voorzitter
chalk *zn* krijt • *ww* witten • aankalken, opschrijven
chalky krijtachtig
challenge *zn* uitdaging • *ww* uitdagen
challenge cup wisselbeker
chamber kamer • ~ *of commerce*, kamer v. koophandel
chambermaid kamermeisje
chamois leather zeemleer
champagne champagne
champion kampioen
chance toeval • kans • geluk • *by* ~, toevallig • *ww* gebeuren
chancellor kanselier • *Chancellor of the Exchequer*, Minister van Financiën
chancery kanselarij
change *zn* verandering, wisselgeld • *ww* verwisselen, veranderen • overstappen • verversen
changeable veranderlijk
change gear schakelen (auto)
changeover aflossing, omschakeling • ~ *switch*, schakelaar

change the oil olie verversen
changing room kleedkamer
channel vaargeul • kanaal
chant *zn* liedje • *ww* zingen, opdreunen
chaotic chaotisch, verward
chap kerel
chapel kapel, kerk
chaplain kapelaan
chaplet bloemenkrans
chapter hoofdstuk
char verkolen, schroeien
character letter • karakter
characteristic karakteristiek, kenmerkend
characterize kenmerken
charcoal houtskool
charge *zn* opdracht • lading, last, beschuldiging • aanval • *ww* laden, beladen • beschuldigen • aanvallen
charitable liefdadig, menslievend
charity liefdadigheid, barmhartigheid
charm charme, betovering • toverspreuk • *ww* charmeren, bekoren • betoveren
charming charmant
charter *zn* charter, patent • *ww* bevrachten • inhuren
charter flight chartervlucht
chase *zn* jacht • *ww* (na)jagen • achtervolgen
chasm kloof, spleet
chassis chassis, onderstel
chaste kuis
chastise kastijden
chastity kuisheid
chat *zn* gekeuvel, babbeltje • *ww* keuvelen

chatter kakelen • snateren
chatterbox kletskous
chatty spraakzaam
cheap goedkoop
cheat *zn* bedrog • bedrieger, afzetter, valse speler • *ww* bedriegen • spieken
check *zn* controle • reçu • belemmering • *sp* schaak • cheque • *ww* beteugelen • controleren • aanslaan (op kassa) • ~ *in,* binnenkomen • ~ *out,* weggaan
checked geruit
check-in desk incheckbalie
checkmate schaakmat
checkup controle, medisch onderzoek
cheek wang, brutaliteit
cheer *zn* vrolijkheid, blijdschap • *ww* verheugen, toejuichen • ~ *up,* opvrolijken
cheerful vrolijk
cheers! proost! • doeg!
cheese kaas
cheese roll broodje kaas
chemist scheikundige • *Br* apotheker, drogist
chemistry scheikunde
cheque cheque
cheque book chequeboek
cherish koesteren • liefhebben
cherries kersen
cherry kers
chess schaakspel • play (at) ~, schaken
chessboard schaakbord
chest kist, koffer • borstkas • borst
chestnut kastanje
chew kauwen
chewing gum kauwgom

chicken kip
chickenpox waterpokken *mv*
chicory andijvie
chide (chid; chidden) berispen
chief voornaamste, opperste
• hoofd, aanvoerder
chiefly voornamelijk
• hoofdzakelijk
chieftain (opper)hoofd
child *(mv* children) kind
childbed kraambed
childhood jeugd
childish kinderachtig
childless kinderloos
childlike kinderlijk
children's clothes kinderkleding
children's film kinderfilm
children's game kinderspel
children's menu kindermenu
child seat kinderzitje
child's seat kinderzitje (op fiets)
chill *zn* koude • verkoeling
• huivering • *bn* koud, kil
chilled gekoeld
chilly kil • koud
chime klokkenspel • *ww* luiden,
klinken
chimney schoorsteen
chimney-piece
schoorsteenmantel
chimney sweep(er)
schoorsteenveger
chin kin
China *zn* China • *c~*, porselein
• *bn* porseleinen
Chinese Chinees
chink spleet, kloof
chip spaander • computerchip
chips *Br* patates frites • *Amer*
chips
chiropodist pedicure

chirp tjilpen
chisel beitel
chivalry ridderlijkheid
chlorine chloor
chock-full stampvol
chocolate chocolade
chocolate milk chocolademelk
(warm)
choice *zn* keus, keur, selectie • *bn*
select
choir koor (kerk)
choke *zn* choke • *ww* verstikken
• smoren, onderdrukken, zich
verslikken
choose (chose; chosen) kiezen
chop *zn* kotelet • *ww* kappen,
hakken
chopper helikopter
chopping block hakblok
choral *(muz)* koraal
chord *(muz)* akkoord
chorus refrein • koor (toneel)
chose zie *chose*
chosen uitverkoren • uitgelezen
• zie ook *choose*
christening doop
Christian *zn* christen • *bn*
christelijk
Christian name doopnaam
Christmas kerstmis
Christmas carol kerstlied
chronic langdurig
chronicle kroniek
chronology chronologie
chubby mollig
chuck *zn* klopje • gooi • *ww*
gooien • de bons geven
chuckle gniffelen
chum kameraad
chump uilskuiken
chunk brok, homp

church kerk
church service kerkdienst
churchyard kerkhof
churn zn kam • ww omwoelen
chute glijbaan, koker • parachute
cider cider, appelwijn
cigar sigaar
cigarette sigaret
cigarette lighter aansteker
cigarette paper(s) vloeitje (v. shag)
Cinderella assepoester
cinders as
cinema bioscoop
cinnamon kaneel
cipher geheimschrift, code • *a mere ~*, een vent van niks
circle zn cirkel • gezelschap • ww omringen, (rond)draaien
circuit circuit • tournee • parcours • rondrit, rondvlucht
circular bn rond • zn circulaire
circular-letter circulaire
circular-ticket rondreisbiljet
circulate circuleren, in omloop zijn
circulation omloop
circumference omtrek
circumscribe beperken
circumspect omzichtig, voorzichtig
circumstance omstandigheid
circumstantial omstandig • bijkomstig
circumvent misleiden • omzeilen
circus circus
cistern (water)bak, stortbak (wc)
cite dagvaarden • citeren
citizen burger
citizenship burgerrecht
city grote stad • binnenstad

civic burgerlijk
civil burger-, burgerlijk • beleefd, beschaafd • ~ *code*, Burgerlijk Wetboek • ~ *servant*, ambtenaar • ~ *service*, ambtenarenapparaat
civilian burger
civility beleefdheid
civilization beschaving
civvy street *(gemeenz)* burgermaatschappij
clad gekleed
claim zn eis • bewering • ww (op)eisen • vorderen • beweren
claimant, claimer eiser
clairvoyant helderziend
clamber klauteren
clammy klam, klef
clamorous luidruchtig
clamour geroep, getier
clamp (wiel)klem
clan stam • geslacht
clandestine heimelijk
clang schelle klank
clap klappen, slaan
claret bordeauxwijn
clarify ophelderen • zuiveren
clarinet klarinet
clash klinken, kletteren • stoten, botsen (met)
clasp zn gesp • omhelzing • ww omklemmen • omhelzen
clasp knife knipmes
class klasse • klas • les(uur)
classic klassiek
classify rangschikken
clatter ww klateren, kletteren • zn gekletter
clause clausule • *gram* bijzin
clavicle sleutelbeen
claw klauw, poot

clay klei

clean *bn* schoon, rein • *ww* schoonmaken, reinigen, ontvlekken

clean (dry-) chemisch reinigen

cleaning, cleansing schoonmaak

cleanse reinigen, zuiveren

clean-shaven gladgeschoren

clear *bn* helder • duidelijk • veilig • *ww* ophelderen • vereffenen • vrijmaken

clearance sale uitverkoop

clearing open plek in bos

clear-sighted schrander

cleave (cleaved of cleft; cleaved of cleft) kloven • aanhangen

cleft kloof, barst

clemency genade

clergy geestelijkheid

clergyman geestelijke, dominee

clerical geestelijk • administratief

clerk klerk, kantoorbediende • receptionist

clever knap, slim

click *zn* klik • geklik • *ww* klikken

client cliënt, klant

cliff steile rots • rotswand (aan zee)

climate klimaat

climb klimmen • beklimmen

climbing boots bergschoenen

cling (clung; clung) aanhangen • zich vastklemmen

clinic kliniek

clip *zn* knijper • fragment (film, muziek) • *ww* knippen

cloak mantel

cloakroom garderobe

clock klok

clockwise met de (wijzers van de) klok mee

clod (aard)kluit • sufferd

clog blok • klomp

cloister kloostergang, klooster

close *bn* dicht, nauw • benauwd • *ww* sluiten

closed dicht

close-fitting nauwsluitend

closely dicht, nauw • ~ **shut**, potdicht

closest dichtstbijzijnd

closet kast • opslagkamertje, kabinet

closure sluiting

cloth lap, doek • stof (textiel)

clothe kleden

clothes kleding • kleren

clothes peg wasknijper

clothing (be)kleding

clothing shop kledingzaak

cloud wolk

clouded bewolkt

cloudless onbewolkt

cloudy bewolkt

clout *zn* gewicht, invloed • *ww* slaan

clove kruidnagel

clover klaver

clownish boers • clownachtig

club knuppel • golfstok • club • ~**s**, klaveren

clue aanwijzing, sleutel

clump cluster

clumsy lomp, onhandig

clung zie *cling*

cluster tros • groep, troep

clutch *zn* greepkoppeling • *ww* grijpen

clutch operating cable koppelingskabel

clutter *zn* warboel • *ww* volproppen

C. O. = *Commanding Officer*
c/o = *care of*, per adres, p.a.
Co = 1 *county* • 2 *company*
coach touringcar, bus • koets
 • wagon • *sp* trainer
coagulate stollen, stremmen
coal (steen)kool, kolen *mv*
coalition verbond, coalitie
coal mine, coal pit kolenmijn
coal scuttle kolenemmer
coarse grof
coast kust
coastal kust-
coastal town kustplaats
coaster kustvaarder
coat jas • mantel • pels • ~ *of
 arms*, wapen(schild)
coat hanger kleerhanger
coax overreden, overhalen
cobble, cobblestone straatkei
cobweb spinnenweb
cock *zn* haan • *ww* richten
cockchafer meikever
Cockney geboren Londenaar
 • cockneydialect
cockpit cockpit
cockroach kakkerlak
cocksure zelfverzekerd
cocoa cacao
coconut kokosnoot
cocoon cocon
C. O. D. = *cash on delivery*, onder
 rembours
code wetboek • code
code number *(tel)* netnummer
codfish kabeljauw
cod-liver oil levertraan
coerce dwingen, afdwingen
coercion dwang
coffee koffie
coffee (black) zwarte koffie

coffee (white) koffie met melk
coffee cream koffiemelk
coffee with cream koffie met
 room
coffee with milk and sugar
 koffie met melk en suiker
coffee with sugar koffie met
 suiker
coffer geldkist
coffin doodkist
cog tand (van rad)
cogitate overpeinzen
cognate verwant
cohere samenhangen
coherence samenhang
coil kronkeling • spiraal • klos
 • spiraaltje
coin *zn* munt • *ww* munten
 • verzinnen
coincide samenvallen
coincidence samenloop, toeval
cold *zn* koude • verkoudheid • *bn*
 koud • *catch a* ~, verkouden
 worden • *have a* ~, verkouden
 zijn
coldness koude • koelheid
cold store koelhuis
collaborate samenwerken
 • heulen (met de vijand)
collapse *ww* ineenzakken,
 instorten • *zn* instorting
collapsible opvouwbaar • klap-
collar boord • halsband
collarbone sleutelbeen
collateral onderpand
colleague collega
collect verzamelen • (af)halen
collection verzameling • lichting
collective gezamenlijk
college college • (afdeling v.)
 universiteit

collide botsen

collie Schotse herdershond

colliery kolenmijn

collision botsing • aanvaring

colloquy gesprek

Cologne Keulen

colon dubbele punt • dikke darm

colonel kolonel

colony kolonie

colour zn kleur • verf • huidskleur • ww blozen

colour blind kleurenblind

coloured a ~ man, kleurling

colour film kleurenfilm

colourful kleurrijk

colour print kleurenfoto

colour TV kleuren-tv

colt veulen

column zuil, kolom • column (in krant) • colonne

comb kam

combination combinatie, mengsel

combine verbinden, combineren, verenigen

combustible brandbaar

combustion verbranding

come (came; come) komen • ~ at, bereiken • ~ back, terugkomen • ~ to, bijkomen • ~ of, afstammen

come along! kom (mee)!

comeback terugkeer

come-down tegenvaller

comedy komedie

come here! kom (hier)!

come in! binnen!

comet komeet

comfort zn troost • gemak • welgesteldheid • comfort • ww troosten

comfortable comfortabel • welgesteld • op z'n gemak

comic bn komisch, grappig • zn stripverhaal

coming zn komst • bn toekomstig

comma komma

command zn bevel, gezag, commando, leiding • ww bevelen, overzien

commander bevelhebber • commandant • gezagvoerder • ~in-chief, opperbevelhebber

commandment bevel, gebod

commemorate herdenken, gedenken • vieren

commence beginnen

commend (aan)prijzen

commendable prijzenswaardig

comment zn aantekening, uitleg • commentaar • ww opmerken

commentary commentaar, radio/televisiereportage

commerce handel, verkeer

commercial handels-

commercial traveller handelsreiziger

commiseration medelijden

commission last, lastbrief • aanstelling als officier • opdracht • commissie • provisie

commissioner commissionair

commit plegen [misdaad]

commitment verplichting

committee comité, commissie

commodious ruim

commodity koopwaar

common gemeen(schappelijk) • gewoon • openbaar

commonplace zn gemeenplaats • bn alledaags

commons *mv* House of C~, Lagerhuis
common sense gezond verstand
commonwealth gemenebest
commotion opschudding
communication communicatie
• mededeling • verbinding
communicative spraakzaam
communion gemeenschap]
• Avondmaal • Communie
communism communisme
community gemeenschap, gemeente
commute forenzen • verwisselen
commuter forens
compact compact, klein, beknopt
companion makker, kameraad
• metgezel
companionable kameraadschappelijk • gezellig
company gezelschap • bedrijf
comparative *bn* vergelijkend • *zn* vergrotende trap
compare vergelijken
comparison vergelijking
compartment afdeling, coupé
• vak
compass *zn* omvang • kompas
• *ww* omvatten
compassion medelijden, begrip
compassionate medelijdend, begripvol
compatible verenigbaar
compatriot landgenoot
compel dwingen
compendium samenvatting, beknopt handboek
compensation vergoeding
compere presentator
compete concurreren
• wedijveren • meedingen

competence, competency bevoegdheid, bekwaamheid
competent bevoegd, bekwaam
competition concurrentie, wedijver, wedstrijd
competitor concurrent
• mededinger • deelnemer
compilation compilatie
compile samenstellen, verzamelen
complacency (zelf)voldoening
complain klagen
complaint aanklacht, klacht
complaint book klachtenboek
complement aanvulling
• complement
complete *bn* volledig, voltallig, compleet • *ww* voltooien, aanvullen
completion voltooiing
complex *bn* ingewikkeld • *zn* woningcomplex • netwerk
complexion (gelaats)kleur, teint
complication verwikkeling
compliment compliment
comply ~ *with*, berusten in, zich voegen naar
component bestanddeel
compose samenstellen, vormen
• opstellen • componeren
• zetten (drukkerij)
composed bedaard, kalm
composer samensteller
• componist
composite samengesteld
composition samenstelling, compositie • opstel
compositor (letter)zetter
composure kalmte
compound *zn* omsloten terrein
• samenstelling • *ww*

samenstellen, verergeren • *bn*
samengesteld
comprehend begrijpen
comprehensible begrijpelijk
comprehension begrip
  • realisatie
comprehensive veelomvattend,
compleet • ~ *school*, (ongeveer)
scholengemeenschap
compress *zn* kompres • *ww*
samendrukken
comprise bevatten, samenvatten
compromise *zn* schikking • *ww*
schikken • in opspraak
brengen
compulsion dwang
compulsory dwingend
  • gedwongen, dwang-
compunction wroeging
compute berekenen
computer computer
comrade kameraad, makker
concave *bn* hol • *zn* holte
conceal verbergen, verzwijgen
concede toestaan, toegeven
conceit verwaandheid,
verbeelding
conceited verwaand
conceivable denkbaar
conceive zich voorstellen,
begrijpen • opvatten • zwanger
worden
concentration concentratie • ~
camp, concentratiekamp
conception opvatting, conceptie
concern *zn* aangelegenheid
  • onderneming • belang • zorg
  • belangstelling • *ww* betreffen
  • raken • zich bekommeren
  (about, for, om)
concerned bezorgd • betrokken

concerning betreffende
concert concert
concerto concert (muziekstuk)
concession vergunning
  • concessie
conciliate verzoenen
concise beknopt, kort
conclude af-, besluiten
conclusion besluit,
gevolgtrekking • slot • slotsom
conclusive afdoend
concord eendracht
concordant overeenstemmend
concourse toe-, samenloop
concrete *bn* concreet • vast • *zn*
beton
concurrence samenkomst
  • medewerking • instemming
concurrent gelijktijdig,
samenvallend
concussion hersenschudding
condemn veroordelen
condemnation veroordeling
condensation verdichting,
condensatie
condescend zich verwaardigen
condescending neerbuigend
condition toestand • voorwaarde,
conditie • rang, stand
conditional voorwaardelijk
condole condoleren
condolence condoleantie
condom condoom
conducive bevorderlijk
conduct *zn* gedrag • leiding • *ww*
(ge)leiden
conductor conducteur • dirigent
  • bliksemafleider • geleidraad
conduit leiding • buis
cone kegel • sparappel • ijshoren
confection suikergoed

confectioner snoep- en chocoladeverkoper

confectioner's (shop) snoep- en chocoladewinkel

confederate *zn* bondgenoot • *bn* verbonden

confederation bondgenootschap • (staten)bond

confer verlenen • beraadslagen, confereren • *cf.* = confer, vergelijk, vgl.

conference conferentie

confess bekennen, biechten

confession bekentenis, biecht

confessional biechtstoel • biecht

confessor biechtvader • belijder

confide vertrouwen

confidence (zelf)vertrouwen

confidential vertrouwelijk • ~ *clerk*, procuratiehouder

confine *zn* grens • *ww* bepalen • opsluiten • grenzen

confinement begrenzing • arrest • bevalling

confirm bevestigen, bekrachtigen

confiscate beslag leggen

conflagration (zware) brand

conflict botsing, conflict

confluence samenvloeiing, toeloop

conform (zich) schikken (naar) • in overeenstemming brengen (met)

confound verwarren, beschamen

confounded verward, beschaamd

confront confronteren

confuse verwarren

confusion verwarring

congeal stollen, bevriezen

congelation bevriezing, stolling

congenial aangenaam

congenital aangeboren

congestion opstopping • verkeersopstopping

conglomeration opeenhoping

congratulate gelukwensen, feliciteren

congratulation gelukwens

congratulations! gefeliciteerd!

congregate vergaderen

congress congres

congruent overeenstemmend

conic(al) kegelvormig

conjoin samenvoegen

conjugal echtelijk

conjugation vervoeging

conjure bezweren • goochelen

conjurer tovenaar, goochelaar

connect verbinden

connection samenhang • verbinding (openbaar vervoer • telefoon) • familie(betrekking)

connive samenzweren • beramen

connoisseur (kunst)kenner

connotation (bij)betekenis

conquer veroveren

conqueror veroveraar • *sp* beslissende partij

conquest verovering

conscience geweten

conscientious nauwgezet

conscious bewust

consciousness bewustzijn

conscript dienstplichtige

consecrate toe-, inwijden, inzegenen

consecutive opeenvolgend • *gram* gevolgaanduidend

consecutively achtereenvolgens

consent *zn* toestemming • *ww*

toestemmen

consequence gevolg, gevolgtrekking • betekenis

consequent daaruit volgend

conservation bewaring • behoud

conservative conservatief, behoudend

conservatory broeikas • muziekschool

conserve conserveren

conserves *mv* conserven *mv*

consider overwegen, beschouwen

considerable aanzienlijk, erg

considerate attent

consideration overweging

consigment overdracht, consignatie

consignee geconsigneerde, geadresseerde

consignment note vrachtbrief

consist *(of)* bestaan (uit)

consistent consequent • verenigbaar

consolation troost

console troosten

consolidate bevestigen, consolideren

consonant medeklinker • ~ *with*, overeenstemmend met

consort *zn* gemaal • *ww* omgang hebben met

conspicuous in 't oog vallend, duidelijk

conspiracy samenzwering

conspirator samenzweerder

constable politieagent

constabulary politiekorps

constancy standvastigheid

constant standvastig

constellation constellatie

consternation ontsteltenis

constipation constipatie

constituent *zn* bestanddeel, kiezer • *bn* samenstellend

constitution gestel, gezondheid • constitutie • grondwet

constrain bedwingen • noodzaken

constrained (af)gedwongen

constraint dwang

constriction beperking, restrictie

construct bouwen

construction bouw, aanbouw • samenstelling, inrichting

consul consul

consulate consulaat

consult raadplegen

consultation consult

consultative, raadgevend

consulting hours spreekuur

consumable *bn* gebruiks-

consume verbruiken, consumeren • verteren

consumer verbruiker, afnemer, consument

consummate *bn* volmaakt • *ww* voltooien

consumption consumptie, verbruik

contact *zn* aanraking, contact • *ww* zich in verbinding stellen met

contact-breaker points contactpunten

contact lenses contactlenzen

contagious besmettelijk

contain bevatten • bedwingen

container houder, reservoir • container

contaminate besmetten

• bederven
contemplate overwegen
• overpeinzen • beschouwen
contemporary *zn* tijdgenoot • *bn* modern • gelijktijdig
contempt verachting
contemptible verachtelijk
contend twisten
content *bn* tevreden • *ww* tevreden stellen
contented tevreden, vergenoegd
contention twist, strijd
contentment tevredenheid
contents inhoud
contest *zn* wedstrijd • *ww* bestrijden
contestable betwistbaar
context verband
contiguous aangrenzend
continent vasteland • continent
continental vastelands-
• continentaal
contingent *zn* contingent
• vertegenwoordiging • *bn* afhankelijk
continual aanhoudend, gestadig, voortdurend
continuation voortzetting, vervolg
continue blijven, voortzetten, vervolgen, voortduren
continuous doorlopend
• voortdurend • ~ *industry*, continubedrijf
contortion verdraaiing
contour omtrek
contraceptive voorbehoedsmiddel
contraceptive pill anticonceptiepil
contract *zn* verdrag, contract

• *ww* samentrekken • aangaan, sluiten
contractor aannemer
contradict tegenspreken
contradictory tegenstrijdig
contrary *bn* tegengesteld, strijdig
• *zn* tegendeel
contrast tegenstelling
contribute bijdragen
contrite berouwvol
contrivance vinding, verzinsel
• list
control *zn* controle • toezicht
• bestuur • bedwang • *ww* beheersen • leiden, besturen
• controleren
controller beheerder, toeziener
control tower verkeerstoren
controversy strijdpunt • dispuut
contusion kneuzing
convalescence herstel
convalescent herstellend(e)
convene samenroepen, -komen
convenient gelegen, gemakkelijk
convent klooster
convention bijeenkomst, overeenkomst, conventie
conversation conversatie
converse converseren, zich onderhouden
conversion bekering • conversie
• omzetting
convert *zn* bekeerling • *ww* bekeren
convertible auto met vouwdak
convex bol
convey vervoeren • overbrengen, uiten
conveyor lopende band
convict gevangene
conviction veroordeling,

overtuiging
convince overtuigen
convivial vrolijk, gezellig
convocation bijeenroeping
convoke bijeenroepen
convoy *zn* konvooi • *ww* (be)geleiden, konvooieren
convulsion stuip(trekking)
cook *zn* kok • *ww* koken (eten)
cooked gekookt
cookery book kookboek
cookie *Amer* koekje
cool *bn* koel • fris • onverschillig • brutaal • *ww* ~ *(down)*, be-, verkoelen
coolant koelvloeistof
coolant duct koelwaterleiding
coolant pump waterpomp
cooled gekoeld
coolness koelheid, koelte
co-operation samenwerking
cop smeris
cope ~ *with*, 't hoofd bieden • aankunnen
copious overvloedig
copper koper • kopergeld • *gemeenz* politieagent
copperplate kopergravure
copse kreupelhout
copulation paring
copy kopie • exemplaar
copyright auteursrecht • (in boek) nadruk verboden
coquettish koket
coral koraal
cord koord, snoer, touw
cordial hartelijk
cordiality hartelijkheid
cordon *mil* kordon
core binnenste, kern • klokhuis
cork kurk

corkscrew kurkentrekker
corn koren • graan • *Amer* maïs • eksteroog, likdoorn
corner hoek • hoekschop
corner seat hoekplaats
cornet horen • kornet
cornflower korenbloem
corn poppy klaproos
coronation kroning
coroner lijkschouwer
corporal *zn* korporaal • *bn* lichamelijk
corporation genootschap, vereniging
corps korps
corpse lijk
corpulent gezet, zwaarlijvig
correct *ww* verbeteren • *bn* precies, juist
correction verbetering, terechtwijzing
correspond corresponderen • overeenkomen • aansluiten (treinen)
correspondence overeenkomst • briefwisseling
correspondence course schriftelijke cursus
corridor gang (in huis, hotel)
corroborate versterken • bekrachtigen
corrode invreten, verroesten
corrosive invretend
corrupt *bn* be-, verdorven • *ww* bederven, omkopen
corruptible omkoopbaar • bederfelijk
corruption corruptie, omkoping
cosmetic schoonheidsmiddel, cosmetisch
cosmetics cosmetica

cosmopolitan kosmopolitisch

cost *zn* prijs • kosten *mv*, uitgave • *at my* ~, op mijn kosten • *to my* ~, tot mijn schade • *ww* **(cost; cost)** kosten

costly kostbaar, duur

costume klederdracht • kostuum

cosy *bn* gezellig, behaaglijk • *zn* theemuts

cot kinderbed • vouwbedje

cottage zomerhuisje

cotton katoen

cotton wool watten

couch sofa • ligbank

cough *zn* hoest • *ww* hoesten

cough mixture hoestdrank

could zie *can*

council raad • beraadslaging

counsel raad, overleg • adviseur, advocaat

counsellor raadgever, raadsman

count *zn* graaf • *ww* tellen, rekenen

countenance gelaat • voorkomen, steun • *ww* steunen, aanmoedigen

counter *zn* fiche • teller • toonbank, balie • *ww* weerleggen, tegenspreken

counteract tegenwerken • neutraliseren

counterbalance opwegen tegen

counterfeit *ww* namaken, vervalsen • *bn* nagemaakt, vals

countermand herroepen

counter-move tegenzet

counterpane beddensprei

counterpart tegenhanger • equivalent

counting rekenen

countless talloos

country land • platteland

countryhouse landhuis, villa

country life landleven

country map landkaart

country road landweg

country-seat buitenplaats, landgoed

countryside platteland

county graafschap

couple paar, koppel, echtpaar

courage durf (moed)

courageous moedig

courier renbode, koerier

course loop, ren • wedloop • koers • cursus • gang (van maaltijd) • *in due* ~, te zijner tijd

court hof, rechtbank • (binnen)plaats • ~ *of arbitration*, scheidsgerecht

courteous beleefd, hoffelijk

courtesy hoffelijkheid

court-martial krijgsraad

courtship hofmakerij

courtyard binnenplaats

cousin neef, nicht (kind v. oom of tante)

cove inham, baai

covenant verdrag • overeenkomst, akte

cover *zn* deksel • bedekking • schuilplaats • (boek) omslag • (tafel) couvert • stolp • *fig* dekmantel • *ww* (be)dekken

covert heimelijk, verborgen

covetous begerig, hebzuchtig

cow *zn* koe • *ww* bang maken, intimideren

coward lafaard

cowardice laf(hartig)heid

cowardly laf, lafhartig

coy preuts
crab krab
crack *zn* krak, barst • kraan, piet • *bn* chic, best, keur- • *ww* kraken, barsten
cradle wieg • spalk
craft handwerk, ambacht • kunst, list • vaartuig
craftiness listigheid
craftsman (geschoold) arbeider, vakman
crafty listig • sluw
cram volstoppen
cramp kramp • kram
cranberry veenbes
crane kraanvogel • hefkraan
crank zwengel, handvat, kruk
crank-axle trapas
crankshaft krukas
crape krip, floers
crash botsing • geraas, gekraak • neerstorten • bankroet • krach
crash helmet valhelm
crass grof, lomp
crate krat • kist (vliegmachine)
crater krater
crave smeken • hunkeren
crawfish rivierkreeft
crawl *ww* kruipen, sluipen • *sp* crawlen
crayon (teken)krijt • pasteltekening
crazy krankzinnig
creak kraken
cream room
creamery zuivelfabriek
crease *zn* kreuk, plooi • *ww* kreuken, plooien
crease-resisting kreukvrij
create scheppen
creation schepping

creator schepper
creature schepsel
crèche crèche
credence geloof, geloofwaardigheid
credential kwalificatie • geloofsbrief
credible geloofwaardig
credit *zn* goede naam • krediet • *ww* geloven • crediteren
credit card creditcard
creditor crediteur
credulous lichtgelovig
creed geloof, belijdenis
creek kreek • riviertje
creep (crept; crept) kruipen
creepy griezelig
cremate cremeren
cremation crematie
crept zie *creep*
crescent halve maan
cress tuinkers
crest kam, kuif, top
crestfallen teneergeslagen
crevice spleet, scheur
crew bemanning • ploeg
crib krib • kinderbedje
cricket krekel • *sp* cricket
cricketer cricketspeler
crime misdaad
criminal misdadiger • *bn* misdadig
cringe ineenkrimpen
cripple kreupel, verminkt
crisis keerpunt • crisis
crisp *bn* krakend • bros • fris • pittig • kroezend • *ww* krullen
crisps chips
critic beoordelaar, criticus
critical hachelijk, kritiek

criticism kritiek
criticize beoordelen, kritiseren, hekelen
crochet-work haakwerk
crock *fig* wrak
crockery aardewerk
crocodile krokodil
crook kromming, bocht • oplichter
crooked krom, gebogen • verkeerd, slinks
crop oogst • krop • *ww* plukken, oogsten • afknippen
cross *zn* kruis • *bn* dwars, verkeerd • slecht gehumeurd • ~ *with,* boos op • *ww* oversteken, kruisen, tegenwerken, dwarsbomen
cross-country *(sp)* veldloop
cross-country bicycle crossfiets
cross-country skiing langlaufen
cross-examination kruisverhoor
crossing overweg • oversteekplaats, kruising • overtocht
crossroad zijweg
crouch bukken, kruipen
crow *zn* kraai • gekraai • *ww* kraaien
crowbar koevoet, breekijzer
crowd gedrang, menigte
crown kroon • kruin
crucial kritiek
crucible smeltkroes • vuurproef
crucifix kruisbeeld, crucifix
crucify kruisigen
crude rauw, ruw, grof • onrijp
cruel wreed
cruelty wreedheid
cruet set olie- en azijnstelletje
cruise *zn* pleziervaart • *ww*

kruisen
cruiser kruiser
cruising speed kruissnelheid
crumb kruimel
crumple verkreukelen
crunch kraken, knarsen
crusade kruistocht
crusader kruisvaarder
crush *zn* verplettering • *ww* verpletteren, vermorzelen
crush-room koffiekamer
crust korst
crutch kruk • *fig* steun
cry *zn* (ge)roep, (ge)schreeuw • kreet • *ww* (**cried; cried**) schreeuwen, huilen, roepen
crystal kristal
cub jong, welp
cube *zn* kubus • klontje (suiker) • bouillonblokje • *bn* kubiek
cubic kubieke
cuckoo koekoek
cucumber komkommer
cuddle knuffelen
cudgel knuppel
cue wachtwoord • vingerwijzing • keu
cuff *zn* manchet • oorvijg • *ww* slaan, kloppen
culinary van de keuken, kook-
culmination hoogtepunt, culminatie
culpable schuldig, misdadig
culprit schuldige
cult cultus, eredienst
cultivate (be)bouwen, aankweken, beschaven
cultivation bebouwing • beschaving, cultuur • aankweking
culture akkerbouw • beschaving,

cultuur
cumbersome hinderlijk
cumulative opeenhopend
cunning handig, listig, sluw
cunt kut
cup kopje, beker, kelk
cup and saucer kop-en-schotel
cupboard kast
cupola koepel (dak)
curable geneeslijk
curate hulpprediker • kapelaan
curator curator
curb toom • stoeprand
curdle stremmen (melk)
cure zn genezing
 • predikantsplaats • ww
genezen
cured genezen
curios curiosa
curiosity nieuwsgierigheid
 • curiositeit
curious nieuwsgierig • curieus,
zeldzaam
curl zn krul, kronkeling • ww
krullen, kronkelen
curlers krulspelden
curls krullen
curly krul-, kroes-
currant aalbes • krent
currency koers, omloop,
circulatie, valuta • deviezen mv
 • gangbaar geld
current actueel, gangbaar,
courant • zn stroming, stroom,
loop • alternating ~,
wisselstroom • continuous
(direct) ~, gelijkstroom
 • huidige
curry kerrie
curse zn vloek • ww vervloeken
cursory vluchtig

curt kort, kortaf
curtail beknotten, korten
curtain gordijn, scherm
curtsy buiging, revérence
curve zn bocht, kromming, ww
buigen, krommen
cushion kussen • biljartband
custard vla
custodian bewaarder
custody bewaring, bewaking,
hoede • hechtenis
custom gewoonte, usance,
gebruik • ~s, douane
customer klant
custom-house douanekantoor
Customs douane
customs examination
douanecontrole
customs office douanekantoor
customs officer douanebeambte
cut zn snede, houw • snit • ww
(cut; cut) snijden, afnemen
 • knippen • couperen • (fig)
negeren • ~ down, besnoeien
 • ~ off, afsnijden, -slaan, -
breken, -sluiten • ~ oneself, zich
snijden
cut-away (coat) jacquet
cute gemeenz Amer lief, schattig
cutlery bestek (mes, vork)
cutlet karbonade
cut-out uitschakelaar • vrije
uitlaat • uitknipsel
cutter coupeur • kotter
cut-throat bn moorddadig
cutting krantenknipsel
cwt. = hundredweight, centenaar
cyber café internetcafé
cycle zn rijwiel, fiets • kringloop
 • ww fietsen • fietsen
cycle track fietspad

cycling-tour fietstocht
cycling-track fietspad
cyclist wielrijder, fietser
cyclopaedia encyclopedie
cylinder cilinder
cynic(al) cynisch

D

dab *zn* por • tikje • *ww* betten
dabbler beunhaas
dad, daddy pa, pappie
daffodil gele narcis
dagger dolk, kruisje (†)
daily dagblad • *bn* dagelijks
dainty lekker • (kies)keurig • fijn,
aardig, sierlijk
dairy melkerij, melkslijterij
dairy-fresh roomboter
dairy-produce zuivel
daisy madeliefje
dally stoeien • dartelen
dam dam, dijk
damage *zn* schade, beschadiging
• *ww* beschadigen, havenen
damaged beschadigd
damask damast
damn vloeken, verdoemen
damp *zn* nevel • vochtigheid • *bn*
vochtig
damp-proof bestand tegen vocht
damsel deertje • juffertje
damson damastpruim
dance *zn* dans • *ww* dansen
dance hall dancing
dancer danser, danseres
dancing het dansen, gedans
dandelion paardebloem

dandruff roos (haar)
danger gevaar
dangerous gevaarlijk
dangle bengelen
Danish Deens
Danube Donau
dare durven • tarten
dare-devil waaghals
daring gedurfd
dark duister, donker • donker
darken verdonkeren,
verduisteren • donker worden
darkness duisternis
darling lieveling
darn stoppen • ~ *it*, verdorie
darned verdomd
dash *zn* slag • *fig* zwier, elan
• golfslag • *ww* slaan, botsen,
kletsen
dashboard dashboard
dashing onstuimig • kranig
• zwierig
data gegevens
date *zn* dagtekening • datum
• afspraakje • dadel
• dadelpalm • *ww* dagtekenen
date of birth geboortedatum
daub *zn* smeer • *ww* besmeren,
kladschilderen
daughter dochter
daughter-in-law schoondochter
dauntless onverschrokken
dawdle treuzelen, talmen
dawn *zn* dageraad • *ww* licht
worden • duidelijk worden
day dag
day-break dageraad
daylight daglicht
day nursery crèche
day ticket dagkaart
daytime (in the) overdag

daze verdoven • doen duizelen

dazzle verblinden • verbijsteren • ~ *lamp*, schijnwerper (v. auto)

dead dood • doods

dead-beat doodop

deaden (ver)doven, dempen

dead heat *sp* gelijk op

deadlock impasse

deadly dodelijk

deaf doof • ~ *and dumb*, doofstom

deal (dealt; dealt) *ww* ronddelen • handelen • geven (speelkaarten) • *zn* hoeveelheid, transactie • *the New Deal, Amer)* de nieuwe ordening van de maatschappij

dealer handelaar • gever (van kaarten) • dealer

dear lief, dierbaar, duur • *oh~!*, o jé!, o, hemel!

death dood

death penalty doodstraf

death taxes successierechten

debase verlagen • vernederen

debate *zn* debat • *ww* debatteren, betwisten

debauch *ww* verleiden, verderven • *zn* uitspatting

debilitate verzwakken

debility zwakte

debit *zn* debet • *ww* debiteren

debouch (into) uitmonden in

debt schuld (geld)

debtor debiteur, schuldenaar

début debuut

decade tiental jaren, decennium

decanter karaf

decapitate onthoofden

decay *zn* verval • *ww* vervallen • achteruitgaan

decease *zn ww* overlijden

deceit bedrog, misleiding

deceitful bedrieglijk

deceive bedriegen, misleiden

December december

decency fatsoen

decennial tienjarig

decent behoorlijk, fatsoenlijk

deception bedrog, misleiding

decide beslissen

decimetre decimeter

decision beslissing, besluit

decisive beslissend

deck dek

deckchair ligstoel

declaim opzeggen, voordragen

declaration verklaring • bekendmaking • aangifte

declare aangeven (douane) • verklaren • ~ *off*, afgelasten

declination afwijking

decline *zn* verval • *ww* vervallen • afwijzen, weigeren • *gram* verbuigen

declivity helling

decoct afkoken

decompose ontbinden

decorate versieren

decoration versiering • ridderorde

decorum welvoeglijkheid, decorum

decoy *ww* lokken • *zn* lokaas • lokvogel

decrease *zn* vermindering • *ww* verminderen, afnemen

decree *zn* decreet, gebod • *ww* verordenen

decrepit afgeleefd

dedicate wijden

dedication wijding, opdracht

deduce afleiden
deduct aftrekken
deduction aftrekking • korting
deed daad • akte
deem oordelen, achten
deep donker (kleur) • diep
• diepzinnig
deepen verdiepen
deep-rooted ingeworteld
deer (*mv* deer) hert
defamation smaad, laster
default gebrek, fout
defeat *zn* nederlaag • *ww* verslaan
defect gebrek, defect
defective defect, gebrekkig
defence verdediging, verweerschrift • ~s, verdedigingswerken *mv*
defend verdedigen
defendant gedaagde
defensive defensief
• verdedigend
defer uitstellen, dralen
deference eerbied, achting
defiance uitdaging, tarting
deficiency gebrek, tekortkoming
• defect, deficit
deficient gebrekkig
defile *zn* bergkloof, engte • *ww* onteren
define bepalen • definiëren
definite bepaald
definition bepaling, definitie
definitive beslissend, definitief
deformity mismaaktheid
defraud bedriegen
defray bekostigen
deft handig, vaardig
defunct niet meer bestaand/ actief

defy (defied; defied) trotseren
• uitdagen
deg. = *degree(s)*, graad, graden
degenerate *bn* ontaard • *ww* ontaarden
degeneration ontaarding
degradation degradatie, verlaging • ontaarding
degree graad • rang, stand
deign zich verwaardigen
deity godheid
dejected neerslachtig
delay *zn* oponthoud • uitstel, vertraging • *ww* uitstellen
delectable verrukkelijk, genotvol
delegate gemachtigde, afgevaardigde
delegation afvaardiging
deleterious schadelijk
Delftware Delfts aardewerk
deliberate *bn* opzettelijk
• weloverwogen • *ww* beraadslagen
deliberation overleg, beraad, beraadslaging
delicacy kiesheid • lekkernij
delicate fijn, teer • kies • lekker
delicatessen delicatessen
delicious heerlijk
delight *zn* lust, genot • genoegen
• *ww* verheugen, bekoren
delightful heerlijk, verrukkelijk
delimitation afbakening
delinquent delinquent, schuldige
delirious ijlend • dol
deliver bevrijden, verlossen
• overhandigen, af-, overleveren
deliverance verlossing
• bevrijding, redding
• uitspraak

delivery (af)levering • verlossing • bevalling
delivery van bestelwagen
delude misleiden
deluge zondvloed • overstroming
delusion waan • dwaling
demand *zn* vraag • eis • *in ~*, gezocht (v. waren) • *ww* vragen, eisen
demarcation afbakening
demeanour houding, gedrag
demented krankzinnig
demerit fout, gebrek
demise overdracht • overlijden
demission afstand • ontslag
demobbed *gemeenz* gedemobiliseerd
democracy democratie
democratic(al) democratisch
demolish afbreken, slopen
demolition afbraak, sloop
demon boze geest, duivel
demonstrate aantonen • betogen
demonstration bewijs • demonstratie • betoog
demonstrator betoger
demur aarzelen, weifelen
demure(ly) stemmig, zedig
den hol • (studie)kamer
denial ontkenning, (ver)loochening, weigering
denim spijkerstof
denizen bewoner
Denmark Denemarken
denominate (be)noemen, betitelen
denominator noemer
denote aanduiden, aanwijzen
denounce aangeven • aanklagen • veroordelen, wraken
denouncement aanklacht

dense dicht • stompzinnig
density dichtheid
dent deuk
dental tand-, tanden-
dentifrice tandpasta
dentist tandarts
dentures kunstgebit
denude ontbossen • ontnemen
denunciate aanklagen • aan de kaak stellen
denunciation aangifte • afkeuring
deny (**denied**; **denied**) ontkennen, loochenen • ontzeggen
deodorant deodorant
depart vertrekken
department werkkring, afdeling, departement • *~store*, warenhuis
departure vertrek • vertrek
depend afhangen • steunen
dependence afhankelijkheid
dependencies bijgebouwen *mv*
dependent afhankelijk
depict afbeelden
deplorable betreurenswaardig
deplore betreuren, beklagen
depose afzetten, deponeren • getuigenis afleggen
deposit *zn* storting • deposito • pand • borgsom • neerslag • *ww* in bewaring geven • storten
depot depot • (tram) remise
depravation bederf, verdorvenheid
depravity verdorvenheid
deprecate waarschuwen voor
depress (neer)drukken, neerslachtig maken

depression drukking
• neerslachtigheid • depressie
• malaise

deprivation beroving • ontzetting
(uit ambt) • verlies • gebrek

depth diepte • diepzinnigheid

deputation afvaardiging

deputy afgevaardigde,
plaatsvervanger

derail ontsporen

derailleur gear derailleur

derange storen, verwarren

derby derby

derelict verlaten, onbeheerd (v.
schepen)

dereliction verlating,
(plichts)verzuim

derision bespotting

derisory bespottelijk, spot-

derive afleiden (uit) • afstammen
(van)

derogatory benadelend
• vernederend

derrick (hef)kraan • boortoren

descend afdalen, neerkomen
• afstammen

descendant afstammeling

descent (af)daling • afstamming

describe omschrijven

description beschrijving

desecrate ontwijden, onteren

desert bn woest, onbewoond • zn
woestijn • ww verlaten,
deserteren

deserter deserteur

deserve verdienen

design zn plan, bedoeling • ww
schetsen, ontwerpen
• voorhebben • bestemmen

designation aanduiding,
bestemming

desirable begeerlijk, wenselijk

desire zn begeerte, wens • ww
verlangen, begeren

desirous begerig

desist afzien, ophouden

desk bureau • balie

desolate verlaten • naargeestig

desolation verwoesting,
verlatenheid, troosteloosheid

despair zn wanhoop • ww
wanhopen

desperate wanhopig, radeloos

despicable verachtelijk

despise verachten

despite ondanks

despoil beroven, vernielen

dessert nagerecht, dessert

destination bestemming

destiny bestemming, noodlot

destitute hulpbehoevend,
verstoken

destroy vernielen, vernietigen

destroyer torpedojager

destruction vernieling,
vernietiging

desultory onsamenhangend
• vluchtig

detach losmaken • detacheren

detachment losmaking,
onverschilligheid
• detachement

detail detail

details gegevens

detain ophouden, gevangen
houden • aanhouden

detect ontdekken, betrappen

detective detective, rechercheur

detention gevangenhouding

detergent schoonmaakmiddel,
(af)wasmiddel

deteriorate verergeren,

achteruitgaan
determinate bepaald, vast
determined vastbesloten, resoluut
determination bepaling • besluit
determine bepalen, besluiten • eindigen
detest verfoeien, verafschuwen
detestable verfoeilijk
detonate ontploffen
detonation ontploffing, knal
detour omweg
detract (from) afbreuk doen (aan) • verkleinen
detraction afbrekende kritiek • kleinering, kwaadsprekerij
detriment schade, nadeel
detrition afslijting
deuce twee (op dobbelstenen en speelkaarten) • 40 gelijk (tennis)
devaluation devaluatie
devastation verwoesting
develop ontwikkelen
developer ontwikkelaar
development ontwikkeling • ~ *(developing) aid,* ontwikkelingshulp
deviate afwijken
device apparaat • uitvinding • oogmerk • list
devil duivel
devious afwijkend
devise verzinnen, uitdenken • aanstichten • legateren
devoid of verstoken van
devolve overdragen, doen overgaan • te beurt vallen
devote wijden, toewijden
devotion toewijding, godsvrucht, vroomheid

devour verslinden
devout diep religieus
dew dauw
dexterity behendigheid, handigheid
dexterous rechts • behendig
diabetes suikerziekte
diabetic suikerpatiënt
diabolic(al) duivels
diagnosis diagnose
dial *zn* zonnewijzer • wijzerplaat • *tel* nummerschijf • *ww* een nummer draaien, opbellen • ~*ling tone,* zoemertoon
dialect tongval, dialect
dialling code netnummer
dialogue dialoog, tweegesprek
diameter middellijn
diamond diamant
diaper luier
diaphanous doorschijnend
diaphragm middenrif
diarrhoea diarree
diarrhoea (something for) stopmiddel
diary agenda • dagboek
dice *zn* dobbelstenen *mv* • *ww* dobbelen
dick lul, pik • politieagent, smeris
dictate voorzeggen • dicteren
dictation dictee, dictaat
diction uitspraak
dictionary woordenboek
did zie *do*
didactic didactisch, leer-
die (died; died) sterven, overlijden
diesel oil dieselolie
diet dieet
dietary food dieetvoeding

differ verschillen
difference verschil
different verschillend
differentiate onderscheiden
difficult lastig, moeilijk
difficulties moeilijkheden
difficulty moeilijkheid
diffident bedeesd
diffuse verspreiden • verstrooien
dig (dug; dug) *ww* graven • *zn* por, duw • *gemeenz* ~s, kamer, woning
digest verteren • systematiseren • *zn* overzicht
digestion spijsvertering
digit vingerbreedte • cijfer beneden tien
dignified waardig, deftig
dignity waardigheid
dike *zn* sloot • dijk • *ww* indijken
dilapidation verwaarlozing • verval
dilatation uitzetting
dilate uitbreiden, uitzetten
diligence ijver, vlijt
diligent ijverig, vlijtig
dilute *ww* verdunnen • *bn* verdund
dim *bn* duister, schemerig • vaag • dof • dom • *ww* verduisteren, dimmen
dime *Amer* munt van tien dollarcent
dimension afmeting • omvang • dimensie
diminish verminderen
diminution vermindering
diminutive verkleinwoord
dimmed headlight dimlicht
dimness duisterheid, dofheid
dimple (wang)kuiltje

din geraas, lawaai
dine eten, dineren
dining car restauratierijtuig
dining room eetzaal
dinner *Br* middagmaal • diner • *have* ~, dineren
dinner jacket smoking
dinner set eetservies
dinosaur dinosaurus
dip indopen
diphtheria difterie, difteritis
diplomat diplomaat
dire akelig, ijselijk
direct *bn* rechtstreeks • *ww* richten, besturen
direct flight non-stopvlucht
direction kant (richting) • directie • bewind, bestuur, beheer • adres (van brief)
directions (for use) gebruiksaanwijzing
director directeur • bestuurder • commissaris • directeur
directory adresboek
dirigible bestuurbaar
dirt slijk, vuil
dirty vuil, smerig
disable onbekwaam-, onschadelijk maken • buiten gevecht stellen • onttakelen (schip)
disabled invalide, verminkt • ontredderd • stuk
disabled person invalide (persoon)
disadvantage nadeel
disagree verschillen, het oneens zijn
disagreeable onaangenaam
disagreement meningsverschil
disappear verdwijnen

disappeared verdwenen
disappoint teleurstellen
disappointment teleurstelling
disapprobation, disapproval afkeuring
disapprove afkeuren
disarm ontwapenen
disaster ramp, onheil
disavow ontkennen, (ver)loochenen
disavowal ontkenning, (ver)loochening
disband uiteengaan • afdanken
disbelief ongeloof
disburden ontlasten
disc zie *disk*
discard wegleggen • afdanken
disc brake trommelrem
discern onderscheiden
discernment onderscheidingsvermogen, doorzicht
discharge *zn* ontslag • kwijtschelding • losbranding • aflossing • ontlading • etter • ontlasting • *ww* ontslaan, ontheffen • afschieten • kwijtschelden • vrijspreken
disciple leerling
discipline *zn* (krijgs)tucht, discipline • *ww* tuchtigen
disclaim ontkennen, afwijzen
disclose openbaren, onthullen
disco disco
discolour verkleuren
discomfit uit 't veld slaan • verijdelen
discomfort ongemak • leed
disconcert van zijn stuk brengen
disconnect losmaken • ontbinden
discontent *zn* misnoegen,

ontevredenheid • *bn* misnoegd
discontinue staken, intrekken • opzeggen (abonnement)
discord tweedracht, verdeeldheid
discordant onenig • onharmonisch
discotheque disco(theek)
discount *zn* disconto, korting • *ww* (ver)disconteren
discourage ontmoedigen, afschrikken
discourse redevoering • preek
discourtesy onbeleefdheid
discover ontdekken
discovery ontdekking
discredit *zn* slechte naam • *ww* niet geloven
discreet voorzichtig, tactvol
discretion voorzichtigheid, tact • oordeel
discriminate onderscheiden
discuss bespreken
discussion discussie
disdain minachten, versmaden
disdainful minachtend
disease ziekte, kwaal
diseased ziek
disembarkation ontscheping, landing
disembarrass bevrijden, ontlasten • ontwarren
disembroil ontwarren
disengage los-, vrijmaken
disentangle ontwarren
disfavour ongenade
disfigure mismaken, schenden, verminken
disgrace ongenade • schande • schandvlek
disgraceful schandelijk

disguise *zn* vermomming • *ww* vermommen • verbloemen
disgust walging • afkeer • *be ~ed at*, walgen van
dish *zn* schotel, schaal, gerecht • *ww* opdissen • gerecht
dishcloth vaatdoek
dishearten ontmoedigen
dishonest oneerlijk
dishonour *zn* oneer • *ww* onteren • niet betalen (wissel)
dishwasher afwasmachine
disillusion ontgoocheling
disinclination tegenzin
disinclined ongenegen, afkerig
disinfect ontsmetten
disinherit onterven
disintegrate ontbinden
disinterested belangeloos
disjoin afscheiden
disk discus • schijf • plaat • (floppy) disk
dislike *zn* afkeer, tegenzin • *ww* 'n hekel hebben aan
dislocate ontwrichten
disloyal ontrouw
dismal akelig, triest
dismantle ontmantelen, demonteren
dismay verslagenheid • ontsteltenis
dismiss wegzenden • inrukken • ontslaan • zich afzetten
dismissal, dismission ontslag
dismount afstijgen
disobedient ongehoorzaam
disobey ongehoorzaam zijn
disorder *zn* wanorde • kwaal • *ww* verwarren
disorderly wan-, onordelijk
disorganize desorganiseren

• ontwrichten
disown verloochenen
disparage kleineren
dispassionate bedaard, koel
dispatch *ww* (met spoed) verzenden, afhandelen • *zn* (spoed-)bericht
dispel ver-, uiteendrijven
dispensary apotheek
dispensation ontheffing
dispense uitdelen, ontheffen van
dispensing chemist apotheker
disperse verstrooien
displace verplaatsen
displaced person ontheemde
display *zn* vertoning • *ww* vertonen, etaleren • ten toon spreiden
displeasure misnoegen, ontstemming
disposal beschikking
dispose schikken, regelen • *~ of*, beschikken over • zich ontdoen van
disposed geneigd, gestemd
disposition (rang)schikking • plaatsing • regeling • aard • gezindheid
dispossession onteigening
disproportion wanverhouding
dispute redetwist, geschil • *ww* redetwisten • betwisten
disqualify onbekwaam maken • uitsluiten, diskwalificeren
disquiet verontrusten
disregard *ww* veronachtzamen • *zn* geringschatting
disreputable berucht
disrupt uiteénrukken, vanéénscheuren
dissatisfaction ontevredenheid

dissect ontleden

dissemble verhelen, (ont)veinzen

disseminate uitstrooien
• verspreiden

dissension verdeeldheid

dissenter afgescheidene

dissertation verhandeling

dissimilar ongelijk

dissimulation veinzerij

dissipate verstrooien, verkwisten

dissipation verkwisting,
verspilling

dissoluble oplosbaar

dissolute los(bandig), liederlijk

dissolution ontbinding,
oplossing

dissolve oplossen, ontbinden

dissonance wanklank

dissuade afraden, ontraden

distance afstand

distant afgelegen • ver

distasteful onaangenaam

distil afdruipen • distilleren

distinct onderscheiden,
afgezonderd • duidelijk

distinction onderscheid
• onderscheiding • aanzien
• gedistingeerdheid

distinguish onderscheiden

distinguished aanzienlijk

distort vervormen

distract afleiden (de aandacht)

distraction afleiding

distress nood, ellende

distribution uitdeling, distributie

distributor distributeur
• stroomverdeler

distributor cables verdelerkabels

district wijk, district • ~ *nurse*,
wijkverpleegster

distrust wantrouwen

distrustful wantrouwig

disturb storen, verstoren

disturbance verstoring, stoornis

disuse onbruik

ditch sloot, greppel

divan divan

dive duiken • zich verdiepen in
• *zn Amer* kroegje

diver duiker

diverge uiteenlopen, afwijken

divergent afwijkend

diverse verscheiden

diversion omlegging (weg),
afleiding, vermaak

divert afwenden, afleiden,
vermaken

divide delen, scheiden

dividend deeltal • dividend
• uitkering (bedrijf)

divine goddelijk • *ww* raden,
voorspellen

diving equipment duikuitrusting

diving goggles duikbril

divining rod wichelroede

divisible deelbaar

division verdeling • afdeling,
divisie

divisor deler

divorce *zn* echtscheiding • *ww*
(zich laten) scheiden

divorced gescheiden

divulge openbaren, onthullen

dizzy duizelig

do (did; done) doen, verrichten
• ~*away with*, verwijderen,
wegdoen • ~ *come!*, kom toch!

docile volgzaam

dock dok • haven
• beklaagdenbankje

docker dokwerker

dockyard scheepswerf

doctor arts, doctor, dokter
doctrine leer, leerstelsel
document stuk • document
dodge ontwijken, ontduiken
doe hinde • wijfje
dog hond • mannetje
dogged koppig • onhandelbaar
doggish honds
dog-kennel hondenhok
dogma dogma, leerstuk
doings daden, activiteiten
dole werklozenuitkering
   • aalmoes • *be on the ~*, steun
   trekken
doleful droevig
do-little nietsdoener, leegloper
doll pop (speelgoed)
dollar dollar
dolorous pijnlijk, smartelijk
dolphin dolfijn
dome koepel • gewelf
domestic huiselijk, huishoudelijk
   • *~ animal*, huisdier • *~ science
   school*, huishoudschool
domicile woonplaats
dominate overheersen
dominion heerschappij • *the ~s*,
   Britse gebiedsdelen met
   zelfbestuur
donation gift, schenking
done gedaan • gaar • *~for*, naar
   de bliksem • *~ in*, erbij • *~ up*,
   doodop • zie ook *do*
donkey ezel
donor gever, schenker • donor
don't, do not doe (het) niet, laat
   het
doom vonnis • (nood)lot
door deur
door handle deurkruk
doorkeeper portier

door lock portierslot
doorplate naambordje
doorway ingang, portaal
   • deuropening
dope *zn* drank • verdovend
   middel • sukkel • *ww* met een
   opwekkend middel
   behandelen
dormitory slaapzaal
dose dosis
dot stip, punt
dotage kindsheid
doting liefdevol
dotted line stippellijn
double *zn* duplicaat
   • dubbelganger • *bn* dubbel
   • *ww* verdubbelen • vouwen
   • *(kaartsp)* doubleren
double bed tweepersoonsbed
double-cross dubbel spel spelen
double entry dubbel
   boekhouden
double room
   tweepersoonskamer
doubt *zn* twijfel • *ww* twijfelen
doubtful twijfelachtig
doubtless ongetwijfeld
dough deeg • *gemeenz* geld
doughnut donut
dove duif
down *zn* dons • duin • *bijw*
   beneden, neder
downcast neerslachtig
downfall (regen)bui • val
   • ondergang • instorting
downhearted ontmoedigd,
   gedrukt
downhill (go) bergaf (gaan)
downpour stortbui
downstairs (naar) beneden
   • beneden

downtown zn binnenstad; bn in de (binnen)stad
downward naar beneden
downy donzig, donsachtig
dowry bruidsschat
doze dutten
dozen dozijn
dozy slaperig
Dr. = 1 *doctor* • 2 *debtor*
drab vaal • saai
draft ontwerp, concept • lichting • traite • ww ontwerpen, opstellen
drag zn dreg • ww slepen
dragon draak
drain zn afvoerbuis • ww afwateren, droogleggen
dramatist toneelschrijver
drank zie *drink*
draper manufacturier
drapery manufacturen *mv* • draperie
drastic krachtig, radicaal
draught slok, teug • trek, haal, schets • wissel • tocht • diepgang (van schip) • *there is a ~*, het tocht
draught(s)man damschijf
draughts *mv* damspel
draw (drew; drawn) ww opnemen (geld) • trekken • tekenen, schetsen • *~ from*, ontlenen aan • *~ off*, wegvoeren • *~ on*, meeslepen • trekken op • *~ up*, opstellen • zn trek • loterij • *sp* gelijkspel
drawback bezwaar • nadeel
drawbridge ophaalbrug
drawer lade
drawers *mv* onderbroek • zwembroekje

drawing tekening
drawing pin punaise
drawing room salon
drawl lijzig spreken
drawn onbeslist • zie ook *draw*
dread zn vrees • ww vrezen
dreadful vreselijk, ontzettend
dreadnought bn onverschrokken • zn groot slagschip
dream zn droom • ww **(dreamt; dreamt of dreamed)** dromen
dreamy dromerig
dreary ijselijk, akelig, triest
dredge zn sleepnet, dreg • ww baggeren
dredger baggermolen
dregs *mv* bezinksel
drench doorweken • drenken
dress zn kleding • toilet, kostuum, jurk, japon • ww kleden • (haar) opmaken • (wond) verbinden
dress circle (schouwburg) balkon
dress coat rok (v. heer)
dresser *Amer* dressoir
dressing saladedressing • verband
dressing-case toiletnecessaire • verbandtrommel
dressing gown kamerjas, peignoir
dressing-gown peignoir
dressmaker (kostuum)naaister
dress parade modeshow
dress-preserver sousbras
dress rehearsal generale repetitie
drew zie *draw*
drift drift, stroom, koers • opeenhoping
drift-ice drijfijs

drill *zn* boor • exercitie • *ww* drillen, exerceren • boor

drink *zn* drankje, borrel • *ww* (**drank; drunk**) drinken

drink (soft) frisdrank

drinking chocolate chocolademelk (koud)

drinking straw rietje

drinking water drinkwater

drip druipen, neerdruppelen

dripping ~ *wet*, druipnat

drive *zn* ritje • drijfjacht • oprijlaan • *sp* slag • *ww* (**drove; driven**) drijven, aan-, voortdrijven • (auto)rijden • besturen, mennen • jagen

driver bestuurder • chauffeur

driving-belt drijfriem

driving licence rijbewijs

drizzle motregenen

droll amusant, grappig

drone gonzen, dreunen

droop kwijnen • laten hangen

drop *zn* druppel • afname • val • *ww* laten vallen • afzetten (uit auto)

dropping-bottle druppelflesje

droppings *mv* uitwerpselen *mv*

drought droogte

drove zie *drive*

drowse dommelen

drowsy slaperig

drub afrossen, ranselen

drudge zwoegen, sloven

drug verdovend middel • medicijn

druggist drogist, apotheker

drugs drugs

drugstore *Amer* drogisterij, apotheek, winkel waar van alles verkocht wordt

drum *zn* trom • *ww* trommelen

drummer drummer • slagwerker • *Amer* handelsreiziger

drumstick trommelstok

drunk dronken • zie *drink*

drunkard dronkaard

drunkenness dronkenschap

dry *bn* droog, onvermengd • *ww* (**dried; dried**) drogen • ~ *up*, uitdrogen, opdrogen

dry-clean stomen

dry cleaner stomerij

dry-cleaning chemisch reinigen

dry dock droogdok

dry goods *mv* manufacturen *mv*

dryly droogjes

dryness droogte

dubbed nagesynchroniseerd

dubious twijfelachtig

duchess hertogin

duchy hertogdom

duck eend • duik

duckling jonge eend

duckweed kroos

duct kanaal, buis, leiding

ductile sneed-, kneed-, rekbaar, buigzaam, handelbaar

dude *Amer* kerel

due verschuldigd, verplicht • behoorlijk • *in* ~ *time*, te zijner tijd

duel tweegevecht, duel

duet duet

dug zie *dig*

dugout bomvrije schuilplaats

duke hertog

dull dof, dom, loom • suf • stomp, saai, vervelend

duly behoorlijk • zoals verwacht

dumb stom, sprakeloos

dumbbell halter

dummy stomme, blinde (kaartspel) • etalagepop • model • dommerik
dump vuilnisbelt • opslagplaats
dun *bn* donkerbruin
dunce domoor
dune duin
dung *zn* mest • *ww* mesten
dungarees *mv* overal
dungeon kerker
dupe *zn* bedrogene • *ww* bedriegen
duplicate dubbel • *zn* afschrift, duplicaat
durable duurzaam
duration duur
during tijdens, gedurende
dusk *zn* schemering • *bn* schemerachtig, donker-
dust *zn* stof • *ww* afstoffen
dustbin vuilnisbak
duster stoffer, stofdoek • stofmantel
dustman vuilnisman
dustpan vuilnisblik
dusty stoffig, bestoven
Dutch Nederlands, Hollands
Dutchman Nederlander
Dutchwoman Nederlandse
duty plicht, dienst • recht, accijns
duvet dekbed
dwarf dwerg
dwell (dwelt; dwelt) wonen
dwelling woning
dwindle afnemen, verminderen
dwt. = *pennyweight*, 1,55 g
dye verf, kleur • *ww* kleuren, verven (haar)
dynamic dynamisch
dynamo dynamo

E

each elk, ieder
each one ieder (een ieder)
each other elkaar
eager vurig, begerig, verlangend, bereidwillig
eagle adelaar, arend
ear oor • aar • oor
earache oorpijn
ear aid gehoorapparaat
eardrum trommelvlies
earl graaf
earlobe oorlelletje
early vroeg • *at the earliest*, op zijn vroegst
early season voorseizoen
earmark merken • (geld) uittrekken (op begroting)
earn verdienen
earnest *zn* ernst • *bn* ernstig • oprecht
earrings oorbellen
ear specialist oorarts
earth *zn* aarde • grond • *ww* aarden
earthenware aardewerk
earthly aards
earthquake aardbeving
earthy aard- • aards
earwig oorworm
ease *zn* rust, gemak • *ww* verlichten, makkelijker maken
easel (schilders) ezel
east oosten
Easter Pasen
eastern oosters
easy gemakkelijk, ongedwongen
easy chair fauteuil, leunstoel

easygoing gemoedelijk

eat (ate; eaten) eten, opeten

eatable eetbaar

eatables *mv* eetwaar

eating-house eethuis

eavesdropper luistervink

ebb eb

ebony ebbenhout

eccentric zonderling • excentriek

ecclesiastic *zn* geestelijke • *bn* geestelijk

eclipse eclips, verduistering

economic economisch, staathuishoudkundig

economical economisch (zuinig)

economist econoom

economize bezuinigen

economy economie
• spaarzaamheid • bezuiniging

ecstasy Verrukking, extase

Ed. = *Editor* • *edition*, redacteur
• uitgave

eddy draaikolk • wervelwind

edge *zn* rand • snede, scherpte
• *ww* scherpen • (om)zomen

edible eetbaar

edifice gebouw

edify stichten, opbouwen

edition uitgave • druk

editor redacteur • bewerker • ~s redactie

editor-in-chief hoofdredacteur

educate opvoeden • ~d, beschaafd, ontwikkeld

education opvoeding, onderwijs

eel paling

eerie eng, akelig

efface uitwissen

effect *zn* (uit)werking, gevolg
• effect • *ww* bewerkstelligen

effective krachtig, werkzaam,
doeltreffend

effects *mv* persoonlijk eigendom

effectual krachtdadig, van kracht
• doeltreffend

effectuate uitvoeren, volbrengen

efficacious doeltreffend

efficiency doeltreffendheid
• nuttig effect

efficient doeltreffend

effigy afbeeldsel, beeld

effluence uitvloeisel

effort poging, inspanning

effrontery onbeschaamdheid

effusion uitstorting
• ontboezeming

e.g. = *exempli gratia*, bijvoorbeeld, bijv.

egg ei • *fried* ~, gebakken ei
• *hard-boiled* ~, hardgekookt ei
• *soft-boiled* ~, zachtgekookt ei

egg cup eierdopje

eggnog advocaat (drank)

eggplant *Amer* aubergine

egg spoon eierlepeltje

egoism zelfzucht, eigenbaat

Egypt Egypte

Egyptian Egyptisch • Egyptenaar

eiderdown eiderdons • dekbed

eight acht

eight(h) acht(ste)

eighteen(th) achttien(de)

eighty tachtig

either een van beide(n) • ook
• ~...or, of...of

ejaculation uitstorting,
ontboezeming • ejaculatie

eject uitwerpen

eke out aanvullen, rekken

elaborate uitvoerig

elapse verlopen

elastic veerkrachtig, elastisch

elastic luggage binders
snelbinder
elated opgewonden, opgetogen
elbow elleboog
elbow chair armstoel
elder oudere • ouderling • vlier-(struik)
elderly bejaard, ouwelijk
elect *bn* uitverkoren, gekozen • *ww* kiezen, verkiezen
election verkiezing
electric elektrisch
electrician elektricien
electricity elektriciteit, stroom
electrify elektriseren
electrocute elektrocuteren
electronic elektronisch
electronics elektronica
elegance elegantie
elegy treurzang, elegie
elementary school basisschool
elephant olifant
elevate *bn* verheven • *ww* opheffen, verheffen
elevator *Amer* lift
eleven(th) elf(de)
eligible verkiesbaar
eliminate elimineren, terzijdestellen, uitschakelen
ellipse ellips
elm olm, iep
elongate verlengen, rekken
elope weglopen (om te trouwen)
elopement vlucht, schaking
eloquent welsprekend
else anders
elsewhere elders
elucidate ophelderen, verduidelijken
elusive ontwijkend
emaciation vermagering

email e-mail
emanate voortvloeien, voortkomen • uitstralen
emancipate bevrijden, vrijmaken • emanciperen
embalm balsemen
embank indijken, bedijken
embankment indijking • kade • (spoor)dijk
embark inschepen
embarrass in verwarring brengen • hinderen
embarrassment verlegenheid
embassy ambassade
embellish versieren, verfraaien
embezzle verduisteren (stelen)
embitter verbitteren
embody belichamen
embrace omhelzen, omvatten
embroidery borduursel
embroil verwarren • betrekken
emerge oprijzen, opduiken
emergency noodtoestand, onvoorziene gebeurtenis, spoedgeval
emergency brake noodrem
emergency exit nooduitgang
emergency number alarmnummer
emergency telephone praatpaal
emery paper schuurpapier
emetic braakmiddel
emigrant emigrant
emigrate emigreren
eminent verheven, uitstekend
emissary (af)gezant • spion
emission uitzending • uitgifte
emit uitzenden, uitgeven
emotion ontroering
emperor keizer
emphasis klemtoon, nadruk

emphatical(ly) nadrukkelijk

empire (keizer)rijk

empirical proefondervindelijk

employ *zn* dienst • *in the ~ of*, in dienst van • *ww* gebruiken, tewerkstellen

employee werknemer

employer werkgever

employment bezigheid, werk • gebruik

emporium groot warenhuis

empress keizerin

empty *bn* leeg • *ww* ledigen

emulate wedijveren

enable in staat stellen

enamel email, brandschilderwerk

encamp legeren

encampment legerplaats, kamp

enchain boeien

enchant betoveren • bekoren

encircle omsingelen, insluiten

enclose insluiten

enclosure omheining • bijlage

encompass omsluiten, omvatten

encounter *zn* ontmoeting • schermutseling • *ww* ontmoeten

encourage aanmoedigen

encroach inbreuk maken • indringen

encumber belemmeren

encumbrance belemmering, last

end *zn* einde • doel • uitslag • *ww* eindigen

endanger in gevaar brengen

endeavour *zn* poging • *ww* beproeven, pogen

endive andijvie

endless eindeloos

endmost laatste, achterste

endorse steunen, supporten

endorsement steun, support

endow begiftigen, toerusten

endurance uithoudingsvermogen

endure verdragen, lijden, dulden

enemy vijand

energetic energiek

energy energie

enervate ontzenuwen, verslappen

enfeeble verzwakken

enforce afdwingen

enforcement afdwinging

engage verbinden, aanwerven • in beslag nemen • betrokken zijn

engagement verplichting • verloving • gevecht

engaging innemend

engender voortbrengen

engine motor, werktuig, machine, locomotief

engine-driver machinist

engineer ingenieur • machinist, technicus

engine mounting motorophanging

engine oil motorolie

engine trouble motorpech

England Engeland

English Engels

Englishman Engelsman

Englishwoman Engelse

engorge opslokken

engrave (**engraved; engraven**) graveren

engraving plaat, gravure

enhance verhogen, vermeerderen

enigma raadsel

enigmatic(al) raadselachtig

enjoin opleggen, gelasten

enjoy genieten • lusten

enlarge vergroten, uitbreiden

enlargement vergroting

enlighten verlichten, voorlichten

enlist aanwerven, inschrijven • *fig* winnen (voor een zaak) • in dienst gaan

enliven opvrolijken, verlevendigen

enmity vijandschap

ennoble veredelen, adelen

enormity gruwel • grote omvang

enormous ontzaglijk • enorm

enough genoeg (voldoende)

enrage woedend maken

enrich verrijken

enrol for zich opgeven voor • zich inschrijven voor

en route op doorreis

ensign vaandel, vlag

enslave tot (zijn) slaaf maken

ensnare verstrikken

ensue volgen, voortvloeien (uit)

entail meebrengen

entangle verwarren

enter binnentreden • inklaren • boeken, noteren

enterprise *zn* onderneming, waagstuk • *ww* ondernemen

entertain onthalen • onderhouden • vermaken • er op na houden

entertainment onthaal, vermaak, amusement

entertainment centre uitgaanscentrum

enthusiasm geestdrift, enthousiasme

entice verlokken, verleiden

entire(ly) geheel, gaaf

entitled gerechtigd • getiteld

entrails *mv* ingewanden *mv*

entrance ingang, toegang • ~ *examination*, toelatingsexamen • ~*fee*, toegangsprijs • ingang, toegang

entreat bidden, smeken

entry ingang • voorgerecht • inschrijving • boeking • toetreding

entwine ineenvlechten, verstrengelen

enumerate opsommen, optellen, samenvatten

enunciate verkondigen, uiten

envelop omwikkelen, omhullen

envelope envelop

enviable benijdenswaard

envious afgunstig

environment omgeving, milieu

environs *mv* omstreken *mv*

envy *zn* nijd, afgunst • *ww* benijden

epic *zn* epos • *bn* episch

epidemic *zn* epidemie • *bn* epidemisch

epilepsy vallende ziekte

episcopal bisschoppelijk

epistle brief

epoch tijdperk

equal *zn* gelijke • *bn* gelijk, even, zelfde • *ww* evenaren • gelijk

equator evenaar

equestrian sport paardensport

equilibrium evenwicht

equip uitdossen, uitrusten

equipage (reis)benodigdheden *mv*; equipage

equipment uitrusting

equitable billijk

equity billijkheid • gewoon aandeel
equivalent gelijkwaardig
equivocal dubbelzinnig
era periode
eradication uitroeiing
erase uitwissen
ere eer, voordat, alvorens
erect *bijw* rechtop • *ww* oprichten, bouwen • monteren
Erin *(literair)* Ierland
ermine hermelijn
erode uitslijten, wegvreten
erotic liefdes-, erotisch
err zich vergissen, een fout begaan, falen • dwalen
errand boodschap
errant dolend • zwervend • ~ *husband*, overspelige echtgenoot
error dwaling, vergissing, fout
eruption uitbarsting, uitslag
escalator roltrap
escape *zn* ontsnapping • *ww* ontvluchten
eschew schuwen
escort (gewapend) geleide
especial bijzonder
especially in het bijzonder • vooral
espionage spionage
espresso coffee espresso koffie
espy bespeuren
esquire Weledelgeboren heer (Esq., achter de naam)
essay *zn* proef, poging • essay • opstel • *ww* beproeven
essential wezenlijk, essentieel
establish vestigen, stichten • vaststellen
estate staat • rang • boedel • landgoed • plantage

esteem *zn* achting • *ww* achten, waarderen
estimate *zn* schatting, raming, waardering • *ww* schatten, waarderen
etching ets
eternal eeuwig
eternity eeuwigheid
ethic(al) ethisch
ethics *(mv)* ethica, zedenleer
E.U. = European Union, Europese Unie
Eurasian Indo-europees
euro euro (munt)
Eurocheque eurocheque
Europe Europa
European Europees • Europeaan
evacuate evacueren, uitwerpen, lozen, ontruimen
evade ontwijken
evaluate de waarde bepalen van
evaporate verdampen
evasion uitvlucht
evasive ontwijkend
eve avond, vóóravond
even *bn* gelijk, effen • *bijw* zelfs, juist
even-handed onpartijdig
evening avond
evening (in the) 's avonds
evening dress avondtoilet • rok (v. heer)
event evenement, gebeurtenis
eventful veelbewogen
eventual uiteindelijk, eind-
eventually tenslotte, uiteindelijk
ever ooit, altijd, eeuwig
everlasting eeuwigdurend
evermore *for evermore* voor eeuwig

every iedere (elke)
everybody iedereen
everyday alledaags
everyone iedereen
every other day om de andere dag
everything alles
everywhere overal
evict [het huis, land e.d.] uitzetten
evidence bewijs • getuigenis
evident klaarblijkelijk
evil *zn* kwaad • onheil • *bn* kwaad, slecht
evoke oproepen • uitlokken
evolution ontwikkeling, evolutie • ontplooiing
exact nauwkeurig, stipt, juist
exactitude nauwkeurigheid
exactly precies
exaggerate overdrijven
exaltation verheffing, geestvervoering
exalted verheven, groots
examination examen • onderzoek • verhoor • visitatie
examine onderzoeken, verhoren
example voorbeeld
exasperate verbitteren, tergen
excavate uitgraven • uithollen
excavation opgraving
exceed overtreffen, -schrijden
exceeding bijzonder, uiterst
excel overtreffen, uitmunten, uitblinken
excellence voortreffelijkheid • Excellentie
excellent uitstekend (prima)
except behalve
exception uitzondering
excerpt uittreksel • passage

excess overdaad • ~ *postage*, strafporto
excessive overdadig, overdreven
exchange *zn* wisseling • beurs • telefooncentrale • *ww* ruilen, uitwisselen, wisselen, verwisselen
exchange office wisselkantoor
exchange rate wisselkoers
exchequer schatkist
excise accijns
excision afsnijding, uitsnijding
excitation opwinding, opwekking
excite aansporen • opwekken
excited opgewonden
exclaim uitroepen
exclamation uitroep
exclude uitsluiten
exclusive uitsluitend, exclusief
excommunication (kerk)ban
excrement uitwerpsel
exculpate vrijpleiten
excursion excursie
excuse *zn* verontschuldiging • excuus • *ww* vergeven
excuse me! pardon!
execrable verfoeilijk
execute uit-, volvoeren
execution uitvoering • voltrekking, executie, terechtstelling
executive committee dagelijks bestuur
executor executeur (-testamentair)
exemplary voorbeeldig
exemption vrijstelling
exercise *zn* oefening • (lichaams)beweging • *ww* oefenen, uitoefenen

• exerceren, op de proef stellen
exert aanwenden, inspannen
exertion inspanning
exert oneself zich inspannen
exhaust *ww* uitputten
• leegmaken • *zn* uitlaat
exhaustion uitputting
exhaust pipe uitlaatpijp
exhibit *zn* bewijsstuk • uitstalling
• tentoonstelling • *ww*
tentoonstellen, tonen
• overleggen
exhibition tentoonstelling
exhilarate opvrolijken
exhort aanmanen, aansporen
exhumation opgraving
exigency behoefte, nood
exile ballingschap • balling
exist bestaan
exit *bijw* (op toneel) af • *zn*
aftreden • uitgang • afrit
exonerate ontlasten, ontheffen
exorbitance buitensporigheid
exotic uitheems, exotisch
expand uitbreiden • uitzetten
expansion uitbreiding
• uitzetting • spankracht
expatiate *(on)* uitweiden (over)
expect verwachten
expectation verwachting
expectorate spuwen, opgeven
expediency doelmatigheid
expedient *zn* redmiddel, uitweg
• *bn* doelmatig, opportuun
expedition expeditie
• vaardigheid • spoed
expel verdrijven • uitwijzen
expend uitgeven, besteden
expense (on)kosten *mv*, uitgaaf
• *at my* ~, op mijn kosten
expenses onkosten

expensive duur
experience *zn* ervaring • *ww*
ondervinden, -gaan
experienced ervaren
experiment proef
expert *bn* bedreven • *zn*
deskundige
expiation boete(doening)
expiration uitademing • afloop,
vervaltijd
expire overlijden • verstrijken,
vervallen
explain uitleggen, verklaren
explanation verklaring,
uitlegging, uitleg
explicable verklaarbaar
explicative verklarend
explicit uitdrukkelijk, stellig
explode ontploffing, uitbarsten
exploits daden, wapenfeiten
exploration onderzoeking,
verkenning
explore onderzoeken, verkennen
explosion ontploffing,
uitbarsting
explosive springstof
export *zn* uitvoer • *ww*
exporteren
expose uitstallen • blootstellen
exposed belicht
exposure blootstelling • *fotogr*
belichting
exposure meter
belichtingsmeter
expound uitleggen, uiteenzetten
express *zn* sneltrein • *bn*
opzettelijk • speciaal
• uitdrukkelijk • *ww*
uitdrukken, uiten • ~ *delivery*,
expresse bestelling
express (by) expresse, per

expression uitdrukking
expressive(ly) vol uitdrukking, veelzeggend, expressief
express train sneltrein
expropriate onteigenen
expulsion uitzetting, verbanning
exquisite uitgelezen, verfijnd
extemporize improviseren
extend uitstrekken • uitbreiden
extensibility rekbaarheid
extension uitbreiding
• uitgebreidheid • verlenging, verlengstuk • *gram* bepaling
extensive uitgebreid
extent uitgestrektheid, omvang
extenuate verzwakken
• verzachten • *extenuating circumstances*, *mv* verzachtende omstandigheden *mv*
exterior uitwendig, uiterlijk
exterminate uitroeien
external uitwendig • uiterlijk
external (use) uitwendig (gebruik)
extinct uitgedoofd • uitgestorven
extinguish (uit)blussen, uitdoven
extinguisher blusapparaat
extirpate uitroeien
extort afpersen, afdwingen
extortion afzetterij
extra extra
extra charge toeslag
extract *ww* uittrekken (tanden)
• *zn* uittreksel, extract
extract a tooth trekken van een kies
extradite uitleveren
extraordinary buitengewoon
extravagant buitensporig, overdreven • verkwistend

extreme uiterste, (uit) einde
extremity uiterste, uiteinde
• ~*ties*, handen en voeten
extricate los-, vrijmaken
exuberant welig, overvloedig
• uitbundig
exult juichen
eye oog
eyeball oogappel
eyebrow wenkbrauw
eye doctor oogarts
eyelash ooghaar, wimper
eyelid ooglid
eyewitness ooggetuige

F

fable fabel, verzinsel
fabric stof (textiel)
fabricate bouwen, maken
• verzinnen
fabrication vervaardiging • bouw
• verzinsel
fabric softener wasverzachter
fabulous fabelachtig
face *zn* gezicht • voorzijde
• voorkant • lef • *ww* het hoofd bieden • front maken • gekeerd zijn naar
facilitate vergemakkelijken
facing tegenover, uitziende op
fact feit • daad • werkelijkheid
faction splintergroep
factitious(ly) nagemaakt
factor agent • factor
factory fabriek
faculty vermogen • macht
• faculteit

fad gril, manie

fade verwelken, verflauwen, wegsterven

fag *gemeenz* sigaret, peuk • homo

fail ontbreken • falen, mislukken • bankroet gaan

failure mislukking • fiasco • faillissement • defect

faint *bn* zwak, moedeloos, flauw • *zn*, flauwte • *ww* flauwvallen • flauwvallen

fair mooi • blond • billijk • eerlijk • *zn* kermis • jaarmarkt • *world* ~, wereldtentoonstelling

fairy fee

fairy-tale sprookje

faith geloof • trouw

faithful (ge)trouw • *yours* ~*ly*, hoogachtend

faithless trouweloos

fake vervalsing, namaak

falcon valk

fall *zn* val • daling • waterval • *ww* (**fell**; **fallen**) vallen, dalen, sneuvelen • ~ *for*, *Amer* bekoord zijn door, verliefd worden op • vallen

fall (water-) waterval

fallacious bedrieglijk

fallacy drogreden

fallible feilbaar

false onjuist, vals

falsehood leugen

falsify vervalsen, verdraaien

falter stamelen, stotteren

fame faam, roem

familiar gemeenzaam, bekend, vertrouwd

family familie (gezin)

family allowance kinderbijslag

family tent bungalowtent

famine hongersnood

famish uithongeren

famous beroemd

fan waaier, ventilator • bewonderaar, fan

fanatic *zn* dweper • *bn* fanatiek

fan belt ventilatorriem

fanciful fantastisch, wonderlijk, grillig

fancy *zn* verbeeldingskracht, fantasie, gril • *ww* zich verbeelden • zin (lust) hebben

fang slagtand

fanlight bovenlicht (boven deur)

fantastic denkbeeldig • fantastisch, grillig

fantasy fantasie, gril

F.A.P. = *First Aid Post*

far ver, afgelegen • *farther* • *farthest*, verder • verst(e)

far away ver weg

farce klucht

fare vracht • vrachtprijs • kost • tarief • *ww* ~ *well*, succesvol zijn

farewell vaarwel

far-fetched vergezocht

farm boerderij

farmer boer

farmer's wife boerin

farming landbouw

far-sighted verziend

fascination betovering, fascinatie

fashion *zn* wijze, mode • *ww* vormen

fashionable modieus • tot de grote wereld behorende

fast *ww* vasten • *bn* vast, gehecht • zeer hard • snel, vlug

fast-dyed kleurecht

fasten vastmaken, dichtdoen

faster sneller
fast goods snelgoed
fastidious kieskeurig, lastig
fat *bn* vet, vlezig, dik • *zn* vet
fatal noodlottig, dodelijk
fatality noodlot • noodlottigheid • ramp
fate noodlot • lot
father vader
fatherhood vaderschap
father-in-law schoonvader
fatherly vaderlijk
fathom *zn* Vadem (1.8 m) • *ww* peilen, doorgronden
fatigue *zn* vermoeienis • *mil* corvee • *ww* vermoeien
fatness vetheid
fatuity onzinnigheid, dwaasheid
fault fout, schuld • gebrek
fault finding *bn* vitterig • *zn* gevit • vitterij
favour *zn* gunst • begunstiging • *in ~ of*, ten behoeve van • *ww* begunstigen, voortrekken
favourable gunstig • vriendelijk
favourite *zn* gunsteling, lieveling • *bn* geliefkoosd, lievelings-
fax *zn* fax • *ww* faxen
fax machine faxapparaat
fear *zn* vrees • *ww* vrezen
fearless onbevreesd
feasible doenlijk, uitvoerbaar
feast *zn* feest, gastmaal • *ww* feestvieren, smullen
feat (helden)daad, feit
feather veer, pluim
feature *zn* gelaatstrek • hoofdtrek, glanspunt, hoofdonderdeel • hoofdfilm • klankbeeld • *ww* (een film) uitbrengen • bevatten

feature(-length) *film* hoofdfilm
febrile koortsig
February februari
fecundity vruchtbaarheid
fed zie *feed*
federation verbond
fee honorarium, salaris, gratificatie • entreegeld
feeble zwak
feed (fed; fed) voeden
feeding-bottle zuigfles
feel (felt; felt) (ge)voelen, betasten
feeling gevoel, gevoeligheid • stemming
feel like zin (lust) hebben
feign veinzen
feint voorwendsel, list
felicitous goed, geschikt
felicity geluk(zaligheid)
feline katachtig dier
fell vellen • zie ook *fall*
fellow maat, makker, kerel, vent • lid • gepromoveerde die een beurs geniet
fellow-creature medemens
fellowship kameraadschap, collegialiteit • studiebeurs
felly velg
felt vilt • zie ook *feel*
felt-tip pen viltstift
female *zn* wijfje • *bn* vrouwelijk
femininity vrouwelijkheid, verwijfdheid
fen moeras, veen
fence *zn* schutting • *ww* omheinen, verdedigen, schermen
fencing omrastering • schermkunst
fend afweren • weerstaan

ferment *zn* gisting • *ww* gisten

fern varen

ferocious woest, wreed

ferro-concrete gewapend beton

ferrous ijzerhoudend

ferry veerpont

ferryboat veerpont

fertile vruchtbaar

fertilize bevruchten

fertilizer kunstmest

fervent vurig

fervour ijver, gloed

festival feest, festival

festive feestelijk

fetch halen, brengen

fetter kluister, keten

feud vijandschap • vete

fever koorts

feverish koortsachtig, koortsig

few weinig • *a* ~, enkele

fiancee verloofde

fib *ww* jokken • *zn* leugentje

fibre vezel

fibrous vezelachtig

fickle wispelturig

fiction verdichtsel, verzinsel
• romanliteratuur

fictitious denkbeeldig, vals

fiddle viool

fiddlestick strijkstok • ~s, larie, nonsens

fidelity trouw, getrouwheid

fidgety ongedurig, gejaagd

fie foei!

field veld, akker • slagveld

fiend boze geest, duivel

fierce woest, wild, wreed

fiery vurig

fifteen vijftien

fifth vijfde

fifty vijftig

fig vijg

fight *zn* gevecht, strijd • *ww*
(fought; fought) vechten,
bevechten

figure *zn* figuur, gedaante • cijfer
• *ww* vormen, afbeelden

file *zn* vijl • gelid • lias • dossier
• opbergkast, archief • complete
jaargang • *ww* vijlen • opslaan
• rangschikken

filial kinderlijk

fill vullen • bekleden
• (bestellingen) uitvoeren • ~
in, invullen • ~ *up*, bijvullen

fillet filet

filling vulling (kies)

filling station benzinestation

film *zn* film • vlies • *ww* filmen

filter *zn* filter, zeef • *ww*
zuiveren, filtreren

filter cigarette sigaret met filter

filth vuil, vuiligheid

filthy vuil, smerig

filtration filtratie

fin vin

final laatste, slot- • dodelijk

finally ten slotte

financial financieel

finch vink

find (found; found) vinden • ~
fault, vitten

find it difficult to moeite hebben
met

fine *zn* boete, bekeuring • *ww*
beboeten • *bn* mooi, fijn, goed

finery opschik • mooie kleren *mv*

finger vinger

finish *ww* eindigen, voltooien
• aflopen • afmaken
• uitdrinken, leegeten • *zn*
einde, slot • afwerking

• eindpaal • vernis
finished afgelopen
finishing stroke genadeslag
fir den, dennenboom • zilverspar
fire zn vuur, brand, hitte • ww
aan-, ontsteken • afvuren,
schieten • *gemeenz* ontslaan
• vuur
fire alarm brandalarm
firearm vuurwapen
fire brigade brandweer
fire engine brandspuit
fire escape brandtrap
fire-extinguisher blusapparaat
fireman brandweerman
fire-plug brandkraan
fireproof vuurvast, brandvrij
fire-raiser brandstichter
fire-screen vuurscherm
fireside haard
firewood brandhout
fireworks vuurwerk
firm zn firma • bn vast, hecht,
ferm
firmament uitspansel, hemel
firmly vast, krachtig
first eerste, voorste • ten eerste
first aid eerste hulp
first aid kit verbandtrommel
first aid post EHBO-post
first class eerste klas • van de
beste soort
first name vóórnaam
fiscal fiscaal • financieel
fish zn vis • ww vissen
fish-bone graat
fisherman visser
fishery visserij, visvangst
fishing permit visvergunning
fishing rod hengel
fishing waters viswater

fishmonger viswinkel
fission splitsing, deling
fissure kloof, spleet
fist vuist
fit zn vlaag, toeval • bn
bekwaam, geschikt • ww
passen • monteren, uitrusten
fit (keep) trimmen
fitness training fitness
five vijf
fix vastmaken • vaststellen
• fixeren • in orde brengen
fixed vast
flabby slap, week
flag vlag
flagrant in 't oog lopend
• schandalig • tergend
flail zn (dors)vlegel • ww
spartelen
flake vlok • schilfer
flame zn vlam • ww vlammen
Flanders Vlaanderen
flank zijde, flank
flannel flanel • doekje
flap zn flap, slip, klep • ww
klapwieken, fladderen
flare flikkeren
flash zn glans, flikkering • ww
flikkeren, flitsen • flitser • ww
flitsen
flashbulb flitslampje
flashcube flitsblokje
flashing light knipperlicht
flashlight zaklantaarn
flask veldfles
flat bn plat • smakeloos, flauw
• saai • zn etage(woning)
• *(muz)* mol
flat-iron strijkijzer
flatter vleien
flatulent opgeblazen, winderig

flautist fluitist
flavour geur, aroma • smaak
flawless vlekkeloos, smetteloos
flax vlas
flea vlo
flea market vlooienmarkt
flee (fled; fled) vluchten
fleece (schapen)vacht
fleet *zn* vloot • *ww* voorbijsnellen
fleeting vluchtig
Flemish Vlaams
flesh vlees
fleshly vleselijk, zinnelijk
fleshy vlezig, gevleesd, dik
flew zie *fly*
flexible buigzaam, soepel • handelbaar
flexion buiging • verbuiging (v. spieren)
flicker trillen, flakkeren
flight vlucht • vlucht • zwerm • eskader • *regular ~*, lijnvlucht
flight number vluchtnummer
flimsy voddig, dun
flinch terugdeinzen
fling *zn* worp • vluchtige relatie • *ww* **(flung; flung)** smijten, achteruitslaan
flint keisteen, vuursteen
flippant loslippig • luchthartig
flippers zwemvliezen
flirt *zn* flirt • *ww* flirten
flirtation flirt • geflirt
float *zn* vlot • boei • dobber, vlotter • drijvertje • *ww* drijven, dobberen
flock kudde • vlok
floe ijsschots
flog slaan, ranselen
flood *zn* vloed, stroom • *ww* onder water zetten • overstromen
floodgate sluisdeur, sluis
floodlight strijklicht
floor vloer • verdieping, etage
flop *zn* plof • flop, fiasco • *ww* ploffen • mislukken
floppy disk diskette
floral bloemen-, bloem-
florid blozend • bloemrijk
florist bloemist
flounder bot (vis)
flour meel
flourish *zn* glans • krul (versiering) • *ww* bloeien, gedijen • pronken met
flow vloeien, stromen
flower(s) bloem
flowerpot bloempot
flown zie *fly*
flu griep • influenza
fluctuate op- en neergaan, schommelen
flue griep
fluent(ly) vloeiend, vlot
fluffy donzig
fluid *zn* vocht • *bn* vloeibaar
flung zie *fling*
flush *zn* toevloed • blos • *bn* even • *ww* stromen • blozen • doorspoelen
Flushing Vlissingen
flute fluit • groef
flutter fladderen • dwarrelen • flakkeren
fly *zn* vlieg • *ww* **(flew; flown)** vliegen, vluchten
flyer folder
flying-boat vliegboot
flywheel vliegwiel
F.O. = *Foreign Office*, Ministerie

van Buitenlandse Zaken

foal veulen

foam zn schuim • ww schuimen

f.o.b. = *free on board*, vrij aan boord, franco boord

focus zn brandpunt • haard • ww instellen • concentreren

foe vijand

fog mist, nevel

fog lamp mistlamp

foil verijdelen

fold zn vouw • ww vouwen

foldable opvouwbaar

folder map

folding-bed opklapbed

folding-chair vouwstoel

foliage loof, lommer

folks gemeenz mensen, jongens • ouders • hi folks dag mensen

follow volgen

follower volgeling

folly dwaasheid

foment aanstoken

fond (of) dol, verzot op

fondle strelen

fondly teder

food eten, voedsel

food poisoning voedselvergiftiging

foodstuffs mv levensmiddelen mv

fool bn zot, dwaas • ww foppen

foolish dom, dwaas

foot (mv feet) voet • infanterie • voeteneind, voetstuk

foot-and-mouth disease mondenklauwzeer

football voetbal

foot-board treeplank

foot-brake voetrem

footing vaste voet • houvast

footman lakei, bediende

foot-mark voetspoor

footpath wandelpad

foot-path voetpad

footstool voetenbankje

for want, om, voor • ~ *all*, niettegenstaande • ~ *shame*, foei • ~*fear*, uit vrees • ~ *want of*, bij gebrek aan

forage foerage • voer

forbear (forbore; forborne) ww nalaten • zn voorvader

forbid (forbade; forbidden) verbieden

forbidding afschrikwekkend

force zn kracht, macht • ww dwingen

forces mv krijgsmacht

fore voor, vooruit

foreboding voorspelling, voorgevoel

forecast (weer)voorspelling

forefather voorvader

forefinger wijsvinger

forefront voorgevel

foregoing voorafgaand

foreground voorgrond

forehead voorhoofd

foreign buitenlands

foreign currency deviezen mv, buitenlands geld

foreigner vreemdeling

foreign exchange deviezen mv

Foreign Office Ministerie van Buitenlandse Zaken

foreman voorman, meesterknecht, ploegbaas

foremost voorste, eerste

foresee voorzien

forest woud

forestall vooruitlopen op

• **voorkómen**
forester boswachter
foretaste voorproefje
forever (voor) eeuwig
forewheel voorwiel
for example bijvoorbeeld
forfeit *zn* boete, pand • *ww*
   verbeuren
forgave zie *forgive*
forge *zn* smederij • *ww* smeden
   • vervalsen
forgery vervalsing, valsheid in
   geschrifte
forget (forgot; forgotten)
   vergeten
forgetful vergeetachtig
forget-me-not vergeet-mij-niet
forgive (forgave; forgiven)
   vergeven
forgiveness vergiffenis
forgot(ten) zie *forget*
fork vork • wegsplitsing
forlorn verloren, verlaten
   • hopeloos, wanhopig
form *zn* vorm, gedaante
   • formulier • (school)klasse • *ww*
   vormen
formal formeel, stellig
formality formaliteit
formation vorming, formatie
former eerste • vroeger
   • voormalig, vorig
formidable geducht, geweldig
formula formule • recept
for now voorlopig
forsake (forsook; forsaken)
   verzaken, in de steek laten
forswear (forswore; forsworn)
   afzweren
forth voor, vooruit, voorts
forthwith onmiddellijk

fortitude vastberadenheid
fortnight veertien dagen
fortress vesting
fortuitous toevallig
fortunate(ly) gelukkig
fortune geluk, fortuin
fortune-teller waarzegster
forty veertig
forward vooruit, voorwaarts
   • voorste • vooruitstrevend • ,
   vrijpostig • *ww* af-, verzenden
   • bevorderen • doorsturen
   (post/e-mail)
foster kweken • koesteren
foster-mother pleegmoeder
fought zie *fight*
foul vuil, onzuiver, bedorven
   • laag, gemeen, oneerlijk
found stichten • vestigen • gieten
   (metaal) • zie ook *find*
foundation grondslag,
   fundament, stichting
foundling vondeling
foundry gieterij
fountain fontein
fountain pen vulpen
four(th) vier(de)
four-footed viervoetig
four-star super (benzine)
fourteen veertien
fowl gevogelte, vogel
fox vos
foxy sluw
foyer foyer
fraction breuk • onderdeel
fractious kribbig
fracture breuk (been)
fragile breekbaar, broos, teer
fragment fragment, brok
fragrant geurig, welriekend
frail broos

frame *zn* raam • lijst (schilderij)
• vorm, montuur • frame • *ww*
bouwen • inlijsten • in elkaar
zetten
France Frankrijk
francs franken (geld)
frangible breekbaar
frank(ly) openhartig
frantic dolzinnig, hevig
opgewonden, vertwijfeld
fraternal broederlijk
fraud oplichting, bedrog
• bedrieger
fraudulent(ly) frauduleus
freak fanaat, freak • *he is a real
computer freak* hij is een echte
computergek
freckle sproet
free *bn* vrij, ongedwongen, gratis
• *ww* bevrijden, vrijstellen
freedom vrijheid, ontheffing,
vrijdom
freely vrijuit, vrij • gaarne
freemason vrijmetselaar
free ticket vrijkaart
free time vrije tijd
free-trade vrijhandel
freeze (froze; frozen) vriezen,
bevriezen • (kredieten)
blokkeren
freezer diepvries
freezing-point vriespunt
freight vracht, lading
French Frans
French bean snijboon
French bread stokbrood
frenzy razernij, gekte
frequent *bn* veelvuldig • *ww*
regelmatig bezoeken,
frequenteren
frequented veel bezocht

frequently dikwijls
fresh fris • vers • zoet (v. water)
freshman eerstejaars (stud.)
freshwater zoetwater
freshwater fish zoetwatervis
fret ergeren • ~ *about* zich
zorgen maken over, zich
ergeren aan
fretful prikkelbaar
friar monnik, kloosterbroeder
fricassee hachee, ragout
friction wrijving
Friday vrijdag
fridge koelkast
fried gebakken
fried egg spiegelei
friend vriend • vriendin • kennis
friendly vriendelijk
friendship vriendschap
fright schrik
fright(en) verschrikken
frightful verschrikkelijk • vreselijk
frigid koud, koel
fringe zoom, rand • franje
Frisian Fries
fritter beignet
frivolity frivoliteit
frivolous frivool • onzinnig
frock jurk, japon
frog kikker
from vanaf, vanuit
front voorkant, voorhoofd, front
• voorzijde, voorgevel
front door voordeur
front forks voorvork
frontier grens
frontispiece voorgevel • titelplaat
front light koplamp
front-page voorpagina
front wheel voorwiel
frost vorst, rijp

frosty vriezend, koud
froth *zn* schuim • *ww* schuimen
frown fronsen, stuurs kijken
froze(n) zie *freeze*
frozen (food) diepvries (voedsel)
frugal matig, spaarzaam
fruit fruit • vrucht
fruitful vruchtbaar
fruition verwezenlijking, vervulling
fruit-juice vruchtensap
fruitless vruchteloos
frustrate verijdelen • frustreren
fry *zn* gebraden vlees • jonge vissen • *ww* bakken, braden
frying pan koekenpan
ft. = *foot, feet*, voet(en) (lengte-eenheid)
fuck neuken • *fuck off!* rot op!
fudge zachte karamel
fuel brandstof
fuel filter brandstoffilter
fuel pump brandstofpomp
fugitive *zn* vluchteling • *bn* voortvluchtig
fulfil vervullen, volbrengen
fulfilment vervulling • voldoening
full *bn* vol, verzadigd, voltallig • *in ~*, voluit, ten volle
full board volpension
full-grown volwassen
full-length film hoofdfilm
fumble tasten • morrelen
fume *zn* damp, uitwaseming • *ww* roken, dampen
fun grap, pretje
function ambt • functie • partij • plechtigheid
functionary ambtenaar
fund fonds

funeral begrafenis
funfair kermis
fungus paddestoel, zwam
funicular railway kabelspoorweg
funnel trechter • pijp (van stoomboot) • luchtkoker
funny grappig
fur bont (pels)
furious woedend, verwoed
furnace oven
furnish verschaffen, voorzien • meubileren
furnished gemeubileerd
furniture meubilair, huisraad
furniture-van verhuiswagen
furred met bont afgezet
furrow voor, groef, rimpel
further *bijw* verder, voorts • *ww* bevorderen
furtive heimelijk
fury woede
fuse *ww* (samen)smelten • *zn* doorslaan • *zn* lont, zekering
fusion samensmelting, fusie
fuss opschudding, rumoer
fussy druk
fusty duf, muf, ouderwets
futility nutteloosheid
future *zn* toekomst • *bn* aanstaand • volgend
fuzzy vaag, wazig

G

gad (about) (rond)zwerven
gadfly steekvlieg
gadget truc • middeltje • ding, hebbeding

gaiety vrolijkheid
gain zn winst, voordeel • ww winnen, verwerven
gait gang, tred
gaiter slobkous
galaxy melkwegstelsel
gale bries, windvlaag • storm
gall gal
gallant dapper, kranig, fier • zwierig • galant, hoffelijk
gallery galerij • tribune • schellinkje • galerie
galley galei
gallon Br 4,5 liter • Amer 3,7 liter
gallop zn galop • ww galopperen
gallows mv galg
galoshes overschoenen
gamble dobbelen, gokken
game spel • wedstrijd • partij (biljart, enz.) • (bridge) manche • wild
gamut toonladder • volledige reeks
gang ploeg • bende, troep
gang-board loopplank
gangrene gangreen, koudvuur
gangster bandiet, bendelid
gangway pad (tussen zitplaatsen), doorgang
gaol gevangenis
gap gat, opening, gaping, hiaat
gape gapen
garage garage
garb gewaad
garbage afval, vuilnis
garbage-bin afvalbak
garden tuin
garden cress sterkers
gardener tuinman
garden party tuinfeest
gargle zn gorgeldrank • ww gorgelen
garish schel, opzichtig
garlic knoflook
garment gewaad, kleding
garnish zn versiering • ww versieren
garret vliering, zolderkamertje
garrison garnizoen
garrulous praatziek
garter kousenband
gas gas • Amer benzine
gas container gasfles
gas cooker gasfornuis
gaseous gasachtig, gas-
gas fire gashaard
gash snede, jaap
gasoline Amer benzine
gasp zn snik • ww snakken (naar adem), hijgen
gas ring gaskomfoor
gas stove gaskachel
gas tap gaskraan
gastric acid maagzuur
gasworks mv gasfabriek
gate poort, hek • ingang
gateau gebakje
gateway poort
gather vergaderen, verzamelen, plukken
gaudy opzichtig, bont
gauge ww peilen, meten • zn maat, diepgang • (spoor)wijdte
gauntlet motorhandschoen, sporthandschoen
gauze gaas
gauze bandage verbandgaas
gave zie give
gay vrolijk, levendig • homoseksueel
gaze staren
G.B. = Great Britain, Groot

Brittannië

gear gareel, tuig • kleding
• tandrad • versnelling
gearbox versnellingsbak
gear cable versnellingskabel
gear-case kettingkast
gearing koppeling • drijfwerk
geese *mv* ganzen *mv*
gel gel
gem kleinood • edelsteen
gender geslacht
genealogy genealogie
• stamboom
general *zn* generaal • *bn*
algemeen
general practitioner huisarts
generation voortbrenging
• ontwikkeling • opwekking
• generatie, geslacht
generosity edelmoedigheid
generous edelmoedig, gul,
overvloedig
Geneva Genève
genial opgewekt • vriendelijk,
joviaal
genius genie, genius,
beschermgeest
genteel fatsoenlijk, net, deftig
gentle zacht, zachtzinnig
gentleman heer
gentlewoman dame
gentry deftige stand
gents herentoilet
genuine echt, onvervalst
genus geslacht
geography aardrijkskunde
geology geologie
geometry meetkunde
germ kiem
German *zn* Duitser • *bn* Duits
Germany Duitsland

germinate ontkiemen
gesticulation gebarenspel
gesture gebaar
get (got; got of **gotten)** krijgen,
winnen, halen
get lost oprotten
get moving! vooruit!
get off uitstappen
get on instappen
get up opstaan
geyser geiser
ghastly afgrijselijk
gherkin augurk
ghost geest, spook
G.I. (Joe) Amer. soldaat
giant reus
giddiness duizeligheid
giddy duizelig • lichtzinnig
gift gift, geschenk
gifted begaafd
gigantic reusachtig
giggle giechelen
gild (gilded of **gilt; gilded** of
gilt) vergulden
gill kieuw
gillyflower anjelier, muurbloem
gilt verguld • zie ook *gild*
gin jenever
ginger gember
gipsy zigeuner
gird (girt; girt of **girded)** ~ *for*,
voorbereiden voor
girdle *zn* gordel • *ww* omgorden,
omsingelen
girl meisje
girlfriend vriendin
girl guide padvindster
Giro cheque *Br* girobetaalkaart
Giro cheque guarantee card *Br*
giropas
girt zie *gird*

girth buikriem • omvang
give (gave; given) (ten beste) geven • ~ *away*, verklappen • ~ *way*, wijken
given gegeven • ~ *to*, verslaafd aan
glacier gletsjer
glad blij
gladden verheugen, verblijden
glamour betovering • schone schijn, glitter
glance zn flikkering • oogopslag • ww schitteren • kijken, opkijken
gland klier
glandular klierachtig, klier-
glare glans • schittering • woeste blik • ww schitteren • fel kijken
glass zn glas, spiegel • verrekijker • barometer • bn glazen
glasses bril
glassworks glasblazerij
glassy glazig
glaze zn glazuur • ww glaceren • glazuren
glazier glazenmaker
gleam glans, schijn
glean nalezen, opzamelen
glee vrolijkheid
glen dal • vallei
glib glibberig • gladjes
glide ww glijden • zn glij-, zweefvlucht
glider glijder • zweefvliegtuig • zweefvlieger
gliding zweefvliegen
glimmer schemeren, blinken
glimpse zn glimp • lichtstraal • ww een glimp opvangen van
glitter zn glans, luister • ww flikkeren, fonkelen

global wereldomvattend, wereld-
globe aardbol • bal • ballon
globular bolvormig
gloom duister-, somberheid
gloomy duister • somber, droefgeestig
glorify verheerlijken
glorious heerlijk, prachtig
glory roem, heerlijkheid
gloss zn glans • soort make-up • kanttekening • ww laten glanzen • verklaren
glossary woordenlijst
glove handschoen
glow zn hitte • gloed • ww gloeien
glue lijm • ww lijmen, plakken, kleven
gluten kleefstof
gluttonous gulzig, schrokkerig
G.M.T. = *Greenwich Mean Time*
gnarl knoest
gnat mug
gnaw (af)knagen
gnome dwerg, aardman
go gaan
go (went; gone) ww gaan, gangbaar zijn • ~ *astray*, kwijtraken • ~ *over*, repeteren • zn vaart • fut
goal doel(punt)
goalkeeper doelverdediger
goat geit
go back teruggaan
go-between bemiddelaar
God God
godchild petekind
goddess godin
godfather peetoom
godmother peet(tante)
godsend buitenkansje

go-getter energiek iemand
• streber
goggles *mv* stofbril, duikbril
gold goud(en)
golden gouden, gulden
goldfish goudvis
goldsmith goudsmid
golf *sp* golf(spel)
golf-links *sp* golfterrein
gone weg • voorbij • verdwenen
• zie ook *go*
good *zn* goed • welzijn • *bn*
goed, gunstig, prettig, fijn
good afternoon goedemiddag
good-breeding
welgemanierdheid,
wellevendheid
goodbye (goeden)dag (bij
afscheid)
good day goedendag
(begroeting)
good evening goedenavond (bij
aankomst)
Good Friday Goede Vrijdag
good morning goedemorgen
good-natured goedig
goodness goedheid
good night goedenavond
• welterusten • goedenacht
goodnight welterusten
goodwill welwillendheid
• goodwill
goofy niet goed wijs
goose (mv geese) gans
gooseberry kruisbes
goose bumps kippenvel
go out uitgaan
gorge *zn* strot • keel • bergkloof
• *ww* opslokken • volstoppen
gorgeous prachtig, kostelijk
gospel evangelie • gospelmuziek

gossamer *zn* herfstdraden *mv*
• *bn* ragfijn
gossip *zn* gepraat, gebabbel • *ww*
babbelen, roddelen
got(ten) zie *get*
go to wenden (tot)
gourmand smulpaap
gout jicht
govern regeren, besturen
governess gouvernante
government bestuur,
gouvernement • regering
governor gouverneur
• bestuurder, directeur • ouwe
heer
gown japon • toga
G. P. = *General Practitioner*,
huisarts
G.P.O. = *General Post Office*,
hoofdpostkantoor
grab grijpen, graaien
grace genade, gunst
• bevalligheid • tafelgebed
graceful elegant, sierlijk
gracious galant
gradation graadverdeling
grade graad, rang, klas
gradually trapsgewijze,
langzamerhand, geleidelijk
graduate promoveren
• promovendus
graft enten
grain graan, koren • graankorrel
• grein, weefsel
gram gram
grammar grammatica
grammar school gymnasium
gramophone grammofoon
grams (100) ons (100 gram)
granary korenschuur
grand *bn* groots, voornaam

- reuze • *zn muz* vleugel
grandchild kleinkind
granddad opa
grandfather grootvader
grandmother grootmoeder
grandparents grootouders *mv*
granite graniet
granny oma
grant *zn* vergunning, verlof
 • studiebeurs • *ww* vergunnen,
 toestaan
granular korrelig
grape druif
grapefruit grapefruit
grape juice druivensap
grapes druiven
graph grafiek
grapnel dreg
grapple worstelen
grasp *zn* greep • *ww* grijpen
grass gras • *gemeenz* marihuana
grasshopper sprinkhaan
grass widow(er) onbestorven
 weduwe, weduwnaar
grate *zn* traliewerk, rooster • *ww*
 wrijven, knarsen • irriteren
grateful dankbaar
grater rasp
gratification genot, voldoening
 • beloning • gratificatie
gratis gratis, kosteloos
gratitude dankbaarheid
gratuitous onnodig, nodeloos
gratuity fooi, gratificatie
grave *zn* graf • *bn* ernstig • zwaar
 • stemmig
gravel grind, kiezelzand
graveyard kerkhof
gravitation zwaartekracht
gravity gewicht, ernst
 • zwaartekracht • *specific ~,*

soortelijk gewicht
gravy jus
gravy boat jus-, sauskom
gray grijs, grauw
graze grazen, weiden • schaven,
 even aanraken
grease *zn* vet, smeer • *ww*
 (door)smeren • omkopen
greaseproof vetvrij
greasy vet
great groot, lang
Great Britain Groot-Brittannië
great-grandfather
 overgrootvader
great-grandson achterkleinzoon
greatly grotendeels
greatness grootte
Greece Griekenland
greedy gulzig, hebzuchtig
Greek *zn* Griek • *bn* Grieks
green groen • onrijp, onervaren
green card *Amer*
 verblijfsvergunning
greengrocer groenteboer
greengrocer's shop
 groentewinkel
greenhorn groen, onervaren
 beginneling • groentje
green peas doperwten
greet groeten
greeting groet
grenade handgranaat
grew zie *grow*
grey grijs
grid rooster • patroon • netwerk
gridiron (braad)rooster
 • traliewerk
grief droefheid • hartzeer
grievance klacht
grievous smartelijk, pijnlijk
grill *zn* rooster, geroosterd vlees

• *ww* roosteren
grill-room restaurant (voor geroosterd vlees)
grim grimmig, bars
grimace grimas
grime roet, vuil
grin *zn* grijns • *ww* grijnzen
grind (ground; ground) malen, slijpen • instampen
grindstone slijpsteen
grip greep • houvast
groan gekreun, gesteun
grocer kruidenier
groceries levensmiddelen
groin lies
groom *zn* bruidegom • stalknecht • kamerheer • *ww* verzorgen
groove groef, sponning
groovy *gemeenz* gaaf, tof
grope rondtasten
gross *zn* gros • *bn* dik, groot, grof, onbeschoft • bruto
grotesque grotesk, potsierlijk
grotto grot
ground grond • bodem • terrein • zie ook *grind* • aarde (grond)
ground-colour grondverf
ground floor benedenverdieping
ground glass matglas
groundless ongegrond
ground plan plattegrond • basisplan
groundsheet grondzeil
groundsman *sp* terreinknecht
ground staff grondpersoneel
group groep
grove bosje
grow (grew; grown) groeien
growl geknor • snauw
grown-up volwassen
growth groei, aanwas

grub larve, made • kost, eten
grudge *zn* wrok, haat • *ww* benijden, misgunnen
gruesome afgrijselijk, griezelig
gruff nors
grumble morren, knorren
grunt knorren
guarantee garantie
guarantee card betaalpas
guard *zn* wacht, beschutting, garde • conducteur • *ww* hoeden, bewaken
guarded bewaakt
guardian voogd, bewaker
guards bewaking
Guelders Gelderland
guess *zn* gissing • *ww* raden, gissen
guest gast • *paying ~*, betalend logé(e)
guest room logeerkamer
guidance leiding • *vocational~*, voorlichting bij beroepskeuze
guide *zn* gids • wegwijzer • *ww* (rond)leiden
guidebook reisgids, gids
guided tour rondleiding
guide-post hand-, wegwijzer
guilder gulden
guildhall gildenhuis
guile bedrog, valsheid
guilt schuld, misdaad
guilty schuldig
guinea gienje, guinje (21 shilling, oude munt)
guinea pig Guinees biggetje • proefkonijn
guise gedaante • uiterlijk, voorkomen • schijn
guitar gitaar
gulf kolk • golf

gull zeemeeuw
gullet slokdarm, keel
gully goot, geul
gulp *zn* slok • *ww* inslikken, slikken
gum gom • *~s*, tandvlees
gumboots rubber overschoenen *mv*
gums tandvlees
gun vuurwapen, geweer, kanon
gurgle klokken (bij het drinken) • rochelen • murmelen
gush gutsen, uitstromen
gusto smaak • animo
gusty stormachtig, buiig
gut darm
guts lef, fut
gutter goot, groef, geul
guttural keel-
guy vent • vogelverschrikker
gym gymzaal, sportschool
gymnasium gymnastiekschool • (buiten Engeland) gymnasium
gymnastics gymnastiek • *hygienic (remedial)* ~, heilgymnastiek

H

haberdashery garen- en bandwinkel • (zaak in) herenartikelen
habit *zn* gewoonte • aanwensel • habijt • *ww* make a ~ of, een gewoonte maken van
habitable bewoonbaar
habitation woning
habitual gewoonlijk

had zie *have*
haddock schelvis
haemorrhoids *mv* aambeien *mv*
haggard wild, woest • afgetobd
haggle afdingen, pingelen
Hague (The) 's-Gravenhage
hail hagel
hail shower hagelbui
hair haar (haren)
hairbrush haarborstel
hairdo kapsel
hairdresser kapper
hairnet haarnet
hairpin haarspeld
hairpin bend haarspeldbocht
hair-splitting angstaanjagend
hairspray haarlak
hairy behaard
half *zn* helft • *bn* half
half board halfpension
half-caste halfbloed
half-pay wachtgeld • *on* ~, (op) non-actief
halfpenny halve penny
hall vestibule • hal • zaal • stadhuis • landhuis
hallmark stempel • kenmerk
hallow heiligen, wijden
hallucination zinsbedrog, hallucinatie
halo lichtkring om zon of maan • stralenkrans, lichtkrans
halt halt houden
halt sign stopbord
ham ham
hamlet gehucht
hammer hamer
hammock hangmat
hamper *ww* belemmeren • *zn* dekselmand, picknickmand
ham roll broodje ham

hand *zn* hand • wijzer (klok) • werkman • *all* ~s, alle hens • ~ *over head*, hals over kop • *shake* ~s, de hand geven • *ww* overhandigen • *on the other* ~, anderzijds
handbag handtas
handbasket hengselmand
handbill strooibiljet, affiche
handbook gids (boekje)
handbrake handrem
handcuff handboei
handful handvol
handhold houvast
handicap handicap • vóórgift • *fig* hindernis, nadeel
handicraft ambacht, handwerk
handkerchief zakdoek
handle *zn* handvat, hengsel • *ww* hanteren
handlebar stuur (fiets)
hand luggage handbagage
hand-made handgemaakt
hand over overhandigen
handrail leuning
handsome mooi, fraai, knap
handwriting handschrift
handy handig
hang (hung; hung of **hanged)** hangen
hangar loods
hanging wardrobe hangkast
hangover kater *fig*
hanker hunkeren
hanky *gemeenz* zakdoek
haphazard willekeurig • *at* ~, op de bonnefooi
happen gebeuren
happily gelukkigerwijs
happiness geluk
happy blij, gelukkig

harass kwellen, afmatten, intimideren
harbour *zn* haven • *ww* herbergen
hard hard, streng, moeilijk, sterk • ~ *by*, dichtbij
hard-boiled hardgekookt • onaandoenlijk, keihard
hard-hearted hardvochtig
hard labour dwangarbeid
hard luck pech
hardly nauwelijks
hardware ijzerwaren *mv* • computerapparatuur
hardy gehard, getrouw
hare haas
haricot bean snijboon
harm *zn* kwaad • schade • *ww* kwetsen, benadelen
harmonious harmonieus • welluidend • evenwichtig
harmonize overeenstemmen
harmony overeenstemming, harmonie
harness (paarde)tuig
harp harp
harrow *zn* eg • *ww* pijnigen
harry kwellen, lastig vallen
harsh hard, ruw
harvest oogst
hash gehakt vlees • hachee • hasjiesj
hashish hasjiesj
hasp beugel, grendel
haste haast, spoed
hasten (zich) haasten
hat hoed
hatbox hoedendoos
hatch *zn* luik • broedsel • *ww* broeden, beramen • arceren
hatchet bijl

hate haten
hateful hatelijk • akelig
hatred haat
hatter hoedenmaker
hat-trick het maken van drie doelpunten of het achter elkaar nemen van drie wickets in één wedstrijd
haughty hoogmoedig, trots
haul trekken, slepen
haunch heup, lendenstuk
haunt rondwaren, spoken
have (got) hebben
have (had; had) hebben • *rumour has it that...* het gerucht gaat, dat...
have to moeten
havoc verwoesting
hawk havik
hawker venter, marskramer
hay hooi
hay fever hooikoorts
haystack hooiberg
hazard *zn* gevaar • risico • *ww* wagen
haze nevel, damp, mist
hazel lichtbruin
hazelnut hazelnoot
hazy nevelig, wazig
H.B.M. = *His (Her) Britannic Majesty*
H.E. = 1 *His Eminence*; 2 *His Excellency*
he hij
head *zn* hoofd, hoofdeinde v. bed • chef • kop • top • oorsprong • schuim (op bier) • *~(s) or tail(s)*, kruis of munt • *ww* aansturen op
headache hoofdpijn
headdress kapsel

headgear hoofddeksel
heading titel, opschrift • rubriek
headlights koplampen
headline kop (in krant)
headlong blindelings, roekeloos, hals over kop
headmaster schoolhoofd
headmost voorste
headphones koptelefoon
headquarters *mv* hoofdkwartier
headstrong koppig
head tube balhoofd
head-waiter ober
heady koppig, onstuimig • duizelig
heal helen, genezen
health gezondheid
healthy gezond
heap hoop, stapel
hear (heard; heard) horen, luisteren
hearing gehoor (oor) • verhoor, hoorzitting
hearse lijkkoets
heart hart • gemoed • kern • *~s, (kaartsp)* harten *mv*
heart attack hartaanval
hearten bemoedigen, opwekken
hearth haard
heart-rending hartverscheurend
hearty hartelijk • gezond
heat *zn* hitte, drift • *ww* verhitten, opwinden • *heet worden*
heath heide
heathen *zn* heiden • *bn* heidens
heather (struik)heide
heating verwarming
heat wave hittegolf
heave opheffen, doen zwellen • *~ a sigh*, zuchten

heaven hemel • hemel
heavenly hemels, zalig
heavy zwaar (gewicht)
• zwaarmoedig
hebdomadal, -dary wekelijks
hectic koortsachtig
hedge heg, haag
hedgehog egel
heed zn oplettendheid • ww
letten op
heel hiel • hak • kapje
height hoogte • toppunt
heinous gruwelijk
heir erfgenaam
heiress erfgename, erfdochter
held zie **hold**
helicopter helikopter
hell hel
hello! hallo!
helm helmstok, roer
helmet helm
help zn hulp • ww helpen,
ondersteunen, bedienen
help (me)! help (mij)!
helpless hulpeloos, onbeholpen
hem zn zoom • ww omzomen
hemorrhage bloeding
hemorrhoids mv aambeien mv
hemp hennep
hen kip, hen
hence van nu af • dientengevolge
henceforth voortaan
henhouse kippenhok
henpecked onder de pantoffel
zittend
her haar bez vnw
herb kruid
herbal kruiden- • herbal tea
kruidenthee
herd zn kudde • ww hoeden
here hier

hereabout(s) hier in de buurt
hereafter hierna(maals)
hereby hierbij, bij deze
hereditary erfelijk
heredity erfelijkheid
hereof hiervan
here's to you! op uw
gezondheid
heresy ketterij
heretic ketter
herewith hiermede
here you are alstublieft
(aanbieden)
heritage erfdeel, erfenis
hermetic(al) luchtdicht
hermit kluizenaar
hernia breuk
hero held
heroic heldhaftig
heroism heldenmoed
heron reiger
herring haring • kippered ~,
gezouten en gerookte haring
• red ~, bokking
hers van haar, het hare
hesitate aarzelen
hesitation aarzeling, weifeling
heterogeneous ongelijksoortig
hew (hewed; hewn) houwen
hi! dag! (hallo)
hiatus onderbreking
hibernation overwintering
hiccough, hiccup zn hik • ww
hikken
hid(den) zie **hide**
hide zn huid, vel • schuilplaats
• ww **(hid; hidden)** verbergen,
schuilen
hide-and-seek verstoppertje
hideous afzichtelijk
hiding schuilplaats • go into ~,

onderduiken
higgledy-piggledy ondersteboven, schots en scheef
high hoog, verheven • luid • adellijk (v. wild)
highbrow *gemeenz* intellectueel
High Church streng orthodoxe richting in de Anglicaanse kerk
Highlander Hooglander
highlight hoogtepunt
highness hoogheid
high road hoofdweg, snelweg
high school middelbare school
high-seasoned (sterk) gekruid
high-speed train hogesnelheidstrein
high tension hoogspanning
high treason hoogverraad
highway hoofdweg, snelweg • ~ *code*, verkeersvoorschriften *mv*
hijacker kaper
hike trekken, een voetreis maken • *zn* trektocht
hiker wandeltoerist, trekker
hilarity vrolijkheid
hill heuvel
hilt gevest, hecht
him hem
himself zichzelf
hind achterst, achter-
hinder hinderen, beletten
hindmost achterste
Hindoo Hindoe
hinge hengsel, scharnier
hint wenk, vingerwijzing, hint
hip heup
hippodrome renbaan • circus
hire *zn* huur • *ww* huren
hire purchase huurkoop

hirsute ruig, harig, ruw
his zijn • het zijne
hiss *zn* gesis • *ww* (uit)fluiten, sissen
historian geschiedschrijver
historic historisch
history geschiedenis
hit *zn* stoot, slag, tref • *ww* **(hit; hit)** slaan, treffen
hitchhike liften
hitchhiker lifter
hither hierheen
hitherto tot hiertoe, tot nu toe
hive bijenkorf
hoard hamsteren
hoarse hees, schor
hoary grijs, wit (van haar) • overbekend
hoax *zn* poets • *ww* foppen
hobble strompelen
hobby hobby
hobo *Amer* zwerver, landloper
hock rijnwijn
hold *zn* handvat, houvast • steun • scheepsruim • *ww* **(held; held)** houden, vasthouden • duren • bevatten • van oordeel zijn
hold against kwalijk nemen
holdall grote reistas
hold-back beletsel
hole gat, hol, kuil
holiday vakantie
holiday (public) feestdag
holiday home vakantiehuis
holiday park bungalowpark
holiness heiligheid
Holland Holland, Nederland
hollow *zn* holte, hol • *bn* hol • geveinsd
holy heilig

holy water wijwater

homage hulde

home zn huis, tehuis • *at* ~, thuis
• *bijw* naar huis

home-bred inlands, inheems

homelike huiselijk • gemoedelijk

homely gezellig • eenvoudig

home-match thuiswedstrijd

homesickness heimwee

homespun zelfgesponnen • *fig*
eenvoudig, huisbakken

homesters, home-team *sp*
thuisclub

homeward(s) huiswaarts

homicide doodslag

Hon. = *Honourable*, hooggeboren

honest eerlijk, rechtschapen

honey honing

honeycomb honingraat

honeymoon wittebroodsweken
mv, huwelijksreis

honeysuckle kamperfoelie

honorary eervol, honorair • ~
member, erelid

honour eer, waardigheid

honourable achtbaar,
hooggeboren, eerwaarde

Hon. Sec. = *Honorary Secretary*,
onbezoldigd secretaris

hood kap

hoof hoef

hook zn vishaak • kram • *ww*
haken, verstrikken

hooligan hooligan,
oproerkraaier

hoop hoepel

hooping-cough kinkhoest

hoot jouwen, schreeuwen,
toeteren

hooter sirene • toeter

hop springen, huppelen

hope zn hoop • *ww* hopen

hopeless hopeloos

horn hoorn • voelhoorn • claxon,
toeter

horrible afschuwelijk

horrible, horrid afschuwelijk,
afgrijselijk, huiveringwekkend

horrific afschuwelijk,
weerzinwekkend

horror huivering, afschuw

horse paard • schraag, bok

horseback *on* ~, te paard

horseback riding paardrijden

horse fly horzel

horseman ruiter

horsepower (HP) paardenkracht
(pk)

horseshoe hoefijzer

hose slang (v. brandspuit)

hosiery tricotagewinkel

hospitable gastvrij

hospital ziekenhuis

hospitality gastvrijheid

host gastheer • hostie • schare

hostage gijzelaar

hostess gastvrouw • waardin

hostile vijandig

hot heet, warm, vurig

hotel hotel

hotel-keeper hotelier

hothouse broeikas

hot-water bottle (warme) kruik

hound jachthond

hour uur

hour (half an) een half uur

hourly alle uren, om het uur

house huis

house-boat woonschuit, ark

house dance house

household zn huishouden • *bn*
huishoudelijk

housekeeper huishoudster
housemaid werkmeid
housemate huisgenoot
house party houseparty
house-rent huishuur
housewife huisvrouw
hover fladderen, zweven
how hoe
however niettemin, evenwel
howl gehuil, gejank • ww huilen
h.p. = *horsepower*, paardenkracht
H.Q. = *Head Quarters*, *(mil)* hoofdkwartier
hub naaf (wiel) • centrum
hubbub opschudding
huddle zn warboel • ww opeengooien, verwarren
hue tint • schakering
hug omhelzen
huge zeer groot, kolossaal
hulk wrak • ruïne • log gevaarte
hull zn schil • dop • ww pellen
hum neuriën, zoemen
human menselijk
humane menslievend, humaan
humanity mensheid
  • menslievendheid
humankind mensdom
humble nederig • bescheiden
  • gering
humbug huichelarij, bluf
humid vochtig
humiliation vernedering
humility nederigheid
  • bescheidenheid
humorous geestig, amusant
humour humor • stemming, humeur
humpback, hunchback bochel
hundred(th) honderd(ste)

hung zie *hang*
Hungarian Hongaar(s)
Hungary Hongarije
hunger honger
hungry hongerig
hungry (be) honger hebben
hunk homp • *fig* stuk, lekker ding
hunt zn jacht • ww jagen
hunter jager • jachtpaard
hunting jacht (het jagen)
hurdle horde • obstakel • *the ~s*, hordeloop
hurl werpen, slingeren
hurray, hurrah hoera!
hurricane orkaan
hurry zn haast, spoed, gejacht
  • ww (zich) haasten
hurt zn letsel, wonde • nadeel, schade • ww **(hurt; hurt)** kwetsen, bezeren • schaden
  • bezeerd
husband man (echtgenoot)
husbandry landbouw, teelt
hush stilte • *~!*, stil, zwijg!
husk schil, bolster
hussar huzaar
hustle dringen, duwen, zich haasten
hut hut
hydrofoil draagvleugelboot
hydrophobia watervrees
hydroplane watervliegtuig
hymn kerkgezang, lofzang
hyphen koppelteken
hypnotic slaapwekkend
  • hypnotisch
hypocrisy huichelarij
hypocrite huichelaar

I

I ik
ice ijs • *an ~*, ijsje
ice (black) ijzel
iceberg ijsberg
ice-cream roomijs, ijsje
ice cube ijsblokje
icicle ijskegel
icily ijzig, ijskoud
idea denkbeeld, begrip • idee
ideal *zn* ideaal • *bn* ideaal
identify identificeren
  • vereenzelvigen
identity card legitimatiebewijs
identity paper identiteitsbewijs
idiom taaleigen, idioom
idiot idioot *zn*
idle lui, ledig
idol afgod
idolatry afgoderij, vergoding
idolize verafgoden
idyll idylle
i.e. = *id est*, dat wil zeggen
if als, indien, of
ignition ontsteking (elektr.)
ignition cable bougiekabels
ignition key contactsleutel
ignoble onedel, laag
ignominy schande, oneer
ignorance onwetendheid
ignorant onwetend
ignore negeren
ill ziek • slecht, kwaad
ill-bred onopgevoed,
  onbeschaafd
illegal onwettig
illegible onleesbaar
illegitimate onwettig,

ongeoorloofd • (kind) onecht
ill-fated ongelukkig
illicit ongeoorloofd
illicit drugs verdovende
  middelen
illimitable onbegrensd
illiterate ongeletterd
ill-mannered ongemanierd
ill-natured kwaadaardig
illness ongesteldheid, ziekte
illogical onlogisch
ill-timed ongelegen, ongepast
illuminate verlichten
illusion bedrog, begoocheling,
  illusie
illustrate opluisteren • illustreren
  • duidelijk maken
Illustrated (magazine)
  geïllustreerd blad
illustrious beroemd, vermaard
ill-will kwaadwilligheid, wrok
ill with flu grieperig
image beeld, beeltenis
imaginary ingebeeld,
  denkbeeldig
imagine zich verbeelden
  • aannemen
imbecile zwakzinnig, imbeciel
imbue doordringen • drenken
  • inboezemen
imitation navolging, nabootsing
immaculate vlekkeloos, volmaakt
immaterial onbelangrijk
immature onrijp, onvolwassen
immeasurable onmeetbaar
immediate onmiddellijk • (op
  brieven) spoed
immediately onmiddellijk
immemorial onheuglijk
immense onmetelijk
immerse in-, onderdompelen

imminent dreigend • aanstaande
immobility onbeweeglijkheid
immobilize onbeweeglijk maken
• (geld) aan de circulatie
onttrekken
immoderate onmatig,
overdreven
immoral onzedelijk • zedeloos
immortal onsterfelijk
immovable onbeweeglijk
impact schok, stoot • invloed
impair afbreuk doen aan
impart meedelen, verlenen
impartial onpartijdig
impassable onbegaanbaar
impassive ongevoelig,
onverschillig, onaandoenlijk
impatience ongeduld
impatient ongeduldig
impeachment aanklacht en
vervolging
impeccable onberispelijk
impede verhinderen, beletten
impediment beletsel
• belemmering
impel aandrijven
impend boven 't hoofd hangen,
dreigen
impenetrable ondoordringbaar,
ondoorgrondelijk
imperative zn noodzakelijk • zn
gebiedende wijs
imperceptible onmerkbaar
imperfect onvolmaakt,
onvolkomen
imperial keizerlijk
imperil in gevaar brengen
imperishable onvergankelijk
impermeable ondoordringbaar
impertinent onbeschaamd
imperturbable onverstoorbaar

impetuous onstuimig, heftig
impetus prikkel, aandrift, vaart
impious goddeloos, profaan
implacable onverzoenlijk
implement gereedschap,
werktuig
implicate inwikkelen • betrekken
in
implicit daaronder begrepen,
impliciet • stilzwijgend
• onvoorwaardelijk
implore afsmeken
imply inhouden, impliceren
impolite onbeleefd
import zn invoer, import • ww
importeren
importance belangrijkheid
• gewicht
important belangrijk
importation invoer
import duty invoerrechten
importer importeur
importune lastig vallen
impose opleggen
impossible onmogelijk
impostor bedrieger
impotence onmacht
• onvermogen
• machteloosheid • impotentie
impoverish verarmen
impracticable ondoenlijk,
onuitvoerbaar • onbegaanbaar
impractical onbruikbaar,
onpraktisch
impregnate bevruchten
• verzadigen, impregneren
impress (be)indrukken
• imponeren • inprenten,
duidelijk maken
impression indruk • afdruk
impressive indrukwekkend

imprint *ww* drukken • inprenten • *zn* stempel, indruk

imprison gevangen zetten

improbable onwaarschijnlijk

improper onbehoorlijk, ongeschikt

improve verbeteren

improvement verbetering

improvident zorgeloos

imprudent onvoorzichtig

impudent onbeschaamd

impulsion aandrang, impuls

impunity straffeloosheid

impure onrein

impute wijten

in *vz* in, naar, bij, voor • *bijw* binnen, tehuis

inability onvermogen

inaccessible ontoegankelijk, ongenaakbaar

inaccurate onnauwkeurig

inactive werkeloos, op non-actief

inadequate onvoldoende, ontoereikend

inadmissible ontoelaatbaar

inalienable onvervreemdbaar

inanimate levenloos • onbezield

inanition uitputting

inapt ongeschikt

inaudible onhoorbaar

inauguration installatie, inwijding • inhuldiging

in-between tussenpersoon

incalculable onberekenbaar, onschatbaar

incandescent gloeiend

incapable onbekwaam

incarnation incarnatie, vleeswording • verpersoonlijking

incautious onvoorzichtig

incendiary brand- • ~ *bomb*, brandbom

incense *zn* wierook • *ww* bewieroken • razend maken

incentive prikkel, aansporing

incertitude onzekerheid

incessantly aanhoudend, onophoudelijk

inch duim (2,54 cm)

incident voorval, incident

incidental(ly) toevallig • terloops

incision insnijding

incite aansporen, aanhitsen

incitement aansporing

incivility onbeleefdheid

inclement meedogenloos • guur

inclination helling • neiging

incline neigen, overhellen

include insluiten, behelzen

included inbegrepen

including ingesloten, inbegrepen • tot en met

inclusive ingesloten

incoherent onsamenhangend

incombustible onbrandbaar

income inkomen, inkomsten *mv*

income tax inkomstenbelasting

incomparable onvergelijkelijk

incompetent onbevoegd, incompetent

incomplete onvolkomen, onvolledig

incomprehensible onbegrijpelijk

inconceivable ondenkbaar

incongruous ongelijk(soortig), onverenigbaar • ongepast

inconsequent inconsequent

inconsiderable onbeduidend

inconsiderate onbezonnen, ondoordacht

inconsistent onverenigbaar

- inconsequent
inconstant onbestendig
- ongedurig, veranderlijk
incontestable onbetwistbaar
inconvenient ongelegen, lastig
incorporation inlijving
- erkenning als rechtspersoon
incorrect onnauwkeurig, onjuist
incorrigible onverbeterlijk
increase zn aanwas, toeneming
- ww aangroeien, toenemen
incredible ongelooflijk
incredulous ongelovig
incriminate beschuldigen
incubate (uit)broeden
- ontwikkelen
incur zich blootstellen aan, zich
op de hals halen
incurable ongeneeslijk
indebted verschuldigd
indecent obsceen, onfatsoenlijk
indecisive besluiteloos
indeed inderdaad, dan ook
indefatigable onvermoeibaar
indelible onuitwisbaar
indelicate grof, gênant
indemnity schadeloosstelling
indent (in)deuken
indenture contract
independence onafhankelijkheid
indescribable onbeschrijfelijk
indestructible onverwoestbaar
indeterminate onbepaald
index zn index • wijzer,
wijsvinger • register • klapper
- ww in een register
inschrijven • alfabetiseren
index figure indexcijfer
India India
Indian bn Indisch, Indiaans • ~
corn, maïs • zn Indiër • Indiaan

indicate aanwijzen
indicator richtingaanwijzer
- indicatie
indictment (akte van)
beschuldiging
indifferent onverschillig
indigenous inheems, inlands
indigent straatarm
indigestion slechte spijsvertering
indignation verontwaardiging
indignity vernedering
indiscreet onvoorzichtig
- onbescheiden
indispensable onontbeerlijk,
onmisbaar
indisposed onwel • ongesteld
indisposition lichte ziekte
- onwelwillendheid
indissoluble onoplosbaar
indistinct onduidelijk
individual zn individu • bn
individueel
indivisible ondeelbaar
indolent traag, lui
Indonesia Indonesië
indoor binnenshuis, huis • ~
training, (kamer)gymnastiek,
training binnenshuis
indoors binnen
indubitable ontwijfelbaar
induce veroorzaken • bewegen
tot
indulge toegeven • verwennen
indulgent toegeeflijk,
inschikkelijk
industrial industrieel
industrious ijverig
industry naarstigheid
- nijverheid, industrie • bedrijf
ineffective zonder uitwerking
inefficacious ondoeltreffend

inefficient onbruikbaar, ongeschikt • onefficiënt
inequality ongelijkheid
inert log, loom, traag, inert
inevitable onvermijdelijk
inexact onjuist, onnauwkeurig
inexcusable onvergeeflijk
inexhaustible onuitputtelijk
inexorable onverbiddelijk, onvermijdelijk
inexpensive goedkoop
inexperienced onervaren
inexplicable onverklaarbaar
inexpugnable onaantastbaar
inextinguishable onblusbaar
infallible onfeilbaar
infamous berucht
infamy schande, beruchtheid
infancy kindsheid • beginfase
infant zuigeling • kind
infantile paralysis kinderverlamming
infantry infanterie
infant school kleuterschool
infect besmetten
infection infectie, besmetting
infelicitous ongelukkig
infer besluiten, afleiden
inference gevolgtrekking
inferior zn mindere, ondergeschikte • bn minder, ondergeschikt • minderwaardig, inferieur
inferiority complex minderwaardigheidscomplex
infernal hels
infertile onvruchtbaar
infidel ongelovig(e)
infidelity ontrouw, ongeloof
infinite oneindig
infirm zwak

infirmary ziekenhuis • ziekenzaal
infirmity gebrekkigheid, gebrek
inflammation ontvlamming, ontsteking • ontsteking (infectie)
inflate opblazen • oppompen • opdrijven v. prijzen
inflexible onbuigbaar, -zaam
inflict opleggen (straf)
inflow toevloed
influence invloed
influential invloedrijk
influenza griep
influx stroom, toevloed
inform mededelen, op de hoogte brengen, melden, inlichten
informality informaliteit
information inlichting, informatie
infraction inbreuk, schennis
infrangible onbreekbaar
infrequent zeldzaam
infringe inbreuk maken op
in front vooraan
in front of vóór (plaats)
infuse ingieten • inboezemen
infusible onoplosbaar • onsmeltbaar
infusion toevoeging • aftreksel
ingenious vindingrijk, vernuftig
ingenuous ongekunsteld, openhartig, naïef
ingratitude ondankbaarheid
inhabit bewonen
inhabitant inwoner
inhale inademen
inharmonious onwelluidend • onevenwichtig
inherit erven
inheritance erfenis
inheritance tax

successiebelasting
inhibit verbieden, verhinderen
  • stuiten, remmen
inhuman onmenselijk
inhume begraven
inimical vijandig
iniquity ongerechtigheid,
  misdadigheid
initial *bn* eerste, begin- • *zn*
  beginletter • *ww* paraferen
initially aanvankelijk
initiate inwijden
initiative initiatief
inject inspuiten, toevoegen
injection injectie
injudicious onoordeelkundig
injure benadelen, krenken
  • kwetsen
injured gewond
injured person gewonde
injurious nadelig, schadelijk,
  beledigend
injury verwonding, blessure
  • schade • hoon, onrecht
injustice onrechtvaardigheid,
  onrecht
ink inkt • *Indian ~*, Oost-Indische
  inkt
inkwell inktkoker
inlaid ingelegd
inland *zn* binnenland • *bn*
  binnenlands
in-laws *mv* schoonfamilie
inmate medepatiënt,
  medegevangene
inmost binnenste
inn herberg, logement
innate aangeboren
innavigable onbevaarbaar
innermost binnenste
inner tube binnenband

innkeeper herbergier
innocence onschuld
innocent onschuldig
innovate veranderen,
  vernieuwen
innuendo insinuatie
innumerable ontelbaar
inoculate enten, inenten
inodorous reukloos
inoffensive onschadelijk,
  onschuldig
inopportune ongelegen
inquire informeren
inquiry onderzoek, enquête
inquiry office
  inlichtingenbureau
inquisitive nieuwsgierig
insalubrious ongezond
insane krankzinnig
insatiable onverzadigbaar
inscribe inschrijven, griffen
inscription opschrift
insect insect
insect powder insectenpoeder
insecure onveilig, onzeker
insensitive ongevoelig,
  gevoelloos • onbewust
inseparable onafscheidelijk
insert invoegen, bijvoegen
  • plaatsen (in de krant)
inside *bijw* binnen, binnenin • *zn*
  binnenkant
insider ingewijde
insidious verraderlijk
insight inzicht
insignificant onbeduidend
insincere onoprecht
insinuate te verstaan geven,
  insinueren • ongemerkt
  indringen
insinuation insinuatie,

verdachtmaking

insipid smakeloos, laf, flauw, saai

insist aandringen, staan op

insolent onbeschoft

insoluble onoplosbaar

insomnia slapeloosheid

insomuch in zoverre, zodat

inspection bezichtiging, inspectie • onderzoek

inspector inspecteur

inspiration ingeving, inspiratie, idee

in spite of ondanks

instalment installatie • aflevering, termijn

instance geval, voorbeeld • aandrang • verzoek • instantie • *for ~,* bij voorbeeld

instant *zn* ogenblik • *bn* onmiddellijk • *on the 10th ~,* op de 10de

instant coffee oploskoffie

instead in plaats van

instep wreef (van voet)

instigate aansporen, ophitsen

instigation aanstichting, instigatie

instil(l) inboezemen

institute instellen, stichten

instruct onderwijzen, gelasten, opdracht geven

instruction instructie, onderricht, onderwijs • opdracht

instructive leerzaam

instrument (muziek)instrument • meetapparaat • middel

insubordination ongehoorzaamheid

insufferable onverdraaglijk, onuitstaanbaar

insufficient onvoldoende

insular eiland-

insulator isolator

insult *zn* belediging • *ww* beledigen

insupportable ondraaglijk

insurance verzekering, assurantie

insurance company verzekeringsmaatschappij

insured verzekerd

insurer verzekeraar

insurgent opstandeling, rebel

insurmountable onoverkomelijk

insurrection opstand

insusceptible ongevoelig

intact gaaf, ongeschonden

integral geheel, volledig, integraal

integrity onkreukbaarheid, zuiverheid, integriteit

intellect intellect, verstand

intelligence verstand • intelligentie • (geheime) inlichtingen

intelligence service (geheime) inlichtingendienst

intelligent verstandig, intelligent

intelligible begrijpelijk, verstaanbaar

intemperance onmatigheid

intend van plan zijn

intense intens, geweldig, hevig

intensify versterken, verhevigen

intent *zn* voornemen, opzet • *bn* ingespannen

intention plan, voornemen

inter begraven

interaction wisselwerking

intercede tussenbeide komen

intercept onderscheppen

interchange *zn* ruil, uitwisseling

• *ww* (uit)wisselen, ruilen
intercourse seks
interdict *zn* verbod • *ww* verbieden, ontzeggen
interdiction verbod
interest belangstelling, belang • rente • interest • *ww* interesseren
interesting interessant
interfere tussenbeide komen, zich mengen in • ingrijpen
interference bemiddeling, inmenging • storing
interim *zn* tussentijd • *bn* waarnemend
interior binnenste, binnenland
interjection tussenwerpsel, uitroep
interloper indringer
interlude pauze • tussenspel, intermezzo
intermediary agent tussenpersoon
intermediate tussen-
interminable oneindig
intermission onderbreking
intermittent bij tussenpozen werkend, afwisselend
internal inwendig, innerlijk
international internationaal • ~ *law*, volkenrecht
interpret uitleggen, verklaren
interpreter tolk
interrogation verhoor • ondervraging • vraag
interrupt in de rede vallen, afbreken, storen, onderbreken
intersect snijden, (door)kruisen
interspace tussenruimte
interval tussenruimte, tussenpoos • interval

intervene tussenbeide komen, ingrijpen • zich (onverwachts) voordoen
intervention bemiddeling, tussenkomst
interview *zn* vraaggesprek • onderhoud • *ww* interviewen
intestinal inwendig
intestines ingewanden *mv*, darmen
intimacy vertrouwelijkheid
intimate *zn* boezemvriend • *bn* innig, vertrouwelijk • *ww* te kennen geven
intimidate bang maken, intimideren
into tot in, in (naar binnen)
intolerable onverdraaglijk
intolerant onverdraagzaam
intone aanheffen, inzetten (gezang)
intoxicating bedwelmend
intractable onhandelbaar
intrepid onverschrokken
intricate ingewikkeld, netelig
intrigue *zn* intrige • *ww* fascineren, intrigeren
introduce invoeren • indienen • introduceren, voorstellen
introduction inleiding • voorstelling
intrude indringen
intruder indringer
intrusive indringerig
intuition intuïtie
inundate overstromen
invade binnenvallen, een inval doen
invalid gebrekkig, invalide • ongeldig
invaluable onschatbaar

invariable onveranderlijk
invasion (vijandelijke) inval, invasie
invective scheldwoord
inveigle lokken, verleiden
invent uitvinden, verzinnen
invention uitvinding, vinding
inventive vindingrijk
inventory inventaris
inverse omgekeerd
invertebrate ongewerveld
invest beleggen, investeren
investigation onderzoek, navorsing, enquête
investment geldbelegging • investering
inveterate ingeworteld
invidious hatelijk • hachelijk
invigorate kracht bijzetten, versterken
invincible onoverwinnelijk
inviolable onschendbaar
invisible onzichtbaar
invitation uitnodiging
invite uitnodigen • verlokken
invocation aanroeping
invoice factuur
invoke inroepen, aanroepen
involuntary onwillekeurig • onvrijwillig
involve wikkelen, verwikkelen • insluiten • betrekken
invulnerable onkwetsbaar
inward inwendig, innerlijk • binnenwaarts
iodine jodium
I.O.U. = *I owe you,* ik ben u schuldig • schuldbekentenis
irascible opvliegend
irate, ireful woedend
Ireland Ierland

Irish Iers
Irishman Ier
irksome ergerlijk
iron *zn* ijzer • strijkijzer • *bn* ijzeren • *ww* strijken • boeien • ~ *out,* vereffenen
ironclad *zn* pantserschip • *bn* gepantserd
iron-foundry ijzergieterij
ironical ironisch
ironing board strijkplank
iron wire ijzerdraad
irony ironie
irradiate (be)stralen
irrational onredelijk
irreconcilable onverzoenlijk
irredeemable onherroepelijk verloren • onherstelbaar • oninbaar
irregular onregelmatig, ongeregeld
irrelevant niet toepasselijk, niet ter zake
irremediable onherstelbaar
irreparable onherstelbaar
irreproachable onberispelijk
irresistible onweerstaanbaar
irresolute besluiteloos
irrespective ongeacht
irresponsible onverantwoordelijk
irretrievable onherstelbaar
irreverent oneerbiedig
irrevocable onherroepelijk
irrigate besproeien, bevloeien
irritable prikkelbaar
irritate prikkelen, ergeren
island eiland • vluchtheuvel
isle eiland
isolate afzonderen, isoleren
Israelite Israëliet
issue *zn* nummer (krant,

tijdschrift) • kwestie, geschilpunt • *ww* uitkomen, voortkomen, uitgeven

isthmus landengte

it het, hij, zij, daar, er

Italian Italiaan(s)

italicize cursiveren

Italy Italië

itch *zn* jeuk • schurft • *ww* jeuken • popelen, snakken

item *bijw* idem • *zn* artikel • nummer (van programma) • punt (van agenda)

iterate herhalen

itinerary reisbeschrijving, reisroute

its zijn, haar

itself zichzelf

I.T.V. = *Independent Television*, Onafhankelijke Televisie

ivory *zn* ivoor • *bn* ivoren

ivy klimop

J

jab steken, porren

Jack Jan • jantje, matroos

jack krik • boer (kaartenspel)

jackal jakhals

jackass ezel • domoor

jacket jasje, omhulsel, schil

jade *zn* jade, nefriet • *bn* helgroen

jail gevangenis

jailer cipier

jam *zn* jam • gedrang • (radio)storing • verkeersopstopping, file • *ww*

drukken • duwen • klemmen • versperren • vastlopen *(rtv)* storen

janitor portier

January januari

Japanese Japans

jar (stop)fles, kruik • gekras • schok

jaundice geelzucht

Javanese Javaan(s)

javelin [atletiek] speerwerpen

jaw kaak

jealous jaloers

jeans spijkerbroek

jeep Amerikaanse legerauto

jeer *zn* spot • *ww* spotten, honen, schelden

jelly gelei

jellyfish kwal

jenever jenever

jeopardy gevaar

jerk stoot, ruk, stomp

jerry-built in haast opgetrokken

jersey trui

jest grap, mop

jet *zn* straalvliegtuig • straal • (gas)vlam • *ww* reizen per straalvliegtuig

jet plane straalvliegtuig

jetty havenhoofd, pier

Jew Jood

jewel juweel

jeweller juwelier

jewellery sieraden

jib niet willen, weigeren

jiffy *in a ~*, strakjes

jigsaw legpuzzel

jilt de bons geven

jingle gerinkel • deuntje

jitterbug zenuwpees, bangerik • jitterbug, een soort dans

job karwei, baan
jobber effectenhandelaar
• hoekman
jocose grappig
jocular vrolijk, schertsend
jog joggen • aanstoten • opfrissen
(v. geheugen)
jog-trot sukkeldraf
John Jan
join verenigen, samenvoegen
• toetreden tot e • ~ *the colours,*
dienst nemen • ~ *in,* meedoen
met, aan
joint bn verenigd, gezamenlijk
• zn gewricht, scharnier
• verbinding, voeg • stuk vlees
• joint
joke zn scherts, grap • ww
schertsen, grappen
jolly vrolijk, leuk
jolt horten, stoten, schokken
jostle duwen, dringen
jot noteren
journal dagboek • dagblad
• tijdschrift
journalist journalist
journey reis
jovial vrolijk, opgewekt
joy vreugde, blijdschap
jubilate jubelen, juichen
jubilee jubileum
judg(e)ment oordeel, vonnis
judge zn rechter, beoordelaar
• ww oordelen • uitspraak
doen
judicial rechterlijk, gerechtelijk
judicious verstandig,
oordeelkundig
jug kruik, kan • pot
juggler jongleur
juice sap

juicy sappig
July juli
jumble door elkaar gooien
jump springen • plotseling
omhoog gaan (v. prijzen)
jump leads startkabels
junction verbinding • knooppunt
(van spoorlijnen)
juncture voeg, naad • kritiek
ogenblik
June juni
jungle rimboe, wildernis
junior de jongere
junk oude rommel
junkie (drugs)verslaafde
juridical gerechtelijk, juridisch
jurisdistion rechtsgebied
• rechtsbevoegdheid
jurisprudence rechtsgeleerdheid
jurist jurist, rechtsgeleerde
juror gezworene, jurylid
jury jury
just bn rechtvaardig, getrouw
• bijw juist, even • ~ *now,* zo-
even • nu
justice gerechtigheid,
rechtvaardigheid • justitie
justify rechtvaardigen
juvenile jeugdig

K

kale boerenkool
keel kiel (v. schip)
keen Enthousiast • scherp, heftig,
bits • happig op
keen-sighted scherpzinnig
keep zn bewaring, hoede

• onderhoud • *ww* **(kept; kept)** houden, bewaren, conserveren • verdedigen
keeper bewaarder, bewaker, opzichter • doelverdediger
keepsake aandenken
kennel hondenhok
kept *zie* keep
kerb stoeprand
ketchup ketchup
kettle ketel
key sleutel, toets
keyboard toetsenbord, klavier
keyhole sleutelgat
keyring sleutelring
K.G. = *Knight of the Garter* Ridder van de Kouseband
kick *ww* schoppen, trappen • *zn* schop, trap • veerkracht • ~ *off*, aftrap
kid *zn* kind • jochie • jonge geit *ww* plagen, voor de gek houden
kid gloves *mv* glacéhandschoenen *mv*
kidnap ontvoeren
kidnapper ontvoerder
kidney nier
kidney bean bruine boon, snijboon
kill doden, slachten • te niet doen
killjoy spelbederver
kilogram kilogram
kilometre kilometer
kilt Schots rokje
kin verwantschap
kind *zn* soort, geslacht • *bn* vriendelijk
kind(li)ness vriendelijkheid • goedheid, welwillendheid

kindergarten kleuterschool
kindle ontsteken • vuur vatten
kindred verwanten *mv*
king koning • heer (kaartspel)
kingdom koninkrijk
kinsman bloedverwant
kiosk kiosk
kipper gezouten en gerookte haring of vis
kiss *zn* kus, zoen • *ww* kussen
kit uitrusting • gereedschap • gereedschapskist
kitchen keuken
kitchencloth afdroogdoek
kitchen garden moestuin
kitchen-range kookfornuis
kite vlieger
kitsch kitsch
kitten jong poesje, katje
knack handigheid, slag, gave
knapsack knapzak
knave schurk • *(kaartsp)* boer
knead kneden • masseren
knee knie
knee-cap knieschijf
kneel (knelt *of* **kneeled; knelt** *of* **kneeled)** knielen
knew *zie* know
knickers *mv gemeenz* [van vrouw] slipje, onderbroek
knife(ves) mes(sen)
knife-rest messenlegger
knight ridder
knit (knit *of* **knitted; knit** *of* **knitted)** breien, knopen • fronsen
knitting-needle breinaald
knob knobbel, knop
knock *zn* slag, klop, klap • *ww* slaan, kloppen • ~ *down*, neerslaan

knot *zn* knop • knobbel • kwast, knoest • *ww* knopen, verbinden
knotted, knotty knoestig
know (knew; known) kennen • weten
knowledge kennis, kunde • medeweten, voorkennis
known zie *know*
knuckle knokkel

L

label etiket, label
laboratory laboratorium
laborious moeizaam, moeilijk
labour *zn* arbeid • arbeiderspartij • moeite • bevalling • *ww* arbeiden, zich moeite geven
labour dispute arbeidsgeschil
Labour Party *Br* de socialistische partij
laburnum goudenregen
lace *zn* kant • veter • *ww* rijgen
lacerate verscheuren
lace-up rijglaars
lack *zn* gebrek, tekort • *ww* ontberen, ontbreken
lacquer *ww* lakken • *zn* lak, vernis
lad knaap, jongen
ladder ladder (ook in kous)
laden beladen, gevuld
ladies' (room) damestoiletten
ladle (pol)lepel
lady dame, vrouw des huizes • *Our Lady*, Onze Lieve Vrouwe
ladybird lieveheersbeestje

ladylike als een dame
lag achterblijven
lager pils
laid gelegd • ~ *up*, bedlegerig • zie *lay*
lain zie *lie*
lair hol, leger (v. dier)
lake meer (waterplas)
lamb lam • lamsvlees
lame mank, kreupel • zwak
lament *zn* klacht • *ww* betreuren
lamp lamp
lamp-post lantaarnpaal
lampshade lampenkap
lance lans
land *zn* land, bodem, grond • *ww* (aan)landen
land force(s) landmacht
landing landing • landingsplaats • (trap)portaal
landing-stage aanlegsteiger
landlady hospita, waardin
landlord hospes • herbergier
landmark herkenningspunt • mijlpaal
landowner grondbezitter
landscape landschap
landslip aardverschuiving
land tax grondbelasting
lane landweg • rijstrook • geul • *get in* ~, voorsorteren
language taal
languid kwijnend, lusteloos
languish smachten, kwijnen
lank sluik
lantern lantaarn
lap *zn* schoot • ronde, onderdeel • *ww* opslorpen • klotsen
lapse vergissing • verloop van tijd • verval, terugval
lapwing kievit

larceny diefstal
lard *zn* reuzel • *ww* larderen
larder provisiekamer, -kast
large ruim, groot, breed,
uitgestrekt • royaal
largest grootste
lark leeuwerik
larynx strottenhoofd
lascivious wulps
lash *zn* zweepslag • geseling
• wimper • *ww* geselen
• (vast)sjorren
lass meisje
lassitude vermoeidheid
last *bn* laatst, vorig(e),
jongstleden • *ww* duren,
blijven • ~ *night*, gisteravond • ~
but one, voorlaatste
lasting duurzaam, blijvend,
langdurig, bestendig
latch klink
latchkey huissleutel
late laat, te laat • gewezen
• wijlen
lately onlangs, laatst
late-night shop avondwinkel
latent verborgen, verholen
later later, straks
lateral zijdeling(s)
late season naseizoen
lath lat
lathe draaibank
lather *zn* zeepsop, schuim • *ww*
inzepen
Latin *zn* Latijn • *bn* Latijns
latitude breedte
latter laatste (van twee),
laatstgenoemde
latter-day modern
lattice-(work) traliewerk
• latwerk

laudable prijzenswaardig
laugh *zn* gelach, lach • *ww*
lachen
laughable belachelijk
laughing-stock mikpunt van spot
laughter gelach
launch *zn* lancering
• tewaterlating • *ww* lanceren
• van stapel laten lopen
launderette wasserette
laundry was(goed)
laurel laurier • lauwerkrans
lavatory wc • toilet
lavender lavendel
lavish *bn* overvloedig, kwistig
• *ww* verkwisten
law wet, recht
law court rechtbank
lawful wettig
lawless wetteloos, bandeloos
lawn gazon
lawnmower grasmaaimachine
lawsuit proces
lawyer advocaat
lax laks, nalatig
laxative laxeermiddel
lay *bn* oningewijd, ondeskundig
• *ww* **(laid; laid)** leggen,
plaatsen • ~ *in*, inslaan, opdoen
• zie ook *lie*
layer laag
layman leek
layout aanleg, ontwerp
lazy lui, vadsig
lb. = *libra*, Engels pond (= 453,6
gram)
lead *zn* lood • voorsprong
• leiding • (kaartspel) invite,
voorhand • *ww* **(led; led)**
leiden, aanvoeren
leaden loden

leader (ge)leider • aanvoerder • hoofdartikel
leading article hoofdartikel
leaf (leaves) blad (boom)
leafless bladerloos
league verbond • ~ of Nations, Volkenbond
leak zn lek • lekkage • ww lekken
leakage lekkage
leaky lek
lean bn mager • lenig • ww (leant of leaned; leaned) leunen • overhellen
leap zn sprong • ww (leapt of leaped; leapt of leaped) springen
leapfrog haasje-over
leap year schrikkeljaar
learn (learnt of learned; learnt of learned) leren • vernemen
learning geleerdheid, wetenschap
lease ww verhuren, verpachten • zn huurcontract, pacht
leash koppel, band, lijn
least kleinste, minste • at ~, ten minste, minstens
leather zn leer • bn leren
leather goods lederwaren
leave verlof • afscheid • ww (left; left) weggaan, verlaten • nalaten • overlaten, laten
leaves mv bladeren mv, loof
leavings mv overschot • afval • kliekjes mv
lecture lezing • college
lecturer docent
led zie lead
ledge richel, rand
ledger grootboek
leech bloedzuiger

leek prei, look
leer gluren
leeward lijwaarts
left bn links, linker • bn achternagelaten • zie ook leave
left-handed links
left luggage department bagagedepot
leftovers mv kliekjes mv
leg been, poot, bout • pijp • been
legacy legaat, nalatenschap
legal wettig
legal aid juridische hulp
legalize legaliseren, wettigen
legation legatie
legend legende
legging legging • beenkap
legible leesbaar
legion legioen
legislation wetgeving
legitimate bn echt, wettig • ww echten, wettigen
leisure vrije tijd • at ~, op zijn gemak
lemon citroen
lemonade limonade
lemonsquash kwast (drank)
lemon squeezer citroenpers
lend (lent; lent) lenen aan
lending library leesbibliotheek
length lengte, duur
lenient toegevend • zacht
lenitive verzachtend
lens lens (objectief)
Lent vasten
lent zie lend
leopard luipaard • American ~ jaguar
leotard maillot
leprosy melaatsheid, lepra
lesion beschadiging, verwonding

less minder, kleiner
lessen verminderen
lesser kleiner, minder
lesson les
lest uit vrees dat
let zn huur • ww **(let; let)** (over)laten • verhuren • ~ *alone*, laat staan • *to* ~, te huur
lethal dodelijk
letter brief • letter • betekenis • ~ *to the editor*, ingezonden stuk
letter-balance brievenweger
letter box brievenbus
lettuce kropsla
level zn niveau, peil, stand, vlak • bn vlak, waterpas • ww gelijkmaken, effenen • vlak (terrein)
level crossing spoorwegovergang
lever hefboom
levy zn heffing • ww heffen, opleggen
lexicon woordenboek
liability verantwoordelijkheid, verplichting • ~ *to service*, dienstplicht
liable verantwoordelijk • onderhevig, blootgesteld aan
liar leugenaar
libel smaad
liberal mild, gul, vrij • vrijzinnig, liberaal
liberate bevrijden
libertine losbandig
liberty vrijheid
Libra Weegschaal
librarian bibliothecaris
library bibliotheek, studeerkamer
licence verlof, patent

• vergunning • rijbewijs • losbandigheid
licentious losbandig, bandeloos
lick ww likken • verslaan • zn lik
licorice drop
lid deksel • (oog)lid
lie zn leugen • ww **(lied; lied)** liegen • **(lay; lain)** liggen, rusten
Liege Luik
lieutenant luitenant • gouverneur
lieutenant-colonel overste
life leven, levensduur • levenslicht
life annuity lijfrente
life assurance levensverzekering
lifebelt reddingsboei
lifeboat reddingsboot
lifebuoy redding(s)boei
lifeless levenloos
life-preserver zwemgordel
lifetime levensduur • mensenleven
lift zn stijging • lift • *get a* ~, (gratis) mee kunnen rijden • ww opheffen, optillen, lichten
light zn licht • lucifer • vuurtje (voor sigaret) • verlichting • bn licht • luchtig • lichtzinnig • gemakkelijk • ww **(lit** of **lighted; lit** of **lighted)** verlichten, opsteken • aanmaken
lighten weerlichten • lichter maken
lighter aansteker • lichter
lighthouse vuurtoren
lighting licht (verlichting)
lightness lichtheid, vlugheid • lichtvaardigheid

lightning weerlicht, bliksem
lightning-conductor bliksemafleider
lights verlichting
like *zn* weerga, gelijke • *(bijw)* dergelijk, gelijkend, *(voegw)* zoals • *ww* houden van, mogen • lusten
likely waarschijnlijk
likeness gelijkenis
likewise evenzo, desgelijks
lilac *zn* sering • *bn* lila
lily lelie • ~ *of the valley*, lelietje van dalen
limb lid, lichaamsdeel • ~s, *mv* ledematen *mv*
lime vogellijm • kalk, lindeboom • soort citroen
limit *zn* limiet • grenslijn • toppunt • *ww* begrenzen, beperken
limitation beperking, bepaling
limp *bn* slap • *ww* hinken
limpid helder, klaar, doorschijnend
linden linde
line *zn* regel • lijn • rij • spoor-, stoomvaartlijn • ~ *of conduct*, gedragslijn • *ww* voeren (bekleden)
lineal lijnrecht • rechtstreeks
linear lineair, lijn- • van de eerste graad
linen linnengoed
liner lijnboot, -vliegtuig
linger dralen, talmen • nablijven
linguistic taalkundig
lining voering
link *zn* schakel • *ww* aaneenschakelen
links golfbaan

linseed oil lijnolie
lion leeuw
lioness leeuwin
lip lip • rand
lipstick lippenstift
liqueur likeur
liquid *zn* vloeistof • *bn* vloeibaar, vloeiend
liquidation liquidatie, afwikkeling
liquor (sterke) drank
liquorice drop
lisp lispelen
list *zn* (naam)lijst, tabel • tochtband • *ww* een lijst opmaken van, catalogiseren • opsommen • overhellen
listen luisteren
listener(-in) luisteraar
listless lusteloos
lit zie **light**
literal letterlijk
literature letterkunde, literatuur • (propaganda)lectuur
lithe(some) buigzaam • lenig
lithography lithografie, steendruk
litigation proces
litre liter
litter rommel, afval • stroleger
little klein, luttel, weinig • *a ~*, een beetje
little finger pink
littoral *zn* kustgebied • *bn* kust-
live wonen, leven
livelihood kostwinning
liveliness levendigheid
lively levendig
liver lever
livery livrei, uniform
livestock veestapel

live together samenwonen
livid woedend • lijkbleek
living zn bestaan, broodwinning • bn levend
living-room woonkamer
lizard hagedis
load zn lading • vracht • ww (loaded; loaden) bevrachten, laden
loading lading, het laden
loaf (mv loaves) zn brood • ww lanterfanten
loafer leegloper • slipper
loam leem
loan zn lening • ww lenen
loath afkerig
loathe walgen, verfoeien
loathsome walgelijk, vies
lobby zn portaal • koffiekamer, foyer • wandelgang • lobby • ww lobbyen
lobe (oor)lel • kwab
lobster kreeft
local plaatselijk, lokaal
local bus stadsbus
locality plaats
location plaatsing, ligging
lock zn slot • sluis • (verkeers)opstopping • (haar)lok • ww sluiten
locker kastje, safe, bagagekluis
lock-out uitsluiting
lock-up gevangenis • parkeergarage
locomotive locomotief
locust sprinkhaan
locution uitdrukking
lodge zn optrekje, huisje • portierswoning • loge • ww neerleggen • huisvesten • (in)wonen

lodger huurder
lodging huisvesting, kamers mv
lodging house pension
lodgings logies
loft zolder
lofty verheven
log blok hout • logboek
loggerheads be at ~, bakkeleien
logical logisch
loin lende, lendenstuk
loiter slenteren, talmen
lollipop (ijs)lolly
London Londen
lonely eenzaam
long bn lang, langdurig • ~ since, lang geleden • ww ~for, verlangen naar
longboat (scheepv) sloep
long chair ligstoel
longing verlangen
longitude geografische lengte
long-playing record langspeelplaat
long-winded langdradig
loo gemeenz wc
look zn uiterlijk, blik, kijk • ww kijken, zien, uitzien • ~ after, zorgen voor • ~ for, zoeken naar • ~ at, bekijken • ~ like, lijken op • ~ round, rondkijken • ~ up, opzoeken
looking-glass spiegel
look out! pas op!
lookout uitkijk
loom opdoemen, verschijnen
loop lis, lus • duikvlucht
loose bn los, ruim • losbandig • ww losmaken
loosen losmaken
loot zn plundering, buit • ww plunderen

loquacious spraakzaam
lord heer, echtgenoot • lord
lorry vrachtauto
lose (lost; lost) verliezen • (klok) achterlopen • ~ *weight*, afvallen
lose (one's) way verdwalen
loss verlies, schade
lost verloren, weg • zie ook *lose* • kwijt, zoek
lost property gevonden voorwerpen
lot deel, lot, perceel • een heleboel • portie, partij • stukje land
lotion lotion
lottery loterij
loud luid
loudspeaker luidspreker
lounge *ww* luieren • *zn* (hotel)hal • lounge
lounge suit colbertkostuum
louse (mv lice) luis
lousy beroerd • armzalig, waardeloos
lout lummel, pummel
love liefde • *in ~*, verliefd • *ww* liefhebben, houden van (iem.)
love letter liefdesbrief
loveliness lieftalligheid
lovely allerliefst, lief • heerlijk, prachtig
lover minnaar • minnares
low laag • nederig
Low Countries *mv* de Nederlanden *mv*
lower *bn* lager, dieper • minder • geringer • *ww* lager maken, laten zakken • strijken • verminderen
low-fat vetarm

low tide eb
loyal getrouw
lozenge tabletje, pastille • ruit
LPG LPG
Ltd. = *limited liability company*, naamloze vennootschap, NV
lubricant smeersel • glijmiddel
lubricate doorsmeren
lubricator smeermiddel
lubricity glibberig-, gladheid
lucid helder, doorschijnend
luck kans, geluk • *bad ~*, pech
lucky gelukkig
lucrative winstgevend
ludicrous belachelijk
lug trekken, slepen
luggage bagage
luggage carrier bagagedrager
luggage ticket bagagereçu
luggage van bagagewagen
lukewarm lauw
lull stilte, rust
lullaby slaapliedje
lumbago spit (in de rug)
lumber timmerhout
luminous lichtgevend
lump klomp, kluit, klontje
lunacy krankzinnigheid
lunar module maansloep
lunatic krankzinnig • ~ *asylum*, krankzinnigengesticht
lunch lunch
lunch (have) lunchen
lunch (packed) lunchpakket
lungs longen
lure *zn* lokaas • *ww* lokken
lurid huiveringwekkend, expliciet • fel
lurk loeren • schuilen
lush sappig, mals
lust (wel)lust • begeerte

lustre luister, glans
• aantrekkingskracht
lusty krachtig, ferm
lute luit
luxurious weelderig
luxury luxe, weelde
lyrical lyrisch, lier-

M

M = 1 *Member*, lid • 2 *Meridian*,
middaglijn • twaalf uur 's
middags • 3 *Master*,
universitaire graad
macaroon bitterkoekje
maceration vermagering
machination beraming, intrige
machine toestel, machine
mack, mackintosh regenjas
mackerel makreel
mad dol, razend, gek
madam mevrouw, juffrouw
made zie *make*
madness krankzinnigheid
magazine magazijn • tijdschrift
magic toverkunst
magician tovenaar
magic lantern toverlantaarn
magistrate magistraat,
politierechter
magnanimity grootmoedigheid
magnet magneet
magnetic magnetisch
magneto magneet (v. motor)
magnificence pracht, luister
magnificent prachtig
magnify vergroten
magnifying glass vergrootglas

magnitude grootte, grootheid
magpie ekster
mahogany mahoniehout
maid meid, maagd
maiden zn jonkvrouw, maagd
• meisje • bn maagdelijk
• eerste
maiden name meisjesnaam
maiden speech eerste
redevoering v.e. nieuw lid
maidservant dienstmeisje
mail zn brievenpost, post
• postdienst • ww posten
mail-coach postwagen
maim verminken
main bn voornaamste, hoofd- • zn
hoofdlijn, -leiding, buis
mainland vasteland
mainly voornamelijk
maintain handhaven
maintenance onderhoud
maize maïs
majesty majesteit
major zn majoor • meerderjarige
• bn hoofd-, grootste
majority meerderheid
• meerderjarigheid
major road hoofdweg,
voorrangsweg
make zn maaksel, fabrikaat
• lichaamsbouw • ww (made;
made) maken • doen
make-believe zn schone schijn
• bn voorgewend
maker fabrikant • schepper
makeshift hulp-, nood-
make-up make-up
making maak, maaksel
malady ziekte
malaria malaria
Malay zn Maleisiër • bn Maleis

male zn mannetje • bn mannelijk
malediction vervloeking
malefactor boosdoener
malevolent kwaadwillig
malice kwaadaardigheid
malicious boosaardig, plagerig
malign boosaardig, slecht
• kwaadaardig
mall winkelcentrum
malleable smeed-, plooibaar
malnutrition ondervoeding
malodorous stinkend
malt mout
maltreat mishandelen
mam(m)a mama
mammal zoogdier
man (mv men) man, mens,
knecht • damschijf
manage besturen • beheren
• regeren • het klaar spelen • ~
to get, bemachtigen
management behandeling,
bestuur • beheer • beleid
• directie
manager bestuurder
• administrateur • directeur
managing beherend
mane manen mv (paard)
mangle zn mangel • ww
verminken, verknoeien
manhood mannelijkheid
maniac krankzinnige
manicure manicuren
manifest openbaar • duidelijk
manifold menigvuldig
manipulation belasting,
manipulatie
mankind mensheid
manly mannelijk, manmoedig
manner manier, wijze
mannerly welgemanierd

manners zeden, (goede)
manieren mv, gedrag
• manieren
manservant (huis)knecht,
bediende
mansion herenhuis
manslaughter doodslag
mantelpiece schoorsteenmantel
mantle zn mantel • laag • ww
bedekken, bemantelen
manual handboek
manufacture vervaardigen
manufacturer fabrikant
manure mest
manuscript manuscript
many menig, veel, vele
many-sided veelzijdig
map kaart, landkaart,
plattegrond
maple ahorn, esdoorn
mar bederven, beschadigen
marble zn marmer • knikker • bn
marmeren
March maart
march zn optocht, mars • ww
trekken, marcheren
mare merrie
margarine margarine
margin rand, kant, kantlijn
marigold goudsbloem
marine zn marine, vloot
• marinier • bn scheeps-, zee-
marine fish zeevis
mark zn merk, merkteken, doel
• cijfer • mark (Duitse munt)
• ww merken • kenmerken
• betekenen, aanduiden
• signaleren • corrigeren
market markt • aftrek
marmalade marmelade
maroon kastanjebruin

marquee (tentoonstellings)tent
marriage huwelijk
married getrouwd • huwelijks-
married (get) trouwen
marrow merg
marry huwen, trouwen
marsh moeras
marshal maarschalk
• ceremoniemeester
martial krijgshaftig, krijgs-
martyr martelaar, martelares
marvel zn wonder • ww zich
verwonderen
marvellous wonderbaarlijk
marzipan marsepein
masculine mannelijk
mash zn mengelmoes, brij • ww
fijnstampen
mask zn masker • ww zich
vermommen • maskeren
mason steenhouwer
• vrijmetselaar
masquerade maskerade
mass (RK) mis • massa, hoop
massacre moord, bloedbad
massage zn massage • ww
masseren
massive massief, enorm
mast mast
master zn meester, heer, baas
• jongeheer • ww
overmeesteren, beheersen
masterful meesterlijk
• competent
masterkey loper • hoofdsleutel
masterpiece meesterstuk
mastery meesterschap
masticate kauwen
mastiff buldog
mat zn mat • bn mat
match zn lucifer • gelijke, weerga

• partij • huwelijk • wedstrijd.
match • stel • ww paren
• evenaren • het hoofd bieden
matchbox lucifersdoosje
matchless weergaloos
mate zn makker, maat, helper
• stuurman • (schaak)mat • ww
paren
material bn stoffelijk, materieel
• zn grondstof, materiaal,
materieel
materialize verwezenlijken
• werkelijkheid worden
maternity hospital kraamkliniek
mathematics mv wiskunde
matrimony huwelijk
matrix context • matrix
matron dame op middelbare
leeftijd • moeder (weeshuis),
directrice (ziekenhuis)
matter stof, zaak, ding • materie
• what is the ~?, wat scheelt
eraan?
matter-of-fact zakelijk • nuchter
matter of fact (as a) trouwens
mattock houweel
mattress matras
mature bn volwassen • rijp,
gerijpt • ww volwassen worden
• rijpen
Maundy Thursday Witte
Donderdag
maxim grondstelling, stelregel
maximum maximaal
May mei
may (might; been allowed)
mogen, kunnen
maybe misschien
mayflower meidoorn,
koekoeksbloem
mayor burgemeester

M.D. = *Medicinal doctor*, doctor in medicijnen

me me (mij)

meadow weide

meagre mager, schraal

meal maaltijd • meel

mean *zn* gemiddelde
• middenweg • *bn* gering
• inhalig • gemeen, laag, min
• gierig • *ww* **(meant; meant)** menen, bedoelen • betekenen

meaning bedoeling, betekenis

means middelen *mv*, manier
• inkomsten *mv*, by no ~, geenszins

meant zie *mean*

meantime, meanwhile intussen

measles *mv* mazelen *mv*

measurable meetbaar

measure *zn* maat, maatregel
• *ww* meten

meat vlees

meat (minced) gehakt (vlees)

meatball gehaktbal(letje)

meat products vleeswaren

mechanic monteur, reparateur

mechanical werktuiglijk, machinaal, mechanisch, automatisch

mechanician werktuigkundige

mechanics *mv* werktuigkunde

Mechlin Mechelen

medal medaille

meddle zich bemoeien (met), zich mengen (in)

meddlesome bemoeiziek

mediaeval middeleeuws

mediate bemiddelen, bijleggen

mediatory bemiddelend

medical geneeskundig

medical assistance medische

hulp

medicine geneesmiddel, medicijn

mediocre middelmatig

meditate overdenken

Mediterranean *zn* Middellandse Zee • *bn* Mediterraan

medium midden, middenweg
• middelsoort • middel
• medium

medley potpourri

medusa kwal

meek zachtmoedig, gedwee

meet (met; met) ontmoeten
• kennis maken • afspreken

meeting vergadering
• bijeenkomst • ontmoeting

megalomania grootheidswaanzin

melancholy *zn* zwaarmoedigheid
• *bn* somber, zwaarmoedig

mellow *bn* rijp, mals, zacht, plezierig • *ww* verzachten

melodious welluidend

melody wijs, melodie

melon meloen

melt smelten, vertederen

melting pot smeltkroes

member lid, lidmaat

membership lidmaatschap

membrane vlies

memento aandenken

memorable gedenkwaardig, heuglijk

memorial *zn* gedenkteken • *bn* gedenk-

memorize optekenen, in het geheugen prenten

memory geheugen • herinnering

men *mv* mannen *mv*

menace *zn* bedreiging • *ww*

dreigen

mend verbeteren, • repareren • ~ *one's ways*, zich beteren

mendacious leugenachtig

mending-wool stopwol

menstruation menstruatie

mental geestes- • verstandelijk • ~ *home*, zenuwinrichting

mentality geestesgesteldheid, mentaliteit

mention *zn* melding • *ww* melden, noemen

menu menu, menukaart

mercantile handels-

mercenary *zn* huurling • *bn* inhalig • gehuurd

merchandise koopwaar

merchant koopman, handelaar

merchantman koopvaardijschip

merciful barmhartig, genadig

merciless onbarmhartig

mercury kwikzilver

mercy genade

mere louter, enkel

merely alleen, slechts, maar

merge samensmelten • fuseren

merger fusie

meridian meridiaan

meridional zuidelijk

merit *zn* verdienste • *ww* verdienen

mermaid zeemeermin

merriment vrolijkheid

merry vrolijk

merry-go-round draaimolen

mesh maas • (net)werk

mesmerize biologeren

mess knoeiboel, rommel • verwarring • *mil* gemeenschappelijke ruimte

message boodschap (bericht)

messenger (boy) bode, loopjongen, chasseur

mess-room *scheepv* eetzaal

messy vuil, rommelig

met zie **meet**

metal *zn* metaal • ~s, spoorstaven *mv* • *heavy* ~, zwaar geschut • *bn* metalen

meteor meteoor

meter (gas)meter

method methode

methylated spirits brandspiritus

methylated spirit stove spiritusbrander

meticulous nauwgezet

metre metrum • meter

metropolis hoofd-, wereldstad

metropolitan grootstedelijk

Meuse Maas

mew *zn* meeuw • *ww* miauwen

mews woning(en) boven stal(len) of garage(s)

miaow miauwen

mice *mv* muizen *mv*

microwave magnetron

midday middag

middle *zn* midden • *bn* middelbaar • middelste

middle-aged van middelbare leeftijd

Middle Ages *mv* Middeleeuwen *mv*

middle class (gegoede) middenstand

middling middelmatig

midget dwergje

midmost middelste

midnight middernacht

midst midden • *in our* ~, onder ons

midway halfweg, midden

might macht, kracht • zie ook *may*

mighty machtig

migrate verhuizen, trekken

migratory bird trekvogel

mild zacht, zachtaardig • ~ *cigar*, lichte sigaar

mile mijl

mileage recorder kilometerteller • afstand in mijlen

milestone mijlpaal

militant strijdlustig, militant

military militair

milk melk • lotion

milk jug melkkan

milkman melkboer

milk tooth melktand

Milky Way melkweg

mill molen • fabriek • spinnerij

miller molenaar

millimetre millimeter

milliner verkoper/maker van vrouwenhoeden

millinery vrouwenhoeden-

million miljoen

millstone molensteen

mimic nabootsen

mince fijn hakken • verbloemen

mind zn ziel, gemoed, verstand • geest, lust • neiging, mening • ww letten op, denken om • zorgen voor • het erg vinden

mindful bewust

mindless achteloos • leeghoofdig

mine de mijne, het mijne • zn mijn

mine-layer mijnenlegger

miner mijnwerker

mineral delfstof, mineraal

mineral water bronwater

minesweeper mijnenveger

mingle (ver)mengen

miniature miniatuur • ~ *camera*, kleinbeeldcamera

minimum minimum

mining mijnbouw

minister zn minister, gezant, geestelijke • ww bedienen, toedienen • voorzien, bijdragen, de kerkdienst verrichten

ministry ministerie, ambt

mink nerts

minor minderjarig

minority minderheid • minderjarigheid

mint zn munt, kruizemunt • ww munten

minuscule klein, gering

minute zn minuut • ww aantekenen, notuleren • bn klein, nietig, minutieus • minuut

minutely omstandig, nauwkeurig

minutes mv notulen mv

minx feeks

miracle wonder

mirage luchtspiegeling

mire modder, slijk

mirror zn spiegel, afspiegeling, toonbeeld • ww weerspiegelen

mirth vrolijkheid

miry beslijkt, modderig

misadventure tegenspoed

misanthrope mensenhater

misappreciation miskenning

misbehaviour wangedrag

misbelief dwaalleer • dwaalbegrip

miscalculate misrekenen

miscarry een miskraam hebben

miscellaneous gemengd
mischance ongeluk
mischief onheil, kwaad
  • ondeugendheid
mischievous boosaardig
  • schadelijk • ondeugend
misconception misvatting, wanbegrip
misconduct wangedrag
miscreant boosdoener
misdeed misdaad, wandaad
misdemeanour wangedrag
misdoing wandaad, vergrijp
miser gierigaard
miserable ellendig
miserly gierig, vrekkig
misery ellende
misfortune rampspoed
misgiving bange twijfel
misguide misleiden
mishap ongeval, ongeluk, incident
misinterpret verkeerd uitleggen
misjudge verkeerd beoordelen
mislay zoek maken • verleggen
mislead (misled; misled) misleiden
mismanagement wanbeheer
mismatch verkeerde combinatie
  • wanverhouding
misprint drukfout
misrule wanorde, wanbestuur
miss *zn* juffrouw (voor ongehuwde vrouwen) • *ww* missen, verzuimen, ontbreken
missal *rk* misboek
misshapen misvormd, wanstaltig
missile projectiel
missing person vermissing
mission zending, missie
missionary zendeling

mist mist, nevel
mistake *zn* vergissing • fout
  • misslag • *ww* (**mistook; mistaken**) misverstaan, zich vergissen
mister (Mr.) meneer
mistletoe maretak, mistletoe
mistress (Mrs.) mevrouw (vóór familienaam van gehuwde vrouwen) • meesteres
  • directrice • minnares
misunderstand (misunderstood; misunderstood) misverstaan, verkeerd begrijpen
misunderstanding misverstand
mite *zn* mijt • dreumes • *bijw* een beetje
mitigate verzachten, lenigen
mitten want • *get the ~*, de bons krijgen
mix mengen, vermengen
mixed pickles *mv* gemengd zuur, mixed pickles *mv*
mixture mengsel • drankje (medisch)
M.O. = 1 *moneyorder*, postwissel
  • 2 *Medical Officer*, officier v. gezondheid
moan gekerm, gejammer, klacht
  • *ww* kermen, kreunen • klagen
moat (slot)gracht, singel
mob menigte • gepeupel
mobile *zn* mobiel(tje); *bn* beweeglijk, mobel • *mobile phone* mobiele telefoon
mobility beweeglijkheid
mobilize mobiliseren
mock *zn* spot • *bn* zogenaamd, nagemaakt • ww bespotten
mockery spot, bespotting
mock turtle soup (nagemaakte)

schildpadsoep
mode stijl, mode • vorm, wijze
model model, voorbeeld
moderate *bn* matig • gematigd
• *ww* matigen
modern hedendaags, modern
modest bescheiden
modesty bescheidenheid
modification wijziging
Mohammedan mohammedaan(s)
moist vochtig, klam
moisten bevochtigen
moist sugar basterdsuiker
moisture vochtigheid, vocht
molar kies
mole mol • havenhoofd
• moedervlek
molehill molshoop
molest lastig vallen, kwellen
mollify verzachten, kalmeren
Moluccas *mv* Molukken *mv*
moment ogenblik, moment
momentary kortstondig, een
ogenblik durend
momentous gewichtig
monastery klooster
Monday maandag
monetary munt-, geld-
money geld
money box spaarpot • collectebus
moneyed bemiddeld
money order postwissel
monition vermaning
monitor *zn* beeldscherm
• monitor • *ww* controleren
monk monnik
monkey aap • heiblok
monkey wrench schroefsleutel
monopoly alleenrecht,
monopolie
monotonous eentonig

monsoon moesson
monstrous monsterachtig,
afschuwelijk
month maand
monthly *bn* maandelijks • *zn*
maandblad
monument gedenkteken,
monument
mood stemming, humeur
moody humeurig • somber
moon maan
moonboot sneeuwlaars
moonshine maneschijn
moor *zn* heide • veen • *ww*
vastmeren
mop stokdweil, zwabber • *ww*
dweilen
mope kniezen, druilen
moped bromfiets
moral zedelijk, moreel
morass moeras
morbid ziekelijk, ongezond
mordant bijtend, scherp
more groter, meer • ~ *or less*,
min of meer
moreover bovendien
morgue lijkenhuis
morning morgen, ochtend • *this*
~, vanmorgen • *in the* ~, 's
ochtends
morning coat jacquet
morning paper ochtendblad
Morocco Marokko
morose knorrig
morsel hap, brokje, stuk
mortal *zn* sterveling • *bn*
sterfelijk, dodelijk
mortar mortier • mortel, specie
mortgage hypotheek
mortification vernedering
mosaic mozaïek

Moselle Moezel(wijn)
Moslem moslim
mosque moskee
mosquito mug, muskiet
moss mos
most meest, zeer, groot
mostly merendeels, meestal
motel motel
moth mot
mother moeder • ~ *of pearl*,
paarlemoer
motherhood moederschap
mother-in-law schoonmoeder
motion beweging • voorstel,
motie
motion picture film
motive beweegreden
motor *zn* motor • *ww* per auto
rijden
motor (driver's) licence rijbewijs
motorbike motorfiets
motorboat motorboot
motor car auto(mobiel)
motor car accident auto-ongeluk
motor coach touringcar
motorcycle motorfiets
motoring trip autotocht
motorized bicycle bromfiets
motor mechanic autoreparateur
motor truck vrachtauto
motorway autosnelweg
mould *zn* molm • schimmel
• vorm • gietvorm, mal • type
• aard • *ww* beschimmelen
• vormen • gieten • kneden
moult ruien, vervellen
mount *zn* berg • rijpaard • *ww*
bestijgen, beklimmen
• monteren • organiseren
• toenemen
mountain berg

mountain ash lijsterbes
mountain bike mountainbike
mountaineering
bergbeklimmen, bergsport
mountain hike bergwandeling
mountain hut berghut
mountainous bergachtig
mountain pass pas (bergpas)
mountain range gebergte
mountain slope berghelling
mountebank kwakzalver
mounted bereden
mourn rouwen, betreuren
mourning rouw
mouse (*mv* **mice**) muis
mousetrap muizenval
moustache snor
mouth mond, muil • monding
mouth-to-mouth resuscitation
mond-op-mondbeademing
movable beweeglijk,
beweegbaar, mobiel
move *zn* beweging, verhuizing
• *ww* (zich) bewegen • een
voorstel doen • in beweging
brengen • opwekken
• ontroeren • verhuizen • ~ *on*,
doorlopen
movement beweging,
verplaatsing • mechanisme
• *muz* deel
movie film
movies (*gemeenz*) *the* ~, bioscoop
mow *zn* hooiberg • *ww* (**mowed**;
mown) maaien
M.P. = *Member of Parliament*, Lid
v. h. Parlement
Mr. = *Mister*, meneer (vóór een
naam)
Mrs. = *Mistress*, mevrouw (vóór
de naam v. getrouwde

vrouwen)
much veel, zeer
mud modder, slijk
muddle zn warboel • ww in de
  war gooien • verknoeien
muddle-headed warrig • dom
muddy modderig
mud-guard spatbord
muffin soort gebakje
muffler bouffante • demper
mufti in ~, in burger
mug zn mok • ww overvallen
mulberry moerbei
mule muildier • stijfkop
multiple bn veelvuldig • zn
  grootwinkelbedrijf • veelvoud
multiply vermenigvuldigen
  • vermenigvuldigen
multitude menigte
mum mamma • keep ~, zwijgen
mumble mompelen
mummy mummie • mammie
mumps mv de bof
munch knabbelen
mundane alledaags, saai
municipal stedelijk, burgerlijk,
  gemeentelijk
municipality gemeente(bestuur)
munificent mild, royaal
munition munitie
murder moord
murderer moordenaar
murderous moorddadig
murmur zn gemurmel • ww
  morren • murmelen
muscle spier
muscular gespierd • spier-
muse zn muze • ww mijmeren
museum museum
mushroom paddestoel,
  champignon

music muziek
musical muzikaal • musical,
  revue
music-hall variété(theater)
musician musicus, muzikant
musing zn gepeins • bn peinzend
muslin mousseline, neteldoek
mussels mosselen
must (must; been obliged)
  moeten • (musted; musted)
  (doen) beschimmelen • zn
  schimmel
mustard mosterd
muster zn monstering • appèl
  • ww monsteren • verzamelen,
  opbrengen
musty beschimmeld, muf
mutation verandering, wijziging,
  mutatie
mute stom, sprakeloos
mutilate verminken
mutineer ruiter
mutinous oproerig
mutiny zn muiterij, oproer • ww
  muiten
mutter mompelen
mutton schapenvlees
mutton chop schaapskotelet
mutual wederkerig, -zijds
muzzle smoel, muil, bek, snuit
  • muilkorf • monding
my mijn, mijne
myopic bijziend, kortzichtig
myself mijzelf
mysterious geheimzinnig
mystery geheim, raadsel
mystification verbijstering
myth mythe

N

nag zeuren • vitten (op)
nail zn spijker, nagel • klauw
• ww (vast)spijkeren
nail brush nagelborstel
nail file nagelvijl
nail polish nagellak
nail scissors nagelschaar
naive ongekunsteld, naïef
naked naakt, bloot, kaal
name zn naam, aanzien • ww
noemen, benoemen
name is ... (my) ik heet ...
nameless naamloos
• onnoemelijk
namely namelijk
name-plate naambordje
namesake naamgenoot
nanny kindermeisje
nap zn dutje • ww dutten
napkin servet • luier
nappy luier
narrative zn verhaal • bn
verhalend
narrow eng, nauw(keurig), smal
• bekrompen
narrow-minded kleingeestig
nasal neus-
nasturtium Oost-Indische kers
nasty vuil • naar • gemeen
natal geboorte-
natation zwemkunst
nation volk, natie
national nationaal, landelijk
• staats-
National Anthem volkslied
National Health Service
ziekenfonds (Engeland)

nationality nationaliteit
nationalize nationaliseren
native zn inboorling • bn
aangeboren, inheems,
geboorte-
natural natuurlijk
natural gas aardgas
naturalize naturaliseren
nature natuur, aard, karakter
• soort
naught niets, nul
naughty ondeugend, stout
nausea misselijkheid, walging
nauseous misselijk
nautic(al) zeevaart-
naval scheepvaart-, zee-
nave naaf • schip (v. kerk)
navel navel
navigable bevaarbaar
• bestuurbaar
navigate varen, bevaren
navy marine, zeemacht
nay wat meer is, ja zelfs
N.B. = nota bene, let op
n.d. = no date, zonder jaartal
near bn nabij, bij, naverwant
• dierbaar • linker • ww
naderen
nearby dichtbij
nearest naast, dichtstbijzijnd
nearly bijna
near-sighted bijziend
neat netjes, schoon • knap,
behendig
neat-handed behendig • vlug
nebulous vaag
necessaries mv behoeften,
benodigdheden mv
necessary noodzakelijk, nodig
necessitate vereisen
necessity nood. noodzakelijkheid

• behoeftigheid
neck hals, nek
necklace halssnoer, halsketting
need *zn* nood • noodzaak • *ww* nodig hebben, behoeven
needed (be) nodig zijn
needle naald
needle case naaldenkoker
needless onnodig, nodeloos
needlework handwerk(en)
needy behoeftig
nefarious gruwelijk
negation ontkenning • weigering
negative *bn* ontkennend, negatief • *zn* negatief
neglect *zn* verzuim • *ww* verwaarlozen, nalaten
negligent nalatig, achteloos
negotiable verhandelbaar • bespreekbaar
negotiate handel drijven • verhandelen • bespreken
negress negerin
negro neger
neigh hinniken
neighbour buurman
neighbourhood nabijheid, buurt
neighbouring naburig, aangrenzend
either geen van beide(n) • noch, ook niet • ~... *nor*, noch... noch
nephew neef (zoon van broeder of zuster)
nerve zenuw, pees • nerf • spierkracht • brutaliteit, moed
nervous zenuw-, zenuwachtig • ~ *disease*, zenuwziekte
nervy nerveus
nest nest
nestle zich nestelen

net *zn* net • *bn* zuiver, netto
Neth., Netherlands Nederland
nethermost onderste, diepste
nettle (brand)netel
network net(werk) • zender
neutral onzijdig, neutraal
neutrality neutraliteit, onzijdigheid
never nooit, nimmer, geenszins
nevertheless niettemin, desondanks
new nieuw, vers
newcomer nieuweling
new-fangled nieuwerwets
newly onlangs
news nieuws, bericht
newsboy krantenjongen
newspaper krant • krant
newsreel filmjournaal
news-stand krantenkiosk
New Year nieuwjaar
New Year's Day nieuwjaarsdag
New Year's Eve oudejaarsavond
next naast • (eerst)volgend, aanstaande • ~ *day*, volgende dag
next door hiernaast
next to naast
nibble knabbelen
nice, nicely lekker, prettig, aardig, lief • mooi • keurig • leuk • fatsoenlijk
niche nis • ~ *in the market*, gat in de markt
nick keep, nerf • *in the ~ of time*, op 't nippertje
nickel nikkel • *Amer* munt van vijf cent
nickname bijnaam
niece nicht (dochter v. broeder of zuster)

niggardly gierig, vrekkig
night nacht • avond • *last ~*, gisteravond • *at ~*, in de nacht
night (spend the) overnachten
nightcap slaapmuts(je)
night club nachtclub
nightgown nachtpon
nightingale nachtegaal
nightlife calendar uitgaansagenda
nightmare nachtmerrie
night rate nachttarief
Nile Nijl
nimble vlug, lenig
nine negen
ninepins *mv* kegelspel
nineteen negentien
ninety negentig
ninth negende
nipple tepel • nippel
nippy kil (v. kou)
nitrogen stikstof
nitwit leeghoofd
no geen, neen, niet
nobility adel
noble adellijk • edel
nobleman edelman
nobody niemand
nocturnal nachtelijk
nod *zn* knik • *ww* knikken
node knobbel, knoest
noise lawaai, geraas, getier, geluid
noisome schadelijk, ongezond
noisy lawaaiig, luidruchtig
no-man's land niemandsland
nominal in naam, nominaal
nominate noemen, benoemen
non-commissioned officer onderofficier
nonconformist onconventioneel

• afgescheidene (v. d. Engelse staatskerk)
nondescript onopvallend
none geen • niemand
non-payment wanbetaling
non-perishable (be) houdbaar (zijn)
non-resident tijdelijk verblijvend
nonsense onzin, nonsens
non-skid tyre antislipband
non-smoking compartment niet roken coupé
non-stop doorgaand
• doorlopend • zonder tussenlanding, non-stop
noodle uilskuiken, sul • *~s mv*, vermicelli
noon middag
noose strik, lus
nor noch, ook niet
normal normaal, geregeld
north noorden
northern noordelijk
North Pole noordpool
North Sea Noordzee
Norway Noorwegen
Norwegian Noor(s)
nose neus • voorkant • *~ around*, zijn neus in andermans zaken steken
nosegay ruiker
nostalgia nostalgie
nostril neusgat
nosy nieuwsgierig
not niet
notabilities *mv* notabelen *mv*
notable opmerkelijk, merkwaardig, aanzienlijk
notary notaris
notch *zn* keep, kerf • *ww* kerven
note *zn* merk, teken • toon

• *(muz)* noot • aantekening, nota • briefje • geldbiljet • aanzien • *ww* optekenen, aanduiden • nota nemen van

otebook notitieboekje • draagbare computer

othing niets

otice kennisgeving, aandacht, oplettendheid, convocatie, bericht • *give ~,* de dienst (huur) opzeggen

oticeable merkbaar, merkwaardig

oticeboard aanplakbord

otification kennisgeving

otify aanzeggen, bekendmaken

otion begrip, denkbeeld

otorious berucht

otwithstanding niettegenstaande

ougat noga

oun naamwoord • naam

ourish voeden • koesteren

ourishing voedzaam

ovel roman

ovelist romanschrijver

ovelty nieuwigheid

ovember november

ovice beginneling, nieuweling

ow nu

owadays tegenwoordig

owhere nergens

oxious schadelijk

ozzle spuit • mondstuk • tuit

uclear kern-

ucleus kern

ude naakt

udist beach naaktstrand

udity naaktheid

ugget klomp (goud)

uisance plaag, last • *it is a ~,*

het is vervelend

null ~ *and void,* krachteloos, nietig

nullify krachteloos maken, vernietigen

numb gevoelloos • verstijfd, verdoofd

number *zn* nummer, getal, aantal • *(tel) ~ engaged,* in gesprek • *ww* tellen

numberless talloos

number plate nummerbord

numeral telwoord

numeration telling

numerator teller

numerous talrijk

nun non

nuptial huwelijks-, bruids-

nurse *zn* verpleegster • kinderjuffrouw • *ww* verplegen

nursery kinderkamer, crèche • kweekschool, -vijver • (boom)kwekerij

nursing home ziekenverpleging

nut noot • moer (v. schroef)

nutcracker(s) notenkraker

nutmeg nootmuskaat

nutritious, nutritive voedzaam

nuts *Amer* gek

nutshell notendop

nylon nylon

O

o nul (in telefoonnummers)

oak eik, eikenhout

o/a of = *on account of,* voor

rekening van

O.A.P. = *Old Age Pensioner*, gepensioneerde

oar (roei)riem

oat(s) haver • *rolled oats*, havermout

oath eed • vloek

obdurate verhard, verstokt, koppig

obedience gehoorzaamheid

obedient gehoorzaam

obese vet, corpulent

obey gehoorzamen

object *zn* voorwerp, doel • *direct ~*, lijdend voorwerp • *indirect ~*, meewerkend voorwerp • *ww* tegenwerpen, bezwaar maken

objection tegenwerping, bezwaar

objectionable aanvechtbaar • onaangenaam

objective *bn* objectief • *zn* doel

obligation verplichting

obliged verplicht

obliging voorkomend • beleefd

oblique scheef, schuin, hellend • afwijkend, zijdelings • indirect

obliterate uitwissen, doorhalen

oblivion vergetelheid

oblong langwerpig

oboe hobo

obscene vuil, obsceen

obscure *bn* duister, onbekend • *ww* verduisteren, verbergen

obsequies *mv* begrafenis

obsequious onderdanig, kruiperig

observance waarneming • naleving

observant oplettend • strikt

observation waarneming

observatory sterrenwacht

observe waarnemen • opmerken • in acht nemen

obsession obsessie

obsolete verouderd

obstacle hinderpaal

obstetrics *mv* verloskunde

obstinate hardnekkig, koppig

obstruct verstoppen, versperren, blokkeren • beletten

obstruction verstopping, versperring • obstructie, beletsel

obtain verkrijgen, verwerven

obtrusive opdringerig

obtuse stomp, bot • traag van begrip

obviate voorkomen, uit de weg ruimen

obvious klaarblijkelijk, voor de hand liggend

occasion gelegenheid • aanleiding

occasional toevallig, gelegenheids-

occidental westen

occupant bezitnemer, bewoner

occupation beroep • bezigheid • bezitneming, bezetting • bewoning • *~ army*, bezettingsleger

occupied bezet

occupy innemen, bezetten, bekleden, in beslag nemen • bewonen

occur vóórkomen • gebeuren

ocean oceaan

o'clock *it is 8 ~*, het is acht uur

octave octaaf • octet

October oktober

ocular oog- • gezichts-

oculist oogarts
odd oneven • zonderling, raar
odds *mv* kans(en) • *be at ~*, ruzie hebben • *against all ~*, tegen alle verwachtingen in • *~ and ends*, ditjes en datjes
odious hatelijk, afschuwelijk
odoriferous, odorous sterk geurend
odour reuk, geur
oesophagus slokdarm
of van
of course natuurlijk
off ver vandaan, eraf, weg, uit • *~ hours*, vrije uren
offence belediging, vergrijp
offend beledigen, ergeren • overtreden
offensive beledigend, onaangenaam
offer *zn* aanbod, offerte • *ww* aanbieden, ten offer brengen
offering offerande, offer
off-hand voor de vuist (weg)
office ambt, functie, plicht • kantoor, bureau
officer beambte, ambtenaar, officier • (politie)agent
official ambtelijk, ambts-, officieel
official report proces-verbaal
officiate dienst doen • fungeren • de mis opdragen
off-licence slijterij
offspring nakomelingen
often dikwijls, vaak
ogle lonken
O.H.M.S. = *On His (Her) Majesty's Service*, dienstzaken v.d. Britse overheid
oil olie, petroleum

oil and vinegar olie en azijn
oilcloth wasdoek, zeildoek
oil filter oliefilter
oil-fuel stookolie
oil level oliepeil
oil paint olieverf
oil pump oliepomp
oilskins *mv* oliegoed
oil syringe oliespuit
oily olieachtig, zalvend
ointment zalf
O.K. in orde, goed
okay oké
old oud, afgesleten • *of ~*, vanouds
old-age pension ouderdomspensioen
old-fashioned ouderwets
oldish ouwelijk
old maid oude vrijster
old-timer oudgediende • iemand van de oude stempel
olive olijf • olijfkleur
olive oil olijfolie
Olympic Olympisch • *the ~s*, de Olympische spelen
omelet(te) omelet
ominous onheilspellend
omission verzuim • weglating
omit weglaten, nalaten, achterlaten
omnipotent almachtig
on op, aan, om, met, van, te • voort, verder • *~ the left*, links
once eens, eenmaal • *at ~*, dadelijk, meteen, tegelijk • eens (eenmaal)
one één, iemand, men • *~ another*, elkander • *~ day*, eens • *~ and a half*, anderhalf
one moment please even geduld

a.u.b.

onerous lastig, bezwaarlijk

oneself (zich)zelf

one's period (to have) ongesteld (zijn)

one-way traffic eenrichtingsverkeer

onion ui

only enige • alleen, slechts

onwards voorwaarts, vooruit

ooze sijpelen

opaque ondoorschijnend, donker

open bn open, geopend, openlijk • ww openen, opengaan, openmaken

openhanded gul, royaal

openhearted openhartig

opening opening • begin

opening hours openingstijden

open-minded onbevooroordeeld

opera opera

opera glasses toneelkijker

operate werken, opereren • van kracht zijn

operation operatie • werking

operator operateur • telefonist • bestuurder

opinion mening, oordeel

opponent bestrijder, tegenstander • tegenpartij

opportunity gelegenheid • gunstig ogenblik, kans

oppose tegenstellen, tegengaan, weerstaan, bezwaar maken

opposite tegengesteld, tegenover

opposition tegenstand, tegenkanting, oppositie, verzet

oppress onderdrukken

oppression verdrukking

• benauwdheid

optician opticien

option keus, vrijheid van kiezen, voorkeur

opulence overvloed

or of • ~ else, of wel, anders

oral mondeling

orange zn sinaasappel • bn oranje

orange juice sinaasappelsap

orator redenaar

orbit baan (v. ster) • invloedssfeer

orchard boomgaard

orchestra orkest

ordain bevelen • verordenen • tot priester wijden

ordeal beproeving

order zn orde, schikking • order • klasse • bestelling • ww regelen, schikken, bevelen, bestellen • tot priester wijden

order (in) in orde

order (out of) niet in orde, defect

orderly zn ordonnans • bn geregeld, ordelijk

order to (in) om (opdat)

ordinance voorschrift • ritus

ordinary gewoon

ordination verordening • ordinantie • raadsbesluit • priesterwijding

ordnance geschut • munitie

ore erts

organ werktuig • orgaan • orgel • ~ of sense, zintuig

organic organisch

organization organisatie

organize organiseren

orgy orgie, braspartij

Orient oosten

oriental *zn* oosterling • *bn* oosters
orifice opening, mond
origin oorsprong, begin • afkomst
originality originaliteit
originate voortbrengen
• afkomstig zijn
ornament *zn* versiersel • *ww* tooien
orphan wees
orphanage weeshuis
• ouderloosheid
orthodox rechtzinnig, orthodox
oscillation slingering, schommeling
osseous benig, beenachtig
ossify tot been worden, verharden
ostensible zogenaamd
• ogenschijnlijk, blijkbaar
ostentation uiterlijk vertoon, praal
ostrich struisvogel
other ander, nog een
otherwise anders, anderszins
ought (ought; ought) moeten, behoren, nodig zijn
ounce ons (± 28 gram)
our ons, onze
ours van ons
ourselves onszelf
out uit, buiten • uit de mode
• uitgedoofd • ~ *and* ~, door en door • aarts-
outboard motor buitenboordmotor
outbound vertrekkend (vlucht)
outbreak uitbarsting
outcast verschoppeling, verstoteling
outcome resultaat, uitslag

outcry *zn* geschreeuw • protest
• *ww* overschreeuwen
outdo overtreffen
outdoor(s) buitenshuis
outfit kleding, uitrusting • ploeg
• afdeling
outgrow ontgroeien
outing uitstapje
outlaw *zn* vogelvrij verklaarde, balling • *ww* verbieden
outlay uitgaven, kosten *mv*
outlet uitgang • afzetgebied
• uitweg • stopcontact
• groothandel
outline omtrek • schets
outlook uitkijk • zienswijze
outmost buitenste
outnumber in aantal overtreffen
out of order defect
out-of-work werkloos
out-patient poliklinische patiënt
output opbrengst
outrage *zn* smaad, wandaad
• verontwaardiging • *ww* beledigen, geweld aandoen
outrageous grof • verschrikkelijk
• beledigend
outright openlijk, ronduit
outset aanvang, begin
outside buitenzijde • *bijw* buiten, uit
outsider buitenstaander, outsider • niet favoriet zijnd paard
outskirts buitenkant, -wijken *mv*
outstanding achterstallig, onbetaald • markant, bijzonder
outward uitwendig, uiterlijk
outward-journey uitreis
outwit te slim af zijn
outworn versleten

oval eivormig, ovaal
ovation hulde, ovatie
oven oven
over boven, over • door, voorbij
overboard overboord
overcame zie *overcome*
overcast bewolkt, betrokken
overcharge *ww* overladen • te veel in rekening brengen • *zn* overbelasting
overcoat overjas
overcome (overcame; overcome) *ww* overwinnen, te boven komen • *bn* onder de indruk, verslagen
overdo (overdid; overdone) overdrijven
overdue te laat, over tijd • achterstallig
overhaul *zn* onderhoudsbeurt • *ww* reviseren, nazien
overhead boven ons, in de lucht
overhear (overheard; overheard) afluisteren, opvangen
overheat oververhitten
overland over land
overleaf aan ommezijde
overlook over 't hoofd zien • uitkijken op
overmaster overmeesteren
overrate overschatten
oversea overzees
overseer opzichter
overshoe overschoen
oversight opzicht, vergissing
oversleep (oneself) (-slept; -slept) zich verslapen
overtake inhalen
overtake (-took; -taken) inhalen, overvallen

overtax te zwaar belasten
overthrow om(ver)werpen
overtime overuren *mv*, overwerk
overture ouverture • inleiding
overturn omgooien • omslaan, omvallen
overweight overwicht
overwhelming overstelpend, verpletterend
overwork *ww* uitputten • zich overwerken • *zn* overwerk
owe schuldig zijn, te danken hebben (aan) • erkennen, toegeven
owl uil
own *bn* eigen • *ww* bezitten, hebben, erkennen, toegeven
owner eigenaar
ox (mv oxen) os
oyster oester
oz. = *ounce*, ons (± 28 gr)

P

pace stap, pas • tempo
pacific vredelievend
Pacific Stille Zuidzee
pacification kalmering • vredestichting
pack *zn* pakket • groep • pak, last • ~ *of cards*, spel kaarten • *ww* inpakken, bepakken
package verpakking, pak(je)
packet pakje, pakket
packing verpakking
pact verdrag, verbond
pad kussentje, onderlegger, blocnote • poot

padding (op)vulsel
paddle zn peddel • schoep • ww peddelen • pootjebaden
paddling pool pierenbadje
paddock paddock, kleine omheinde weide
padlock hangslot
pagan zn heiden • bn heidens
page bladzijde • oproepen, oppiepen
pageant (historische) optocht • schouwspel • pracht
pager pieper (voor oppiepen)
paid zie pay
pail emmer
pain pijn, moeite
painful pijnlijk, moeilijk
painkiller pijnstiller
painless pijnloos
pain perdu wentelteefje
painstaking ijverig, nauwgezet
paint zn verf • ww verven
painter schilder
painting schilderkunst • schilderij • schilderij
pair paar, stel, tweetal
pair of jeans spijkerbroek
pair of tights panty
pair of tongs tang
pal kameraad
palace paleis
palate gehemelte
palaver geklets
pale bleek, dof, flauw, licht (kleur)
palliate verzachten, lenigen • verbloemen
palliative lapmiddel • pijnstiller
pallor bleekheid
palm palm • palmboom
palpable tastbaar

palpitate kloppen (het hart)
palpitations of the heart hartkloppingen
paltry armzalig, waardeloos
pamper vertroetelen, verwennen
pan pan
pancake pannenkoek
pane glasruit, paneel
panel paneel • groep deskundigen • instrumentenbord
pang pijn, steek, foltering • angst
panic paniek
pansy driekleurig viooltje
pant hijgen
panther panter
panties broekje (slipje), onderbroekje
pantry provisiekamer, -kast
pants mv Br onderbroek • Amer broek
pap onzin
papacy pausdom
papal pauselijk
paper papier • krant • verhandeling • document • behangselpapier • ww behangen • bn papieren
paperback pocketboek
paperbound ingenaaid
paper cover omslag, kaft
paper currency papiergeld
paper cutter, paper knife briefopener
paperweight presse-papier
par on a ~ with, gelijk aan • below ~, ondermaats
parable parabel
parachute valscherm, parachute
parade zn parade, optocht • vertoon • openbare

wandelplaats • *ww* aantreden, paraderen • pronken
paradise paradijs
paraffin petroleum
paragraph paragraaf (§) • (kort) krantenbericht
parallel evenwijdig, overeenkomstig
paralysis verlamming
paramount opperste, hoogste
parapet borstwering, leuning
paraphernalia persoonlijke eigendommen • uitrusting
parasite parasiet
parasol parasol
paratroops *mil* luchtlandings-, parachutetroepen *mv*
parcel *zn* perceel • pakje • postpakket • *ww* ~ out, verdelen
parcel post pakketpost
parchment perkament
pardon *zn* vergiffenis, genade • *ww* vergeven
pardonable vergeeflijk
pare schillen
parenthesis haakje, tussenzin
parents ouders
parings schillen *mv*
parish parochie
parish priest pastoor
Parisian *bn* van Parijs • *zn* Parijzenaar
parity gelijkheid • pariteit
park *zn* park • *ww* parkeren
parking meter parkeermeter
parking place parkeerplaats
parliament parlement
parlour ontvang-, spreekkamer • salon
parlourmaid tweede meisje

parody parodie
parole *zn* voorwaardelijke invrijheidsstelling • *ww* voorwaardelijk vrijlaten
paroxysm heftige aanval
parquet parket
parquetry parketvloer
parrot papegaai
parry afweren, pareren, omzeilen
parsimonious gierig, karig
parsing taalkundige ontleding
parsley peterselie
parson predikant, dominee
part *zn* deel, aandeel, part, gedeelte • zijde, partij • streek • rol • *ww* delen, scheiden
partake (partook; partaken) ~ in, deelnemen • ~ of, gebruiken
partial gedeeltelijk, partijdig
participate delen, deelnemen
participation deelname • inspraak
participle deelwoord
particle greintje • deeltje
particular *bn* speciaal, bijzonder • nauwkeurig • moeilijk • kieskeurig • *zn* bijzonderheid, detail
particularly speciaal, zeer, in het bijzonder
parting scheiding • afscheid
partisan *zn* partijganger, partizaan • *bn* partijdig
partition deling, verdeling, scheiding • (be)schot
partly gedeeltelijk, deels
partner partner, deelgenoot, vennoot, compagnon
partnership deelgenootschap

partook zie *partake*
part-payment *in ~*, op afbetaling
partridge patrijs
part-time deeltijd
part-timer deeltijdwerker
party partij • feestje • gezelschap
• deelnemer • aanhang
party-coloured bont
pass *zn* pas • doorgang • toestand
• bergpas • reispas • *ww*
voorbijgaan, gebeuren • gaan
door • maken • doen • (tijd)
verdrijven • *~ by*, voorbijgaan,
passeren
passable *bn* gangbaar
• begaanbaar • *bijw* tamelijk
passage passage, doorgang,
gang • doortocht • overtocht
• vracht • fragment (v. boek)
passenger passagier
passer-by (*mv* **passers-by**)
voorbijganger
passing *zn* voorbijgang, loop
• overlijden • *bn* voorbijgaand
passion hartstocht, drift, passie
passive lijdelijk, lijdend
pass-key loper • huissleutel
passport paspoort
passport control pascontrole
passport photo pasfoto
password wachtwoord
past *bn* verleden, voorbij, over
• *zn* verleden • *in the ~*,
vroeger
paste *zn* deeg • pasta • *ww*
plakken
pasteboard *zn* bordpapier,
karton • *bn* bordpapieren,
kartonnen
pastime tijdverdrijf
pastor voorganger, predikant

pastry gebak, pastei
pasture *zn* weide • *ww* (laten)
weiden
pat *zn* tikje, klopje • *ww* tikken,
kloppen • *bn* gemakkelijk,
meegaand
patch lap • moesje • stukje
(grond), plek
patella knieschijf
patent *bn* openbaar, duidelijk
• gepatenteerd • *zn* patent
paternal vaderlijk
paternity vaderschap
path pad
pathetic pathetisch, aandoenlijk
• belachelijk
pathway (voet)pad
patience geduld
patient *zn* patiënt • *bn* geduldig
patrimony vaderlijk erfdeel
• nationaal erfgoed
patrol *zn* patrouille • *ww*
patrouilleren
patron begunstiger
• beschermheer
• beschermheilige • vaste klant
patronize sponseren
• neerbuigend behandelen • z'n
klandizie geven
patter kletteren, trippelen
pattern model, patroon, dessin
patty pasteitje
paunch buik, pens
pauper arme, bedeelde
pause *zn* rust, pauze • stilstand
• *ww* pauzeren, even rusten
• stilstaan bij
pave bestraten
pavement plaveisel, bestrating
• trottoir, stoep
pavement cafe terras (op straat)

pavilion tent • paviljoen
paw poot, klauw
pawl pal
pawn *zn* pion • pand • *ww* verpanden
pawnbroker lommerdhouder
pawnshop pandjeshuis, lommerd
pay *zn* loon, betaling, soldij • *ww* **(paid; paid)** betalen • de moeite lonen • ~ *in addition*, ~ *extra*, bijbetalen, suppleren • ~*the bill*, afrekenen
pay-book *(mil)* zakboekje
pay desk kas (kassa)
P.A.Y.E. = *pay as you earn*, direct ingeh. loonbelasting
paymaster betaalmeester • officier v. administratie
payment betaling, voldoening
pay office (betaal)kas
payphone munttelefoon
payroll loonlijst
P.C. = 1 *personal computer*, computer voor privé-gebruik • 2 *price current*, prijscourant • 3 *police constable*, politieagent
pd. = *paid*, betaald
pea erwt
peace vrede, rust
peaceful vreedzaam, vredig
peach perzik
peacock pauw
peak spits, top, piek • klep
peak hour piek-, spitsuur
peanut pinda
peanut butter pindakaas
pear peer
pearl parel
peas erwten

peasant boer, landman
pea soup erwtensoep
peat turf • veen
peat-moor veen
pebble kiezelsteen
peck *ww* pikken • *zn* kusje
peculiar bijzonder, eigenaardig
pecuniary geldelijk
pedal *zn* pedaal • trapper • *ww* fietsen
pedantic verwaand, pedant
pedestal voetstuk
pedestrian voetganger
pediatrician kinderarts
pedigree stamboom
pedlar (drugs)handelaar
peel *zn* schil • *ww* pellen, schillen
peelings schillen *mv*
peep gluren • kijken
peephole kijkgat
peer *zn* leeftijdsgenoot, gelijke • *ww* turen
peerage adel
peevish knorrig, wrevelig
peg pin, haakje • wasknijper
pellet prop (papier) • balletje
pell-mell hals over kop
pelt *zn* vacht • *ww* bekogelen, gooien
pelvis bekken
pen pen • hok • schaapskooi • (baby)box
penal strafbaar, straf-
penal code Wetboek van Strafrecht
penalty boete, straf • strafschop
pencil *bn bijw* potlood, penseel • *copying* ~, inktpotlood • ~ *of rays*, lichtbundel
pending hangende, onbeslist

• *voegw* tot
pendulum slinger (van klok)
penetrate doordringen, doorgronden
penfriend correspondentievriend(in)
penguin pinguïn
penholder penhouder
peninsula schiereiland
penis penis
penitence berouw
penitentiary *Amer* strafgevangenis
penknife zakmes, pennenmes
pennant, pennon wimpel
penny *(mv* **pennies**, het aantal en **pence** het bedrag) 1/100 deel van een pond sterling
penny-wise zuinig op nietigheden
pension pensioen • jaargeld • ~ off, pensioneren
pensive peinzend, weemoedig
pentagon vijfhoek • *The Pentagon* gebouw van het Amerikaanse Ministerie van Defensie
penthouse luxe dakwoning
penury behoeftigheid, armoede
peony pioenroos
people *zn* volk • mensen, lieden *mv* • *vnw* men
pepper peper
peppermint pepermunt
pepperpot peperbus
per door, bij, met, per
perambulator kinderwagen
perceive bemerken, waarnemen
per cent procent
percent percent
perceptible merkbaar,

waarneembaar
perception gewaarwording, waarneming
perch baars • stang, rekje
percolator koffiezetapparaat
percussion slag, schok • slagwerk
perdition verderf, ondergang
peremptory afdoend, beslissend, gebiedend
perennial voortdurend • overblijvend (plant)
perfect volmaakt, volkomen
perfidious trouweloos, vals
perforate doorboren, perforeren
perform vervullen, volbrengen, verrichten, volvoeren • (toneel) spelen, optreden
performance uitvoering,, verrichting, prestatie • voorstelling
perfume *zn* parfum, geur • *ww* parfumeren
perfumery parfumerie (zaak)
perhaps misschien
peril gevaar
period tijdperk, tijdvak • periode • punt • ~ *of validity*, geldigheidsduur • *have one's~*, ongesteld zijn
periodical *bn* periodiek • *zn* tijdschrift
perish vergaan, verongelukken, omkomen
perishable vergankelijk, aan bederf onderhevig
peritonitis buikvliesontsteking
perjury meineed
perm *zn* permanente haargolf • *ww* permanenten
permanent duurzaam, vast, permanent

permeate doordringen
permeation doordringing
permission vergunning, toestemming, verlof
permit *zn* vergunning, verlof • *ww* veroorloven, toelaten
pernicious verderfelijk, schadelijk
perpendicular loodrecht
perpetrate plegen
perpetrator dader
perpetual eeuwigdurend • levenslang • eeuwig
perpetuate vereeuwigen, continueren
perplex verward, verlegen, verbijsterd
perplexity verbijstering • verwarring
persecute vervolgen • lastig vallen
perseverance volharding
persevere volhouden
Persian *bn* Perzisch • *zn* Pers
persist volharden, volhouden
persistent volhardend, hardnekkig
person mens, persoon
personal persoonlijk
personal use (for) voor eigen gebruik
personnel personeel • ~ *management*, personeelsbeleid
perspective verschiet, perspectief • vooruitzicht
perspicacious scherpziend, -zinnig, schrander
perspire zweten
persuade overreden, overtuigen
pert vrijpostig, brutaal
pertain behoren, aangaan

pertinent toepasselijk • ter zake, relevant
perturbation storing, verontrusting
pervade doordringen • doortrekken van • vervullen van
perverse verdorven, inslecht • dwars, onredelijk
pervert *zn* afvallige • *ww* verdraaien • bederven, verleiden
pest pest, plaag • last
pestilence pest, pestziekte
pet *zn* lieveling • huisdier • *ww* aaien
petal bloemblad
petition smeekschrift, verzoekschrift, rek(w)est
petrify verstenen
petrol benzine
petroleum petroleum
petrol station benzinestation
petrol tank benzinetank
pet shop dierenwinkel
petticoat onderjurk
petty klein, gering • kleinzielig • ~ *cash*, kleine kas • ~ *officer*, onderofficier bij de marine
petulant prikkelbaar, lastig
pew kerkbank
pewter soort tin
phantom spook, droombeeld
pharmacist apotheker
phase periode, fase
pheasant fazant
phenomenon verschijnsel
phial flesje, ampul
philandering geflirt
philanthropy mensenliefde
philatelist postzegelverzamelaar

philosopher filosoof, wijsgeer
philosophy filosofie,
wijsbegeerte
phone zn telefoon • ww
telefoneren, opbellen
phone call (tele-) telefoontje,
belletje
phonecard telefoonkaart
photo foto
photocopy fotokopie
photograph foto • portret
photographer fotograaf
phrase frase • zegswijze
phthisis (long)tering
physical lichamelijk
• natuurkundig • materieel
physician dokter
physics mv natuurkunde, fysica
piano piano
pianotuner pianostemmer
pick zn pikhouweel
• tandenstoker • keuze,
opbrengst • ww uitkiezen
• plukken, oprapen • prikken
• rtv opvangen • ~ out,
uitzoeken • ~ up, ophalen
pickle pekel • ~s, zuur
pickpocket zakkenroller
picnic picknick
picture beeld • schilderij, prent
• afbeelding • portret • film
• the ~s, mv bioscoop
picture-book prentenboek
picture-postcard prentbriefkaart
picture-puzzle rebus
picturesque schilderachtig
pie taart • ekster
piece stuk • a ~, per stuk
piece of paper blaadje (papier)
pier pier (wandelhoofd)
pierce doorboren

• binnendringen
piety vroomheid
pig varken
pigeon duif
pigeon-hole loket, vakje
pike piek • gaffel • snoek
pike-perch snoekbaars
pile zn stapel • (hei)paal • (elektr)
element, zuil • hoop geld
• aambei • ww ophopen, -
stapelen • heien
pilfer gappen, jatten
pill pil
pillage zn plundering • ww
plunderen
pillar pilaar, pijler, zuil
pillar-box Br brievenbus
pill-box pillendoos • gemeenz mil
kleine bunker
pillion duo • ~ rider,
duopassagier
pillow (hoofd)kussen
pillowcase kussensloop
pilot (vliegtuig)bestuurder, piloot
• loods, gids
pimp pooier
pimple puist
pin zn speld • pin • ww
vastspelden
PIN pincode
PIN card pinpas
pincers mv nijptang
pinch zn kneep • nood • snufje
• ww knijpen, knellen • gappen
pin-cushion speldenkussen
pine zn pijnboom, grove den
• ww ~ away, wegkwijnen • ~
for, smachten naar
pineapple ananas
pinion kortwieken, boeien
pink zn anjelier • bn roze

pinnacle bergtop • top, toppunt, hoogtepunt
pint pint (0.568 l)
pioneer baanbreker, pionier
pious godvruchtig, vroom
pipe pijp, pijl, buis • fluit • tabakspijp
pipe tobacco pijptabak
piping bies • buizenstelsel
piquant pikant
pique zn gekrenktheid • ww opwekken
pirate zeerover, piraat
piss plassen, pissen
piste piste
pistil stamper (in bloem)
piston (pomp)zuiger • klep
piston ring zuigerveer
piston rod zuigerstang
pit kuil, mijnschacht • parterre (schouwburg) • holte
pitch zn pek • hoogte • graad • toppunt • toonhoogte • speelveld • standplaats (op camping) • ww opstellen, -zetten • opslaan • uitstallen, gooien
pitch-dark pikdonker
pitcher kruik • sp werper
pitchfork hooivork
piteous erbarmelijk, zielig
pitfall valstrik
pith pit, kern • merg
pithy pittig
pitiable beklagenswaardig, jammerlijk, zielig
pitiless onbarmhartig
pittance karig loon
pity medelijden • it is a ~, het is jammer!

placard plakkaat • aanplakbiljet
placate sussen, verzoenen
place zn plaats • betrekking • ww plaatsen, stellen
plague pest • plaag
plaice schol (vis)
plaid plaid
plain zn vlakte • bn vlak • effen • gewoon, eenvoudig, ongekunsteld • lelijk • onomwonden
plaint klacht, klaagzang
plaintiff klager, eiser
plaintive klagend
plait zn vlecht • ww vlechten
plan zn ontwerp, plan • plattegrond • schets • ww van plan zijn
plane zn vliegtuig • schaaf • niveau, vlak • ww schaven • vliegen, glijden
planet planeet
plank plank
plant zn plant • bedrijfsinstallatie, fabriek • ww planten, poten
plantation beplanting • plantage
planter planter
plaster zn pleister, gips • ww bepleisteren
plasterer stukadoor
plastic bn plastic • elastisch • beeldend • onecht, onnatuurlijk • zn plastic
plate goud- of zilverwerk • bord • schaal • tafelzilver
plate glass spiegelglas
platform platform, terras, perron, podium • (tram) balkon
platinum platina
platitude banaliteit,

gemeenplaats
plausible aannemelijk
play *zn* spel, toneelstuk
• speelruimte • speling
• vermaak • *ww* spelen
• schertsen
playground speeltuin
playing cards speelkaarten
playing-cards *mv* speelkaarten
mv
playpen (baby)box
playwright toneelschrijver
plea pleidooi, proces
• voorwendsel
plead pleiten • bepleiten
pleading pleidooi
pleasant aangenaam (prettig)
pleasantry vriendelijke
opmerking • hoffelijkheid
please behagen, believen • ~!
alstublieft
pleasure vermaak, genoegen,
plezier, pret
pledge *zn* (onder)pand • gelofte
• *ww* verpanden • plechtig
beloven
plenary volkomen, voltallig
plenipotentiary gevolmachtigde
plenty overvloedig, volop
pleurisy pleuris
pliable buigzaam • meegaand
pliant buigzaam, gedwee
pliers buigtang, combinatietang
plight staat, toestand
plod zwoegen, doorploeteren
• voortsukkelen
plot *zn* samenzwering, intrige,
complot • stukje grond • plot
• *ww* samenspannen, beramen
plough *zn* ploeg • *ww*
(door)ploegen • doorklieven

pluck *zn* ruk, trek • moed • *ww*
plukken, trekken
plucky moedig, dapper
plug *zn* plug • *(elektr)* stekker
• stop • tampon • *ww*
dichtstoppen • ~ *in*, instoppen
plug spanner bougiesleutel
plum pruim
plumb *bijw* precies • *ww*
doorgronden
plumber loodgieter
plume pluim, veer
plump *bn* vlezig, mollig • *bijw*
pardoes, botweg
plunder *zn* buit, roof • *ww*
plunderen
plunge *zn* indompeling • val
• *ww* indompelen • plonzen
plural meervoud
plus plus
plush *zn* pluche • *bn* comfortabel
ply hanteren, in de weer zijn • ~
with, overstelpen met
plywood multiplex, triplex
P.M. = 1 *post meridiem*, na de
middag • 2 *Prime Minister*,
Eerste Minister
pneumonia longontsteking
P.O. = 1 *Postal Order*, postbewijs
• 2 *Post Office*, postkantoor
poach (eieren zonder schaal)
koken, pocheren • stropen
poacher stroper
pocket zak • beurs
pocketbook zakboekje
• portefeuille
pocket knife zakmes
pod dop • cocon
poem gedicht
poet dichter
poetical poëtisch, dichterlijk

poetry dichtkunst, poëzie
poignant scherp • ontroerend
point zn punt • stip, spits • tijdstip
• ~ in time, tijdstip • ww
scherpen • richten • aanwijzen
• ~ out, aantonen • ~ to,
aanwijzen
pointed puntig, spits
pointless zinloos
points wissel
poise zn houding, evenwicht
• ww wegen (op de hand)
• balanceren
poison zn vergif • ww
vergiftigen
poisonous vergiftig
poke stoten, poken, porren
poker (kachel)pook, poker
• pokerspel
Poland Polen
polar pool- • ~ bear, ijsbeer
Polaroid film polaroid film
Pole Pool
pole pool • paal • disselboom
polemics mv polemiek
police politie
policeman agent
police station politiebureau
policy polis • gedragslijn, beleid
poliomyelitis kinderverlamming
polish zn glansmiddel • glans
• beschaving • ww polijsten
• poetsen
polite beleefd • beschaafd
politician politicus, staatsman
politics mv staatkunde, politiek
poll zn kiezerslijst
• opinieonderzoek • stembus,
stemming • ww stemmen,
toppen
pollen stuifmeel

pollute bezoedelen,
verontreinigen
pollution vervuiling
polyp poliep (dier en gezwel)
pomp pracht, praal
pompous hoogdravend
pond poel, vijver
ponder overwegen, peinzen
(over, on)
ponderous zwaar(wichtig)
pontificate zn pontificaat,
pauselijke waardigheid • ww
preken
ponytail paardenstaart
[haardracht]
poodle poedel
pool zn zwembad • poel, plas
• potspel • toto
• gemeenschappelijke inzet
• ww bijeenbrengen en
verdelen
pool attendant badmeester
poor arm, behoeftig • schraal
• gering • zielig • zwak
pop concert popconcert
popcorn popcorn
pope paus
poplar populier
pop music popmuziek
poppy klaproos, papaver
populace volk • massa
popular volks-, gemeenzaam,
populair
porch portiek
porcupine stekelvarken
pore porie
pork varkensvlees
porn porno
porous poreus
porridge (havermout)pap
port havenstad • haven

• patrijspoort • bakboord
• port(wijn)

portable draagbaar • ~ *phone*, mobiele telefoon
portal poort • portaal
porter kruier
portfolio portefeuille • aktetas, map • portfolio
porthole patrijspoort
portion zn aandeel, portie • ww uitdelen
portly dik, vadsig
portmanteau valies
portrait portret
Portuguese Portugees
pose zich voordoen als
position ligging • toestand • stelling, positie
positive stellig, zeker, positief
possess bezitten • ~ *oneself of*, bemachtigen
possessed bezeten
possession bezit, bezitting
possibility mogelijkheid
possible mogelijk
possibly mogelijk, misschien
possum buidelrat
post zn post, ambt • paal • ww posten • positioneren • ophangen
postage porto, frankering • *additional* ~, strafport
postage stamp postzegel
postal van postwagen, -auto
post-box postbus • brievenbus
postcard kaart (ansichtkaart)
postcode postcode
postcript postscriptum, naschrift
poster aanplakbiljet, poster
poste restante poste restante
posterior later, volgend

posterity nakomelingschap
post-free franco
postman postbode
post meridian na de middag
post-mortem lijkschouwing
post office postkantoor
post office (main) hoofdpostkantoor
post office order postwissel
post-paid gefrankeerd, franco
postpone uitstellen
postponed uitgesteld
postulate stellen • eisen
posture houding, pose • positie
post-war naoorlogs
pot pot • kan • prijs
potable drinkbaar
potato(es) aardappel
potatoes (mashed) puree
potent machtig, krachtig
potential bn mogelijk, potentieel • zn potentieel
potion drank (medicijn)
pot-luck op de bonnefooi
potter prutsen, knutselen, rondscharrelen
pottery pottenbakkerij • aardewerk
potty getikt, gek
pouch beurs, tas • zak • buidel
poulterer poelier
poultry pluimvee
pounce ~ *on* bespringen
pound zn pond (= 453 gr) • pond sterling • ww fijnstampen • bonken
pour gieten, storten
pout pruilen
poverty armoede
P.O.W. = *prisoner of war*, krijgsgevangene

powder *zn* poeder • buskruit
 • *ww* poederen
powder box poederdoos
powdered milk poedermelk
power kracht • macht, gezag,
 vermogen • mogendheid
 • bevoegdheid • elektr. stroom
powerful machtig, krachtig
 • geweldig
powerhouse mogendheid
 • energiekeling
power point stopcontact
P.P. = *postage paid*, franco
practicable doenlijk, uitvoerbaar,
 bruikbaar
practical praktisch, handig,
 bruikbaar
practice (uit)oefening, praktijk
 • toepassing, gewoonte
practise uit-, beoefenen, in
 praktijk brengen
practitioner dokter
praise *zn* lof • *ww* prijzen, loven
praiseworthy lovenswaardig
pram kinderwagen
prankish ondeugend
prawn garnaal
pray bidden, smeken, verzoeken
prayer gebed
prayer book gebedenboek
preach prediken • verkondigen
preacher prediker
precarious onzeker, hachelijk
precaution voorzorg
precede voorafgaan, voorgaan
 • de voorrang hebben
precedence voorrang
preceding voorafgaand,
 voorgaand
precept voorschrift, stelregel
precinct gebied, district

precious kostbaar, dierbaar
precipice steilte, afgrond
precipitate *bn* overhaast,
 onbezonnen • *ww* verhaasten
precise juist, stipt, precies
preclude uitsluiten • voorkomen,
 beletten
precocious vroegrijp, wijsneuzig
precursor voorloper, -bode
predatory rovend, roof-
predecessor voorganger
predicate gezegde, predikaat • ~*d*
 on, afhankelijk van
predict voorspellen
predilection voorliefde • voorkeur
predominance overhand,
 overheersing
prefab, prefabricated house
 montagewoning
preface voorwoord, inleiding
prefer verkiezen, prefereren
 • verheffen • bevorderen
preferable verkieslijk
preference voorkeur
 • preferentie, prioriteit
prefix voorvoegsel
pregnant zwanger, vruchtbaar • ~
 with, vol van • *be* ~, in
 verwachting zijn
prejudice vooroordeel • *jur*
 schade, nadeel
preliminary *zn* inleiding • *bn*
 inleidend
prelude *zn* voorspel • *ww*
 preluderen, inleiden
premature voortijdig • vroegtijdig
 • ontijdig, voorbarig
premeditated voorbedacht
premier minister-president
premises *mv* pand, huis • huis en
 erf

premium prijs • premie • pari
premonition voorgevoel
preoccupation bezorgdheid
preparation voorbereiding
• preparaat • instudering
preparatory voorbereidend
prepare voorbereiden, bereiden
prepay vooraf betalen
preponderance overwicht
preposition voorzetsel
prepossession
vooringenomenheid
• vooroordeel
preposterous onzinnig, absurd
prerogative voorrecht
presage zn voorteken • ww
voorspellen • voorbeduiden
prescribe voorschrijven
prescription recept (van arts)
• voorschrift
presence tegenwoordigheid
• aanwezigheid • verschijning,
~ of mind, tegenwoordigheid
van geest
present bn tegenwoordig,
present • aanwezig • oplettend
• zn cadeau, geschenk • ww
voorstellen, aanbieden,
vertonen
presentation voorstelling,
vertoning, aanbieding
presentiment voorgevoel
presently dadelijk • op 't
ogenblik
preservation bewaring • behoud
• verduurzaming
preserve behouden, bewaren
• inmaken, inleggen • ~s,
groenten enz. in blik
president voorzitter, president
press zn pers • gedrang • ww

(op)persen, (uit)drukken
• haasten • duwen
press-button drukknop
press cutting krantenknipsel
pressman journalist
press stud drukknoopje
pressure drukking, gewicht,
druk, drang • spanning
(banden)
pressure cooker snelkookpan
presumable vermoedelijk
presume veronderstellen,
aannemen
presumptuous aanmatigend
presupposition
vooronderstelling
pretence voorwendsel • pretentie,
aanspraak
pretend voorwenden, doen alsof
• beweren
pretender simulant • pretendent
pretension aanspraak
preternatural onnatuurlijk
pretext voorwendsel
pretty lief, mooi • tamelijk
prevail de overhand hebben,
heersen
prevalent overwegend
prevaricate zich van iets
afmaken, uitvluchten zoeken
prevent voorkomen, beletten
previous voorafgaand • vorig
pre-war vooroorlogs
prey prooi
price zn prijs • ww prijzen
price-cutting (sterke)
prijsverlaging
price-list prijscourant
price of admission toegangsprijs
prick zn prik, steek, prikkel • ww
prikken • steken, aansporen

pride hoogmoed, trots • luister
priest geestelijke (priester)
priggish ingebeeld, pedant
prim preuts, stijf • netjes, keurig
primarily voornamelijk
primary oorspronkelijk • eerst, voornaamst • elementair
prime zn begin, bloei • bn eerste, primair • prima, best
primer boek voor beginners • grondverf
primeval eerste, oer-
primitive primitief
primrose sleutelbloem
primus stove primus (kooktoestel)
prince prins, vorst
prince consort prins-gemaal
princess prinses, vorstin
principal zn hoofd • hoofdpersoon • rector • bn voornaamst, hoofdzakelijk
principality vorstendom
principle beginsel, principe
print zn merk • stempel • afdruk • prent • ww (af)drukken • inprenten
printed matter drukwerk
printer drukker
printing office drukkerij
prior zn prior • bn vroeger, voorafgaand
priority voorrang
prism prisma
prison gevangenis
prisoner gevangene • ~ of war, krijgsgevangene
privacy afzondering, privacy
private zn gewoon soldaat • bn heimelijk, vertrouwelijk • particulier, privé

• onderhands • in ~, onder vier ogen
privation beroving, ontbering
privilege zn voorrecht • ww bevoorrechten
privy geheim, verborgen • ~ to, ingewijd in
prize zn prijs • beloning • buit • ww op prijs stellen
pro voor
probable waarschijnlijk
probation proeftijd • voorwaardelijke veroordeling
probity eerlijkheid
problem probleem, vraagstuk
procedure handelwijze, methode
proceed voortgaan • ontstaan (uit) • handelen • procederen
proceeding handelwijze • verrichting
proceedings handelingen mv (v. genootschap) • verslag
process voortgang, loop • handelwijze • proces
procession stoet, processie
proclaim afkondigen • verkondigen
procrastinate uitstellen, verschuiven (v. dag tot dag)
procreation voortplanting
procure verschaffen, verstrekken, bezorgen, veroorzaken
prod steken, porren
prodigal bn verkwistend • the ~ son, de verloren zoon
prodigious wonderbaarlijk
prodigy wonder
produce zn opbrengst • product • ww voortbrengen • opleveren • te voorschijn halen
producer producent

product voortbrengsel • product • uitkomst

productive productief, vruchtbaar

profane goddeloos, profaan • werelds

profess belijden • verklaren • uitoefenen

profession beroep

professor hoogleraar, professor

proffer toereiken • aanbieden

proficient bedreven, bekwaam

profit *zn* winst, voordeel • *ww* baten • profiteren, gebruik maken (van, *by*)

profitable voordelig

profligate *zn* losbol • *bn* losbandig, verkwistend

profound (diep)zinnig • grondig

profuse kwistig, overvloedig

progeny nageslacht

prognosticate voorspellen

program(me) program(ma)

progress *zn* vordering • voortgang, vooruitgang • *ww* vorderen

prohibit verbieden

prohibited verboden

prohibition verbod

project *zn* ontwerp, plan • *ww* ontwerpen • projecteren • vooruitsteken

proletarian proletariër

prolific vruchtbaar • productief

prolix wijdlopig, langdradig

prologue voorrede, inleiding

prolong verlengen

prolongation verlenging

prominent (voor)uitstekend, voornaam

promise *zn* belofte • *ww* beloven

promissory note accept • promesse

promontory voorgebergte

promote bevorderen, begunstigen • verhogen (in rang)

promotion promotie, bevordering

prompt *bn* direct, prompt, vlug • *ww* aansporen

promulgate verkondigen, uitvaardigen

prone gebogen, voorover • geneigd tot

prong hooivork • tand (v. vork)

pronoun voornaamwoord

pronounce uitspreken

pronunciation uitspraak

proof *zn* bewijs • proef • *bn* beproefd • bestand (tegen)

prop steunen, schoren

propagation voortplanting • verspreiding

propel voortdrijven

propeller schroef

propelling pencil vulpotlood

proper eigen • geschikt • betamelijk, fatsoenlijk

property eigenschap • landgoed • bezitting • eigendom

property tax vermogensbelasting

prophecy voorspelling

prophet profeet

prophetic(al) profetisch

propitious genadig • gunstig

proportion verhouding

proportional evenredig

proposal voorstel • aanzoek

propose voorstellen

proposition voorstel

proprietary eigendom-, bezit-
proprietor eigenaar
propriety gepastheid • juistheid
propulsion voortdrijving
prosaic prozaïsch
proscription verbanning, officieel verbod
prose proza
prosecute (gerechtelijk) vervolgen
prospect vooruitzicht • hoop • verschiet
prosper gedijen, bloeien, voorspoed hebben • begunstigen
prosperity voorspoed
prostitute prostituee
prostrate uitgestrekt • neergeworpen • verslagen, gebroken
protect beschermen
protective beschermend
protector beschermer
protest zn protest • ww betuigen, protesteren
Protestant protestant
protestation betuiging
protract verlengen • vertragen • rekken
protrude uitsteken
protuberance uitwas, knobbel
proud trots, fier • prachtig • ~ flesh, wild vlees
prove bewijzen, beproeven • ondervinden • blijken te zijn
provenance herkomst
proverb spreekwoord, spreuk
proverbial spreekwoordelijk
provide verzorgen • verschaffen, voorzien van, verstrekken
provided mits

providence voorzienigheid
province gewest, provincie, gebied
provision voorziening, voorzorg • voorraad, proviand, provisie • ~s, mondvoorraad
provisional provisorisch, voorlopig
proviso beding, voorwaarde, clausule
provocation uitdaging, aanleiding
provoke uitlokken • provoceren • prikkelen, tergen
prowl rondsluipen
proximate naast(bijzijdn)
proximity nabijheid
proxy volmacht • gevolmachtigde • procuratiehouder
prude preuts persoon
prudent voorzichtig, verstandig
prudish preuts
prune zn pruim (gedroogd) • ww snoeien
Prussian Pruis(isch)
pry gluren, turen, snuffelen • (open)breken
psalm psalm
psychiatrist psychiater
psychic(al) ziel- • ~ research, parapsychologie
P.T.O. = Please Turn Over, zie ommezijde, z.o.z.
pub café, kroeg
public zn publiek • bn openbaar, algemeen
publication afkondiging • uitgave
public convenience openbaar toilet
public house kroeg
publicity openbaarheid

• publiciteit, reclame
public law volkenrecht • publiek recht
public prosecutor officier van justitie
public sale veiling
public school particuliere kostschool
public transport openbaar vervoer
publish openbaar maken, afkondigen • publiceren, uitgeven
publisher uitgever
pudding pudding
puddle plas, poel
puddly modderig
puerile kinderachtig
puff *zn* windstootje, zuchtje • trek (aan pup) • poederkwast • soes • *ww* blazen, puffen • opblazen • in de hoogte steken
puffy opgezwollen
pugilist bokser
pugnacious strijdlustig
pull *zn* ruk, trek • teug • handvat • *ww* trekken, scheuren, rukken
pulley katrol
pullover trui (dikke)
pulp vruchtvlees • moes • pulp
pulpit kansel, preekstoel, spreekgestoelte
pulse pols
pulverize verpulveren, fijnstampen • verstuiven
pumice puimsteen
pump *zn* pomp • damesschoen • *ww* pompen • uitvragen • ~ *up*, oppompen
pun woordspeling

punch *zn* doorslag, drevel • slag, stoot, stomp • *ww* stompen • knippen (v. kaartje)
punctual stipt, nauwgezet
puncture prik, gaatje • lekke band
pungent scherp, bijtend
punish straffen, kastijden
punishable strafbaar
punishment straf, boete
puny klein, zwak
pup jonge hond
pupil leerling, pupil
puppet marionet
puppet-show poppenkast
puppy jonge hond
purchase *zn* (aan)koop • gekocht goed • *ww* kopen, verwerven
pure zuiver, rein, puur
pure-bred rasecht, raszuiver
purgatory vagevuur
purge purgeren • zuiveren
purification reiniging, zuivering
purity zuiverheid, reinheid
purl kabbelen • buitelen
purple paars
purport *zn* inhoud, strekking • *ww* beweren, voorgeven
purpose *zn* doel(einde) • opzet • *ww* van plan zijn • *on* ~, opzettelijk
purposely met opzet
purr spinnen (kat)
purse portemonnee, beurs
purser *scheepv* administrateur
purslane postelein
pursuant overeenkomstig, ingevolge
pursue vervolgen • nastreven
pursuit vervolging • jacht (op)
purvey verschaffen, leveren

push *zn* duw, druk
• krachtsinspanning • *ww*
duwen • dringen
push-button drukknop
pushing bijna
puss kat, poes
pussy poesje • katje (van wilg e.d.)
pussycat poes
pustule puistje
put (put; put) zetten, brengen, plaatsen, leggen • maken
• doen • veroorzaken • ~ *away*, wegleggen • ~ *down*, neerzetten • ~ *in*, inleggen • ~ *out to contract*, aanbesteden • ~ *up*, stallen, huisvesten
putoff uitvlucht • uitstel
putrefaction verrotting
putrefy verrotten
putrescence (ver)rotting, bederf
putrid verrot, bedorven
puttee beenwindsel
putty stopverf
puzzle *zn* puzzel • mysterie • *ww* verlegen maken • verbijsteren • verwarren
pwt. = *penny weight*, gewicht van 1.55 gr
pyjamas pyjama
pyre brandstapel

Q

quack *zn* kwakzalver, knoeier
• *ww* kwaken • snoeven
quadrangle vierhoek
quadrate kwadraat

quadruped viervoeter
quadruple *bn* viervoudig • *ww* verviervoudigen
quail *zn* kwartel • *ww* de moed benemen, verliezen
quaint eigenaardig, typisch, ouderwets
quake *ww* beven, sidderen • *zn* aardbeving
Quaker quaker, lid van *Society of Friends*
qualification bevoegdheid, bekwaamheid • vereiste eigenschappen *mv* • beperking
qualified bevoegd, gediplomeerd
qualify bekwaam, bevoegd maken • in aanmerking komen
quality hoedanigheid, kwaliteit
• aard • rang
quantity hoeveelheid, kwantiteit, menigte
quarrel *zn* ruzie, twist • *ww* twisten, ruzie maken
quarrelsome twistziek
quarry steengroeve • prooi
quarter vierde deel, kwartier
• stadswijk • huisvesting • ~ *of an hour*, kwartier • ~ *of a year*, kwartaal
quarter past ... (a) kwart over ...
quarter to ... (a) kwart voor ...
quaver trillen, vibreren
quay kade
queen koningin • vrouw (in het kaartspel)
queen dowager koningin-weduwe
queer wonderlijk, raar
• homoseksueel
quench blussen, lessen, bekoelen, uitdoven

query vraag • vraagteken
quest onderzoek • zoektocht
question *zn* vraag • kwestie
• interpellatie • *ww*
ondervragen, betwijfelen
questionable twijfelachtig
question-mark vraagteken
questionnaire vragenlijst
queue in de rij staan
quibble kibbelen
quick *zn* levend vlees • *bn*
levendig, vlug, snel
quicken verlevendigen,
aanmoedigen, verhaasten
quicksand drijfzand
quick-sighted scherpziend
quicksilver kwik(zilver)
quid (tabaks)pruim • pond
sterling
quiescent rustig, kalm, stil
quiet *zn* rust, vrede • *bn* rustig,
stil • *ww* kalmeren
quilt *zn* gewatteerde deken • *ww*
watteren
quinine kinine
quip spitsvondigheid, geestige
opmerking
quit (quit of quitted; quitted)
weggaan • verlaten, ophouden
• *bn* vrij
quite geheel en al, volkomen • ~!,
precies!, juist!
quits quitte
quiver trillen
quotation aanhaling
• prijsnotering, koers
quote citeren, aanhalen
quotidian dagelijks

R

rabbet sponning
rabbit konijn
rabble gepeupel • tuig
rabid hondsdol • verbeten,
extreem
rabies hondsdolheid
race *zn* wedloop, wedren, loop
• ras • *ww* rennen, wedlopen,
harddraven
racecourse renbaan
racehorse renpaard
rachitis Engelse ziekte
racing cyclist wielrenner
rack *zn* rek, kapstok • bagagenet
• pijnbank • rek • zwerk • *ww*
pijnigen • spannen • jagen
(van wolken)
racket racket • lawaai • *Amer*
afpersingstruc
racy levendig, pittig
radiance glans • uitstraling
radiate (af-, uit)stralen
radiator radiateur
radical *zn* grondwoord, stam,
wortel • *bn* radicaal
• fundamenteel
radio radio
radioactive radioactief
radiographer röntgenoloog
radio play hoorspel
radiotherapy
röntgenbehandeling
radish radijs
radius straal • ~ *of action*,
actieradius, vliegbereik
R.A.F. = *Royal Air Force*, Britse
luchtmacht

raft (hout)vlot

rag lomp, lor, vod

rag (and bone) man voddenraper

rage *zn* woede, razernij, manie • *ww* razen, tieren

raging woedend

raid inval • vliegtuigaanval

rail *zn* leuning, hek, reling • slagboom • rail • *ww* omrasteren • schimpen, lasteren

railing leuning, hekwerk

railroad spoorbaan

railway spoorweg

railway (cable) kabelbaan

railway police spoorwegpolitie

railway station spoorwegstation

railway timetable spoorboekje

railway yard stationsemplacement

rain *zn* regen • *ww* regenen

rainbow regenboog

raincoat regenjas

rainproof waterdicht

rainy regenachtig

raise optillen • verhogen, opwekken, heffen • werven • bevorderen, aankweken

raisins rozijnen

rake *zn* hark • lichtmis • *ww* harken • verzamelen • zoeken • schrapen

rally *zn* bijeenkomst • herstel van krachten • *ww* bijeenkomen, (zich) verzamelen • zich herstellen

ram ram

ramble *zn* wandeltocht • *ww* wandelen

rambler wandelaar • klimroos

ramification gevolg, consequentie

ramp helling, oprit

rampart bolwerk, wal

ramshackle gammel

ran zie **run**

ranch grote boerderij

rancid ransig

rancour wrok, rancune

rand rand, zoom • Zuid-Afrikaanse munteenheid

random *at* ~, op goed geluk (af), lukraak

rang zie **ring**

range *zn* reeks • rij • ruimte • draagwijdte • fornuis • *ww* rangschikken • dragen (van geschut) • rondzwerven • bestrijken

ranger *zn* zwerver • speurhond • bos/parkwachter

rank *zn* rang, graad • rij, gelid • *bn* welig • grof • sterk smakend • *ww* op één lijn plaatsen • indelen • een rang hebben

ransack doorsnuffelen • plunderen

ransom *zn* losprijs • *ww* af-, vrijkopen

rap *zn* slag • klop • tik • rap, muziekstijl • *ww* slaan, kloppen, tikken (op)

rape *zn* verkrachting • vernietiging • raapzaad • *ww* verkrachten

rapid snel, vlug

rapid(s) stroomversnelling

rapine roof

rapt opgetogen

rapture verrukking

• opgetogenheid, extase
rare zeldzaam • ijl, dun
rarity zeldzaamheid
rascal schelm, schurk
rash *zn* huiduitslag • *bn* overijld, voorbarig, onbezonnen
rasher plak spek of ham
rasp rasp • gekras
raspberries frambozen
raspberry framboos
rat rat • onderkruiper
rate *zn* tarief, prijs • koers, standaard, maatstaf • verhouding • graad • gemeentebelasting • *interest* ~, rentevoet • *ww* schatten • taxeren
rate (exchange) koers (wisselkoers)
rather liever, veeleer • tamelijk, nogal
ratify bekrachtigen
ration *zn* portie, rantsoen • *ww* rantsoeneren
rational redelijk, verstandig
rattle *zn* geratel • ratel • *ww* ratelen, klepperen • reutelen
rattlesnake ratelslang
raucous schor hees
ravage *zn* verwoesting • plundering • *ww* verwoesten • plunderen
rave ijlen, raaskallen • ~ *about*, enthousiast zijn over
raven raaf
ravenous vraatzuchtig, uitgehongerd
ravine ravijn, gleuf, kloof
raving ijlend, razend
ravishing prachtig, wonderschoon

ravishment verrukking • ontroving • wegvoering
raw rauw, onrijp • onervaren • ruw, onbewerkt
ray *zn* straal • *ww* (uit)stralen
rayon rayon, kunstzijde
raze doorhalen, uitkrabben • met de grond gelijk maken
razor scheermes
R.C. = *Roman Catholic*, rooms-katholiek
reach *zn* bereik • *ww* bereiken • toereiken, uitstrekken
reach-me-down ~s, confectiekleren *mv*
reaction reactie • terugwerking
read (read; read) lezen • studeren • lezen
readily makkelijk • graag
reading book leesboek
readjust weer in orde brengen, regelen • aanpassen
ready klaar, gereed, bereidwillig • vlug, bij de hand
ready-made clothes confectie
real wezenlijk, werkelijk, echt, waar • ~*property*, onroerende goederen *mv*
realize verwezenlijken • te gelde maken • realiseren
really werkelijk, echt • *bijw* inderdaad
realm (konink)rijk • gebied
reanimate doen herleven
reap oogsten
reaper sikkel
rear *zn* achterhoede, -kant • *ww* oprichten, opsteken • opvoeden • fokken, opkweken • steigeren
rear forks achtervork
rearguard achterhoede

rear light achterlicht
rearmament herbewapening
rear tyre, tire achterband
rear-view mirror
achteruitkijkspiegel
rear wheel achterwiel
rear window achterruit
reason *zn* rede, verstand
• billijkheid • reden • *ww*
redeneren, bespreken
reasoning redenering
reassure geruststellen
rebate rabat, korting
rebel *zn* muiter, rebel • *bn*
oproerig
rebound terugspringen,
afstuiten
rebuff afwijzen, afpoeieren
rebuild herbouwen
rebuke berisping, standje
recall *zn* terugroeping • *ww*
herroepen • zich herinneren
recant herroepen, terugtreden
recapitulation samenvatting
recede terugwijken
receipt ontvangst • kwitantie,
reçu • kassabon
receive ontvangen, aannemen
• onthalen • helen
receiver ontvanger • *tel* hoorn
• heler • reservoir
recent vers, nieuw, recent
recently onlangs
receptacle vergaarbak
reception receptie
receptionist receptioniste
recess inham • nis • opschorting
(van zaken) • reces
recipe recept (van gerecht)
recipient ontvanger
reciprocal wederzijds,

wederkerig
recital voordracht • vertelling
• concert
reckless roekeloos
reckon rekenen • houden voor
reckoning (be)rekening
reclaim terugeisen • verbeteren
• ontginnen
reclamation terugvordering
• verbetering • ontginning
recline achteroverleunen
recognition herkenning
• erkenning, erkentenis
recognize herkennen • erkennen
recoil terugdeinzen
recollect zich herinneren
recollection herinnering
recommend aanbevelen
recommendable
aanbevelenswaardig
recommendation aanbeveling
recompense *zn* compensatie • *ww*
belonen • compenseren
reconcile verzoenen
reconnaissance, reconnoitring
mil verkenning
reconstruction reconstructie,
wederopbouw
record *zn* aantekening
• document • record
• grammofoonplaat • *ww*
boekstaven, registreren,
vermelden • opnemen (muziek,
televisie)
recorder (band)recorder,
cassetterecorder, videorecorder
• blokfluit
record-library platenarchief
records *mv* archief
recover herkrijgen, herstellen,
genezen

recovery herstel

recreate herscheppen • (zich) ontspannen

recreation tijdverdrijf, ontspanning • nabootsing

recruit *zn* rekruut • *ww* rekruteren • aan-, versterken

rectangle rechthoek

rectification verbetering • rechtzetting

rectitude rechtschapenheid

rector dominee • rector

recumbent (achterover) liggend

recur terugkomen • zijn toevlucht nemen

recurrent terugkerend • periodiek

red rood

red cabbage rodekool

redden rood maken • blozen

reddish rossig, roodachtig

redeem loskopen, af-, in-, verlossen, vergoeden

redeemable aflosbaar, -koopbaar

Redeemer Verlosser

redemption in-, verlossing • ~ *money*, afkoopsom

red-handed op heterdaad

red herring bokking • dwaalspoor

redirect nazenden • omleiden

red-lead menie

redouble verdubbelen • *kaartsp* redoubleren

redoubtable geducht

redress *zn* herstel • *ww* verhelpen, redresseren, herstellen

redskin roodhuid

red tape bureaucratie

reduce terugbrengen, verminderen • herleiden, brengen (tot)

reduction herleiding, verkleining • degradatie • reductie • korting

redundant overbodig

reduplicate verdubbelen

reed riet • rietje

reef rif

reek stinken, dampen

reel *zn* haspel, klos(je) • spoel • film • zekere Schotse dans • waggelende gang • *ww* wankelen

re-elect herkiezen

refer verwijzen (naar), in handen stellen (van) • betrekking hebben op

referee scheidsrechter

reference verwijzing • referentie • referte, bewijsplaats • *book of* ~, naslagwerk

refill *zn* nieuwe vulling • *ww* navullen

refine zuiveren, raffineren • beschaven, verfijnen

refit herstellen, repareren

reflect reflecteren, weerkaatsen • peinzen over

reflection reflectie • terugkaatsing • overpeinzing

reflex reflex

reform *ww* hervormen, verbeteren • *zn* hervorming

reformation hervorming (ook v. kerk)

reformatory opvoedingsgesticht

refractory weerspannig, weerbarstig • balsturig • vuurvast

refrain *zn* refrein • *ww* zich bedwingen • zich onthouden van

refreshment versnapering
refrigeration af-, verkoeling
refrigerator ijskast
refuel bijtanken
refuge toevlucht • vluchtheuvel
refugee uitgewekene, vluchteling
refund terugbetalen
refusal weigering
refuse *ww* afslaan • weigeren
 • *mil* afkeuren • *zn* uitschot
 • afval, vuilnis
refuse bin vuilnisbak
refuse collector vuilnisauto
refute weerleggen
regain herkrijgen
regal koninklijk, konings-
regard *zn* achting, eerbied
 • betrekking • *ww* beschouwen,
hoogachten • betreffen,
aangaan
regards groeten
regatta roei-, zeilwedstrijd
regency regentschap
regenerate *bn* herboren • *ww*
herscheppen, verjongen
regiment regiment
region landstreek, gebied
regional regionaal
register *zn* register, lijst • *ww*
aantekenen, registreren,
aanmelden
registered letter aangetekende
brief
registration inschrijving,
registratie
registration certificate
kentekenbewijs
registry-office burgert, stand
regress achteruitgaan
regression achteruitgang

regret *zn* verdriet, spijt • *ww*
betreuren
regular regelmatig, geregeld
regulation regeling, schikking
 • reglement • ~s, statuten *mv*
rehearsal repetitie
rehearse repeteren
reign *zn* regering • *ww* regeren
rein teugel
reindeer rendier
reinforce versterken
reinforcement versterking
reject verwerpen • *mil* afkeuren
rejection verwerping • afkeuring
rejoice (zich) verheugen,
verblijden
rejuvenate verjongen
relapse weer instorten
relate vertellen • in verband
brengen (met)
related verwant
relation verwantschap
 • bloedverwant • verhouding
relative betrekkelijk
relatives familie (verwanten)
relax verslappen, ontspannen
relay *zn* pleisterplaats • *rtv*
heruitzending • *ww* herhalen
 • uitzenden
relay race estafetteloop
release *zn* ontslag • verlossing,
kwijtschelding • eerste
vertoning • *ww* loslaten,
verlossen
relegate verwijzen (naar)
relevant toepasselijk, ter zake
reliable betrouwbaar
reliance vertrouwen
relic relikwie
relief verlichting, ontlasting,
opluchting • ondersteuning

• *mil* aflossing • ontzet • reliëf

elieve verlichten, opbeuren • *mil* aflossen • ontheffen (v. belofte)

eligion godsdienst

eligious godsdienstig, vroom

elinquish laten varen • opgeven, afzien van

elish doen smaken • genieten van

eluctant onwillig

ely vertrouwen (op, *on)*

emain blijven • overschieten

emainder rest, restant • overblijfsel • overschot

emains *mv* overblijfselen *mv*

emark *zn* opmerking • *ww* opmerken

emarkable opmerkelijk, merkwaardig

emedy geneesmiddel, hulpmiddel, redmiddel • *~ for,* middel tegen

emember zich herinneren, gedenken

emembrance herinnering

emind herinneren (aan)

eminiscence herinnering

emit verzachten, kwijtschelden • overmaken

emittance overmaking

emnant overblijfsel, restant, rest

emonstrance vertoog

emonstrate protesteren

emorse wroeging, berouw

emorseless onbarmhartig

emote ver, afgelegen

emould omwerken

emoval verwijdering • verhuizing • opruiming

emoval van verhuiswagen

emove verplaatsen, verhuizen

• verwijderen • ontslaan

remover remover (nagellak)

remunerate belonen

rend (rent; rent) scheuren

render terug-, overgeven • bewijzen • maken

renew vernieuwen • (pas) verlengen

renewal vernieuwing

renounce afzien, laten varen • verloochenen

renovation vernieuwing

renown vermaardheid, roem

rent *zn* scheur(ing) • huur • huurprijs • pacht • *ww* (ver)huren, pachten • zie ook *rend*

renunciation verzaking • afstand

reopen heropenen

reorganize reorganiseren

repair *zn* herstelling, reparatie • *ww* herstellen, repareren

repairs reparatie

reparation herstelling • herstelbetaling

repartee gevat antwoord

repay (repaid; repaid) terugbetalen

repeal herroeping

repeat herhalen

repeatedly herhaaldelijk

repel terugdrijven • afstoten

repentance berouw

repercussion terugslag • repercussie, nadelig gevolg

repertory repertoire

repetition herhaling, repetitie

replace vervangen

replete vol, overladen

replica kopie

reply *zn* antwoord • *ww*

antwoorden
report zn verslag • knal • gerucht • ww verslag doen, berichten, rapporteren, aangifte doen
reporter verslaggever
repose uitrusten, verpozen • laten rusten
reprehensible afkeurenswaardig
represent voorstellen, vertegenwoordigen
representation voorstelling • vertegenwoordiging
representative zn vertegenwoordiger • bn vertegenwoordigend • typisch
repress onderdrukken
reprieve uitstel, gratie
reprimand berisping
reprint herdrukken
reprisal represaille
reproach verwijt
reprobate goddeloos
reproduce reproduceren
reproof berisping, standje
reprove berispen, terechtwijzen
reptile reptiel
republic republiek
republican republikein(s)
repudiate verwerpen, verstoten
repugnance afkeer, weerzin
repulse terugstoten, afschrikken
reputable achtenswaardig, geacht
reputation goede naam
repute reputatie
reputed vermeend
reputedly naar men zegt
request zn verzoek, rek(w)est • ww verzoeken
require eisen, vorderen
requisite vereist, nodig

requisition zn eis • vordering • ww vorderen
rescind vernietigen, afschaffen
rescue zn redding • ww redden
rescue party reddingsbrigade
research zn (wetenschappelijk) onderzoek, nasporing • ww onderzoeken
resemblance gelijkenis
resent kwalijk nemen
resentful haatdragend
reservation voorbehoud, reserve • reservering (van hotelkamer enz.)
reserve ww reserveren, bespreken • zn voorbehoud, reserve
reserved terughoudend
reside wonen, resideren
residence woonplaats • residentie • verblijf
residence permit verblijfsvergunning
resident zn bewoner • bn woonachtig • inwonend
residential area woonwijk, villawijk
resign afstaan • ontslag nemen • opgeven
resignation berusting, gelatenheid • ontslag
resigned gelaten
resilient veerkrachtig
resin hars
resist weerstaan
resistance tegenstand, verzet
resolute vastberaden, beslist
resolution besluit • resolutie • oplossing
resolve oplossen, ontbinden • besluiten

resonant weerklinkend

resort vakantieoord • toevlucht, hulpmiddel • ressort

resound weergalmen

resource hulpbron, -middel, redmiddel • uitkomst • ~s, geldmiddelen, inkomsten *mv*

respect *zn* achting, eerbied, ontzag • *ww* respecteren, eerbiedigen

respectable achtenswaardig

respectful eerbiedig

respiration ademhaling

respite uitstel • schorsing

resplendent glansrijk

respond antwoorden (op), reageren (op)

responsible aansprakelijk, verantwoordelijk

rest *zn* rust, pauze • rustpunt • steun • rest • *ww* rusten • steunen • overblijven

restaurant restaurant

restitution teruggave • schadeloosstelling

restive onrustig, weerspannig

restless rusteloos, onrustig

restoration herstel, restauratie • teruggave

restore herstellen, teruggeven

restrain weerhouden, bedwingen

restraint beperking, bedwang

restrict beperken

restructuring herstructurering

result *zn* gevolg, uitslag • slotsom • resultaat • *ww* voortvloeien • resulteren

resume hernemen, hervatten

resurrection opstanding

resuscitation opwekking (uit dood)

ret(r)d = *retired*, gepensioneerd, b.d.

retail verkoop in 't klein

retain tegen-, vasthouden • houden, behouden • in dienst nemen

retainer honorariumvoorschot

retake heroveren

retaliate vergelden, represaillemaatregelen nemen

retard vertragen • ~*ed child* zwakbegaafd kind

retardation vertraging

reticent weinig spraakzaam

retina netvlies

retire (zich) terugtrekken • met pensioen gaan

retired teruggetrokken • rentenierend • gepensioneerd

retrace nagaan

retreat *zn* terugtocht • schuilplaats • *ww* wijken

retrieve herwinnen, terugpakken

retrospect terugblik

return *zn* terugkomst, retour • teruggave • verslag • *ww* terugkeren • teruggeven • retour

return ticket retourbiljet

reunion hereniging

reveal openbaren, ontsluieren

revel ~ *in*, genieten (van)

revelation openbaring

revenge wraak

revenue inkomsten *mv*

reverberation terugkaatsing • repercussie

reverence eerbied, ontzag

reverend eerwaarde, dominee

reversal omkering, ommekeer • omkeerfilm

reverse ww omkeren
- achteruitrijden • (vonnis) vernietigen • zn tegengestelde
- keerzijde • (versnelling) achteruit

reverse-charge call collect call
revert terugkeren • vervallen
review zn evaluatie • overzicht
- recensie (boek, film)
- wapenschouwing • ww overzien, monsteren
- evalueren • recenseren
- herzien

revile smaden, verguizen
revise herzien, nazien
revival herleving, wederopleving
- reprise

revive herleven, opleven
revoke herroepen, intrekken
revolt opstand
revolting weerzinwekkend
revolution omloop
- omwenteling, revolutie

revolve omwentelen • ~ around, betrekking hebben op
revolver revolver
revolving door draaideur
reward ww vergelden • belonen
- zn beloning

rhetorical retorisch
rheumatism reumatiek
Rhine Rijn
rhombus ruit
rhubarb rabarber
rhyme rijm, rijmpje
rib rib • (paraplu) balein
ribbon lint, strook, band
ribbon building lintbebouwing
rice rijst
rice-milk rijstebrij, rijstepap
rich rijk • overvloedig,

vruchtbaar • machtig (spijs)
riches mv rijkdom
rickets mv Engelse ziekte
rickety wankel, wrak
rid (of) bevrijd (van) • get ~ of, lozen, kwijtraken
ridden zie ride
riddle raadsel
ride zn rit • ww (rode; ridden) (be)rijden
ride along meerijden
ridge (berg)rug, kam, rand, nok
ridiculous belachelijk
riding boot rijlaars
rifle zn buks • geweer • ww plunderen
rift spleet, scheur • breuk
rig optuigen • optakelen
rigging want • tuigage
right zn recht • billijkheid
- rechterkant • bn rechter-, rechtvaardig, eerlijk, billijk, waar • ~ of way, voorrang • be ~, gelijk hebben • to the ~, (naar) rechts

righteous rechtvaardig
right-hand rechterhand
right-minded rechtgeaard
rigid stijf, strak, gestreng
rigmarole onzin, praatjes mv
rigorous streng, hard
rill beek
rim rand, velg, montuur
rind korst, schil • zwoerd
ring zn ring • piste • renbaan
- klank • klokgelui • ww (rang; rung) bellen, luiden, weergalmen • ~ one up, iem. opbellen

ring finger ringvinger
ringleader raddraaier

ring road ringweg
ringtone beltoon
rink (kunst)ijs-, rolschaatsbaan
rinse omspoelen, uitspoelen
riot oploop, opstootje
riotous wild
rip openrijten
ripe rijp • belegen
ripen rijpen
ripping *gemeenz* prachtig, enig
ripple rimpelen • murmelen
rise *zn* het opstaan • opkomst
• verhoging • bron • *ww* (rose;
risen) opstaan, (op)rijzen,
stijgen, opkomen, zich
verheffen • ontspringen
risk *zn* kans • gevaar, risico • *ww*
wagen
rite ritus, kerkgebruik
ritual ritueel
rival *zn* rivaal, mededinger, -
minnaar • *ww* wedijveren
river rivier
rivet *zn* klinknagel • *ww* klinken
road weg, rijweg, straat
road (hard-surface) verharde
weg
road accident verkeersongeval
roadholding wegligging
road map wegenkaart
Road Patrol Service wegenwacht
roads, roadsted *scheepv* rede
road sign verkeersbord
roadway rijweg
roadworks opgebroken (weg)
roam (om)zwerven
roar *zn* gebrul, geloei • *ww*
brullen, loeien • *fig.* bulderen
roast *zn* gebraad vlees • *ww*
braden, roosteren
roast beef rosbief

roasted gebraden, geroosterd
rob (be)roven
robbed bestolen
robber rover
robbery beroving
robe robe, toga
robin roodborstje
robust sterk, fors, robuust
rock *zn* rots, gesteente • *ww*
schommelen
rocket vuurpijl, raket
rocking chair schommelstoel
rocking horse hobbelpaard
rocky rotsachtig
rod roede, stang, staf, staaf
rode zie **ride**
rodent knaagdier
roe ree
rogue schurk, schelm
roguish schurkachtig • guitig
roll *zn* rol, lijst • roffel • (rond)
broodje • deining • rollen • *ww*
rollen, wentelen, golven
• pletten
roller rol, wals • zwachtel
rollerskate rolschaats
rolling shutter rolluik
rolling tobacco shag
Roman *zn* Romein • *bn* Romeins
• Rooms
Romania Roemenië
romantic romantisch
romp *ww* stoeien • *zn* wildebras
roof dak • gewelf
roof-rack imperiaal
room kamer • ruimte • plaats
room service roomservice
roost rek • stok
rooster haan
root wortel • oorsprong
rope touw • koord, streng

rope dancer koorddanser

rosary rozenkrans • rozentuin

rose *zn* roos • roze kleur • *bn* roze • zie ook *rise*

rosé rosé

rosy rooskleurig, blozend

rot *zn* verrotting • *ww* (doen) rotten • rotten

rotary draaiend • rotatie-

rotate draaien • rouleren

rotten verrot, rot • ~ *ripe*, beurs

rough ruw, grof, bars • ruig, oneffen • wrang

roughly ruwweg, ongeveer

round *zn* ronde • kring • bol • salvo • *bn* rond • *ww* afronden • rondlopen • ~ *up*, bijeendrijven • arresteren

roundabout omlopend, rondom • omweg • rotonde • draaimolen

rouse opwekken, opjagen • wakker worden (maken)

rout *zn* zware nederlaag • *ww* opjagen

routine sleur, routine

rove omzwerven, rondzwerven

row *zn* (huizen)rij • roeitocht • ruzie • herrie • *ww* roeien

rowboat roeiboot

rowing boat roeiboot

royal koninklijk

royalty koningschap • leden van de koninklijke familie • vergoeding, honorarium

rub *zn* wrijving • probleem • *ww* wrijven, boenen

rubber rubber, gum • condoom • *kaartsp* robber • vlakgom

rubber ring zwemband

rubbish rommel, afval • onzin

rubble puin

rubric rubriek

ruby robijn

rucksack rugzak

rudder roer

ruddy rood, blozend

rude ruw, grof, onbeleefd • onbeschaafd

ruffian schurk, woesteling

ruffle *ww* plooien • rimpelen • *zn* plooi • rimpel

rug kleedje

rugged ruig, hobbelig, ruw

ruin *zn* ondergang, verderf, ruïne, puinhoop • *ww* verwoesten, te gronde richten

rule *zn* (levens)regel • richtsnoer • bestuur • duimstok • *ww* regelen, regeren

ruler heerser • liniaal

rum *zn* rum • *bn* vreemd, raar

rumble rommelen, dreunen

ruminant herkauwend (dier)

rummage rommelen • doorzoeken

rumour gerucht

rumple verkreukelen

rumpsteak biefstuk

run *zn* (toe)loop, ren, bestorming • gang, vaart • uitstapje • traject • slag, type • punt (bij cricket) • *in the long* ~, op de (lange) duur • *ww* (**ran; run**) lopen, rennen • druipen, geldig zijn • vloeien • luiden

runaway vluchteling • deserteur • hollend paard

rung sport (van ladder) • zie ook *ring*

run in inrijden (auto)

runway start-, landingsbaan

rupture breuk, scheuring
rural landelijk, plattelands-
ruse list
rush *zn* haast, vaart • stormloop, bestorming • *ww* (voort)snellen, rennen, jagen, haast maken met
rush hours *mv* spitsuren *mv*
rusk beschuit(je)
Russia Rusland
Russian *zn* Rus • *bn* Russisch
rust *zn* roest • *ww* roesten
rustic boers, landelijk
rustle ritselen, ruisen
rusty roestig
rut wagenspoor • sleur
rye rogge
rye bread roggebrood

S

S.A. = 1 *South Africa* Zuid-Afrika • 2 *South America*, Zuid-Amerika • 3 *Salvation Army*, Leger des Heils
sabotage sabotage
sabre sabel
saccharin sacharine
sack *zn* zak • plundering • *ww* (uit)plunderen • *get, give the* ~, de bons (ontslag) krijgen, geven
sacrament sacrament
sacred heilig, gewijd (*to*, aan)
sacrifice *zn* offerande, offer, opoffering • *ww* opofferen
sacrilege heiligschennis
sad treurig, somber • donker

sadden bedroeven
saddle *zn* zadel • lendenstuk • *ww* zadelen
saddlebag fietstas
saddle soreness zadelpijn
safe *zn* brandkast • kluis • provisiekast • *bn* veilig, vertrouwd, solide
safe deposit box kluis
safeguard *zn* vrijgeleide • *ww* beschermen
safety veiligheid
safety belt veiligheidsgordel
safety brake noodrem
safety pin veiligheidsspeld
sag ineenzakken
sagacious schrander
sago sago
said voornoemd • zie *say*
sail *zn* zeil • *ww* zeilen
sailboat zeilboot
sailcloth zeildoek
sailing boat zeilboot
sailor matroos, zeeman
saint sint, heilige
sake doel • *for the* ~ *of*, ter wille van
salad salade
salad-dressing slasaus
salad oil slaolie
salary salaris, loon
sale verkoping • ~*s mv*, uitverkoop • *for* ~, te koop
salesgirl verkoopster
salesman verkoper, vertegenwoordiger, handelsreiziger
saliva speeksel
sallow bleek, vuilgeel, vaal
salmon zalm
saloon zaal, salon • bar

salt *zn* zout • *ww* zouten • *bn* zout, gezouten
salt cellar zoutvaatje
salt fish zoutevis
salt-free zoutloos
salubrious heilzaam
salutary heilzaam
salutation groet, begroeting
salute *ww* salueren • (be)groeten • *zn* begroeting • groet • saluut
salvage berging, bergloon
salvation redding • zaligmaking
Salvation Army Leger des Heils
salver presenteerblad
same zelfde • gelijk • genoemde • *all the ~*, toch, hoe dan ook
sample *zn* monster • specimen • *ww* proeven
sanction *zn* goedkeuring, sanctie • *ww* bevestigen, bekrachtigen
sanctuary heiligdom
sand zand
sandal sandaal
sandbank zandbank
sandpaper schuurpapier
sandwich sandwich
sandwich (toasted) tosti
sandy zanderig
sandy beach zandstrand
sane gezond van verstand
sang zie *sing*
sanguinary bloeddorstig
sanitary hygiënisch, gezondheids-
sanitary towel maandverband
sank zie *sink*
sap sap • ondermijning
sarcastic sarcastisch
sardine sardine
sash ceintuur • (schuif)raam
sat zie *sit*

satchel (boeken)tas • ransel
satiate verzadigen
satin satijn
satisfaction voldoening, tevredenheid
satisfied tevreden
satisfy voldoen, bevredigen • verzadigen
saturate verzadigen
Saturday zaterdag
sauce saus
sauceboat sauskom
saucepan pan
saucer schotel(tje)
saucy brutaal • ondeugend
sauerkraut zuurkool
saunter slenteren
sausage worst
sausage roll saucijzenbroodje
savage wild, wreed
save redden, behoeden • besparen • *vz* behalve
savings spaargeld
savings bank spaarbank
saviour redder
savour *zn* smaak, geur • *ww* smaken
savoury smakelijk, geurig • *zn* snack
savoy (cabbage) savooiekool
saw *zn* zaag • *ww* zagen • zie ook *see*
sawdust zaagsel
Saxon *zn* Saks • *bn* Saksisch
say (said; said) zeggen
saying gezegde, zegswijze
scab korst (op wond)
scabies schurft
scaffold steiger • schavot
scaffolding steiger • stelling, stellage

scald zich branden
scale weegschaal • schaal
• schilfer • schub • ketelsteen
scalp hoofdhuid
scaly schubbig, schilferig
scamp schelm
scamper hollen • at a ~, op een holletje
scandal ergernis, schande, laster
• schandaal
scandalous schandalig
scanty krap, schaars
scapegoat zondebok
scar litteken • klip
scarce schaars, zeldzaam
scarcely nauwelijks
scare ver-, afschrikken
scarecrow vogelverschrikker
scarf sjerp, sjaal, hoofddoek
scarlet scharlaken-, vuurrood
scarlet fever roodvonk
scary eng, griezelig
scatter strooien, verspreiden
scene toneel • decor schouwspel
• tafereel
scenery decor, natuurschoon, landschap
scenic area natuurgebied
scent zn reuk, geur • parfum
• (reuk)spoor • ww ruiken (het wild) • geur geven aan
sceptical sceptisch, twijfelend
schedule lijst • programma, schema • agenda
scheme schema, plan • complot
schism breuk
scholar geleerde
scholastic school-, onderwijs-
school zn school • ww onderwijzen, oefenen
schoolmaster onderwijzer

schoolmistress onderwijzeres
science wetenschap
• natuurwetenschappen mv
scientific wetenschappelijk
scintillate fonkelen
scion telg
scissors schaar
scoff ww schimpen • zn bespotting • beschimping
scold schelden, kijven, berispen
scoop zn schep • hoosvat
• primeur • ww uitscheppen, uithozen • naar zich toe halen
scooter scooter
scope doelwit • ruimte
• gezichtskring, gebied
scorch schroeien, (ver)zengen
score zn rekening, aantal behaalde punten • kerf, keep
• twintigtal • partituur • ww optekenen • op noten zetten
• (punten) behalen
scorn zn verachting, hoon • ww smaden, verachten
scornful honend
Scotch Schots
Scotchman Schot
scoundrel schurk
scour schuren • nauwkeurig doorzoeken
scourge zn gesel, plaag • ww geselen, teisteren
scout padvinder
• verkenningsvaartuig, -vliegtuig
scouting padvinderij
scowl 't voorhoofd fronsen • ~ at, dreigend aanzien
scramble grabbelen • klauteren
scrambled eggs mv roereieren mv

scrap snipper • afval • uitknipsel • *scrapbook* plakboek

scrape zn verlegenheid, moeilijkheid • gekras • schram • ww schrappen, schrapen • uitkrabben, afkrabben

scratch zn schram, krab • kras • ww krabben, krassen

scrawl haal, krabbel

scream zn gil • fig giller • ww gillen

screen scherm • beeldscherm • rooster • voorruit • ww afschutten • ziften • verfilmen • uitzenden

screw zn schroef • vrek • loon • ww schroeven

screwdriver schroevendraaier

screw-jack krik

scribble krabbelschrift

scribe schrijver, klerk

script geschrift • draaiboek

Scripture H. Schrift

scroll lijst

scrub schrobben, afboenen

scrubby dor • armzalig, miezerig • borstelig

scruple schroom, (gewetens)bezwaar

scrupulous nauwgezet • angstvallig

scrutiny nauwkeurig onderzoek

scuffle handgemeen

scull roeiriem

scullery bijkeuken

sculptor beeldhouwer

sculpture beeldhouwkunst • beeldhouwwerk

scum zn schuim • uitschot • ww afschuimen

scurry haasten, reppen

scurvy zn scheurbuik • bn laag, gemeen

scuttle (kolen)kit

scythe zeis

S.E. = *South East*, zuidoost

sea zee • *at ~*, ter zee • *be at ~*, het spoor bijster zijn

sea-borne ter zee

seagull zeemeeuw

seal zn zegel • rob, zeehond • ww verzegelen • ijken

sealing wax lak

seal-ring zegelring

sealskin robbevel

seam zn zoom • naad(je) • ww zomen

seaman zeeman

seamstress naaister

seaplane watervliegtuig

seaport zeehaven

search zn onderzoek, speurtocht • ww zoeken,, peilen • onderzoeken • fouilleren

searchlight zoeklicht

seasick zeeziek

seasickness zeeziekte

seaside ~ *resort*, badplaats

season zn seizoen, jaargetijde • ww kruiden

season (high) hoogseizoen

seasonable geschikt, gelegen

seasoned gekruid

seasoning kruiden

season ticket abonnementskaart • *~holder*, abonnee

seat zn zitting • (zit)plaats • zetel • ww plaatsen • *be seated*, zitten • gaat u zitten!

seats (book) plaats bespreken

sea urchin zee-egel

seaworthy zeewaardig

secateurs *mv* snoeischaar
secede zich afscheiden
secession afscheiding
seclude afzonderen, uitsluiten
second *zn* secondant • seconde • *bn* tweede, ander • *ww* bijstaan, steunen
secondary ondergeschikt
secondary school middelbare school
second-hand tweedehands-
second-rate tweederangs-
secret *zn* geheim • *bn* heimelijk, verborgen
secretary secretaris • minister • *Secretary of State*, minister • *Amer* Minister van Buitenlandse Zaken
secrete verbergen • afscheiden
sect sekte, gezindheid
section sectie • afdeling • onderdeel • (door)snede • traject, baanvak
secular *bn* wereldlijk • eeuwenoud • honderdjarig • *zn* leek • wereldlijk priester
secure *bn* vast, zeker (van, *of*); veilig • *ww* beveiligen, vastmaken
security veiligheid, beveiliging, waarborg, waarborgsom • *handel* effect
Security Council Veiligheidsraad
sedate bezadigd, rustig
sedative kalmerend middel
sediment neerslag, bezinksel
sedition oproer, muiterij
seduce verleiden
see zien
see (saw; seen) zien, kijken • begrijpen • zorg dragen

• bezoeken • ontvangen (iem.)
seed *zn* zaad • *ww* inzaaien
seedy *fig* sjofel
seek (sought; sought) zoeken • *much sought after*, gezocht (v. waren)
seem lijken (schijnen)
seen zie *see*
seesaw wip [speeltuig]
seethe (seethed of **sod; sodden)** zieden, koken
segregation afscheiding
seize grijpen, in beslag nemen
seizure beslaglegging • aanval, beroerte
seldom zelden
select *bn* uitgelezen, exclusief • *ww* uitkiezen
self zelf
self-command zelfbeheersing
self-conceited verwaand
self-confidence zelfvertrouwen
self-conscious verlegen
self-evident vanzelfsprekend
self-ignition zelfontsteking
self-interested baatzuchtig
selfish egoïstisch
self-made door zichzelf iets geworden • eigengemaakt
self-preservation zelfbehoud
self-starter automatische starter
sell *ww* (**sold; sold**) verkopen
semaphore seinpaal
semi half
seminary seminarie
semi-official officieus
semolina griesmeel
senate senaat
send (sent; sent) zenden, verzenden • ~ *on*, doorsturen (verder sturen)

sender afzender
senile seniel, ouderdoms-
senior ouder, oudste
sensation gewaarwording, opwinding, opzien, sensatie
sensational opzienbarend
sense *zn* gevoel • verstand
• begrip • zin, betekenis • *make ~ zinnig zijn, iets betekenen*
• *ww* (aan)voelen, begrijpen
senseless zinloos
sensible verstandig • merkbaar
sensitive gevoelig, fijngevoelig
sensual sensueel
sent zie *send*
sentence zin (zinsnede) • vonnis
sentiment gevoel, gevoelens
• mening
sentry schildwacht, post
sentry box schilderhuisje
separate *bn* apart, afzonderlijk
• *ww* scheiden, afzonderen
separation scheiding
sepsis bloedvergiftiging
September september
sepulchre graf
sequence volgorde, reeks
• *kaartsp* suite
Serb, Serbian Servisch • Serviër
serene kalm, helder, doorluchtig
sergeant sergeant • brigadier van politie
serial serie- • *serial number* serienummer
serial(-tale) feuilleton
series serie, reeks
serious ernstig, plechtig
sermon preek • vermaning
serpent slang
servant bediende • dienstmeisje
serve dienen, opdienen,

bedienen, baten • voorzien van
service dienst, bediening, nut
• servies • kerkdienst
serviceable dienstig
service station pompstation
servile slaafs, kruipend
session zitting
set *zn* stel, garnituur • servies
• partij • spel • span • *bn* gezet, bepaald, bestendig • *ww* **(set; set)** zetten plaatsen, stellen, bepalen • stollen • *~ in*, invallen • *~ up*, opzetten, oprichten
settle vestigen • regelen, bepalen
• vereffenen
settlement vestiging • afrekening
• kolonie, nederzetting
• jaargeld
seven zeven
seventeen zeventien
seventy zeventig
sever scheiden, afsnijden, verbreken
several verscheiden
severe streng, hard, straf
sew (sewed; sewn of sewed) naaien
sewer riool
sewing machine naaimachine
sex geslacht, sekse • seks
sex appeal seksuele aantrekkingskracht
sex shop seksshop
sexton koster • doodgraver
sexual seksueel
sexually transmitted disease geslachtsziekte
Sh. = *shilling*
shabby kaal, haveloos, sjofel
shackles *mv* boeien

shade zn schaduw • kap, scherm • nuance • ww schaduwen, beschamen, arceren

shadow schaduw, schim

shady beschaduwd • schaduwrijk • verdacht, louche

shaft schacht • steel • zuil • pijl • as (auto)

shag shag • *gemeenz* seks hebben

shake zn schok • triller (muziek) • ww **(shook; shaken)** schudden, beven • ~ *hands*, elkaar de hand geven

shaky beverig, onvast • wankel

shall (should) zal, zullen

shallow ondiep • oppervlakkig

sham zn bedrog, voorwendsel • bn voorgevend • ww simuleren

shame schaamte, schande • ww beschamen

shameful schandelijk

shameless schaamteloos

shampoo shampoo

shamrock klaverblad

shape zn gedaante • vorm • ww **(shaped; shaped** of **shapen)** vormen

share zn deel, aandeel • ww delen

shareholder aandeelhouder

shark haai • afzetter

sharp bn scherp, spits • bits • scherpzinnig • bijtend • zn *muz* kruis

sharpen scherpen

sharp-eyed scherpziend

sharpshooter scherpschutter

shatter verbrijzelen, verstrooien

shave (shaved; shaved of **shaven)** scheren, (af)schaven

• het vel over de oren halen

shaver scheerapparaat

shaving krul (v. hout)

shaving brush scheerkwast

shaving cream scheercrème

shaving soap scheerzeep

shawl sjaal, omslagdoek

she zn zij • zn wijfje

sheaf schoof • bundel

shear (sheared; shorn) afsnijden • (schapen) scheren

sheath schede

shed (shed; shed) ww vergieten • laten vallen, afwerpen, storten • verspreiden • zn loods, schuur

sheep schaap

sheepskin schapenvacht

sheer louter • volslagen • steil

sheet beddenlaken • vel papier • schoot (v. zeil)

shelf, shelves plank(en) • klip

shell zn schelp, schil, bolster, dop • *mil* granaat • ww schillen, pellen, doppen • beschieten

shellproof bomvrij

shell splinter granaatscherf

shelter zn schuilplaats • bescherming • tramhuisje • schuilkelder • *take ~,* schuilen • ww beschermen, schuilen

shepherd herder

sheriff schout • *Amer* politiechef

sherry sherry

shield zn schild • ww beschermen

shift zn verandering, verschuiving • ploeg(en)dienst • ww verwisselen • verleggen • verruilen

shilling vroegere Eng. munt (1/

20 v.e. pond sterling)

shimmer glinsteren

shin scheen(been)

shinbone scheenbeen

shine *zn* schijn, luister • *ww* **(shone; shone)** schijnen, uitblinken

shiny glimmend

ship *zn* schip • *ww* inschepen, verschepen

ship broker cargadoor

shipload scheepslading

shipment verscheping, verzending • lading

shipowner reder

shipwreck schipbreuk

shipwrecked be ~, schipbreuk lijden

shipyard scheepstimmerwerf

shire (Engels) graafschap

shirk ontduiken

shirt overhemd

shit poep

shiver *zn* rilling • *ww* rillen

shoal *zn* school (vis) • ondiepte • *bn* ondiep • *ww* samenscholen

shock *zn* schok • botsing, schrik • *ww* schokken • ergeren

shock absorber schokbreker

shocking stuitend, ergerlijk

shoe schoen • hoefijzer

shoelace veter

shoemaker schoenmaker

shoe polish schoensmeer

shoeshine *Amer* schoensmeer

shoe shop schoenenwinkel

shone zie *shine*

shook zie *shake*

shoot *zn* filmopname • scheut • *ww* **(shot; shot)** schieten

• uitbotten

shooting range schietbaan

shop *zn* winkel • werkplaats • *ww* winkelen, inkopen doen

shop assistant winkelbediende

shop girl winkeljuffrouw

shopkeeper winkelier

shoplifter winkeldief

shopping boodschappen

shopping centre winkelcentrum

shopworn saai, afgedaan

shore *zn* kust, oever • stut • *ww* schoren, stutten

shorn zie *shear*

short kort, klein • bros • krap • *or* ~, kortheidshalve • *in* ~, kortom • be ~ of, tekortkomen

shortbread soort bros gebak

short-circuit kortsluiting

shorten verkorten, verminderen

shortening vet

shorthand stenografie

shortly weldra

shorts korte broek

short-sighted bijziend, kortzichtig

short-winded kortademig

shot schot • gooi • opname, kiekje • schutter • zie ook *shoot*

should zie *shall*

shoulder schouder

shoulder blade schouderblad

shout *zn* geroep, gejuich • *ww* roepen, juichen, schreeuwen

shove *zn* stoot, duw • *ww* stoten, duwen, schuiven

shovel schop

show *zn* vertoning, show, tentoonstelling • schijn • voorkomen • *ww* **(showed; shown)** tonen, laten zien

• aanwijzen, schijnen

showcase uitstalkast

shower *zn* regen-, stortbui
• douche • *ww* begieten,
stortregenen • douchen
• douche

shower-bath stortbad, douche

shown zie *show*

showroom toonzaal

show-window winkelraam

shrank zie *shrink*

shrapnel granaatscherven *mv*

shred lapje, flard, snipper

shrewd schrander • scherp

shriek *zn* gil, schreeuw • *ww*
gillen, gieren

shrill schel, snerpend, schril

shrimp garnaal

shrine heiligdom • reliekschrijn

shrink (shrank; shrunk)
ineenkrimpen, slinken,
terugdeinzen

shrivel verschrompelen

shroud *zn* (doods)kleed • sluier
• *ww* bedekken, omhullen

Shrovetide, Shrove Tuesday
vastenavond

shrub struik, heester

shrug de schouders ophalen

shrunk zie *shrink*

shudder huiveren, sidderen

shuffle *zn* geschuifel • *ww*
schudden • *kaartsp* wassen
• schuifelen

shun vermijden, schuwen

shunt *ww* rangeren • *elektr*
aftakken • *zn* aftakking

shut (shut; shut) *ww* (op)sluiten
• *bn* dicht, gesloten

shutter luik, blind • sluiter

shy schuw, verlegen • *ww*

schichtig worden

sibling broer en/of zus

sick *bn* misselijk, *Amer* ziek • beu
(van) • *be ~*, overgeven
(misselijkheid)

sickle sikkel

side *zn* zijde • kant • partij • *ww*
partij kiezen voor

sideboard buffet, dressoir

sidecar zijspan

sidelong, sideways, sidewise
zijdelings, zijwaarts

sidewalk *Amer* trottoir

siege belegering, beleg

sieve zeef

sift schiften, zeven

sigh *zn* zucht • *ww* zuchten

sight gezicht, zicht • schouwspel
• bezienswaardigheid

sight-seeing het bezoeken van
bezienswaardigheden

sightseeing tour uitstapje
(excursie)

sign *zn* teken, wenk • bord (met
opschrift) • uithangbord • *ww*
tekenen, ondertekenen • een
teken geven

signal *zn* teken • sein, signaal
• *ww* seinen • melden

signal box seinhuis

signal post seinpaal

signature handtekening

signature tune *rtv*
herkenningsmelodie

signboard uithangbord

signet ring zegelring

significance betekenis

significant veelbetekenend
• belangrijk

signify betekenen, beduiden • te
kennen geven

signpost wegwijzer
silence stilzwijgen • stilte • zwijg!, stil daar!
silencer knaldemper, geluiddemper (machine)
silent stil, stilzwijgend, rustig
silk zn zijde • bn zijden
silkworm zijderups
silky zijdeachtig, zacht
sill vensterbank
silly onnozel, dwaas, dom • kinderachtig
silver zn zilver • bn zilver
silverware tafelzilver
similar dergelijk, gelijksoortig, soortgelijk
similarity overeenkomst
simmer sudderen • fig smeulen
simple eenvoudig, enkelvoudig
simplicity eenvoud, onnozelheid
simplify vereenvoudigen
simulate veinzen • (bedrieglijk) nabootsen
simultaneous gelijktijdig
sin zonde • original~, erfzonde
since sinds
sincere oprecht
sinew pees, spier
sinful zondig
sing (sang; sung) (be)zingen
singe zengen, schroeien
singer zanger • zangeres
single enkel • éénpersoons • alleen, ongehuwd
single (ticket) enkele reis
single bed eenpersoonsbed
single room eenpersoonskamer
singular bn enkelvoudig, bijzonder, zonderling • zn enkelvoud
sinister onheilspellend

sink zn gootsteen • riool • ww **(sank; sunk)** zinken, zakken • verminderen • doen zakken • dalen
sinner zondaar, zondares
sinuous bochtig, kronkelig
sip zn teugje • ww nippen
siphon hevel • sifon
sir heer, mijnheer • predikaat (vóór doopnaam van baronet of knight)
siren sirene
sister zuster
sister-in-law schoonzuster
sit (sat; sat) zitten • broeden • zitting houden • poseren • ~ down, gaan zitten
sit-down ~ strike, bezettingsstaking
site ligging • plekje • terrein, bouwterrein
sitting zitting, seance
sitting-room huis-, zitkamer
situated gelegen
situation ligging, toestand • situatie, betrekking • toestand (situatie)
six zes
sixteen zestien
sixth zesde
sixty zestig
size zn grootte, omvang, formaat • maat, ww sorteren, rangschikken
skate zn schaats • ww schaatsen
skating schaatsenrijden
skating rink ijs-, rolschaatsbaan
skeleton geraamte, skelet • schema • mil kader
skeleton key loper
sketch zn schets • ww schetsen

ski ski
ski boots skischoenen
skid slippen
skiing skiën
ski jump skischans
skilful bekwaam, handig
ski lift skilift
skill bekwaam-, handigheid
skim (af)schuimen, afromen • scheren over
skimp beknibbelen
skin zn huid, vel • schil • ww stropen, villen
skinny broodmager
skip springen, huppelen
ski pole skistok
skirmish zn schermutseling • ww schermutselen
skirt zn rok • rand • ww omzomen • omzeilen
skittle kegel • ~s, kegelspel
skull schedel
skunk stinkdier
sky hemel, lucht, uitspansel
skylark leeuwerik
skylight dakraam
skyline silhouet [van een stad]
skyscraper wolkenkrabber
slab plaat, platte steen, schaal • plak, moot
slack zn slapte • bn slap, los, traag • ww verslappen • verminderen
slacken verslappen • vieren: (vaart) minderen
slacks mv lange broek
slain zie slay
slam dichtsmijten
slander zn laster • ww lasteren
slang groepstaal, jargon
slanting hellend, schuin

slap zn klap, mep • ww een klap geven
slash om zich heen slaan, ranselen • snijden
slate lei
slate pencil griffel
slattern slons, morsebel
slaughter zn slachting, bloedbad • ww slachten, vermoorden
slave slaaf, slavin • ww zich afsloven
slavery slavernij
slay (slew; slain) doden, vermoorden
sled, sledge slee, ar
sledgehammer voornamer
sleek glad, glanzend • fig glad
sleep zn slaap • ww (slept; slept) slapen • ~ late, uitslapen
sleeper slaper • slaapwagen • dwarsligger
sleeper train slaaptrein
sleeping bag slaapzak
sleeping car slaapwagen
sleeping compartment slaapcoupé
sleeping partner stille vennoot
sleeping pills slaappillen
sleeping place slaapplaats
sleepless slapeloos
sleepwalker slaapwandelaar
sleepy slaperig • slaapwekkend
sleet natte sneeuw
sleeve mouw • laugh in his ~, in zijn vuistje lachen
sleeve links mv dubbele manchetknopen mv
sleigh slede, ar
slender dun, slank • gering
slept zie sleep
sleuth speurhond, detective

slew zie *slay*

slice sneetje, schijfje, plak

slide zn glijbaan, hellend vlak • schuif • ventiel • lawine • dia • ww **(slid; slid** of **slidden)** glijden, glippen, laten slippen

slide film diafilmpje

sliding door schuifdeur

sliding roof schuifdak

slight zn geringschatting • bn dun • licht, gering, onbeduidend • ww kleineren

slightly enigszins, ietwat

slim bn schraal • slank, tenger • ww slank worden, vermageren

slime slib • slijm

sling zn slinger, zwaai • draagband • ww **(slung; slung)** slingeren • werpen • ophangen

slink (slunk; slunk) (weg)sluipen

slip zn vergissing • abuis • daling • stek • reepje • (papier)strook • slipje • ww slippen (uit)glijden, sluipen, glippen • dalen

slip-of-the-pen verschrijving

slippers slippers, pantoffels

slippery glad (weg), glibberig

slippery road slipgevaar

slip road rondweg • toegangsweg tot autoweg

slipshod slordig

slit zn scheur, gleuf, spleet • split • ww **(slit; slit)** splijten

slogan strijdkreet • leuze • slagzin

sloop sloep

slop ww morsen • zn vuil water

slope zn schuinte, helling • talud • ww hellen • schuin aflopen

sloping hellend, schuin aflopend

sloppy morsig, slordig

slot gleuf, sleuf

sloth lui-, traagheid

slot machine (verkoop)automaat

slouchy slungelig, slordig

slovenly slonzig

slow bn langzaam, traag • be ~, achterlopen • ww ~ down, vaart minderen

slow-motion picture vertraagde film

slug zn naakte slak • ww slaan

sluggard luiaard

sluggish traag, lui

sluice zn sluis • ww spoelen

slum achterbuurt, krottenwijk

slumber zn sluimering • ww sluimeren

slump plotselinge of grote prijsdaling, malaise

slung zie *sling*

slunk zie *slink*

slur zn smet, schandvlek • ww besmeuren • onduidelijk (slordig) uitspreken

slush blubber

slut slet

sluttish sletterig

sly listig, sluw, slim

smack zn klap • ww smakken

small klein, gering, weinig, kleingeestig

smallpox waterpokken mv

smart bn scherp, pijnlijk, vinnig • levendig, vlug, gevat, knap • bijdehand • chic • ww zeer doen • lijden, schrijnen, steken

smarten up mooi maken

smash zn smak, slag • bankroet, ww breken, verbrijzelen

smear *zn* vlek, vette veeg • *ww* besmeren, bezoedelen, smeren

smell *zn* reuk, geur • *ww* **(smelt of smelled; smelt of smelled)** ruiken, rieken

smelt *zn* spiering • *ww* (erts) smelten

smile *zn* glimlachje • *ww* glimlachen

smirch besmeuren, bezoedelen

smirk meesmuilen, grijnzen

smite (smote; smitten) slaan

smith smid

smithy smederij

smoke *ww* roken • *zn* rook

smoked gerookt

smoker roker • rookcoupé

smoking het roken

smoking compartment rookcoupé

smooth *bn* glad, vlak • zacht • vleiend • *ww* glad maken • gladstrijken, effenen

smoothly vlot, gesmeerd

smote zie *smite*

smother *zn* damp, rook, walm • *ww* verstikken • inhouden

smoulder smeulen

smudge vlek, veeg

smug zelfgenoegzaam

smuggle smokkelen

smuggler smokkelaar

smutty vuil, smerig

snackbar snelbuffet

snag knoest • obstakel

snail slak

snake slang • slang (reptiel)

snap *ww* happen, klappen, knippen • *zn* snap, hap, knip

snappish snibbig

snapshot momentopname, kiekje

snare *zn* strik • *ww* verstrikken

snarl *zn* (toe)snauwen, grommen • verwikkeld raken

snatch *zn* ruk, greep • stukje eten • *ww* rukken, grijpen

sneak sluipen

sneaky geniepig

sneer *ww* grijnzen • *zn* grijns

sneeze niezen

sniff opsnuiven • snuffelen

snigger grinniken

sniper sluipschutter

snivel snotteren

snoop rondneuzen

snooze dutten

snore snorken, ronken

snorkel snorkel

snort briesen, snuiven

snout snuit

snow *zn* sneeuw • *ww* sneeuwen

snowboard snowboard

snow chain sneeuwketting

snowdrop sneeuwklokje

snowstorm sneeuwstorm

snub afsnauwen

snuff *zn* snuif • *ww* (op)snuiven • ~ *it*, het loodje leggen

snug knus, gezellig

so dus, zodanig, zulk, zo • ~ *that*, zodat

soak weken, inzuigen, opslurpen • doorweken

soap zeep

soapdish zeepbakje

soap-suds *mv* zeepsop

soar hoog vliegen, zich verheffen

sob *zn* snik • *ww* snikken

sober matig, sober, nuchter • nuchter

sobriety matigheid

Soc. = *Society*, vereniging
so called zogenaamd
soccer voetbal
sociable sociabel, gezellig
social maatschappelijk, sociaal
• gezellig
socialism socialisme
social worker maatschappelijk
werkster
society maatschappij • gezelschap
• vereniging, genootschap
• samenleving
sock sok
socket kas, holte • houder
• stopcontact
sod zode
soda soda • (koolzuurhoudend)
drankje
soda water spuitwater
sodden doorweekt
sofa bank (zitbank)
soft zacht, mals • slap (boord)
• verwijfd, zoetsappig • onnozel
• ~*drink*, frisdrank • ~ *soap*,
groene zeep
soften zacht maken (worden)
soil *zn* land, grond • *ww*
bezoedelen
sojourn (tijdelijk) verblijf
solace troost, verlichting
solar system zonnestelsel
sold zie *sell*
solder *zn* soldeersel • *ww*
solderen
soldier soldaat, krijgsman
sold out uitverkocht
sole *zn* zool • tong (vis) • *bn* enig
solemn plechtig, ernstig
solicit verzoeken, dingen naar
solicitor rechtskundig adviseur,
procureur

solicitous bezorgd • begerig
solicitude zorg, ongerustheid
solid vast, massief • stevig
• degelijk
solidarity solidariteit
soliloquy alleenspraak
solitary eenzaam
solitude eenzaamheid
soloist solist
soluble oplosbaar
solution oplossing
solve oplossen
solvent solvent, kredietwaardig
some enige, enkele, sommige
• ongeveer
somebody iemand
somehow op een of andere
wijze
someone iemand
something iets
sometimes soms
somewhere ergens
son zoon
song zang, lied
son-in-law schoonzoon
sonorous welluidend
soon spoedig, vroeg, gauw
soot roet
soothe verzachten, sussen,
kalmeren
sop *ww* soppen • *zn* concessie
sophisticated wereldwijs
• verfijnd • geavanceerd
soporific *zn* slaapmiddel • *bn*
slaapverwekkend
soprano sopraan
sorbet sorbet
sorcery toverij, hekserij
sordid laag, gemeen • smerig
sore *zn* pijnlijke plek • *bn*
pijnlijk, zeer • hevig

sorely erg, ten zeerste

sorrow droefheid, smart • zorg

sorry bedroefd • armzalig • I am ~, het spijt mij • neem mij niet kwalijk, pardon!

sort zn soort, slag • wijze • aard • ww schikken, sorteren

S.O.S. = Save our Souls, noodsignaal v. schepen

sought zie seek

soul ziel

sound zn geluid, klank • bn gezond, gaaf, betrouwbaar • ww klinken, luiden • peilen

sound-damper, sound-deadener geluiddemper

sound-proof geluiddicht

soup soep

sour bn zuur, bitter • ww verzuren

source bron, oorsprong

south zuiden

South Africa Zuid-Afrika

southern zuidelijk • ~ latitude, zuiderbreedte

South Pole zuidpool

souvenir souvenir

sovereign souverein

sow zn zeug • ww (sowed; sown of sowed) zaaien

spa badplaats

space wijdte, ruimte

space travel ruimtevaart

spacious ruim, uitgestrekt

spade spade, schop • schoppen (in het kaartspel)

Spain Spanje

span zn span • tijdsbestek • spanning van een boog of brug • ww spannen • zie ook spin

Spaniard Spanjaard

Spanish Spaans

spank op de broek geven

spanner schroefsleutel

spare bn schraal • reserve- • extra- • ~ (bed)room, logeerkamer • ~ part, reservedeel • ~ time, vrije tijd • ~ wheel, reservewiel • ww (be)sparen • missen

sparing zuinig, karig

spark vonk

sparkle fonkelen

spark plug bougie

sparrow mus

sparse dun gezaaid, ijl

spasm kramp

spasmodic krampachtig

spat zie spit

spatter bespatten

spawn zn viskuit • kikkerdril • ww voortbrengen

speak (spoke; spoken) spreken, zeggen, praten

speaker spreker • Voorzitter van het Lagerhuis • speaker

spear speer, spies

special bn bijzonder, extra, extra- • zn aanbieding • speciale editie (dagblad, televisieprogramma)

specialist specialist

speciality specialiteit

specially in 't bijzonder

species soort [dier of plant]

specific precies • speciaal • ~ gravity, soortelijk gewicht

specify in bijzonderheden vermelden, specificeren

specimen proef, staaltje

speck vlekje

speckle spat, spikkel

spectacle schouwspel
spectacles *mv* bril
spectator toeschouwer
spectre spook
speculation speculatie
speech spraak • redevoering, toespraak
speechless sprakeloos
speed spoed, snelheid, haast
speed limit maximumsnelheid
speedometer snelheidsmeter
speedway (auto)snelweg • racebaan
speedy spoedig, snel
spell *zn* betovering • tijdje, beurt • *ww* (**spelt** of **spelled**; **spelt** of **spelled**) spellen • betoveren
spellbound gefascineerd
spelling spelling
spend (spent; spent) uitgeven, besteden
spendthrift verkwister
sphere sfeer • globe • bol
spice *zn* specerij • kruiderij • *ww* kruiden
spiced gekruid
spices kruiden
spick and span brandschoon, piekfijn
spicy gekruid, pikant
spider spin
spike aar • spijl • punt • ~s atletiekschoenen *mv*
spill (spilt; spilt) *zn* • spijl • val • *ww* (**spilt; spilt**) morsen, vergieten
spin (span; spun) spinnen • ronddraaien
spinach spinazie
spinal van de ruggegraat
spinal column ruggegraat
spinal cord (marrow) ruggenmerg

spindle spil, as • spoel, klos
spin-drier centrifuge
spine ruggengraat • doorn, stekel
spinster ongehuwde vrouw, oude vrijster
spiral *zn* spiraal • *bn* spiraalvormig; ~staircase, wenteltrap
spire (toren)spits
spirit *zn* ziel, geest, bezieling • moed • spiritus • *ww* bezielen, aansporen
spirits *mv* sterke drank
spiritual geestelijk, geestes-
spirituous alcoholisch
spit *zn* spuug • braadspit • landtong • *ww* (**spat; spat**) spugen
spite *zn* wrok, wrevel • *ww* krenken • in ~ of, ondanks
spiteful nijdig, afgunstig
spittle speeksel
splash spatten, plassen
splashboard spatbord
spleen milt • zwaarmoedigheid
splendid prachtig, luisterrijk
splendour glans, pracht
splice splitsen (touw)
splint spalk
splinter *zn* splinter • *ww* versplinteren
split (split; split) *ww* splijten • *zn* spleet, scheur
spoil *zn* buit • *ww* (**spoiled** of **spoilt; spoilt**) bederven • beroven van
spoke spaak • zie *speak*
spokesman woordvoerder
sponge *zn* spons • *ww* sponsen

• spons
sponsor zn sponsor, begunstiger
• ww steunen
spontaneous spontaan
spoon lepel
sport zn sport, vermaak • spel
• ww dragen • er op na houden
• pronken met • do ~s, sporten
• sport
sportive vrolijk
sports articles sportartikelen
sports field sportterrein
sport shoes sportschoenen
sportsmanlike sportief
spot spat, vlek, plek, smet
• (biljart) acquit geven
• ontdekken, snappen
spotless smetteloos, onbevlekt
spotlight zoeklicht • voetlicht
• bermlamp
spotted gevlekt, gespikkeld
spouse echtgenoot, -note
spout zn spuit, pijp, tuit • straal
• ww spuiten • opspuiten
sprain verstuiken, verzwikken,
verrekken
sprang zie spring
sprat sprot
sprawl breeduit (gaan) liggen
• (zich) onregelmatig
uitbreiden, (zich) breed
uitstrekken
spray zn takje • spuit, verstuiver
• stofregen • ww sproeien
spread (spread; spread)
(ver)spreiden, strooien,
uitslaan
spree on a ~, aan de zwier
sprig twijg
sprightly levendig
spring zn bron, oorsprong • veer

• veerkracht • lente • fontein
• ww **(sprang; sprung)**
springen • (uit)spruiten,
ontstaan
sprinkle besprenkelen
sprinkler sproeier
sprint korte afstandswedloop
• ww sprinten
sprout zn spruit • loot • ww
(uit)spruiten
sprouts spruitjes
spruce bn netjes, knap • zn spar
sprung zie spring
spun zie spin
spur zn spoor • prikkel • uitloper
• ww de sporen geven
• aansporen
spurt ww spuiten • (sp) spurten
• zn straal, guts • uitbarsting
spy zn spion • ww bespieden
sq. = square, plein
squad (politie)patrouille
squadron eskadron, escadrille
• eskader • smaldeel
squalid morsig, vuil
squander verkwisten
square zn vierkant • plein • ruit
(op dambord enz.) • kwadraat
• winkelhaak • bn eerlijk,
ronduit • vierkant, rechthoekig
• ouderwets, bekrompen
squash kneuzen, platdrukken
squat [van huis] kraken
squat(down) hurken
squatter kraker, dakloze (die in
een leegstaand gebouw trekt)
squeak zn geschreeuw, gepiep
• ww schreeuwen, piepen
squeal krijsen • verraden,
doorslaan
squeamish overgevoelig

squeeze zn druk • afpersing • ww drukken, uitpersen

squint bn scheel, loens • ww ~ at, blikken naar

squire landedelman, landjonker

squirrel eekhoorntje

squirt spuiten

st = 1 *street* straat • 2 *saint* sint

stab zn steek • stoot • ww doorsteken, steken

stable zn stal • bn vast • stabiel

stack stapel • hoop • mijt, schelf

stadium stadium, stadion

staff personeel • staf, stok • schacht • notenbalk

stag hert

stage zn toneel • halte • etappe • fase, stadium • ww opvoeren, organiseren

stage manager regisseur

stagger wankelen, waggelen, versteld (doen) staan

stagnancy stilstand

stain zn vlek, smet • ww (be)vlekken, bezoedelen • verven, beitsen

stained-glass gebrandschilderd glas, glas-in-lood

stainless vlekkeloos

stain remover vlekkenwater

stair trede, trap • ~s, trap

stair-carpet traploper

staircase trap

stairs trap

stake zn staak, paal • inzet, inleg • at ~, op 't spel • ww inzetten, in de waagschaal stellen • afbakenen • steunen

stale oudbakken, muf

stalemate zn impasse • ww vastzetten

stalk zn stengel • steel • halm • ww (deftig) stappen • (be)sluipen

stall zn box (v. paard) • kraam • ww afslaan (motor), afglijden (vliegmachine) • uitstellen

stallion hengst

stalls mv stalles mv

stalwart fors, krachtig • trouw

stamina uithoudingsvermogen

stammer stamelen, stotteren

stamp zn stempel • (post)zegel • ww stampen • stempelen

stamp machine postzegelautomaat

stamp-paper gezegeld papier

stand zn stand, stilstand • standaard • standplaats • stelling • kraam • ww (**stood; stood**) staan, blijven, standhouden • ~*still*, stilstaan

standard zn standaard • principe • vlag • gehalte, klasse • bn standaard, normaal

standardization normalisatie

stand-by steun • reserve

stank zie *stink*

stanza couplet

staple zn hoofdproduct • stapel • markt • nietje • bn stapel-, hoofd-

star zn ster, gesternte • sterretje (*) • ww de hoofdrol vervullen

starboard scheepv stuurboord

starch zn stijfsel • zetmeel • ww stijven

stare zn starende blik • ww (aan)staren

stark hard • stijf • strak • geheel en al • ~ *blind*, stekeblind • ~ *mad*, stapelgek • ~ *naked*

spiernaakt
starling spreeuw
start *zn* vertrek • begin
• schrikbeweging • *ww* starten,
beginnen • aan de gang
brengen • vertrekken
• opschrikken
starter voorgerecht • startmotor
starting-point uitgangspunt
startle (ver)schrikken
startling verrassend
starvation verhongering,
hongerdood
starve (ver)hongeren
state *zn* staat, toestand • luister,
staatsie • *ww* opgeven,
vaststellen • constateren
• beweren
stately statig, deftig
statement mededeling,
bewering, verklaring • (bank)
overzicht, staat • opgaaf
statesman staatsman
station standplaats • post • rang,
stand • station
stationary stilstaand, vast
stationer kantoorboekhandelaar
stationery schrijfbehoeften *mv*
station master stationschef
statistics *mv* statistiek
statuary beeldhouwkunst • -werk
statue standbeeld, beeld
status status, positie
statute statuut, wet
staunch *zn* sterk, hecht
• verknocht, betrouwbaar • *ww*
stelpen • stremmen
stave notenbalk
stay *zn* verblijf • stilstand • steun
• *ww* blijven, logeren
• tegenhouden

stay down blijven zitten (school)
staying-power
uithoudingsvermogen
stays *mv* keurslijf, korset
stead plaats
steadfast standvastig • vast
steady vast, bestendig • solide
steak biefstuk • moot (vis)
steal (**stole**; **stolen**) stelen
• sluipen
stealthily tersluiks
steam *zn* stoom, damp • *ww*
stomen
steam boiler stoomketel
steam engine stoommachine
steamer stoomboot
steel *zn* staal • *bn* stalen, van
staal • *ww* stalen
steep *zn* steilte • *bn* steil
steeple spitse toren
steeplechase wedren met
hindernissen
steer sturen, stevenen
steerage stuurmanskunst
• tussendek
steering stuurinrichting
steering box stuurhuis
steering wheel stuurwiel
steersman stuurman, roerganger
stem stam • steel • stengel • loot
• boeg, steven
stench stank
step *zn* trap • trede • (voet) stap
• *ww* stappen, treden
step-child stiefkind
step-in step-in
steps *mv* stoep (v. huis)
sterile onvruchtbaar, dor • steriel
stern *zn* scheepv achtersteven • *bn*
streng, bars
stew *ww* stoven, smoren • *zn*

gestoofd vlees • *Irish ~*, soort hutspot

steward steward • rentmeester • hofmeester

stewardess stewardess

stick *zn* stok • staaf • *ww* **(stuck; stuck)** kleven • plakken • steken, insteken • vastzitten • blijven steken • zich hechten

sticking plaster hechtpleister

sticky kleverig

stiff stijf, star, strak

stiffen stijven

stifle smoren, onderdrukken

stifling broeierig, verstikkend

stigma schandvlek • brandmerk • stempel (v. bloem)

stile deurstijl • overstap

still *zn* stil, zacht • *ww* stillen, kalmeren • *bijw* nog steeds, nog

still life stilleven

stimulate prikkelen, aansporen

sting *zn* prikkel, angel, stekel • steek • *ww* **(stung; stung)** steken, prikken • kwetsen • grieven

stingy vrekkig, schriel

stink *zn* stank • *ww* **(stank; stunk)** stinken

stint beknibbelen

stipulate bedingen, bepalen

stir geraas, opwinding, sensatie • *ww* bewegen, (om)roeren, (iemand) aansporen

stirrup stijgbeugel

stitch *zn* steek • *ww* stikken, hechten

stock *zn* voorraad • stam • blok • effecten *mv*, kapitaal • veestapel • bouillon • *ww* in

voorraad hebben, nemen, bevoorraden

stockbroker commissionair in effecten

stock exchange effectenbeurs

stockfish stokvis

stockings kousen

stole(n) zie *steal*

stolen gestolen

stolid bot, onaandoenlijk

stomach *zn* maag, buik • eetlust • *ww fig* kunnen verkroppen, slikken

stomach ache maagpijn

stone steen • pit • gewicht van 6.35 kg

stone-blind stekeblind

stone-deaf stokdoof

stony steenachtig, stenig • onbewogen, ijskoud

stood zie *stand*

stool taboeretje, kruk • ~*s*, *mv*, ontlasting

stoop bukken, buigen

stop *zn* halte, tussenlanding, pauze • leesteken • *ww* beletten • ophouden, stoppen, staken • stelpen • ~*!* stop! (halt)

stopover tussenlanding

stopper stop

storage berging, opslag

store *zn* voorraad • winkel • opslagplaats, magazijn • warenhuis • *ww* inslaan • voorzien • opbergen

storey verdieping

stork ooievaar

storm *zn* storm • aanval • onweersbui • *by ~*, stormenderhand • *ww* bestormen • stormen, razen

stormy stormachtig

story geschiedenis, verhaal
• leugentje

stout *zn* stout, zwart bier • *bn*
vastberaden, dapper
• corpulent

stove kachel, fornuis • kachel

stow stuwen, stouwen

stowaway verstekeling

straddle wijdbeens staan (lopen),
schrijlings zitten

straggle dwalen, zwerven

straight recht • glad • eerlijk,
betrouwbaar • in orde
• heteroseksueel

straight ahead rechtdoor

straighten recht maken • in orde
brengen

straightforward oprecht,
rond(uit) • ongecompliceerd

straight on rechtuit

strain *zn* (in)spanning • druk
• verrekking • erfelijk trekje
• ras *ww* inspannen, verrekken,
forceren

strainer zeef

strait, straits zee-engte, straat

strand *zn* streng • element • *ww*
stranden

strange vreemd, zonderling

stranger vreemdeling

strangle wurgen

strangulated ingesnoerd • *med*
beklemd

strap (schouder)riem • (tram) lus
• bandje

strapless zonder
schouderbandjes

strapping *bn* groot, stevig • *zn*
pak slaag

stratagem (krijgs)list

straw stro, rietje

strawberry(ies) aardbei

stray af-, verdwalen

streak streep • flits • tikkeltje

stream *bn* stroom • *ww* stromen

streamer wimpel

streamlined gestroomlijnd

street straat

street side straatkant

streetwalker prostituee

strength sterkte, kracht, macht

strengthen (ver)sterken

strenuous krachtig, energiek,
inspannend

stress *zn* nadruk, accent,
(geestelijke) spanning, druk,
stress • *ww* benadrukken • zich
druk maken

stretch *zn* rek, spanning
• uitgestrektheid • *ww* rekken,
strekken, spannen

stretcher draagbaar, brancard

strew (strewed; strewn)
(be)strooien

stricken geslagen, getroffen,
bedroefd • zwaar beproefd

strict nauwkeurig, strikt, stipt

stride *zn* schrede • *ww* **(strode;
stridden)** schrijden

strife twist, strijd

strike *zn* slag • werkstaking • *ww*
(struck; struck of stricken)
slaan • munten • strijken
• opvallen, vóórkomen • inslaan
• werkstaken • ~ *out*,
schrappen

striking treffend, opvallend

string *zn* touw, koord • snaar,
pees • snoer • *ww* **(strung;
strung)** snoeren, rijgen. van
banden of snaren voorzien

string beans sperziebonen
stringent strikt, bindend • schaars (geld)
stringy vezelig, draderig
strip zn reep, strookje • strip • ww uitkleden • afstropen
stripe streep • chevron
striptease striptease
strive (**strove**; **striven**) pogen, streven, zich inspannen • worstelen, strijden
strode zie *stride*
stroke zn slag, trek • streep • beroerte • ww strelen, strijken
stroll zn wandeling • ww slenteren, kuieren
strong sterk, flink, krachtig • pittig (van smaak)
stronghold burcht, bolwerk
strongroom kluis
strove zie *strive*
struck zie *strike*
structure structuur, bouw • gebouw, bouwsel
strung zie *string*
stub zn stompje • peuk • ww stoten • ~ *out*, uitdrukken (v. sigaret)
stubble stoppel
stubborn hardnekkig, onverzettelijk, weerspannig
stuck zie *stick*
stud knop • overhemds-, boordenknoopje • stoeterij • (ren)stal
student student • beoefenaar
studied geleerd, bestudeerd, onnatuurlijk
studies studie
studious vlijtig • nauwgezet

study zn studie • studeerkamer • ww (be)studeren
stuff zn stof, materiaal • goedje, spul • ww volstoppen, opzetten
stuffed opgezet • vol
stultify verstompen • belachelijk maken
stumble struikelen, strompelen
stump (boom)stronk, stomp • stump (cricketpaaltje)
stun bedwelmen, verdoven • verbluffen
stung zie *sling*
stunk zie *stink*
stunt toer, foefje • truc • stunt
stupefaction verdoving, stomme verbazing
stupendous kolossaal
stupid dom, stom
stupor verdoving
sturdy stoer, stevig
stutter stotteren, hakkelen
sty varkenshok, kot
style stijl, (schrijf)trant • genre
stylish chic, elegant
suave hoffelijk
subconscious onderbewust
subdue onderwerpen, bedwingen, beheersen • dempen, temperen
subject zn onderdaan • onderwerp • (leer)vak, motief • bn onderworpen, onderhevig • ww onderwerpen • blootstellen
subjugate onderwerpen
sublime hoog, verheven
submarine onderzeeboot
submerge onderdompelen, onder water zetten
submission onderwerping

submissive onderdanig
submit onderwerpen
subordinate ondergeschikt
subscribe inschrijven, intekenen
• onderschrijven ~ *to, zich*
abonneren op
subscriber abonnee, intekenaar
• ondertekenaar
subscriber number
abonneenummer
subscription ondertekening,
intekening • contributie
• abonnement
subsequent volgend
subside zinken, zakken
• bedaren, gaan liggen (wind)
subsidiary hulp-, ondergeschikt
• ~ *company*,
dochtermaatschappij
subsidy subsidie
subsistence bestaan,
levensonderhoud
substance zelfstandigheid, stof
• substantie
substantial aanzienlijk • flink
• stoffelijk • stevig • solide
• welgesteld
substitute *zn* vervanger,
vervanging, reserve; *ww*
vervangen
subterraneous onderaards
subtitled ondertiteld
subtle fijn • spitsvondig,
scherpzinnig
subtract aftrekken
suburb voorstad, buitenwijk
subvention subsidie
subvert omverwerpen
subway (perron) tunnel • *Amer*
metro
succeed opvolgen • slagen

success succes • voorspoed
succession op(een)volging, reeks
• *in~*, achtereen
successive opeenvolgend
successor opvolger
succour bijstaan, helpen
succulent sappig
succumb bezwijken
such zodanig, zulk, zo • dergelijk
• ~ *a*, zo'n
suck zuigen
suckle zogen • grootbrengen
suckling zuigeling
suction zuiging
sudden plotseling
suds *mv* zeepsop
sue in rechten aanspreken,
aanklagen
suffer lijden, dulden
sufficient voldoende, genoeg
suffix achtervoegsel
suffocate verstikken, smoren
• stikken
suffuse overvloeien,
overstromen
sugar suiker • *lump of* ~, klontje
suiker
sugar basin suikerpot
sugar beet suikerbiet
sugar cane suikerriet
sugar refinery suikerraffinaderij
suggest opperen, ingeven, doen
denken aan
suggestion suggestie, ingeving,
voorstel, idee
suicide zelfmoord
suit *zn* rechtsgeding,
verzoekschrift, aanzoek
• *(kaartsp)* kleur • pak (kleren),
kostuum • stel • *ww* passen,
schikken, gelegen komen

suitable gepast, geschikt • gepast (geschikt)

suitcase koffer

suite vertrekken • gevolg, stoet • serie, stel • *muz* suite

suitor vrijer • *jur* eiser

sulk pruilen, mokken

sulky *zn* licht rijtuigje voor één persoon • *bn* pruilend, mokkend

sullen bokkig, nors

sulphur zwavel

sulphuric acid zwavelzuur

sultry zwoel, drukkend

sum som, bedrag • inhoud

summary samenvatting, kort overzicht

summer zomer • *Indian ~*, nazomer

summer school vakantiecursus

summing-up slotsom • *jur* requisitoir

summit top, kruin

summon(s) dagvaarden, bekeuren • oproepen

summons dagvaarding

sumptuous weelderig

sun zon • zonneschijn

sunbathe zonnebaden

sunbeam zonnestraal

sun-blind zonnescherm

sunburnt verbrand, gebruind

Sunday zondag

sundial zonnewijzer

sundry diverse, allerhande

sunflower zonnebloem

sung zie *sing*

sunglasses zonnebril

sun hat zonnehoed

sunk zie *sink*

sunlamp hoogtezon

sunlight zonlicht

sunny zonnig

sunproof kleurecht

sunrise zonsopgang

sunset zonsondergang

sunshade parasol • zonnescherm • zonneklep

sunshine zonneschijn

sunstroke zonnesteek

suntan cream zonnebrandcrème

suntan lotion zonnebrandolie

sup souperen

super *zn* superbenzine • *bn* zeer goed

superannuation pensionering

superb prachtig

supercilious verwaand

superficial oppervlakkig

superfluous overtollig

superintend het toezicht hebben op, controleren

superintendent opzichter, inspecteur • directeur

superior opper, opperst, bovenst, hoger, beter, over-

superiority meerderheid, overmacht • voortreffelijkheid • voorrang

superlative *bn* alles overtreffend hoogste • *zn (gram)* overtreffende trap

supermarket supermarkt

supernumerary extra-

supersede vervangen • afschaffen • afzetten

superstition bijgeloof

supervision toezicht, controle

supine achteroverliggend • nalatig • laks • slap

supper avondmaal

supplant verdringen

supple zacht, lenig, buigzaam

supplement supplement, bijvoegsel, aanvulling

suppliant smekeling

supplicate smeken

supplication smeekbede

supplier leverancier

supply zn voorraad, aanvoer • versterking • leverantie • ~ *and demand*, vraag en aanbod • ww verzorgen, voorzien, aanvullen, bevoorraden

support zn ondersteuning • onderstand, steun • ww helpen, onderhouden, steunen, schoren verdragen

supporter aanhanger, voorstander • sp supporter

suppose (ver)onderstellen, vermoeden, aannemen

supposition onderstelling

suppository zetpil

suppress onderdrukken • bedwingen • verzwijgen

suppurate etteren

supremacy oppermacht, overmacht

supreme (aller)hoogst

surcharge zn toeslag • overlading ww overladen

sure zeker, veilig • ~! natuurlijk!

surety borg, borgtocht

surf zn branding (van de zee) • ww surfen

surface oppervlakte

surf board surfplank

surfeit overlading, oververzadiging

surfing surfsport

surge golf • hausse

surgeon chirurg

surgery chirurgie • spreekkamer (v. dokter) • ~ *hours*, mv spreekuur

surly nors, stug, bokkig, stuurs

surmise zn vermoeden, waan • ww vermoeden

surmount overkomen, te boven komen

surname achternaam

surpass overtreffen

surplus overschot

surplus population overbevolking • bevolkingsoverschot

surprise zn verrassing, verwondering • ww verrassen

surprised verbaasd

surrender zn overgave • ww overgeven, uitleveren

surround omringen, omgeven

surroundings omgeving

survey overzicht, inspectie, onderzoek • expertise • opmeting • onderzoeken • (op)meten (land)

surveyor opzichter • landmeter

survival overblijfsel, overleving, voortbestaan

survive overleven

susceptibility vatbaarheid, fijngevoeligheid

suspect bn verdacht • ww wantrouwen, verdenken • vermoeden

suspend ophangen • opschorten, schorsen

suspender sokophouder • jarretel • ~s mv, (ook) bretels mv

suspense spanning

suspension schorsing, staking • vering • ~ *of arms*,

wapenstilstand

suspicion achterdocht, argwaan • vermoeden

suspicious argwanend, achterdochtig • verdacht

sustain onderhouden, ondersteunen, verdragen

sustenance (levens)onderhoud

swagger trots lopen

swallow zn zwaluw • slok • ww verzwelgen, slikken, opslokken

swam zie swim

swamp moeras

swan zwaan

swap zn ruil • ww ruilen (van), wisselen (van)

swarm zn zwerm • ww zwermen, wemelen

sway zn zwaai • heerschappij • overwicht • ww zwaaien, zwenken • leiden

swear (swore; sworn) zweren • beëdigen • vloeken • ~ off, afzweren

swear-word vloek

sweat (sweat of sweated; sweated) zweten, zwoegen • uitzuigen • zn zweet

sweater trui

Swede Zweed

Sweden Zweden

sweep zn veeg, zwaai • omtrek • ww (swept; swept) weg-, schoonvegen • vegen • zwenken, zwieren

sweet bn zoet, lief(e)lijk • zn toetje, snoepje, lekkers

sweetbread zwezerik

sweeten zoet maken • verzachten

sweetener zoetstof

sweetheart geliefde

sweetmeat bonbon

sweet pepper paprika

sweets snoep

swell zn zwelling • deining • ww (swelled; swollen of swelled) (op)zwellen • toenemen • bn chic • fijn, prima

swept zie sweep

swift snel, vlug

swiftness snelheid

swim (swam; swum) zwemmen • drijven

swimming bath (binnen)zwembad

swimming belt zwemgordel

swimming pool zwembad

swimming trunks zwembroek

swimsuit zwempak

swindle ww afzetten, oplichten • zn oplichterij

swine zwijn • smeerlap

swing zn schommel • schommeling, slingering • in full ~, in volle gang • ww (swung; swung) schommelen, zwaaien, zwenken

swing door tochtdeur

swirl warrelen, draaien

Swiss bn Zwitsers • zn Zwitser

switch zn wissel • schakelaar • ww schakelen • ~ on, off, aan-, uitzetten) • ~ to overschakelen (naar, op)

switchboard schakelbord

Switzerland Zwitserland

swivel draaien

swollen zie swell

swoon zn bezwijming, flauwte • ww flauwvallen

swoop neerduiken (op)

swop zn ruil; ww ruilen (van),

wisselen (van)
vord zwaard
vore, sworn zie *swear*
vorn beëdigd • gezworen
vot blokken
vum zie *swim*
vung zie *swing*
llable lettergreep
mbol zinnebeeld, symbool
mmetrical symmetrisch
mpathy sympathie
mphony symfonie
mptom verschijnsel, symptoom
ringe (injectie)spuit
stem stelsel, systeem • net
stematic(al) stelselmatig,
systematisch

T

b etiket, label • [van jas enz.]
lus • [computer] tabulatortoets
• plateau
ble tafel • tabel, staat • register
blecloth tafellaken
ble-cover tafelkleed
blet tablet (medisch)
bloid sensatiekrant
boo taboe
bular tabellarisch
cit stilzwijgend
citurn stil, zwijgend
ck spijkertje
ckle zn tuig, takel • ww flink
aanpakken
ct tact
ctics mv tactiek
g zn label • aanhangsel • sp

tikkertje • *ww* aanhechten • ~
along, meelopen
tail *zn* staart • sleep • achterkant
• gevolg • *ww* achtervolgen
tail-light achterlicht
tailor kleermaker
tailor-made op maat gemaakt
taint *zn* vlek, blaam • *ww*
bederven • bezoedelen
tainted bedorven
take (took; taken) nemen,
vatten, grijpen • innemen
(pillen) • krijgen, ontvangen
• gebruiken, bezigen • ~ *along*,
meenemen • ~ *care*, pas op
jezelf • ~ *off*, opstijgen (v.
vliegmachine)
tale verhaal, sprookje
talebearer klikspaan
talent talent, gave
talk praten, spreken • ~ *rubbish*,
zwammen • praten
talkative spraakzaam
talking picture, talkie sprekende
film
tall lang, hoog
tallow talk, kaarsvet
talon talon
tame *bn* tam, gedwee • *ww*
temmen
tamper knoeien, peuteren
tampon tampon
tan *zn* gebruinde huid (door zon)
• run, taan • *ww* looien, tanen
• zonnen
tangerine mandarijn
tangible tastbaar, voelbaar
tangle warboel, verwarring
tank (water)bak, reservoir • tank,
gevechtswagen
tanner looier

tantrum kwaaie bui, driftbui
tap zn tikje • kraan • tap • ww (vat) opsteken • aftappen • tikken
tape zn lint, band • beeld- of geluidsdrager • ww opnemen (op band)
tape measure meetlint
taper spits toelopen
tape-recorder bandrecorder
tapestry wandtapijt
tapeworm lintworm
taproom gelagkamer
tap water leidingwater
tar teer
tardy traag • langzaam
tare tarra
target mikpunt, doel • schietschijf
tariff tarief
tarnish dof maken of worden • bezoedelen
tarpaulin dekzeil
tarry dralen
tart zn vruchtentaart • gebakje • bn wrang, zuur • bits
tartness wrangheid
tartserver taartschep
task taak
taste zn smaak • ww proeven • smaken
tasteful smaakvol
tasty smakelijk
tatter lap, vod, flard
tattle ww babbelen • zn gebabbel
tattoo zn tatoeage • ww tatoeëren
taught zie taech
taunt zn smaad, hoon • ww (be)schimpen, honen
taut strak, gespannen

tavern kroeg, herberg
tawdry opzichtig, smakeloos
tawny goudbruin
tax zn belasting • schatting, last • ww taxeren, belasten
taxation belasting, schatting
tax collector belastingontvanger
tax consultant belastingconsulent
taxes belasting
tax form belastingbiljet
tax free taxfree
taxi taxi
taxi, taxicab taxi
taxi driver taxichauffeur
taxi meter taximeter
taxi stand taxistandplaats
tea thee
teach (taught; taught) onderwijzen, leren
teacher onderwijzer
tea-cloth theedoek
tea-cosy theemuts
team ploeg, elftal
tea pot theepot
tea-pot theepot, trekpot
tear zn traan • scheur, torn • ww (tore; torn) scheuren • rukke • razen
tease plagen
tea-set theeservies
teaspoon theelepel
teat speen
tea towel theedoek
tea tray theeblad
technical technisch
technician technicus
tedious vervelend, saai
teenager tiener
teeny piepklein
teeth gebit, tanden

eetotaller geheelonthouder
elegraph zn telegraaf • ww
   telegraferen
elephone zn telefoon(toestel)
   • ww telefoneren
elephone (card) kaarttelefoon
elephone book telefoongids
elephone booth telefooncel
elephone call telefoongesprek
elephone company office
   telefoonkantoor
elephone directory telefoongids
elephone number
   telefoonnummer
elephoto lens telelens
eleprinter telex(toestel)
elevision televisie
elevision set televisietoestel
ell (told; told) zeggen, vertellen
   • bevelen • onderscheiden
eller kassier (in bank)
elltale zn verklikker • bn
   verraderlijk
elly Br tv
emerity roekeloosheid
emper zn stemming, humeur
   • hardheid (v. staal) • ww
   matigen, temperen
emperament temperament
emperance matigheid
emperate matig, gematigd
emperature temperatuur
empest hevige storm
emple tempel • slaap (v. h.
   hoofd)
emporal wereldlijk • tijd-
emporary tijdelijk • ~ house,
   noodwoning
emporize dralen, draaien
emptation verzoeking
empting verleidelijk

ten tien
tenable houdbaar
tenacious vasthoudend,
   hardnekkig • kleverig • taai
tenant pachter, huurder
tench zeelt
tend neigen, leiden tot
   • oppassen
tendency neiging
tender zn oppasser • aanbieding,
   offerte • bn teder, zacht • mals
tenderloin filet
tendon pees
tendril (hecht)rank
tennis tennis
tennis ball tennisbal
tennis court tennisbaan
tenor tenor • strekking
tense zn gram tijd • bn stijf,
   strak, gespannen
tension spanning, inspanning
tent tent
tentacle vangarm, tentakel
tentative voorlopig • voorzichtig
tenth tiende
tent peg tentharing
tent pole tentstok
tenuous onzeker, zwak
tenure eigendomsrecht, bezit
tepid lauw
term term, uitdrukking,
   voorwaarde • termijn
   • rechtszitting • collegetijd • lid
   (v. vergelijking) • on good ~s,
   op goede voet
terminate eindigen, beëindigen
terminus eindpunt, eindstation
terrace terras
terrestrial aards
terrible verschrikkelijk
terrify verschrikken, angst

aanjagen
territory gebied, landstreek
terror vrees, ontzetting
• schrikbeeld
terse kort, beknopt
test toetssteen • beproeving
• proef • proefwerk, test
testator erflater
testify getuigen
testimonial getuigschrift
testimony getuigenis, bewijs
test paper(s) reageerpapier
• schriftelijk examen,
proefwerk
test pilot testpiloot
test tube reageerbuisje
text inhoud, tekst
textile geweven (stof) • ~s, textiel
texture weefsel
than dan
thank zn dank • ww (be)danken
thankful dankbaar
thanks! dank u, bedankt!
thanksgiving dankzegging
• *Thanksgiving* feestdag in de
VS op de vierde donderdag in
november
thank you dank u
that dat, die, welke • zo
thatch stro-, rieten dak
thaw zn dooi • ww (ont)dooien
the de, het
theatre toneel • schouwburg,
theater
theatre show theatervoorstelling
thee (dichterlijk) u
theft diefstal
their vnw hun
them vnw hen
theme thema, onderwerp
theme park pretpark,

attractiepark
themselves mv zich(zelf), zij(zelf
then toen, dan, vervolgens
theology godgeleerdheid
theory theorie
there daar, aldaar, er
thereabout daaromtrent
thereby daardoor • daarbij
therefore daarom, derhalve
thermometer thermometer
thermos (flask) thermosfles
these deze
thesis stelling • dissertatie
they zij, degenen
thick dik, dicht, troebel • mistig
• verstikt (stem) • dom
thicket kreupelhout
thickness dikte, dichtheid
thief/thieves dief(ven)
thigh dij(been)
thighbone dijbeen
thimble vingerhoed
thin dun, mager • schaars, ijl
thing ding, zaak
things spullen
think (thought; thought)
denken, bedenken • vinden
thinking zn gedachte • mening
• bn denkend
third derde • derde deel
third-party liability WA
(wettelijke aansprakelijkheid)
thirst dorst
thirsty dorstig • be ~, dorst
hebben
thirteen dertien
thirty dertig
this dit, deze
thistle distel
thither derwaarts
thorax borstkas

thorn doorn, stekel

thorough volledig • grondig • doortastend • degelijk

thoroughbred volbloed • welopgevoed

those die, diegenen

thou (dichterlijk) gij, u

though hoewel, ofschoon, al

thought gedachte, gevoelen • zie ook *think*

thousand duizend

thrash afrossen • (ver)slaan

thread draad, garen

threadbare kaal, versleten

threat bedreiging

threaten (be)dreigen

three drie

threefold drievoudig

three-ply (wood) triplex

thresh dorsen

threshold drempel

threw zie *throw*

thrice driemaal

thrift zuinigheid

thrifty zuinig

thrill *zn* sensatie, opwinding • *ww* opwinden, ontroeren • huiveren, rillen

thriller sensatieroman, -stuk, -film

thrive (throve; thriven) gedijen

thriving voorspoedig • bloeiend

throat keel, strot, bals • *soar ~*, keelpijn • keel

throb kloppen (v. hart enz.)

throne troon

throttle *zn* klep, afsluiter, luchtpijp • *ww* wurgen, smoren

through door

throughout door en door

throve zie *thrive*

throw *zn* worp • gooi • *ww* **(threw; thrown)** werpen, gooien

throw-away *zn* wegwerpproduct • *bn* wegwerp-

thrush lijster

thrust *zn* stoot • *ww* **(thrust; thrust)** stoten, dringen • indringen

thud plons, plof, bons

thumb duim

thumbtack punaise

thump stompen, bonzen

thunder *zn* donder • *ww* donderen

thunderbolt donderslag • bliksemslag

thunderstorm onweer

Thursday donderdag

thus dus, alzo, zo

thwart dwarsbomen

thy (dichterlijk) uw, uwe

thyroid gland schildklier

tick teek • tikje, getik • *ww* tikken

ticket biljet, ticket, (trein)kaartje, lot, prijsetiket

ticket window loket (op het station)

tickle kietelen, kriebelen

ticklish delicaat, netelig

tidal getij- • ~ *wave* vloedgolf

tide (ge)tij • *high ~*, vloed

tidings *mv* tijding • nieuws

tidy netjes • omvangrijk, flink • ~ *(up)*, opruimen

tie *zn* band, knoop, (strop)das • *ww* binden, strikken, knopen

tie-pin dasspeld

tier rij, rang (stoelen)

tiger tijger

tight vast, strak • compact • gierig • dronken

tighten spannen • aan-, toehalen

tightrope het slappe koord (bij koorddansen)

tights *mv* tricot, maillot • panty

tigress tijgerin

tile dakpan • tegel

till *zn* geldla(de) • *vz voegw* totdat, tot aan • *ww* bebouwen

till money kasgeld

tilt *zn* huif, dekzeil • overhellen • *ww* overhellen, kantelen

timber timmerhout, hout

time tijd • tijdstip • keer • maal • maat

time (at the same) tegelijk

time (tell the) op de klok kijken

time exposure tijdopname

timely tijdig, op het juiste ogenblik

timepiece uurwerk, klok

times keer (maal)

time signal tijdsein

timetable dienstregeling • spoorboekje, lesrooster • agenda

timid schuchter, bang, bedeesd

timorous vreesachtig

tin tin • blik • blikje

tincture *zn* tinctuur • *ww* kleuren

tinfoil (aluminium) folie

tinge *zn* kleur, tint, zweem, vleugje • *ww* kleuren, tinten

tingle tintelen, prikkelen

tinker prutsen, sleutelen

tinkle tinkelen, klinken

tin-opener blikopener

tint *zn* tint • *ww* tinten, kleuren

tiny heel klein, miniem

tip *zn* tip • punt • top • fooi • inlichting • *ww* beslaan • (doen) kantelen • een fooi geven

tipsy aangeschoten, dronken

tiptoe *on ~*, op de tenen

tiptop prima, het beste

tip-up klapzitting, -stoel

tire *zn* (fiets)band • *ww* vermoeien, afmatten

tired vermoeid, moe • beu

tireless onvermoeid

tiresome vermoeiend • vervelend

tissue weefsel

tissues tissues

tit mees • *gemeenz* tiet

titbit versnapering • nieuwtje

title titel • recht

T.O. = *Turn Over*, z.o.z.

to te, tot, ter, aan, naar, tegen, in, tot aan, voor, bij • *~ and fro*, heen en weer

toad pad

toadstool paddestoel

toast *zn* geroosterd brood • toost • *ww* roosteren • een toost uitbrengen

toaster broodrooster

tobacco tabak

tobacconist sigarenwinkel

tocsin alarmgelui, klok

today vandaag

today's special menu van de dag

toddler kleuter

toddy grogje (soort drankje)

toe teen

toe clip toeclip

together samen, tezamen, tegelijk

toil hard werken, zwoegen

toilet toilet
toilet paper toiletpapier
toilets toiletten
toilsome moeilijk, zwaar
token (ken)teken • bewijs, bon
told zie *tell*
tolerable draaglijk • redelijk, tamelijk
tolerant verdraagzaam
toll zn tol, schatting • gelui • ww luiden
toll road tolweg
tomato tomaat • tomaat
tomb tombe, grafkelder
tomboy robbedoes
tombstone grafsteen
tomcat kater
tome boekdeel
tomorrow morgen
tomorrow evening morgenavond
ton ton (maat)
tone toon, klank
tongs *mv* tang
tongue tong • taal • landtong
tonic tonic
tonight vanavond
tonnage tonnenmaat
tonsil (keel)amandel
too ook • te, al te
took zie *take*
tool gereedschap • werktuig
toot toeteren
tooth (*mv* **teeth**) tand, kies • *back* ~, kies
toothache tand-, kiespijn
toothbrush tandenborstel
toothpaste tandpasta
toothpick tandenstoker
top zn top • kruin, spits • bovenstuk, boveneinde

• *(scheepv)* mars • ww overtreffen, bedekken • toppen
top boot kaplaars
top hat hoge hoed
top-heavy topzwaar
topic onderwerp (van gesprek)
topical actueel
topless topless
topple over kantelen, omvallen
topsy-turvy ondersteboven
top up bijvullen
torch toorts • zaklantaarn
tore zie *tear*
torment zn foltering, kwelling, plaag • ww plagen, martelen
torn zie *tear*
torrent vloed, bergstroom
torrid heet, brandend
torsion verdraaiing, wringing
torso romp
tortoise schildpad
tortuous gekronkeld, gedraaid
torture zn foltering, pijniging • ww folteren, kwellen
toss zn het werpen • opgooi • ww opgooien • tossen • slingeren, woelen
tot zn peuter • borreltje • ww, ~ *up*, optellen
total geheel, totaal
total abstainer geheelonthouder
totalitarian totalitair, onder een dictator
totally helemaal
totter waggelen, wankelen
touch zn gevoel, aanraking • contact • ww (aan)raken, aanroeren • grenzen • *get in* ~, contact opnemen
touch-and-go riskant • op 't nippertje

touching roerend

touch-me-not kruidje-roer-mij-niet

touchstone toetssteen

touchy lichtgeraakt

tough taai • ruw, hard

tour reis • toer

tourist toerist

tourist card toeristenkaart

tourist class toeristenklasse

Tourist Information Office VVV-kantoor

tourist menu toeristenmenu

tourist tax toeristenbelasting

tourist traffic vreemdelingenverkeer

touristy toeristisch

tour manager reisleider

tournament toernooi

tousle woelen • in de war brengen

tow slepen

toward(s) naar toe, tegen, jegens, omtrent, om

tow boat sleepboot

towel handdoek

towelling badstof

towel rack handdoekenrekje

tower zn toren, burcht • kasteel • ww zich verheffen, uitsteken boven

town stad

town hall stadhuis

townsman stedeling • stadgenoot

tow rope sleepkabel

toxic giftig

toy zn speelgoed • ww spelen

trace zn (voet)spoor • streng • ww nasporen, nagaan • overtekenen • without a ~, spoorloos

tracing pen trekpen

track zn voet-, wagenspoor • pad • ww het spoor volgen • slepen

tracker dog speurhond

track suit trainingspak

tract uitgestrektheid, streek • verhandeling • pamflet • stelsel

tractable handelbaar

traction trekkracht, tractie

trade zn handel, ambacht, beroep • black ~, zwarte handel • ww handelen • (in)ruilen

trademark handelsmark

trader handelaar • koopvaardijschip

tradesman winkelier, leverancier

trade union vakbond

tradition overlevering, traditie

traduce (be)lasteren

traffic (koop)handel • verkeer

traffic jam file, verkeersopstopping

traffic light stoplicht

tragedy treurspel, tragedie

tragic(al) tragisch

trail zn sleep, spoor • staart • ww slepen

trailer aanhangwagen, oplegger

train zn (spoor)trein • stoet • gevolg • sleep • reeks • ww opleiden, oefenen, drillen

train connection treinverbinding

trained geoefend, geschoold • ~ nurse, gediplomeerd verpleegster

trainer trainer, oefenmeester, dresseur • sportschoen

training opleiding • training, oefening, africhting

traitor verrader

tram tram

tramp gestamp • landloper, zwerver • wilde boot

trample (ver)treden • (ver)trappen, trappelen

tram stop tramhalte

tramway tramweg

tranquillity kalmte

transact verrichten, doen • zaken doen

transcend te boven gaan

transcribe overschrijven

transcript afschrift

transfer *zn* overdracht, overmaking, remise • overplaatsing • overstapkaartje • *ww* overboeken, -dragen, maken, -brengen • -plaatsen • gireren, afdrukken

transfer ticket overstapje

transform (van gedaante) veranderen

transformer transformator

transfusion bloedtransfusie

transgress overtreden, schenden

transient vergankelijk

transit doorvoer, doorreis

translate vertalen

translation vertaling

transmission transmissie • uitzending

transmit overzenden, overhandigen • overdragen • uitzenden

transmitter *rtv* zender, microfoon

transmitting set zendtoestel

transmute veranderen

transom dwarsbalk • bovenlicht

transparent doorzichtig

transpire gebeuren • *it* ∼*d that*, het bleek dat

transplant verplanten • overbrengen, transplanteren

transport *zn* transport, vervoer • vervoering • *ww* vervoeren • transporteren • in vervoering brengen

transport (regional) streekvervoer

trap *zn* val, strik, hinderlaag • *ww* verstrikken, vangen

trash uitschot, afval, prul • vodden *mv*

travel *ww* reizen, trekken • *zn* reis • reisbeschrijving

travel agency reisbureau

travel association reisvereniging • Vereniging voor Vreemdelingenverkeer

travel guide reisgids

travel insurance reisverzekering

travel items reisbenodigdheden

traveller reiziger • *commercial* ∼, handelsreiziger • ∼*'s cheque*, reischeque • reiziger

traveller's cheque travellercheque

traverse *zn* dwarsbalk • -stuk, -gang • *ww* kruisen, oversteken, dwarsbomen

trawl sleepnet

trawler treiler

tray presenteerblad

treacherous verraderlijk

treacle *Br* (suiker)stroop

tread *zn* gang, schrede, stap • *ww* (**trod**; **trodden**) trappen, (be)treden

treason verraad

treasure schat

treat *zn* onthaal • traktatie • *ww* onthalen • handelen • behandelen (met, *with*); trakteren

treatment behandeling

treaty verdrag, traktaat • ~ *of peace*, vredesverdrag

tree boom

trek *zn* lange tocht; *ww* [te voet] trekken

tremble beven, rillen, trillen

tremendous enorm • geweldig, indrukwekkend

tremulous sidderend, trillend

trench *zn* sloot, greppel • loopgraaf • *ww* doorsnijden

trend loop • trend, tendens • gang • richting

trespass *zn* overtreding • *ww* overtreden, zondigen

tress haarlok, vlecht

trial proef • verhoor • openbare behandeling • beproeving, bezoeking

trial order proeforder

triangle driehoek

tribe stam, geslacht

tribulation kwelling, leed

tribune tribuun • tribune • spreekgestoelte

tributary (river) zijrivier

tribute hulde, eerbetoon

trice *in a* ~, in een ommezien

trick *zn* streek, grap • trek, slag, zet, toer • kunstje • *ww* bedriegen

trickling druppelsgewijs

tricky lastig

tricycle driewieler

trifle een beetje, kleinigheid

trigger [van vuurwapen] trekker

trill *zn* triller • trilling • *ww* trillen, trillers maken

trim *zn* opschik • *bn* netjes, keurig • *ww* in orde brengen • bijknippen, opknappen • bijknippen

trinity drietal • drie-eenheid, *the T~*, de H. Drievuldigheid

trinket kleinood

trip *zn* struikeling, val • getrippel • uitstapje • reis • *ww* struikelen • trippelen • een beentje lichten • *have a good ~!*, goede reis!

triple drievoudig

tripod statief

trite alledaags, banaal

triumph *zn* zege, triomf • *ww* zegevieren

trivial alledaags, plat

trod(den) zie *tread*

trolley rolwagentje • lorrie • trolley(bus) • tram • bagagewagen

troop troep • bende

trooper cavalerist • troepentransportschip

trooping ~ *the colour*, vaandelparade

trophy trofee

tropic keerkring

tropic(al) tropisch

trot *zn* draf • *ww* draven

trouble *zn* onrust • moeite, moeilijkheid • storing • last • verdriet • *ww* storen, verontrusten, kwellen, verdrieten • *be ~d by*, last hebben van • *car ~*, panne (pech)

troublesome lastig

trounce afmaken (in wedstrijd)

troupe gezelschap (acteurs)

trousers broek (pantalon)

trousseau uitzet (v. bruid)

trout forel

truce wapenstilstand

truck *zn* vrachtwagen
• steekwagen, open wagen
• ruilhandel • onderstel • *ww* per vrachtwagen vervoeren

truculent woest, ruw

trudge sukkelen, sjokken

true waar, echt, oprecht

truly echt, inderdaad

trump *zn* troef (kaart) • kranige kerel • *ww* troeven • aftroeven
• *declare* ~s troef maken

trumpet trompet, scheepsroeper

truncheon gummistok

trundle rollen • kruien

trunk (kast)koffer • romp • stam, slurf • ~s *mv*, zwembroek

trunk call interlokaal gesprek

trunk-road hoofdweg

trust *zn* vertrouwen • krediet
• trust • *ww* vertrouwen

trustee beheerder, gevolmachtigde, curator

trustworthy betrouwbaar

trusty (ge)trouw, beproefd

truth waarheid

truthfully naar waarheid

try proberen

try (tried; tried) proberen, trachten • passen
• onderzoeken, berechten • ~ *on*, passen (kleding)

trying vermoeiend, moeilijk, lastig

T-shirt T-shirt

tub tobbe, badkuip • vat

tubby rond, dik

tube tube, buis, pijp
• binnenband • *Br* metro

tuber knol

tuck *zn* snoep • *ww* ~ *in*, wegstoppen

Tuesday dinsdag

tuft bosje, kuif

tug *zn* ruk, haal • sleepboot • *ww* rukken, trekken • slepen

tuition onderwijs, lessen *mv*

tulip tulp

tumble *zn* buiteling • *ww* buitelen, tuimelen, gooien

tumbler buitelaar, tumbler

tumefaction zwelling

tumefy (doen) opzwellen

tummy buikje, maag

tumour gezwel

tumult oproer, oploop

tuna tonijn

tune *zn* toon
• (herkennings)melodie • liedje
• stemming • *ww muz* stemmen • ~ *in*, afstemmen op

tuneful melodieus

tunnel tunnel

turban tulband

turbot tarbot

turbulent onstuimig, woelig

turd drol

tureen (soep)terrine

turf zode • turf • renbaan

turgid gezwollen, hoogdravend

turkey kalkoen

Turkish Turks

turmoil onrust, beroering, opschudding

turn *zn* wending, bocht
• verandering • neiging • beurt

• toer, draai • *ww* (om)draaien, keren, wenden • veranderen • ~ *up*, (voor de dag) komen
turning draai, bocht, keerpunt • zijstraat
turnover omzet
turnpike tolhek • *Amer* tolweg
turnstile tourniquet
turret torentje
turtle zeeschildpad
tusk slagtand
tussle *zn* vechtpartij • *ww* vechten
tutor *zn* docent • voogd, huisonderwijzer, leermeester • *ww* onderwijzen
tuxedo *Amer* smoking
T.V. tv
twaddle geklets, geleuter
tweak knijpen
tweezers pincet
twelfth twaalfde
twelve twaalf
twenty twintig
twice tweemaal
twig takje, twijg
twilight schemering
twin tweeling • dubbelganger
twin beds lits jumeaux *mv*
twin brother tweelingbroer
twine vlechten, (om)strengelen
twin-engined tweemotorig
twinge *zn* steek, scheut • wroeging • *ww* steken, pijn doen
twinkle twinkelen, flikkeren
twins tweeling
twirl *zn* (snelle) draaiing • *ww* rondtollen, (rond)draaien
twist *zn* draaiing, kronkeling • vlecht • *ww* draaien,

vlechten, strengelen, kronkelen
twitch *zn* ruk, zenuwtrek • *ww* trekken (v. spier)
twitter *zn* gekwetter, getjilp • *ww* kwetteren
two twee
twofold tweevoudig
two-seater tweepersoonswagen
two-stroke mixture mengsmering
two-way tweewegs-, tweerichtings-
type *zn* type, toonbeeld • zetsel • *ww* drukken, typen, tikken
typesetter letterzetter, zetmachine
typewriter schrijfmachine
typhoid fever tyfus
typhus vlektyfus
typical typisch
typist typiste
tyrannical tiranniek
tyre luchtband, buitenband
tyre lever bandafnemer
tyre pressure bandenspanning
tyre trouble bandenpech

U

ubiquity alomtegenwoordigheid
udder uier
ugly lelijk
U.K. = *United Kingdom*, Verenigd Koninkrijk
ulcer zweer
ulterior later, in de toekomst liggend, verder • heimelijk,

verborgen
ultimate laatste, uiteindelijke
ultimately eindelijk, tenslotte
umbel (bloem)scherm
umbilical cord navelstreng
umbrage aanstoot, ergernis
umbrella paraplu
umpire scheidsrechter
U.N. = *United Nations*, Verenigde
  Naties
unabated onverminderd
unable onbekwaam, niet in
  staat, onvermogend
unacceptable onaanvaardbaar
unalterable onveranderlijk
unanimity eenstemmigheid,
  eensgezindheid
unanimous eenstemmig,
  unaniem, eensgezind
unapproachable ongenaakbaar
unapt onbekwaam
unattainable onbereikbaar
unattended onbewaakt
unavoidable onvermijdelijk
unaware onbewust
unawares onverwachts,
  onverhoeds
unbalanced onevenwichtig, in
  de war
unbearable ondraaglijk
unbeatable onverslaanbaar
unbelievable ongelooflijk
unbeloved ongeliefd
unbend ontspannen, losmaken
unceasing onophoudelijk
uncertain onzeker
unchain ontketenen
unchangeable onveranderlijk
uncharitable onbarmhartig
unchecked onbeteugeld,
  onbelemmerd

uncivil onbeleefd
uncivilized onbeschaafd
uncle oom
unclose ontsluiten, openen
uncomfortable ongemakkelijk,
  onbehaaglijk
uncommon ongewoon, bijzonder
unconcerned onbezorgd,
  onbekommerd • onverschillig
unconditional(ly)
  onvoorwaardelijk
unconnected ongerelateerd
unconscious onbewust
  • bewusteloos
unconstitutional ongrondwettig
uncontrollable niet te beheersen,
  onbestuurbaar
uncontrolled onbedwongen,
  onbeteugeld
uncork ontkurken
uncover ontbloten • onthullen
unction zalving • oliesel
unctuous zalfachtig, vettig
uncultivated onbebouwd
  • onbeschaafd
uncut on(aan)gesneden
  • ongeknipt • onopengesneden
undaunted onverschrokken
undecided onbeslist • weifelend
undefinable ondefinieerbaar
undeliverable onbestelbaar
undeniable onontkenbaar
under onder, in, beneden
undercarriage onderstel
  • landingsgestel
underclothes *mv* onderkleren
  mv
underdeveloped
  onderontwikkeld
underdone ongaar
undergo (**underwent;**

undergone) ondergaan
undergraduate student
underground *bn* onderaards, ondergronds • *fig* geheim • *zn*, *the ~*, *Br* metro, ondergrondse
undergrowth kreupelhout
underhand clandestien, slinks
undermine ondermijnen
undermost onderste
underneath onder, beneden
underpants *mv* onderbroek
underrate onderschatten
underscore onderstrepen
undersigned *I the ~*, ondergetekende
understaffed onderbezet
understand (understood • understood) verstaan, begrijpen, vernemen
understanding *zn* begrip, verstandhouding • *bn* sympathiek, begripvol
understood zie *understand*
undertake (undertook • undertaken) ondernemen, op zich nemen
undertaker bezorger van begrafenissen • *~'s man*, aanspreker
underway onderweg
underwear ondergoed
underwood kreupelhout
underwriter assuradeur
undesigning onopzettelijk
undesirable ongewenst
undetermined onbeslist
undeveloped onontgonnen • onontwikkeld
undisguised onverholen
undisputed onbetwist
undisturbed ongestoord

undo (undid • undone) losmaken, openen • ontbinden • ongedaan maken, ongeldig maken • vernietigen
undoing ondergang
undoubtedly ongetwijfeld
undress uitkleden
undressed ongekleed, niet gekleed
undrinkable ondrinkbaar
undue onredelijk, bovenmatig
**undulate (doen) golven
unearth opgraven
uneasy ongerust, onbehaaglijk
unemployed werkloos
unemployment werkloosheid
unequal(ly) ongelijk
unequalled ongeëvenaard
unequivocal ondubbelzinnig
uneven oneven, ongeluk, oneffen, ongelijkmatig
unexpectedly onverwachts
unexposed onbelicht
unfair onrechtvaardig • oneerlijk
unfaithful ontrouw
unfaltering onwankelbaar
unfamiliar onbekend, vreemd
unfashionable niet naar de mode, niet chic
unfavourable ongunstig
unfeasible ondoenlijk
unfeigned ongeveinsd
unfit ongeschikt, onbekwaam
unfold ontvouwen • openbaren
unforgettable onvergetelijk
unforgivable onvergeeflijk
unfortunate ongelukkig
unfortunately helaas
unfounded ongegrond
unfriendly onvriendelijk
ungainly onbevallig, lomp

ungovernable ontembaar
  • onbeheersbaar
ungrateful ondankbaar
unguarded onbewaakt
unguent zalf
unhappy ongelukkig
unharmonious onwelluidend
unhealthy ongezond
unheard of ongehoord
unholy onheilig, onzalig
unhurt ongedeerd,
  ongeschonden
unicorn eenhoorn
uniform *zn* uniform • *bn*
  eenvormig, eensluidend
unify één maken, verenigen
unimpeded ongehinderd
unimportant onbelangrijk
uninformed niet ingelicht,
  onwetend
uninhabitable onbewoonbaar
uninhabited onbewoond
uninhibited ongeremd
unintelligible onduidelijk,
  onverstaanbaar
unintentional onopzettelijk
uninterrupted onafgebroken
uninvited ongevraagd
uninviting weinig aanlokkelijk
union vereniging • verbond
  • verbinding • unie
unique enig
unit eenheid, onderdeel
unite (zich) verenigen,
  verbinden, samenvoegen
United Nations Verenigde Naties
United States of America (The)
  de Verenigde Staten van
  Amerika
unity eenheid, eendracht,
  overeenstemming

universe heelal
university universiteit
university extension
  volksuniversiteit
unjust oneerlijk • onrechtvaardig
unkempt ongekamd, slordig
unkind onvriendelijk
unknowingly zich (daarvan) niet
  bewust
unknown onbekend
unlawful onwettig
unleaded loodvrij
unlearn afleren
unless tenzij, indien niet
unlike verschillend van, niet
  gelijkend (op)
unlikely onwaarschijnlijk
unlimited onbegrensd
  • onbeperkt
unload ontladen, lossen
unlooked for onverwacht
unluckily ongelukkig(erwijs)
unlucky ongelukkig
unmanageable onbestuurbaar
  • lastig • onhandig
unmarried ongehuwd
unmask ontmaskeren
unmatched weergaloos, enig
unmistakable onmiskenbaar
unmitigated onverminderd
  • absoluut
unmoved onbewogen
unnatural onnatuurlijk • ontaard
unnecessary onnodig, overbodig
unnerve ontzenuwen
unobserved onbemerkt
unobtrusive onopvallend,
  bescheiden
unpack uitpakken, afladen
unpaid onbetaald
unpardonable onvergeeflijk

unperturbed onverstoord

unpleasant onaangenaam, onbehaaglijk

unpolished onbeschaafd

unprecedented zonder voorbeeld, weergaloos, ongekend

unprejudiced onbevooroordeeld

unprepared onvoorbereid

unprincipled beginselloos • gewetenloos

unprofitable onvoordelig

unprovided ~for, onverzorgd • ~ with, niet voorzien van

unqualified onbevoegd • onverdeeld, absoluut

unquestionable ontwijfelbaar

unreasonable onredelijk

unreliable onbetrouwbaar

unrighteous onrechtvaardig, slecht

unripe onrijp

unroll afrollen, -wikkelen

unruly lastig, onbeheersbaar

unsafe onveilig, onzeker

unsaleable onverkoopbaar

unsanitary onhygiënisch

unsatiable onverzadigbaar

unsatisfied onbevredigd, onvoldaan

unscathed ongedeerd, onbeschadigd

unscrupulous gewetenloos

unsearchable ondoorgrondelijk

unseasonable ongelegen

unsettle in de war sturen, onzeker maken

unsettled onbeslist, onbestendig (weer) • overstuur, in de war

unshak(e)able onwankelbaar

unshaken ongeschokt

unship ontschepen

unshrinkable krimpvrij

unsightly onooglijk

unskilled onbedreven • ongeschoold • geen vakkennis vereisend

unsociable ongezellig

unsound ongezond • wrak • incorrect • onbetrouwbaar

unspoiled onbedorven

unsporting onsportief

unstable onbestendig, onvast • labiel

unsteady wispelturig

unsuspecting argeloos

untangle ontwarren

untenable onhoudbaar

unthankful ondankbaar

untidy slordig

untie losmaken

until totdat, voordat • ~ then, tot die tijd toe • not ~ then, pas toen (dan)...

untimely ontijdig

untiring onvermoeid

unto tot, aan, tot aan

untrodden ongebaand

untroubled ongestoord • kalm

untrue onwaar • ontrouw

unusual ongewoon, -gebruikelijk

unvarying onveranderlijk

unwary onvoorzichtig

unwell ziek

unwholesome ongezond

unwieldy log, zwaar

unwillingness onwil

unwind afwikkelen • ontspannen

unwise onwijs

unwitting onwetend, onbewust

unworthy onwaardig

unzip openritsen

up op, boven, toe, bij uit, omhoog • ~ *and down*, op en neer • ~ *to*, tot aan

uphill bergop • moeilijk, zwaar • *go* ~, bergop gaan

uphold (upheld; upheld) ondersteunen • staande houden • *fig* verdedigen

upholsterer stoffeerder

uplift optillen, opheffen

upmost bovenste

upon op, aan, omtrent, nabij, ter, bij

upper opper, boven, over, hoogst

uppermost bovenst, hoogst

upraise opheffen, oprichten

upright rechtop, verticaal • oprecht

uproar lawaai, rumoer

upset *ww* **(upset • upset)** omverwerpen • verijdelen • omslaan • *bn* ontdaan, van streek

upside down ondersteboven

upstairs boven, naar boven

upstart parvenu

upstream stroomopwaarts

uptight erg gespannen, zeer nerveus

up-to-date modern • op de hoogte

uptown *zn* (rijke) buitenwijk • *bn* uit/van een (rijke) buitenwijk

upward(s) opwaarts

urban stedelijk, stads-

urchin dreumes, kleuter

urge aandringen, aansporen

urgent dringend • ~*!*, spoed!

urinal urinoir

urine urine

urn vaas, urn

us ons, aan ons

U.S.(A.) = *United States (of America)*, Verenigde Staten (v. Noord-Amerika)

usage gebruik, gewoonte • behandeling

use *zn* gebruik, nut, gewoonte, oefening • *ww* gebruiken, gewennen • plegen

useful nuttig

useless nutteloos, onbruikbaar

usher *zn* portier, suppoost • ceremoniemeester • *ww* binnenleiden

usherette ouvreuse

usual gebruikelijk, gewoon, gewoonlijk

usually meestal

usurer woekeraar

usurp zich toe-eigenen

usury woeker

utensil (keuken)gerei

utility nut, nuttigheid, bruikbaarheid

utilize benutten

utmost uiterste, hoogste

utter *bn* volslagen, geheel, uiterst • *ww* uiten, uitspreken

utterance uiting

utterly volslagen, geheel

V

vacancies (no) vol

vacancy ledigheid • ledige ruimte • vacature

vacant ledig, onbezet, vacant

vacation vakantie

vaccinate inenten, vaccineren
vaccination inenting
vaccination certificate inentingsbewijs
vacillate wankelen, weifelen
vacuum *zn* ledige ruimte, leegte, luchtledig, • *bn* luchtledig, vacuüm
vacuum cleaner stofzuiger
vacuum flask thermosfles
vagina vagina
vagrant zwerver
vague vaag
vain vergeefs • ijdel • *in* ~, tevergeefs
valet kamerdienaar
valiant dapper
valid krachtig, deugdelijk, geldig, bindend
validity kracht, geldigheid
valley dal, vallei
valorous dapper
valour dapperheid
valuable kostbaar
valuation schatting, waardering
value *zn* waarde, prijs • *ww* waarderen, schatten
Value Added Tax (VAT) Belasting Toegevoegde Waarde (BTW)
valve klep, ventiel • radiolamp, -buis
valve hose ventielslangetje
van bestel-, verhuiswagen
vane vaantje, weerhaan • (molen)wiek
vanguard voorhoede • spits
vanilla vanille
vanish verdwijnen
vanity ijdelheid
vanquish overwinnen, weerleggen

vantage voordeel, winst
vapid flauw, suf • verschaald (bier)
vaporize verstuiven
vapour damp, wasem
variable veranderlijk
variance verschil, afwijking • *be at* ~ *with*, het oneens zijn • in strijd zijn met
variation variatie, verandering, afwijking • variëteit
variegation schakering
variety verscheidenheid, verandering, afwisseling
variety theatre variété (theater)
variola pokken *mv*
various verscheiden, verschillend
varnish *zn* vernis, lak • *ww* vernissen, verlakken
varsity *zn* roeiwedstrijd tussen Oxford en Cambridge • *bn* universitair
vary afwisselen, afwijken
vase vaas
vast uitgestrekt, veelomvattend
vat vat, kuip
VAT BTW
vault gewelf • kluis • kelder • *ww* (over)welven • springen (steunend op hand of stok)
vaunt pochen, bluffen
veal kalfsvlees
veal escalope kalfsoester
veer draaien (v. wind)
vegetable gewas • plant • groente • *bn* plantaardig • *raw* ~*s*, rauwkost
vegetable soup groentesoep
vegetarian *bn* vegetarisch • *zn* vegetariër
vegetation vegetatie

• plantengroei
vehemence hevigheid, drift
vehement hevig, geweldig
vehicle voertuig, rijtuig
veil *zn* sluier, voile • *ww* sluieren, bewimpelen
vein ader • stemming
velocity snelheid
velvet fluweel
velveteen katoenfluweel
vend verkopen
vending machine automaat
vendor verkoper
venerable eerbiedwaardig
vengeance wraak
Venice Venetië
venom venijn, vergif
venomous (ver)giftig, venijnig
vent *zn* gat, opening, uitweg • *ww* ruchtbaar maken • uiten
ventilate ventileren • luchten
ventilator ventilator, luchtkoker
venture *zn* waagstuk, risico • *ww* wagen
veracious waarheidlievend
verb werkwoord
verbal mondeling, woordelijk
verbose breedsprakig
verdict uitspraak, vonnis
verge *zn* rand, berm • *ww* hellen, grenzen (aan) • *on the* ~ *of*, op het punt om
verify verifiëren • nazien • bekrachtigen
veritable waar(achtig), echt
vermiform wormvormig
vermin ongedierte
vernacular *bn* inheems • *zn* spreektaal, dialect • vakjargon
vernal lente-, voorjaars- • jeugdig
versatile veelzijdig, veranderlijk

verse vers, versregel, strofe, poëzie
versed ervaren, bedreven
versify berijmen
version verhaal • versie • overzetting
versus tegen
vertebra wervel
vertebrate gewerveld (dier)
vertex toppunt, zenit
vertical loodrecht, verticaal
vertigo hoogtevrees
verve geestdrift, gloed
very *bijw* zeer, heel, erg • *bn* waar, echt
vessel vat • vaartuig • schip
vest hemd • vest
vestibule portaal • vestibule
vestige spoor
vet zie *veterinary surgeon*
veterinarian, veterinary surgeon dieren-, veearts
vex plagen, ergeren
vexation ergernis, kwelling
via via
viaduct viaduct
vibrate (doen) trillen
vicar predikant, dominee • vicaris
vicarage pastorie
vice *zn* fout, gebrek, slechtheid, ondeugd • bankschroef • *bn* onder-, plaatsvervangend, vice-
vice-chancellor rector magnificus
vicinity buurt, nabijheid
vicious slecht, verdorven
vicissitude wisselvalligheid
victim slachtoffer
victor overwinnaar
victorious zegevierend
victory overwinning, zege
victuals *mv* levensmiddelen *mv*,

proviand
video camera videocamera
video cassette videocassette
video recorder videorecorder
videotape videoband
vie wedijveren
Vienna Wenen
view zn uitzicht, kijk • opvatting • bezichtiging • bedoeling • ww beschouwen, bezichtigen
viewfinder zoeker
viewpoint gezichtspunt
vigilant waakzaam
vigorous sterk, krachtig
vigour kracht, sterkte
vile slecht, verachtelijk, laag
village dorp
villager dorpeling
villainous laag, gemeen
vindicate handhaven • bewijzen • rechtvaardigen
vindictive wraakzuchtig
vine wijnstok, wingerd • rank
vinegar azijn
vineyard wijngaard
vintage zn wijnoogst • jaargang (v. wijn) • bn kenmerkend, klassiek
violate schenden • verkrachten
violation schending, inbreuk, verkrachting
violence geweld, hevigheid
violent geweldig, hevig
violet zn viooltje • bn violet, paars
violin viool
violinist violist
violoncello violoncel
V.I.P. = *very important person*, belangrijk persoon
viper adder

virgin zn maagd • bn maagdelijk
virginal maagdelijk
virile mannelijk
virtual eigenlijk • feitelijk
virtue deugd, kracht, verdienste
virtuosity virtuositeit
virtuous deugdzaam
virulent kwaadaardig, venijnig
visa visum
viscount burggraaf
viscous kleverig
visible zichtbaar
visibly zichtbaar, merkbaar
vision visioen • visie • zicht
visit zn bezoek, visite • inspectie • ww bezoeken, bezichtigen
visiting card visitekaartje
visiting hours bezoekuren
visitors bezoek(ers), visite
vital vitaal, levens-
vitamin vitamine
vitreous glazen, glasachtig
vitriol gal, kwaadaardigheid
vituperate uitschelden
vivacious levendig, opgewekt
vivacity levendigheid
vivid levendig, helder
vivify verlevendigen, bezielen
vixen wijfjesvos • feeks
viz. = *videlicet*, namelijk, te weten
vocabulary woordenlijst, woordenschat
vocal stem- • mondeling
vocation roeping • beroep
vocational beroeps-
vociferate schreeuwen • tieren
vodka wodka
vogue mode • populariteit
voice zn stem, spraak • ww uiten, vertolken

void *zn* gat, ledige ruimte • *bn* ledig, nietig • ontbloot (van, *of*); *ww* ledigen, vernietigen
volatile vluchtig, instabiel
volcanic vulkanisch
volcano vulkaan
volley salvo, hagelbui • *sp* volley
voltage *elektr* spanning, voltage
voluble rad (v. tong)
volume volume • massa • boekdeel
voluminous omvangrijk, lijvig
voluntary vrijwillig
volunteer *zn* vrijwilliger • *ww* vrijwillig iets doen • vrijwillig dienen
voluptuous wellustig, wulps
vomit overgeven (misselijkheid), braken
voracious gulzig, vraatzuchtig
vote *zn* stem, votum • stemrecht • *ww* stemmen
voting paper stembiljet
vouch getuigen, verklaren
voucher bewijs, bon, reçu, coupon
vouchsafe zich verwaardigen • verlenen • toestaan
vow *zn* gelofte • *ww* een gelofte doen
vowel klinker
voyage *zn* zee-, ruimtereis • *ww* reizen, varen
vulcanize vulkaniseren
vulgar algemeen, gewoon, vulgair, ordinair • volks-
vulnerable kwetsbaar
vulture gier

W

wadding watten *mv*
wade waden, doorwaden
wafer wafel, ouwel
waffle wafel
wag *zn* grappenmaker • *ww* schudden • kwispelen
wage-earner loontrekker
wager *zn* weddenschap • *ww* (ver)wedden
wages *mv* loon
wagework loonarbeid
waggon vrachtwagen, wagon
wagtail kwikstaart
wail *zn* weeklacht • *ww* weeklagen, bewenen, jammeren • loeien (sirenes)
wainscot lambrisering
waist middel • lijfje • middendek
waistcoat vest
wait wachten • afwachten • bedienen
waiter kelner, ober
waiting room wachtkamer
waitress serveerster
waive afzien van
wake (woke of **waked; waked)** ontwaken • wekken • opwekken
walk *zn* wandeling, gang • voetpad • *ww* lopen • wandelen • rondwaren, spoken
walker voetganger • wandelaar
walking stick wandelstok
walking tour voetreis
walkman walkman
walkover wedstrijd zonder mededingers • gemakkelijke

overwinning
wall muur, wand
wallet portefeuille
wallflower muurbloem
Walloon zn Waal • bn Waals
wallow wentelen • zich
   rondwentelen • fig zwemmen
   in
wallpainting muurschildering
wallpaper behangselpapier
walnut walnoot
waltz muz wals
wan bleek, flets
wander zwerven, dwalen,
   afdwalen, raaskallen, ijlen
wanderer zwerver
wandering omzwerving
   • afdwaling • bn zwervend
wane afnemen (v.d. maan)
   • tanen
want zn gebrek, behoefte • ww
   nodig hebben • behoeven,
   moeten • willen • wensen
   • mankeren • gebrek hebben
wanted gevraagd, gezocht
wanton dartel, uitgelaten
   • baldadig, moedwillig • wulps
war zn oorlog • ww oorlog
   voeren
warble zingen
ward zn bescherming • hechtenis
   • pupil • voogdijschap • zaal (in
   hospitaal) • ww bewaken,
   beschermen
warden opziener, voogd
   • beheerder
warder cipier
wardrobe kleerkast • garderobe
   • ~ trunk, kastkoffer
ware waar
warehouse pakhuis, magazijn

warfare oorlogvoering
warily voorzichtig, behoedzaam
wariness behoedzaamheid
warm bn warm • verhit • vurig
   • ww verwarmen
warmth warmte
warn waarschuwen
warning waarschuwing
   • alarmsignaal • opzegging (v.
   dienst)
warning light controlelampje
War Office Ministerie,
   Departement van Oorlog
warp kromtrekken, verdraaien
warrant zn volmacht, proces-
   verbaal • bevel tot
   inhechtenisneming
   • dwangbevel • waarborg • ww
   garanderen • machtigen
   • waarborgen
warrior krijgsman
warship oorlogsschip
wart wrat
wary omzichtig, behoedzaam
was zie be
wash zn was, spoeling
   • toiletwater, waterverf • ww
   wassen • (be)spoelen • have a
   ~, opfrissen
washable wasbaar
wash and set watergolven
washbasin wastafel
washcloth washandje
washer wasmachine,
   afwasmachine
washing machine wasmachine
washing powder waspoeder
wash-out gemeenz flop
wash-stand wastafel
wasp wesp
waste zn verwoesting

- verkwisting • wildernis, verlies • *bn* woest • onbebouwd • *ww* verwoesten • verspillen, verkwisten, vermorsen • kwijnen

wastepaper scheurpapier

wastepaper basket prullenmand

watch *zn* wacht, waakzaamheid • horloge • *ww* (be)waken, bespieden • (be)kijken

watch-dog waakhond

watchful waakzaam

watchtower wachttoren

watchword wachtwoord

water *zn* water • *ww* besproeien, water geven • watertanden • drenken • *running ~*, stromend water

water bike waterfiets

water bottle karaf • veldfles

watercloset toilet, wc

watercolour waterverf

waterfall waterval

water glass waterglas (stof)

watering can gieter

watering place wed • badplaats (met geneeskrachtige wateren)

water level waterspiegel

water lily waterlelie

watermark watermerk

waterproof waterdicht

water ski waterski • waterskiën

water sports watersport

water supply wateraanvoer, watervoorziening

watertight waterdicht

waterworks waterleiding, waterwerken *mv*

wave *zn* golf • gewuif • *ww* golven, onduleren • wuiven, wenken, wapperen

wavelength golflengte

waver aarzelen, weifelen, wankelen

wavering besluiteloos, weifelend

waves slagen (in haar)

wax *zn* was • *ww* (**waxed**; **waxed** of **waxen**) met was bestrijken, wassen • toenemen

waxy wasachtig

way weg, kant, richting, route • manier, handelwijze • *~ out*, uitgang • *~ back*, terugweg

wayside kant van de weg

W.D. = *War Department*, *Amer* Ministerie van Oorlog

Wd. = *warranted* gewaarborgd • gewettigd

we we (wij)

weak zwak, week

weaken verzwakken

weakness zwakte

wealth rijkdom, welstand

wealthy rijk

weapon wapen

wear *zn* kleding, mode • slijtage • *ww* (**wore**; **worn**) dragen • verslijten • zich goed houden • *~ out*, afdragen, verslijten • uitputten

weariness vermoeidheid

weary *bn* moe, mat • *ww* vermoeien, afmatten

weasel wezel

weather weer

weather-beaten verweerd

weathercock weerhaan

weather forecast weersverwachting

weather report weerbericht

weave (wove; woven) weven

web web, weefsel • vlies

wed trouwen, huwen
wedding huwelijk, bruiloft
wedding cake bruiloftstaart
wedding gift huwelijkscadeau
wedding ring trouwring
wedge *zn* wig • punt v. taart
 • *ww* een wig inslaan
wedlock huwelijk
Wednesday woensdag
weed *zn* onkruid • *ww* wieden
week week
weekend weekend
weekly *zn* weekblad • *bn*
 wekelijks
weep (**wept • wept**) wenen
weeping willow treurwilg
weigh wegen, overwegen
weigh(ing)-house waag
weight gewicht
weighty zwaar • gewichtig
weird spookachtig, griezelig,
 vreemd
welcome *zn* welkomst • *ww*
 verwelkomen • *(int)* welkom!
weld lassen, aaneensmeden
welfare welzijn • *child~*,
 kinderzorg • *~ state*,
 verzorgingsstaat • *~ work*,
 maatschappelijk werk
well *zn* wel, bron • *bn* gezond
 • *bijw* goed, wel, welnu, zeer
 • *ww* opwellen
well-being welzijn
well-bred welopgevoed
well-done doorbakken • goed
 • bravo!
wellington boots kaplaarzen
well-known bekend
well-to-do welgesteld
Welshman inwoner van Wales
welter wentelen

went zie *go*
wept zie *weep*
west *zn* westen • *bn* west
western westelijk, west
wet *zn* vocht • *bn* nat, vochtig
 • *ww* nat maken
wet-nurse min
whacking *zn* pak slaag • *bn*
 kolossaal
whale walvis
whalebone balein
wham dreun
wharf aanlegplaats, steiger
what wat, dat, welke
whatever hoedanig ook, wat ook
 • *~!* 't maakt mij niet uit!
wheat tarwe
wheedle flikflooien, vleien
wheel *zn* wiel • stuur (auto)
 • (stuur)rad • *ww* kruien,
 draaien, voortrollen
wheelbarrow kruiwagen
wheel chair rolstoel
wheelchair rolstoel
wheel clamp wielklem
wheel rim velg
wheezy kortademig
when wanneer, toen, als
whence vanwaar, waaruit
whenever wanneer ook • telkens
 wanneer
where (al)waar, waarheen
whereabouts waar
whereas terwijl
wherefore waarom
wherein waarin
whereon waarop
where to waarheen
wherever waar ook
wherry wherry, roeiboot
whet wetten, slijpen • prikkelen

whether welk van beide • of, hetzij

whetstone slijpsteen

which welk(e), wie, wat • welk(e)

whiff vleugje, trekje

while tijdje, poos • *voegw* terwijl

whilst terwijl

whim gril, kuur

whimper jammeren, janken

whimsical grillig

whine gejank, gejammer

whinny hinniken

whip *zn* zweep • *ww* slaan, zwepen • wippen

whipped cream slagroom

whirl *zn* draai • wervelwind • *ww* snel ronddraaien, dwarrelen

whirlpool draaikolk

whirlwind wervelwind

whisk *zn* borstel • (eier)klopper • veeg, slag • *ww* wegvegen, - slaan • afborstelen • klutsen

whisker(s) bakkebaard(en) *mv*

whiskey and soda whiskysoda

whisky whisky

whisper *zn* gefluister • *ww* fluisteren

whistle fluitje • *ww* fluiten

whit *not a* ~, geen zier

white *zn* blanke • *bn* wit, blank • ~ *lie*, leugentje om bestwil

white-lead loodwit

whitewash *zn* witkalk • *ww* witten • *fig* schoonwassen

whither waarheen

Whit Monday Pinkstermaandag

Whitsuntide Pinksteren

whittle snijden, besnoeien

whiz(z) fluiten, snorren

who wie, die • wie

whoever wie ook, al wie

whole heel (geheel) • ongeschonden

whole-hearted oprecht, met hart en ziel

wholesale *zn* groothandel • *bijw* in het groot

wholesome gezond, heilzaam

wholly geheel, in 't geheel

whom wie, die

whomsoever (aan) wie ook

whooping cough kinkhoest

whore hoer

whose wiens, welks

whosoever wie ook

why waarom • wel, nu • ~! nee maar!

wicked goddeloos, slecht • boosaardig, ondeugend

wicket deurtje, poortje • *sp* wicket

wicket gate hekje, poortje

wide wijd, ruim, breed

wide awake klaar wakker

widen verwijden

widow weduwe

widower weduwnaar

width wijdte, breedte

wield zwaaien, hanteren, voeren

wife vrouw (echtgenote)

wig pruik

wiggle wiebelen

wild wild, verwilderd, woest

wilderness wildernis • woestijn

wile list, kunstgreep

wilful moedwillig • met voorbedachte rade

wiliness listigheid

will *zn* wil • wilskracht • testament • *ww* (**would**) willen • zullen

willing gewillig, willig

will-o'-the-wisp dwaallicht
willow wilg
wilt verwelken
wily listig, slim
win (won; won) winnen
• verdienen • krijgen • behalen
wince terugdeinzen,
ineenkrimpen (v. schrik)
winch dommekracht, lier
• windas
wind *zn* wind • tocht, adem • *ww*
(wound; wound) winden,
wikkelen • wenden
windfall afgewaaid fruit
• buitenkansje, voordeeltje
winding *zn* kromming, bocht • *bn*
draaiend, kronkelend
winding stairs *mv* wenteltrap
wind instrument
blaasinstrument
windlass windas
windmill windmolen
window venster, raam • *shop* ~,
etalage
window blind zonneblind
• rolgordijn • jaloezie
window pane (venster)ruit
windpipe luchtpijp
windscreen windscherm
• voorruit (van auto) • ~ *wiper*,
ruitenwisser • ~ *washer*,
ruitensproeier
windy winderig
wine wijn
wine list wijnkaart
wing vleugel, wiek • groep
vliegers • spatbord • coulisse
wing mirror buitenspiegel
wing nut vleugelmoer
wink *zn* wenk • knipoogje • *ww*
wenken, knipoogjes geven

winner winner
winning innemend
winsome innemend
winter *zn* winter • *ww*
overwinteren
winter coat winterjas
winter sports wintersport
wipe *zn* veeg • *ww* vegen
• (af)wissen
wire (metaal)draad • telegram
wireless *bn* draadloos • *zn* radio
wiring bedrading
wisdom wijsheid
wise *zn* wijze, manier • *bn* wijs,
verstandig
wiseacre wijsneus
wish *zn* wens, begeerte • *ww*
wensen, verlangen
wished for gewenst, gewild
wisp sliert, piek • bosje
wistful peinzend • droefgeestig
wit vernuft, geest • geestig man
• geestigheid • *to* ~, te weten,
namelijk
witch heks, ondeugend nest
witchcraft toverij, hekserij
with met, mede, bij, van, door
withdraw (withdrew;
withdrawn) terugtrekken,
onttrekken, herroepen
• opnemen (v. geld)
withdrawal terugtrekking
• intrekking • opname (v. geld)
wither verwelken, verdorren
withhold (withheld; withheld)
achter-, terug-, weerhouden
within (van)binnen, in huis
without zonder, buiten, uit, van
buiten • zonder
witness *zn* getuige • getuigenis
• *ww* getuigen, bijwonen

witty geestig • vernuftig
wives *mv* vrouwen *mv*
wizard tovenaar
wizened verschrompeld, dor
wobble hobbelen, wiebelen
woe wee, ellende
woke zie *wake*
wolf (*mv* wolves) *zn* wolf • *ww* verslinden, schrokken
woman (*mv* women) vrouw
womanlike, womanly vrouwelijk
womb baarmoeder
won zie *win*
wonder *zn* wonder, verwondering • *ww* zich verwonderen • benieuwd zijn
wonderful wonderbaarlijk • prachtig
woo vrijen, aanzoek doen om
wood hout, bos
woodcut houtsnede
woodcutter houthakker • houtgraveur
wooden houten, van hout
wood-engraving houtsnijkunst, houtsnede
woodlouse pissebed
wood-path bospad
woodpecker specht
woodwind houten blaasinstrument
wooing het dingen naar de hand (gunst) van
wool wol
woollen wollen
woolly wollig
word woord, bericht • bevel, commando
wore zie *wear*
work *zn* werk, arbeid, bezigheid • ~s, werkplaats, fabriek • *ww*

werken • bewerken
workday werkdag
worker werker • werkman
working capital bedrijfskapitaal
working plant bedrijfsinstallatie
workman werkman
workmanlike bekwaam, degelijk
workmanship bekwaamheid • techniek • bewerking
workshop werkplaats • workshop
worktop aanrecht
world wereld
world champion wereldkampioen
worldly werelds
world record wereldrecord
world-shaking wereldschokkend
worm worm • schroefdraad • wroeging
worm-eaten wormstekig
worn zie *wear*
worry *zn* zorg, bezorgdheid • plagerij, kwelling • *ww* kwellen • lastig maken, ongerust maken • zich bezorgd maken, tobben • piekeren
worse erger, slechter
worship *zn* aanbidding, eredienst • *ww* aanbidden, vereren
worst slechtste, ergste
worsted kamgaren
worth *zn* waarde, verdienste • *bn* waard
worthless waardeloos
worthwhile (be) de moeite waard zijn
worthy deugdzaam, achtenswaardig • waard, waardig
would zie *will*

would-be zogenaamd, voorgewend, vermeend
wound *zn* wond • *ww* verwonden • zie ook *wind*
wounded gewond • gewond
wove(n) zie *weave*
wrangle kibbelen
wrap inpakken, inwikkelen • ~ *up*, inpakken
wrapper omslag, kaft
wrapping omhulsel, verpakking
wrath woede
wreath krans, guirlande
wreathe bekransen, omstrengelen, kronkelen
wreck *zn* wrak • verwoesting, ondergang • *ww* vergaan • stranden • verwoesten
wreckage schipbreuk • wrakstukken *mv*
wrecked *be* ~, vergaan
wrench *zn* ruk • verstuiking, verwringing • schroefsleutel • *ww* wringen, rukken • verdraaien, verwringen
wrest verdraaien, verwringen • (ont)wringen, afpersen
wrestle *zn* worsteling • *ww* worstelen
wrestler worstelaar
wretch ongelukkige stakker • schelm, ellendeling
wretched ellendig, armzalig
wriggle wriemelen, kronkelen
wring (wrung; wrung) wringen • knellen, persen
wrinkle *zn* rimpel • *ww* rimpelen, fronsen
wrist pols
wristwatch armbandhorloge
writ geschrift • bevel, sommatie,

dagvaarding
write (wrote • written) schrijven
writer schrijver, auteur • klerk
writhe (zich) draaien, kronkelen, (ineen) krimpen
writing geschrift, opschrift, schrijfwerk
writing pad schrijfblok
writing paper schrijfpapier
written zie *write*
wrong *zn* onrecht, kwaad • grief • *bn* verkeerd, slecht, mis, fout • *be* ~, ongelijk hebben
wrongly ten onrechte
wrote zie *write*
wrought bewerkt, gesmeed • zie ook *work*
wrung zie *wring*
wry scheef, verdraaid • bitter

X

X-rays *mv* x-stralen, röntgenstralen *mv*

Y

yacht jacht (schip)
yammer jammeren, mekkeren
Yankee Amerikaan
yap keffen • kwekken, kleppen
yard tuin, erf • Engelse el (0.914 m) • ra
yarn garen, draad • verhaal

yawn zn geeuw • ww geeuwen
yd = *yard*, 0.914 m
year jaar
yearly jaarlijks
yearn smachten, reikhalzen
yeast gist
yell zn gil • ww gillen
yellow geel
yelp janken, keffen
yeoman kleine landeigenaar
yes ja
yesterday gisteren
yet nog, vooralsnog, toch
  (niettemin) • *not* ~, nog niet
  • onderdoen voor • zwichten
  • wijken voor
Y.M.C.A. = *Young Men's Christian
  Association*, Chr. Jonge
  Mannen Vereniging
yoghurt yoghurt
yoke zn juk, span • ww
  verenigen, onder het juk
  brengen
yolk eierdooier
yonder ginder
you u, jij, jullie, jou, gij • je (jij)
young jong
young people jongeren
your je (jouw), uw
yours de (het) uwe, jouwe
yourself u, jij, jezelf
youth jeugd
youthful jeugdig
youth hostel jeugdherberg
Yule(-tide) kersttijd
yummy mmm!, lekker!

Z

zeal ijver, geestdrift
Zealand Zeeland
zealot ijveraar, dweper
zealous ijverig
zebra crossing zebrapad
zenith hoogtepunt
zephyr zacht windje • zefier
zero nul • nulpunt
zest animo • smaak, geur
zinc zink • *of*~, zinken
zip ritssluiting
zodiac dierenriem
zone zone, gebied
zoo dierentuin
zoological dierkundig,
  zoölogisch

Nederlands – Engels

A

à at (at 10 cents each) • to (10 to 20 miles)

aaien stroke, caress

aal eel

aalbes currant

aalmoes alms

aalmoezenier chaplain

aambeeld anvil

aambeien *mv* haemorrhoids, piles

aan to, at, in, on, upon, near, against, of

aanbellen ring (the bell)

aanbesteden put out to contract

aanbesteding public tender, putting out to contract

aanbetaling down payment, initial deposit

aanbevelen recommend

aanbevelenswaardig recommendable

aanbeveling recommendation

aanbiddelijk adorable

aanbidden adore, worship

aanbieden offer, present

aanbieding offer

aanbinden tie on (a label) • fasten (skates) • *de strijd ~ tegen*, fight

aanblijven stay on

aanblik look, sight, aspect

aanbod offer, tender • *vraag en ~*, supply and demand

aanbouw construction (buildings) • building (ships)

aanbranden burn

aanbreken break into, cut into • (dag) break • (nacht) fall

aanbrengen bring, carry • place, fit • (klikken) denounce

aandacht attention

aandachtig attentive(ly)

aandeel share, portion, part

aandeelhouder shareholder

aandenken memory, remembrance • keepsake

aandienen announce • introduce

aandoen put on • cause • affect

aandoening emotion • affection

aandoenlijk moving, touching, pathetic

aandraaien tighten (a screw) • switch on (a light)

aandrang pressure

aandrift impulse • instinct

aandrijven *onoverg* be washed ashore • *overg* operate (a machine)

aandrijving drive

aandringen ~ *op* insist (up)on

aanduiden indicate, point out

aandurven dare

aaneen together

aaneenschakeling sequence, series

aangaan go on • (vuur) catch fire • (huwelijk enz.) enter into • (betreffen) concern

aangaande about, concerning, as to

aangeboren innate, inborn, congenital

aangedaan touched, affected, moved

aangelegenheid matter, concern, affair

aangenaam agreeable, pleasant • *~!* (kennis te maken) pleased to meet you!

aangenomen accepted • (kind) adopted • (naam) assumed • (werk) contract

aangeschoten tipsy

aangetekende brief registered letter

aangeven give, hand, reach • indicate, mark • (douane) declare • (politie) denounce

aangezicht face, countenance

aangezien as, since

aangifte declaration, entry • ~ *doen*, report

aangrenzend adjacent, neighbouring, contiguous

aangrijpen seize, take hold of • effect, move

aangrijpend touching, moving

aangroei growth

aanhalen draw tighter • (citeren) quote • (liefkozen) caress

aanhalig caressing

aanhaling (citaat) quotation

aanhalingstekens quotation marks

aanhang followers, supporters

aanhangen hang on to, stick to • attach, hang (ornament)

aanhanger adherent, supporter • trailer

aanhangig maken lay (bring) before a court

aanhangsel appendix

aanhangwagen trailer

aanhankelijk attached (to), affectionate

aanhebben have on, wear

aanhef opening words *mv*

aanheffen start singing

aanhoren listen to

aanhouden stop, detain, arrest

• (volhouden) keep on, persevere

aanhoudend continual, incessant

aanhouding (persoon) arrest, (goederen) detainment

aankijken look at

aanklacht charge • complaint

aanklagen accuse of

aankleden dress

aankloppen knock

aanknopen open, enter into

aanknopingspunt point of contact • starting-point

aankomen arrive

aankomst arrival

aankomsthal arrivals hall

aankondigen announce

aankondiging advertisement, announcement

aankoop purchase, acquisition

aankopen acquire, buy, purchase

aankunnen be able

aanleg plan, aim • natural disposition, construction

aanleggen put, place • (spoorweg) construct • (kanaal) cut • (geweer) level • (schip) moor

aanlegplaats, -steiger landingstage

aanleiding inducement, occasion, motive

aanlokkelijk alluring, enticing, attractive

aanloop run, rush

aanlopen (bij iem.) drop in • ~ *tegen*, run into • *blauw* ~, turn blue • (haven) call at

aanmaak making, manufacture

aanmaken manufacture • (vuur) light • (sla) dress

aanmaning exhortation
aanmatigend presumptuous, arrogant
aanmelden announce • *zich ~*, apply (for), enter (for)
aanmerkelijk considerable
aanmerking remark • *in ~ komen*, qualify
aanmoedigen encourage
aanmoediging encouragement
aannemelijk acceptable, plausible, likely
aannemen accept • adopt (as child) • *(veronderstellen)* suppose • assume • *(in dienst nemen)* engage
aannemer contractor
aanpak approach
aanpakken seize • *(de gezondheid)* tell upon • *fig* handle
aanpassen try on • adapt (to)
aanpassing adjustment
aanpassingsvermogen adaptability
aanplakbiljet placard, poster
aanplakbord bill-board
aanplakken attach • post
aanplant planting • plantation
aanprijzen recommend
aanraden advise • recommend
aanraken touch
aanraking touch, contact
aanranden assault
aanranding assault
aanrecht working-top • kitchen-unit
aanreiken reach, hand, pass
aanrichten do, work, cause
aanrijden drive up • *op iem. ~*, drive up towards someone

• *tegen iem. ~*, run into someone
aanrijding collision
aanroepen call, hail • *(God)* invoke
aanschaffen purchase, buy
aanschaffing acquisition
aanschieten *(benaderen)* come up to someone • *(voetbal)* shoot • *aangeschoten*, tipsy
aanschouwelijk clear • *~ onderwijs*, object teaching
aanschouwen behold, regard
aanslaan *(motor)* start • *(noot)* strike • *(op kassa)* check
aanslag attempt • *(belasting)* assessment • *(pianist)* touch
aanslagbiljet notice of assessment
aansluiten connect, join • *(tel)* put on to • *(trein)* correspond
aansluiting *(van trein enz.)* connection
aansnijden cut (bread)
aanspannen tighten (a rope) • *(proces)* sue (someone)
aansporen spur on, incite
aansporing incitement, stimulation, excitation
aanspraak *(eis)* claim
aansprakelijk responsible
aansprakelijkheid liability • *wettelijke ~verzekering*, third-party insurance
aanspreken speak to, address
aanstaan be on • please
aanstaande *bn* next • *[de]* intended
aanstalten *mv* preparations *mv*
aanstekelijk infectious, contagious, catching

aansteken (lamp) light • (vuur) kindle • (ziekte) infect

aansteker lighter

aanstellen appoint • zich ~, pose

aanstellerig affected(ly)

aanstellerij posing

aanstelling appointment

aanstichten instigate

aanstonds presently

aanstoot offence, scandal

aanstotelijk offensive

aantal number

aantasten touch • affect

aantekenen make notes • note, put down • (brief) register

aantekening note

aantikken tap

aantocht in ~, coming, on the way

aantonen show, demonstrate

aantrappen kick

aantreffen meet (with), find

aantrekkelijk attractive

aantrekken attract • (vaster) draw tighter, tighten up • (kleren) put on • zich iets ~, take sth. to heart

aantrekking attraction

aantrekkingskracht attractive power

aanvaarden accept • assume • take possession of • take up

aanval attack, assault

aanvallen attack, assail

aanvaller attacker, assailant

aanvang beginning, commencement

aanvangen commence, begin

aanvangssalaris commencing salary

aanvankelijk bn initial • bijw in the beginning, at first

aanvaren collide (with)

aanvaring collision

aanvechtbaar debatable

aanvechting temptation

aanvegen sweep

aanvoer supply

aanvoerder commander, chief, leader • (sp) captain

aanvoeren bring to, supply • command

aanvraag demand • inquiry

aanvraagformulier form of application

aanvragen apply for

aanvullen fill up, fill • replenish (one's stock) • complete

aanvulling amplification • supplement

aanvuren fire, stimulate

aanwaaien come in of up

aanwakkeren stimulate • increase

aanwas growth, increase

aanwenden use, employ, apply

aanwensel habit, trick

aanwezig present

aanwezigheid presence

aanwijzen show • point to

aanwijzing indication • instruction

aanwinst gain, acquisition

aanzetten switch on • start • ~ (tot) urge, incite

aanzien look, aspect • consideration • ten ~ van, with respect to • ww look at • consider

aanzienlijk considerable, important, distinguished

aanzoek request • proposal

aap monkey

aar ear

aard kind • nature

aardappel potato • *gebakken ~en,* fried potatoes

aardappelpuree mashed potatoes

aardbei strawberry

aardbeving earthquake

aardbol globe

aarde (grond) (grond) ground • soil • (wereld) earth

aarden thrive • *elektr* earth

aardewerk earthenware, crockery, pottery

aardgas natural gas

aardig pretty, nice • pleasant

aardigheid pleasure, fun

aardleiding earth connection

aardolie petroleum

aardolieproduct oil product

aardrijkskunde geography

aards terrestrial, worldly

aardverschuiving landslide

aartsbisschop archbishop

aartsvader patriarch

aarzelen hesitate, waver

aarzeling hesitation

aas (lokmiddel) bait • (kaart) ace

abattoir slaughter-house

abc ABC, alphabet

abces abscess

abdij abbey

abnormaal abnormal

abonnee subscriber, seasonticket holder

abonneenummer subscriber number

abonnement subscription • (openbaar vervoer) season-ticket

abonneren op, zich subscribe to

abortus abortion

abrikoos apricot

absent absent

absoluut absolute • *bijw* absolutely

abstract abstract

absurd absurd

abt abbot

abuis mistake, error

academie academy, university college

academisch academic

accent accent, stress

accepteren accept

acceptgirokaart *Br* giro cheque • *Amer* check

accijns excise(-duty)

accordeon accordion

accountant (chartered) accountant

accu battery

accuraat exact, precise

ach ah, alas

achillespees Achilles tendon

acht *telw* eight • *zn: geef ~,* attention

achteloos careless, negligent

achten esteem • consider

achter behind

achteraan behind, at the back

achteraf later • out of the way

achteras rear (back) axle

achterbaks underhand, behind one's back

achterband back tyre

achterbank back seat

achterblijven stay behind

achterbuurt slum(s)

achterdeur backdoor

achterdocht suspicion

achterdochtig suspicious

achtereen in succession

achtereenvolgens successively

achtergrond background

achterhalen recover • trace

achterhoede rear-guard

achterhoofd back of the head

achterin in the back

achterkant back, rear • *aan de ~,* at the back

achterlaten leave behind • omit

achterlicht tail-light, rearlight

achterlijk backward • *~ kind,* retarded child

achterlopen be slow

achterna after, behind

achternaam surname

achterneef great-nephew

achterom behind, back • *~ kijken,* look back

achterop behind, at the back

achterover backward

achterruit rear window

achterstallig outstanding

achterstand arrears *mv*

achterste *bn* hind(er)most • bottom, behind

achtersteven stern

achterstevoren reversed, backward

achtertuin backyard

achteruit *bijw* backward(s) • *~!* reverse! [*de*] reverse

achteruitgaan decline • reverse (a car) • retreat

achteruitgang rear-exit • (verval) decline

achteruitkijkspiegel rear-view mirror

achteruitrijden back

achteruitrijlicht reversing light

achtervoegsel suffix

achtervolgen run after • persecute

achtervork rear forks

achterwaarts backward

achterwege *~ laten,* drop, omit

achterwiel rear wheel, back-wheel

achterwielaandrijving rear wheel drive

achterzijde back, rear

achting regard, esteem, respect

achtste eighth

achttien eighteen

acteren act

acteur actor, player

actie action • lawsuit

actief active, diligent

actiegroep action group

actieradius radius of action

activiteit activity

actrice actress

actueel of present interest • topical, timely

acuut acute(ly), prompt(ly)

adapter adapter

adder viper

adel nobility

adelaar eagle

adelborst midshipman

adellijk noble • (wild) high

adem breath

ademen, ademhalen breathe

ademhaling respiration, breathing

ademloos breathless

ademproef breath test

ader vein

adieu farewell

adjudant adjutant

administrateur administrator,

manager
administratie administration
administreren file
admiraal admiral
adopteren adopt
adres (brief) address, direction
• (memorie) petition • *per ~*, (to
the) care of, c/o
adresboek directory
adreskaart dispatch-note
adresseren direct • address
advertentie advertisement
adverteren advertise
advies advice
adviseren advise
adviseur adviser
advocaat solicitor, lawyer,
barrister(-at-law) • (drank) eggnog
af off, down
afbakenen trace (out), mark out
afbeelding picture, portrait
afbestellen cancel
afbetalen pay off
afbetaling payment • *op ~ kopen*,
buy on the instalment plan
afbijten bite back
afblijven let alone, leave alone,
keep one's hands off
afborstelen brush
afbraak rubbish, demolition
afbreken (huis) pull down,
demolish • (betrekking) break
off, cut
afbreuk damage, derogation • *~
doen aan*, damage, do harm to
afdak shed
afdalen (skiën) descend
afdanken dismiss • discard
afdeling division, section
• paragraph • department

afdingen haggle
afdoen take off • wipe • finish,
settle
afdoend conclusive, settling the
matter
afdraaien play
afdragen (kleren) wear out
• (geld) hand over
afdrijven drift off
afdrogen dry, wipe off
afdruk print • impression, copy
afdrukken (foto) print
afdwalen stray off (from)
afdwaling digression • aberration
afdwingen compel, command
• extort (from)
affaire affair, business
affiche poster, play-bill
afgaan be embarrassed • (trap)
go down(stairs) • (v.geweer) go
off • *op het uiterlijk ~*, judge by
appearance
afgang flop • embarrassment
afgelasten cancel, call off
afgeleefd decrepit
afgelegen distant, remote
afgelopen finished
afgemat weary, exhausted
afgemeten measured, formal
afgesproken agreed!
afgevaardigde deputy, delegate,
representative
afgeven deliver, hand (in) • (pas
enz.) issue
afgezaagd trite • stale
afgezant ambassador, messenger
afgezonderd secluded, separate
afgifte delivery, issue
afgod idol
afgrijselijk horrible, atrocious
afgrijzen horror

afgrond abyss, precipice
afgunst envy, jealousy
afgunstig jealous (of)
afhalen fetch down • meet at (the station) • (bed) strip
afhandelen settle, conclude
afhangen depend
afhankelijk dependent
afhouden keep off, keep from • (geld) deduct
afkeer aversion, dislike
afkerig averse (from)
afkeuren disapprove • *mil* reject
afkeurenswaardig condemnable • objectionable
afkeuring disapproval • *mil* rejection
afkijken copy
afknappen snap • *fig* be disappointed
afknippen cut off
afkoelen cool (down)
afkomst descent, birth
afkomstig coming from
afkondigen proclaim, publish (the banns)
afkondiging proclamation
afkooksel decoction
afkoopsom ransom
afkopen buy off • redeem
afkorting abbreviation
afleggen lay down, take off • (visite) pay • (lijk) lay out • (verklaring) make
afleiden divert • distract • deduce, derive
afleiding distraction, diversion • derivation
afleren unlearn
afleveren deliver
aflevering delivery • (tijdschrift)

number, part
afloop end, result
aflopen end • expire
aflosbaar redeemable
aflossen (wacht) relieve, (betalen) redeem, pay off
aflossing relief • redemption
afluisteren overhear
afmaken finish, complete, settle • (doden) kill
afmatten wear out
afmeting dimension
afnemen take away, off • (tafel) clear • wipe off, dust • diminish, decrease
afnemer client
afpakken take away
afpersen extort
afpersing extortion
afraden dissuade from
afranselen thrash
afrastering railing, fence
afrekenen pay the bill
afrekening settlement
afremmen slow down
africhten train
Afrika Africa
Afrikaan(s) African
afrit exit
afronden round off
afrossen thrash, trounce
afrukken tear off
afschaffen abolish • part with, give up
afscheid departure, leave • ~ *nemen* say goodbye
afscheiden separate, sever from • (vocht) secrete
afscheiding separation • secretion
afschepen *iem.* ~, put one off
afscheuren tear off

afschieten discharge • let off
afschilderen paint, portray
afschrift copy
afschrijven copy • finish • (verlies) write off
afschrijving writing off
afschrik horror
afschrikken discourage
afschrikwekkend forbidding
afschuw horror
afschuwelijk horrible
afslaan beat off • decline, refuse • (prijs) go down • (motor) cut out
afslag abatement
afsloven zich, slave
afsluiten shut (up), lock • (rekening) close • (contract) conclude
afsnauwen snarl at • snub
afsnijden cut off
afspiegeling reflection
afsplitsen split off
afspraak (akkoord) agreement • (om elkaar te ontmoeten) appointment, date • *volgens ~*, as agreed • *by appointment*
afspreken agree upon, arrange • meet • *afgesproken!*, done!
afspringen jump off • (v. parachutist) bale out • (mislukken) break down
afstaan yield, cede
afstammeling descendant
afstammen be descended from
afstamming descent
afstand distance • (v. troon enz.) abdication • cession
afstappen get off
afsteken constrast (with) • let off (fireworks)

afstellen adjust
afstemmen tune (in)
afstijgen alight, dismount
afstoffen dust
afstoten push down • repel
afstuiten rebound
aftakelen be on the decline
aftakken shunt • branch off
aftands ~ *worden*, to be on the decline • grow senile
aftappen draw off, (tel) tap, bug
aftekenen draw, mark
aftellen count off • count down
aftershave after shave
aftersun aftersun
aftocht retreat
aftreden resign, retire
aftrek deduction • (waar) sale, demand
aftrekken deduct • (wisk) subtract • (weggaan) withdraw
aftreksel extract, infusion
aftroeven trump
afvaardigen delegate, depute
afvaardiging delegation
afvaart sailing, departure
afval waste, refuse (matter) • (eten) left-overs, remains • (geloof) apostasy
afvalbak garbage-bin
afvallen fall down • (mager worden) lose weight • (spel) drop out • (geloof) apostatize
afvallig apostate, unfaithful
afvaren sail, leave
afvegen wipe (off)
afvoer conveyance • transport • carrying off
afvoeren carry off • transport
afwachten wait (stay) for, abide, await

afwachting expectation
afwas the dishes
afwasbaar washable
afwasmachine dishwasher
afwasmiddel detergent
afwassen (vaatwerk) wash up
afwateren drain
afweer defence
afweerstof anti-body
afwenden turn away • avert
afwennen unlearn
afwentelen roll off (away, down)
• *de schuld ~* , shift the blame
afweren keep off • (slag) parry
afwerken finish (off)
afwerking finishing (off)
afwezig absent
afwezigheid (absentie) absence
• (verstrooidheid) absent-
mindedness
afwijken deviate • diverge
afwijkend divergent • different
afwijking deflection, declination,
divergence, deviation
afwijzen reject, refuse, decline
afwijzing refusal, denial,
rejection
afwikkelen unroll, unwind
• (afhandelen) settle
afwisselen alternate
afwisselend alternate • varied
• *bijw* alternately, by turns
afwisseling change, variation
afzakken come down
afzeggen cancel
afzenden send off, away
• dispatch
afzender sender
afzet sale
afzetgebied outlet, market
afzetten (hoed) take off • (uit

bus) put down • (uit auto) drop
• (been) cut off, amputate
• (weg) close • (waar) sell
• (bedriegen) cheat • (vorst)
depose • (machine) shut off,
switch off
afzetterij swindling, extortion
afzichtelijk ugly, hideous
afzien ~ *van*, give up, renounce
afzienbaar *binnen ~bare tijd*, in
the near future
afzijdig *zich ~ houden*, hold aloof
afzonderen separate, put aside
afzondering separation,
retirement, isolation
afzonderlijk separate, private
• apart
afzweren swear off • abjure
afzwering abjuration
agenda diary • (v. vergadering)
agenda
agent agent, representative • (v.
politie) policeman
agentschap agency
aids aids
air air, look, appearance
airbag airbag
airconditioning air-conditioning
akelig dreary • nasty, dreadful
Aken Aix-la-Chapelle
akker field
akkoord arrangement,
agreement, settlement • *muz*
chord • *~!*, agreed!
akte document, deed • diploma,
certificate
aktetas brief case
al, alle *telw* all, every • *bijw*
already • *voegw* though, even
if
alarm alarm

alarmnummer emergency number
album album
alcohol alcohol
aldaar there, at that place
aldoor all the time
aldus thus, in this way
alfabet alphabet
alfabetisch alphabetic(al)
algemeen *bn, bijw* common(ly), universal(ly), general(ly) • public
alhier here, at this place
alhoewel although • though
alibi alibi
alimentatie alimony
alinea paragraph
alle all
allebei both
alledaags daily, every day • ordinary, commonplace • trite, trivial
alleen alone, single • (slechts) merely, only
alleenheerser autocrat
alleenspraak monologue, soliloquy
alleenstaand single, isolated
alleenverkoop sole sale
alleenvertegenwoordiger sole agent
allemaal, allen all, everyone
allengs gradually, by degrees
allerbest very best
allereerst *bijw* first of all
allergie allergy
allergisch allergic
allerhande of all sorts, all kinds of
Allerheiligen All-Saints' day
allerlei various

allerliefst charming, sweet
allermeest most of all
allerminst *bijw* least of all
allerwegen everywhere
Allerzielen All-Souls' day
alles all, everything
allesbehalve anything but
alleszins in every respect
allicht of course • probably
allooi alloy • kind, sort
all risk comprehensive
almachtig almighty, omnipotent
almanak almanac, calendar
alom everywhere
Alpen *de* ~, the Alps
als as, when, like • (indien) if
alsjeblieft please
alsnog yet, still
alsof as if • *doen* ~, pretend
alstublieft (bij geven) here is..., here you are • (bij verzoek) please
alt alto
altaar altar
althans at least, at any rate
altijd always
alvorens before
alweer (once) again
alwetend omniscient
amandel (noot) almond • (klier) tonsil
amateur amateur
ambacht trade, handicraft
ambassade embassy
ambassadeur ambassador
ambitie zeal • ambition
ambt office, place, post, function
ambtelijk official
ambtenaar official, civil servant
ambtgenoot colleague
ambtshalve officially

ambulance ambulance
amechtig out of breath
amendement amendment
Amerika America • USA
Amerikaan American
Amerikaans American
ameublement furniture
ammunitie (amer) munition
amnestie amnesty
amper hardly, scarcely
Amsterdam Amsterdam
amusant amusing
amusement entertainment
amuseren amuse • *zich ~,* enjoy oneself
ananas pine-apple
anatomie anatomy
ander other, another • *onder ~e,* among other things
anderhalf one and a half
anders other, different • otherwise, else
andersom the other way round
anderzijds on the other hand
andijvie endive
angel (insect) sting • (vishaak) hook
angst fear, terror
angstig fearful(ly)
angstvallig scrupulous
anijs anise
animeren encourage
animo gusto, energy
anjelier, anjer pink, carnation
anker anchor
annexatie annexation
annexeren annex
annuleren cancel
anoniem anonymous
ansichtkaart postcard
ansjovis anchovy

antenne aerial • antenna
anticonceptie contraception
anticonceptiepil contraceptive pill
antiek *bn* antique • antiques *mv*
antilope antelope
antipathie antipathy, dislike
antiquair antiquary, antiquarian
antiquariaat second-hand bookshop
antiquiteit antiquity, antique
antislipband non-skid tyre
antivries anti-freeze
antivriesmiddel anti-freeze
antivriesvloeistof anti-freeze
antraciet anthracite
Antwerpen Antwerp
antwoord answer, reply
antwoordapparaat answering machine
antwoorden reply • answer
anus anus
apart separate
aperitief drink, aperitive
apostel apostle
apotheek pharmacy, chemist's shop
apotheker (dispensing) chemist
apparaat apparatus
appartement appartment
appel apple
appelmoes apple-sauce
appelsap apple-juice
appeltaart apple-pie
applaudisseren applaud, cheer
applaus applause
après-ski après-ski
april April
aquarel water-colour (picture)
Arabier Arab(ian)
Arabisch Arabian, Arab

arbeid work, labour, toil
arbeider labourer • worker
arbeidsbureau labour exchange
arbeidscontract labour contract
arbeidsgeschil labour-dispute
arbeidsloon wage(s), pay
arbeidsongeschikt unfit for work
arbeidsvermogen energy
arbeidsvoorwaarden conditions
 mv of employment
arbeidzaam laborious,
 industrious, hard-working
arbitrage arbitration • (aan de
 beurs) arbitrage
arceren hatch, shade
archief archives *mv*
archipel archipelago
architect architect
arend eagle
argeloos innocent, harmless
 • unsuspecting
arglist craft(iness), cunning
arglistig crafty, cunning
argument argument
argwaan suspicion
argwanend suspicious
aria *muz* air, aria
aristocratie aristocracy
ark ark
arm *[de]* (lichaamsdeel) arm
 • (zijtak) branch • *bn* poor
armband bracelet
armbandhorloge wrist-watch
armleuning arm-rest
armoede poverty
armsgat arm-hole
armzalig pitiful, miserable
arrest custody, arrest • (besluit)
 decision
arrestant prisoner
arresteren arrest, take into

 custody
arriveren arrive
artiest, artieste artist
artikel article • (koopwaar, ook)
 commodity • (van wet) section
artillerie artillery
artisjok artichoke
artistiek artistic
arts doctor
as (bij wielen) axle • (aarde) axis
 • *techn* shaft • (na vuur)
 embers, cinders • (stof) ash(es)
asbak ash-tray
asfalt asphalt, bitumen
asiel asylum • home
aspect aspect
asperge asparagus
aspirine aspirin
assistent assistant
assortiment assortment
assuradeur insurer, underwriter
assurantie insurance, assurance
 (of life or property)
aster aster
astma asthma
astronaut astronaut
atelier studio • workshop
atheneum (type of) secondary
 school
atlas atlas
atletiek athletics *mv*
atmosfeer atmosphere
atoom atom
atoombom atomic bomb
atoomenergie atomic energy
atoomsplitsing nuclear fission
attent attentive • considerate
attentie attention • consideration
attest certificate, testimonial
attractiepark theme park
audiëntie audience

augurk gherkin
augustus August
aula auditorium
Australië Australia
auteur author
auteursrecht copyright
auto motor car • car
autobaan motorway
autoband (motor) tyre
autobus bus • coach
autodidact self-taught man
autogordel safety belt
autohuur car hire
automaat slot-machine
automatisch automatic, selfacting
automobiel (motor) car
automobilist motorist
auto-ongeluk motor-car accident
autopapieren car documents
autoped scooter
autorijden drive
autorijles driving lesson
autorijschool school of motoring
autoriteit authority
autosnelweg motorway
autotrein Motorail
autoweg motorway
averechts wrong • (breisteek) inverted
avond evening, night
avondblad evening paper
avondeten dinner
avondmaal dinner • het Heilig A~, the Lord's Supper
avondtoilet evening-dress
avondwinkel late-night shop
avonturier adventurer
avontuur adventure
avontuurlijk adventurous
Aziatisch Asiatic

Azië Asia
azijn vinegar

B

baai (inham) bay
baal bale, bag
baan path, way, road • (ren-) track • (planeet) orbit • (tennis) court • (werk) job
baanbrekend epoch-making
baantje job
baanvak section
baar [de] (lijkbaar) bier • (draag-) litter • (staaf) bar, ingot • bn ready (money), cash
baard beard
baarmoeder womb, uterus
baars perch
baas master, foreman, boss • (aanspreektitel) mister
baat profit, benefit • te ~ nemen, use, employ
babbelen chatter
babbeltje chat
baby baby
babysit, babysitter baby-sitter
bacil bacillus
bacterie bacterium
bad bath
baden have/take a bath
badhanddoek bath-towel
badhuis public baths mv
badjas bath-robe
badkamer bathroom
badkuip bath(-tub)
badmeester pool attendant
badmuts bathing-cap

badpak swimming-suit
badplaats watering-place, spa • (aan zee) seaside resort
badschuim bath foam
badstof towelling
badtas bathing-bag
bagage luggage • (amer) baggage
bagagedepot left-luggage department
bagagedrager luggage carrier
bagagekluis locker
bagagenet rack
bagageruimte (auto) boot
bagagewagen trolley
bagatel trifle
baggeren dredge • fig wade
baggerlaarzen mv waders mv
baggermolen dredger
bah yuk
bajonet bayonet
bajonetsluiting bayonet catch
bak bowl, basin • (water) tank • voer~, trough • (mop) joke
bakboord port
baken beacon
bakermat cradle
bakfiets carrier, (tri)cycle
bakkebaard whisker(s)
bakkeleien be at loggerheads
bakken fry • bake
bakker baker
bakkerij baker's shop, bakery
baksel batch, baking
baksteen brick
bal [de] (speelbal) ball • [het] (dansfeest) ball
balans balance, scales • (handel) balance-sheet
baldadig wanton
balhoofd head tube

balie counter
balk beam, joist • muz staff, stave
Balkan the Balkans
balkon balcony • (tram) platform • (theater) dress-circle
ballade ballad
ballast ballast
ballen play ball
ballet ballet
balletdanseres ballet-dancer, ballerina
balling exile
ballingschap exile, banishment
ballon balloon
ballpoint ballpoint
balpen ballpoint
balsem balm, balsam
balsemen embalm
balsturig obstinate, refractory
balustrade banisters mv
balzaal ballroom
bamboe bamboo
ban excommunication, interdict, ban • jurisdiction
banaal trite, commonplace
banaan banana
band tie • (boek) binding • (fiets enz.) tyre • (om arm) band • (biljart) cushion • fig tie, bond • lopende ~, conveyor belt • lekke ~ puncture
bandeloos licentious, riotous
bandenlichter tyre-lever
bandenpech tyre trouble
bandenspanning tyre pressure
bandiet bandit, ruffian
bandrecorder tape recorder
bang afraid, fearful • ~ zijn be afraid (of)
banier banner
bank (zit-) bench, seat, sofa •

(kerk-) pew • (school-) desk
• (geld) bank • ~ *van lening,*
pawnshop
bankbiljet bank-note
banket (maaltijd) banquet
• (gebak) pastry
banketbakker confectioner
banketbakkerij confectioner's
(shop)
bankier banker
bankpapier paper currency
bankpas bank card
bankroet bankruptcy • *bn*
bankrupt
bankschroef (bench-)vice
bankstel drawing-room suite
banneling exile
bannen banish, exile • (geesten)
exorcise
banvloek anathema
bar [*de*] pub • inn • bar • *bn*
barren, severe, rough
barak hut • barrack
barbaar barbarian
barbaars barbarous
barbecue barbecue
barbecuen have a barbecue
baren give birth to
baret cap, beret
barkas launch
barman *Br* barman • *Amer*
bartender
barmhartig merciful
barmhartigheid mercy, charity
barnsteen amber
barometer barometer
baron baron
barones baroness
barrevoets barefooted
barricade barricade
bars stern, harsh

barst burst, crack
barsten burst, crack
bas (zanger) bass (singer) • (stem)
bass • (instrument) double-bass
basalt basalt
baseren found, ground (on)
basis basis, base
basisschool elementary school
basketbal basketball
bassin basin
bast bark, rind
bastaard bastard • (dier) mongrel
• (plant) hybrid
basterdsuiker moist sugar
bataljon battalion
bate *ten ~ van,* on behalf of
baten avail
batterij battery
baviaan baboon
bazaar baza(a)r • fancy fair
Bazel Basle, Basel, Bâle
bazelen talk nonsense
bazig masterful
bazin boss
bazuin trombone • trumpet
beambte functionary, official
beantwoorden answer, reply to
bebloed covered with blood
beboeten fine
bebouwen build upon • cultivate,
till
bed bed • *te ~,* in bed
bedaard composed, calm(ly)
bedachtzaam thoughtful
bedanken thank, return thanks
• (afwijzen) decline, refuse
• (ontslaan) dismiss
bedankt! thanks!
bedaren calm, appease
beddengoed bed-clothes *mv*
beddenlaken sheet

bedding bed • layer
bede prayer • supplication
bedeesd timid, bashful, shy
bedekken cover
bedelaar beggar
bedelarij begging
be'delen beg (for)
bede'len endow
bedelven bury
bedenkelijk critical, grave
bedenken remember • consider • invent • *zich* ~, change one's mind
bedenking consideration • (bezwaar) objection
bederf corruption, depravation, spoiling
bederven spoil, taint, deprave
bedevaart pilgrimage
bediende man-servant • (kantoor) clerk • (winkel) assistant • *jongste* ~, junior clerk
bedienen serve, attend to • wait upon
bediening service
beding condition
bedingen stipulate
bedisselen arrange
bedlamp bedside lamp
bedlegerig bed-ridden
bedoeld in question
bedoelen mean • intend
bedoeling (voornemen) intention, design • (betekenis) meaning
bedompt stuffy, close
bedorven bad, foul • (voedsel) tainted • (kind) spoiled
bedotten cheat
bedrag amount
bedragen amount to

bedreigen threaten, menace
bedreiging threat, menace
bedreven skilled, expert
bedriegen deceive, cheat, take in
bedrieger cheat, impostor
bedrieglijk deceitful, fraudulent • deceptive
bedrijf industry • business, trade • action, deed • (toneel) act • *in* ~, in operation
bedrijfseconomie business economics
bedrijfskapitaal workingcapital
bedrijfsleider working-manager, (works-)manager
bedrijfsleven industry
bedrijfsongeval occupational accident
bedrijven commit
bedrijvig active, busy
bedroefd sad, sorrowful
bedroeven grieve, distress
bedrog deceit, imposture, fraud
bedrukt printed • *fig* depressed
beducht afraid, apprehensive
bedwang restraint, control
bedwelmd stunned
bedwelming stupefaction, stupor
bedwingen restrain, control • (toorn) contain
beëdigd sworn (in)
beëindigen finish, terminate
beek brook, rill
beeld image, picture • (stand~) statue
beeldbuis (televisie) television, box • (techniek) cathode-ray tube
beeldhouwen sculpt
beeldhouwer sculptor

beeldig lovely
beeldspraak figurative language
beeltenis image, portrait
been (ledemaat) leg • (bot) bone
beenbreuk fracture (of arm, leg)
beenkap legging
beenwindsel puttee
beer bear
beest animal • beast • brute
beestachtig beastly, bestial, brutal
beet bite • (hapje) bit
beetje a little (bit)
beetnemen take in
beetpakken take hold of
befaamd noted, famous
begaafd gifted, talented
begaan walk upon • commit
begaanbaar passable, practicable
begeerte desire
begeleiden accompany, escort
begeleiding accompaniment
begeren desire, want, covet
begerig desirous, covetous, greedy, eager
begeven (bezwijken) give way • *zich ~* (naar), go, resort (to)
begieten water, sprinkle
begin beginning • opening, start
beginneling beginner, novice
beginnen begin, commence
beginsel principle
beginstadium initial stage
begraafplaats cemetery
begrafenis burial, interment, funeral
begrafeniskosten *mv* funeral expenses *mv*
begrafenisondernemer undertaker, mortician

begraven bury, inter
begrensd limited, bounded
begrenzen limit
begrijpelijk understandable, comprehensible
begrijpen understand
begrip idea, conception, notion, apprehension
begroeiing vegetation • overgrowth
begroeten greet, salute
begroeting greeting, salutation
begroting estimate, budget
begunstigen favour
beha bra
behaaglijk comfortable
behaagziek coquettish
behaard hairy
behagen *ww* please • pleasure
behalen obtain, win, carry off
behalve (uitgezonderd) except • (naast) besides
behandelen treat, deal with
behandeling treatment
behangen (kamer) paper
behanger paper-hanger
behangsel (wall)paper
behartigen look after
beheer management, direction, administration
beheerder warden
beheersen rule, govern • dominate • control (the market) • *zich ~*, control oneself
behelpen *zich ~*, make do
behendig dexterous, adroit
behept affected (with)
beheren manage • conduct
behoeden guard, protect
behoedzaam prudent, cautious

behoefte want, need
behoeftig indigent, poor
behoeve *ten ~ van*, in behalf of
behoorlijk proper, fit • decent
behoren belong to • (moeten) ought to
behoud preservation, conservation
behouden *ww* keep, preserve • *bn* safe
behoudend conservative
behoudens except (for), but (for)
behulp *met ~ van*, with the assistence (help) of
behulpzaam helpful
beide(n) both
beiderzijds on both sides
beige beige
beïnvloeden influence
beitel chisel
beitsen stain
bejaard aged, elderly
bejaarde senior citizen
bejammeren lament, deplore
bejubelen cheer
bek mouth • (vogel) beak
bekaaid *er ~ afkomen*, come off badly
bekaf done up, dog-tired
bekeerling convert
bekend known • well-known, notorious • *~ met*, acquainted with
bekende acqaintance
bekendmaken announce
bekendmaking announcement, notice
bekennen confess, own
bekentenis confession, avowal
beker cup, mug, goblet
bekeren convert

bekering conversion • reform
bekerwedstrijd cup match
bekeuren fine
bekeuring fine
bekijken look at
bekken *muz* basin • (lichaam) pelvis
beklaagde defendant, accused
beklag complaint
beklagen (iem.) pity • (iets) lament • *zich ~ over... bij*, complain of... to
beklagenswaardig deplorable, lamentable
bekleden clothe, cover • (innemen) hold, occupy
bekleding clothing • covering
beklimmen climb, mount
beklonken settled, arranged
beknibbelen pinch, stint
beknopt concise, succinct, brief
bekomen get, receive • suit
bekommerd anxious, uneasy
bekommeren *zich ~ om*, be anxious about, care about
bekomst *zijn ~ hebben van*, be fed up with
bekoorlijk charming
bekoren charm
bekoring charm, temptation
bekorten shorten, abridge
bekostigen bear the cost of
bekrachtigen confirm, ratify
bekritiseren criticize
bekrompen narrow-minded
bekwaam capable, able, fit
bekwaamheid capability, ability, skill
bekwamen qualify (for)
bel bell • (lucht-) bubble

belachelijk ridiculous
beladen load, burden
belang importance • interest
belangeloos disinterested
belangengroep pressure group
belanghebbende party concerned, party interested
belangrijk important
belangstelling interest
belangwekkend interesting
belasten burden, load • tax
belasteren calumniate
belasting (gewicht) weight, load • (fiscus) taxes
belastingbiljet notice of assessment
belastingconsulent tax consultant
belastingteruggave tax refund
belastingvrij tax-free, duty-free
beledigen offend, injure, insult
beledigend offensive, injurious
belediging insult, affront
beleefd polite, civil, courteous • *wij verzoeken u ~*, we kindly request you
beleefdheid politeness, civility, courtesy
beleg (sandwich) filling, spread • *mil* siege
belegen matured • (kaas) ripe
belegeren besiege
beleggen cover • (geld) invest
belegging investment
beleid policy • prudence
belemmeren hinder, obstruct
belemmering hindrance, impediment, obstruction
bel-etage first floor
beletsel hindrance • obstacle
beletten hinder • prevent from

beleven live to see • go through
belevenis experience
belezen well-read
Belg Belgian
België Belgium
Belgisch Belgian
belhamel ringleader
belichamen embody
belicht exposed
belichting illumination • (foto) exposure
belichtingsmeter exposure meter
believen please • *wat belieft u?*, what can I get (do) for you?
belijden avow, confess
belijdenis confession • profession, creed
bellen ring
belofte promise
belonen reward, recompense
beloning reward, recompense
beloven promise
beltegoed calling credit
beltoon ringtone
beluisteren listen to, hear
belust op eager for
bemachtigen manage to get
bemanning crew
bemerken perceive, observe
bemesten manure, dung • (met kunstmest) fertilize
bemiddelaar mediator
bemiddeld well-to-do
bemiddeling mediation
bemind loved, beloved
beminnelijk lovable • amiable
beminnen love
bemoedigen encourage
bemoeial busybody
bemoeien (zich) meddle,

interfere with

bemoeilijken hamper, hinder

bemoeiziek meddlesome

benadelen hurt, harm

benaderen (schatten) estimate • (nabijkomen) approximate

benadering approach

benaming name

benard critical

benauwd oppressed • (bang) fearful, anxious • (kamer) close, stuffy • (nauw) tight

benauwdheid anxiety • tightness of the chest, oppression • (kamer) closeness

bende band, troop, gang

beneden below, beneath, under • down, downstairs

benedenhuis ground-floor

benen *bn* bone

bengel (kwajongen) naughty boy, girl

bengelen dangle

benieuwd zijn be curious to know • wonder

benig bony

benijden envy

benodigdheden *mv* needs, necessaries

benoemen appoint, nominate

benoeming appointment

benoorden (to the) north of

benul notion

benutten utilize, make use of

benzine petrol, (amer) gasoline

benzineblik petrol tin • (amer) jerrican

benzinemeter petrol gauge

benzinepomp petrol pump • filling station, garage

benzinestation petrol-station

benzinetank petrol tank

beoefenen study, practise

beoefening study, practice

beogen aim at, have in view

beoordelen judge, criticize

beoordeling judgment • (v. boek) review

bepaald fixed • definite • stated

bepaalde certain

bepalen (tijd enz.) fix, appoint • (vaststellen) ascertain • (omschrijven) define

bepaling fixing • definition • (in contract) stipulation • (onderzoek) determination • *taalk* adjunct

beperken limit, restrict

bepleiten plead, advocate

bepraten talk about, discuss • (overhalen) talk round

beproefd well-tried

beproeven try, attempt

beproeving trial, ordeal

beraad deliberation

beraadslagen deliberate

beramen devise • plot

bereden mounted

beredeneren discuss, argue out

bereid ready, prepared • willing

bereiden prepare

bereidwillig ready, willing

bereik reach, range

bereiken reach, attain, arrive at, come at • *fig* achieve

berekenen calculate, compute • (aanrekenen) charge

berekening calculation

berg mountain, mount

bergachtig mountainous

bergaf downhill

bergbeklimmen mountaineering

bergbeklimmer mountaineer
bergen put • store • contain
berghelling mountain slope
berghok shed
berghut mountain hut
bergketen chain (range) of mountains
bergkloof cleft, gorge
bergop uphill
bergplaats store-room • depository
bergschoenen climbing boots
bergsport mountaineering
bergtop mountain top
bergwandeling mountain hike
bericht news, tidings • notice, advice • report • (in krant) paragraph
berichten send word • inform
berichtgever informant • (v. krant) reporter
berijdbaar (weg) practicable
berijden (paard) ride • (weg) ride over
berispen blame, reprove
berisping reproof, rebuke
berk birch
berm bank, verge
bermlamp spotlight
beroemd famous
beroemdheid fame, renown, celebrity
beroemen zich ~ op, boast (of)
beroep profession
beroepen zich ~ op, refer to
beroepskeuze voorlichting bij ~, vocational guidance
beroerd miserable, wretched
beroering commotion
beroerte stroke (of apoplexy)
berokkenen cause

berouw remorse
berouwen repent (of)
berouwvol repentant
beroven rob, deprive of
beroving robbery
berucht notorious
berusten ~ bij, rest with • ~ in, acquiesce in
berusting resignation
bes berry
beschaafd cultivated, civilized • refined
beschaamd ashamed
beschadigd damaged
beschadigen damage
beschadiging damage, lesion
beschaving civilization, culture
bescheiden mv (papieren) papers, documents • bn modest
bescheidenheid modesty
beschermeling protégé(e)
beschermen protect
bescherming protection
beschermingsfactor protection factor
beschieten fire at (upon), shell
beschikbaar available
beschikken over dispose of
beschikking disposal
beschimmeld mouldy
beschonken drunk, intoxicated
beschouwen look at • consider
beschouwing contemplation, consideration
beschrijven write upon • describe
beschrijving description
beschroomd timid, shy
beschuit rusk
beschuldigen accuse, charge with, incriminate
beschuldiging accusation,

charge

besef notion

beseffen realize

beslaan occupy, fill • (paard) shoe (a horse)

beslag (paard) horse-shoes • (deeg) batter • (beslagneming) seizure

beslagen (paard) shod • (ruit) steamy • (tong) coated

beslaglegging seizure

beslissen decide

beslissend decisive, final

beslissing decision

beslist decided, resolute

beslommering care, worry

besloten resolved, determined • (gezelschap) private

besluit resolution, decree, decision • conclusion

besluiteloos irresolute

besluiten end • determine, resolve, decide • (een gevolgtrekking maken) conclude

besluitvorming decision making

besmeren smear • (brood) spread

besmettelijk contagious

besmetting infection, contagion, contamination

besparen economize, save

bespeuren perceive

bespieden spy upon

bespoedigen accelerate, speed up

bespottelijk ridiculous

bespotten mock, ridicule

bespreekbureau booking office

bespreken talk about, discuss, talk over • (plaatsen) book

bespreking discussion • (recensie)

review

besproeien water, irrigate

bespuiten spray

bessensap berry juice

best best, excellent • *zijn ~ doen,* do one's best

bestaan *ww* be, exist, live • *~ uit* consist of • being, existence

bestand stock, file • *mil* truce • *bn* proof (against)

bestanddeel element • ingredien

besteden spend (on) • use

bestedingsbeperking economic squeeze

bestek (eetgerei) cutlery • (schatting) estimate, specification(s) • (op zee) reckoning

bestelauto delivery van

bestelen rob

bestellen order

bestelling order

bestemd voor bound for

bestemmen destine

bestemming destination

bestemmingsplan development plan

bestendig continual, lasting • (weer) settled

bestijgen (berg) ascend, climb • (troon, paard) mount

bestoken batter • assail

bestolen robbed

bestormen storm, assail

bestraffen punish (for)

bestralen shine upon • *med* ray

bestrating paving, pavement

bestrijden fight against • (voorstel) oppose • (bewering) contest • (kosten) defray

bestrijding fight • control

bestrijdingsmiddel pesticide
bestrooien sprinkle, strew
bestuderen study
besturen (schip) steer • (auto) drive • (land) govern, rule • (zaak) manage
bestuur government, rule • direction, administration • *dagelijks ~*, (managing) board, executive committee
bestuurbaar dirigible
bestuurder governor, administrator • (auto) driver • (vliegtuig) pilot
bestuursfunctie executive function
bestuurslid member of the board
betaalbaar payable
betaalcheque pay cheque
betaalkaart cashpoint card
betaalpas guarantee card
betalen pay
betaling payment
betalingsbalans balance of payments
betamelijk decent, becoming
betasten handle, feel
betekenen mean
betekenis meaning
beter better • *~ maken*, set right • set up • *~ worden*, be getting well, improve
beterschap improvement
beteugelen bridle, check
beteuterd perplexed, puzzled
betichten accuse (of), charge (with)
betogen demonstrate, argue
betoging demonstration
beton concrete • *gewapend ~*,

ferro-concrete
betoog argument
betoveren bewitch, enchant, fascinate, charm
betoverend enchanting, charming
betrachten do (one's duty) • practise (virtue)
betrappen catch, surprise • *op heterdaad~*, catch red-handed
betreden set foot on, enter
betreffen concern, regard
betreffende concerning, regarding, as for
betrekkelijk relative
betrekken move into • order • involve in
betrekking relation, condition, situation, place • *met ~ tot*, with regard to
betreuren deplore, regret
betrokken (lucht) cloudy • (gezicht) clouded, gloomy • *~ bij*, concerned in
betrouwbaar reliable
betuigen express
betwijfelen doubt (whether)
betwistbaar disputable, contestable
betwisten dispute, contest
beu tired (of)
beugel (gebit, been) braces • (tas, fles) clasp • (tram) bow
beuk (boom) beech • (v. kerk) aisle
beul hangman, executioner
beunhaas dabbler
beurs [*de*] (portemonnee) purse • (gebouw) exchange • (studiebeurs) scholarship • *bn* bruised

beursberichten *mv* quotations *mv*

beurt turn

beurtelings alternately, by turns

beuzelen dawdle, trine

bevaarbaar navigable

bevallen be confined (of a child) • (behagen) please • *het bevalt mij*, I like it

bevalling confinement

bevangen overcome (with sleep) • seized (with fear)

bevattelijk (vlug) intelligent • (begrijpelijk) intelligible

bevatten comprise, comprehend • (begrijpen) comprehend

beveiligen secure, safeguard

bevel order, command

bevelen order, command, bid

bevelhebber commander

beven shake, tremble, shiver

bever beaver

bevestigen fix, fasten • confirm, affirm

bevestigend affirmative

bevinden (zich) be

bevlieging whim

bevloeien irrigate

bevochtigen wet, moisten

bevoegd competent, qualified

bevoegdheid competence, competency, power

bevolking population

bevolkingsregister register (of population)

bevolkt populated

bevooroordeeld prejudiced

bevoorraden supply

bevoorrecht privileged

bevorderen (zaak) further • (persoon) advance, promote

bevordering furtherance, advancement, promotion

bevorderlijk conducive (to)

bevrachten freight • charter

bevredigen satisfy • appease

bevredigend satisfactory

bevreemding astonishment, surprise

bevreesd afraid, fearful

bevriend friendly

bevriezen freeze, congeal

bevrijden free, deliver, release

bevrijding liberation

bevruchten (plant) fertilize

bevuilen dirty, soil

bewaakt guarded

bewaarder keeper, guardian, custodian

bewaarplaats depository

bewaken watch (over), guard

bewaker keeper, watch

bewaking guards

bewapening armament

bewaren keep, preserve

bewaring deposit • keeping, preservation, custody • *in ~ geven* deposit

beweegbaar movable

beweeglijk movable • lively

beweegreden motive

bewegen move • stir • (overhalen) move, persuade, induce

beweging movement, motion

bewegingsvrijheid freedom of movement • elbow room

beweren assert, maintain

bewering assertion • allegation

bewerken work • (grond) till • (tot stand brengen) operate • (iem.) influence

bewerking working, operation
• adaptation • (van grond)
tillage
bewijs proof, evidence • (briefje)
receipt • ticket
bewijsstuk evidence • exhibit
bewijzen prove, demonstrate
• (betonen) show
bewind administration,
government, rule
bewogen affected, moved
bewolking clouds
bewolkt clouded
bewonderen admire
bewondering admiration
bewonen inhabit, dwell in, live
in, occupy
bewoner inhabitant • occupant
bewoonbaar (in)habitable
bewust conscious (of), aware (of)
• (bedoeld) in question
bewusteloos unconscious
bewustwording awakening
bewustzijn consciousness
bezadigd sedate, staid
bezeerd hurt
bezegelen seal
bezem broom • besom
bezeren hurt, injure
bezet occupied • (plaats) taken
bezeten possessed
bezetten occupy, take, invest
bezetting occupation
• (toneelstuk) cast
bezichtigen visit • see
bezielen animate, inspire
bezieling animation, inspiration
bezienswaardig worth seeing
bezienswaardigheid sight
bezig busy
bezigheid business, occupation

bezinksel sediment, deposit,
dregs *mv*
bezinning reflection • *tot ~
komen* come to one's senses
bezit possession
bezitten possess, own
bezitter possessor, owner,
proprietor
bezitting possession, property
bezoedelen soil, contaminate
bezoek visit, call
bezoeken visit • pay a visit, see,
call on
bezoeker visitor, guest
bezoeking visitation, trial
bezoekuren visiting-hours
bezoldigen pay
bezoldiging pay • salary
bezorgd anxious, solicitous
bezorgen (brengen) deliver
• (veroorzaken) give, cause
bezuiden (to the) south of
bezuinigen economize
bezuiniging economy
bezwaar problem • difficulty,
objection, scruple, drawback
bezwaarlijk difficult, hard
bezwaarschrift petition
bezwaren burden, load, weight
bezweet perspiring
bezweren swear, conjure
bezwijken break down, give
way, succumb (to) • die (of)
bibberen shiver
bibliothecaris librarian
bibliotheek library
bibs buttocks, bottom
bidden pray
biecht confession
biechtstoel confessional
biechtvader confessor

bieden offer • (verkoping) bid

biefstuk steak

bier beer

bierbrouwer brewer

bies rush • (op kleren) piping

bieslook chive

biet beet

big young pig, piglet

biggetje *Guinees* ~, guineapig

bij [de] (insect) bee • *vz bijw* by, with, at, near, about

bijbedoeling ulterior motive

bijbel bible

bijbels biblical

bijbetalen pay in addition

bijbetaling additional payment

bijbrengen (iem.) bring round • (iem. iets) teach

bijdehand smart, quick-witted

bijdrage contribution

bijdragen contribute

bijeen together

bijeenbrengen bring together, collect

bijeenkomst meeting, assembly

bijeenroepen call together, convoke

bijenkorf bee-hive

bijenteelt apiculture

bijgaand enclosed, annexed

bijgebouw outhouse, annexe

bijgeloof superstition

bijgelovig superstitious

bijgenaamd surnamed, nicknamed

bijgerecht side-dish

bijgeval by any chance

bijgevolg consequently

bijhouden keep up

bijkantoor branch-office • (post) sub-office

bijkeuken scullery

bijknippen trim

bijkomen come to

bijkomstig incidental

bijl axe, hatchet

bijlage appendix, enclosure

bijleggen add (to) • make up, accommodate

bijna almost, nearly • ~ *geen*, hardly any

bijnaam nickname

bijouterieën *mv* jewelry

bijpassend matching

bijschrift inscription, motto, postscript, legend

bijsmaak taste, flavour, tang • *fig* tinge

bijstaan help, assist, aid

bijstand assistance, aid

bijstellen adjust

bijster *het spoor* ~ *zijn*, be at sea

bijsturen correct

bijt gap

bijtanken refuel

bijten bite

bijtend biting • sarcastic

bijtijds in (good) time

bijval approval, applause

bijverdienste extra earnings *mv*

bijvoegen add, join, annex

bijvoegsel supplement, accessory, appendix

bijvoorbeeld for instance, for example

bijvullen fill up • top up

bijwonen be present at, attend

bijwoord adverb

bijzaak matter of secondary importance

bijziend near-sighted, myopic

bijzijn presence

bijzonder particular, special
bijzonderheid particularity • particular, detail
bikini bikini
bil buttock
biljart billiards
biljartbal billiard-ball
biljarten play (at) billiards
biljet ticket
billijk reasonable, just, fair • (prijs) moderate
billijken approve of
binden (bond • gebonden) bind, tie
binding tie, bond
binnen within, in • inside • indoors
binnenband inner tube
binnendringen penetrate
binnengaan enter
binnenhuisarchitect interior decorator
binnenin inside, within
binnenkant inside, inner side
binnenkomen enter
binnenkort shortly
binnenland interior
binnenlands inland, home, domestic • *Ministerie v. Binnenlandse Zaken*, Home Secretary
binnenlaten let in, admit
binnenplaats inner court, inner yard
binnenshuis indoors
binnensmonds under one's breath
binnenstad *Br* city centre • *Amer* downtown
binnenste inmost • inside
binnenvallen invade • drop in

(on)
binnenzak inside pocket
bioscoop cinema
biscuit biscuit
bisdom diocese, bishopric
bisschop bishop
bisschoppelijk episcopal
bits biting, snappy
bitter bitter
bivak bivouac
bizar bizarre
blaadje (v. boom) leaf • (dienblad) tray • (papier) sheet, piece of paper
blaam blame, blemish
blaar blister
blaas (in lichaam) bladder
blaasinstrument wind-instrument
blaasontsteking cystitis
blad (v. boom) leaf • (papier) sheet • (roeiriem) blade • (dienblad) tray • (krant) newspaper
bladwijzer bookmark
bladzijde page
blaffen bark
blakeren burn, scorch
blanco blank
blank white • (huid) fair
blanke white man/woman
blaten bleat
blauw blue
blauwtje *een ~ lopen*, get the mitten, be jilted
blazen blow • (kat) spit • (trompet) sound
bleek pale, pallid
bleekheid paleness, pallor
bleekmiddel bleach
blessure injury

bleu timid, shy, bashful
blieven zie *believen*
blij glad • happy
blijdschap joy, gladness
blijk token, mark, proof
blijkbaar apparent, evident, obvious
blijken be evident, be obvious • appear
blijkens as appears from
blijspel comedy
blijven stay, remain • continue, last • ~ *zitten*, miss his remove, stay down
blijvend lasting, permanent
blik [*de*] (oogopslag) glance, look • [*het*] (metaal) tin(-plate) • (bus) tin, (amer) can • (vuilnis) dustpan
blikgroente tinned vegetables
blikje tin, *Amer* can
blikken *bn* of tin • *ww* look, glance
blikopener tin-opener
blikschade bodywork damage
bliksem lightning
bliksemafleider lightning-conductor
bliksemen *zn* lightning
bliksemstraal flash of lightning
blind *bn* blind • (luik) shutter
blinddoek bandage
blinddoeken blindfold
blinde blind man (woman) • *kaartsp* dummy
blindedarm caecum • (wormvormig aanhangsel) appendix
blindedarmontsteking appendicitis
blindelings blindly

blindheid blindness
blinken shine, gleam, glimmer
blocnote jotter
bloed blood
bloedarmoede anaemia
bloeddorstig bloodthirsty
bloeddruk blood pressure
bloeden bleed
bloedgroep blood group
bloedig bloody
bloeding bleeding, hemorrhage
bloedneus bleeding nose
bloedonderzoek blood test
bloedsomloop blood circulation
bloedspuwing spitting of blood
bloedstelpend styptic
bloedtransfusie blood transfusion
bloeduitstorting effusion of blood
bloedvat blood-vessel
bloedvergieten bloodshed
bloedvergiftiging blood-poisoning
bloedverwant relation, relative
bloedworst black pudding
bloedzuiger leech
bloei flower(ing), bloom
bloeien bloom, blossom • *fig* flourish
bloeiend blossoming • *fig* flourishing, prosperous
bloem flower, blossom • (meel) flour
bloembol bulb
bloembollenkweker bulbgrower
bloembollenveld bulb-field
bloemist florist
bloemkool cauliflower
bloemlezing anthology
bloempot flowerpot

bloes blouse
bloesem blossom, bloom
blok block • (hout) log, billet
blokken plod (at), swot (at)
blokkeren blockade, block • (rekening) freeze
blond blond
blonderen bleach
bloot naked
blootshoofds bareheaded
blootstellen expose
blootsvoets barefooted
blos (gezondheid) bloom • (verlegenheid) blush • (opwinding) flush
blouse blouse
blozen blush, flush
bluf bragging, boasting
bluffen brag, boast (of)
blusapparaat fire-extinguisher
blussen extinguish
blut broke
blz. p(age)
bobine induction coil
bochel hump • hunch(back)
bocht bend, curve, turn • (zee) bay • (rommel) trash, rubbish
bochtig winding
bod offer • (verkoping) bid
bode messenger • usher
bodem bottom, ground, soil • territory • ship
boeddhisme Buddhism
boedel estate
boedelscheiding division of an estate
boef knave, rogue • convict
boeg bow
boegspriet bowsprit
boei handcuff • (drijf-) buoy
boeien put in irons • fig

captivate, fascinate
boeiend absorbing, fascinating
boek book
boekbinder bookbinder
boekdeel volume
boekdrukkerij printing-office
boeken book
boekenbon book token
boekenkast book-case
boekenrek book-rack
boekenstalletje bookstall
boekensteun book-end
boeket bouquet
boekhandel bookshop
boekhandelaar bookseller
boekhouden book-keeping
boekhouder book-keeper
boeking reservation
boekwinkel bookshop
boel a great deal • a lot
boeman bogy
boemelen knock about
boemeltrein slow train
boenen scrub
boenwas beeswax
boer peasant, farmer • (kaartsp) jack, knave
boerderij farm
boerenbedrijf farming
boerenkinkel yokel
boerenkool kale
boerin farmer's wife
boers rustic, boorish
boete penance • (geld-) penalty, fine, forfeit
boeten atone, expiate
boetseren model
boezem bosom • breast
bof (ziekte) mumps • (geluk) stroke of luck, fluke
boffen be lucky, be in luck

boiler (hot-water) heater

bok (he-)goat, buck • (rijtuig) box • (fout) blunder

bokking red herring, bloater

boksen box

bol *bn* (glas) convex • (zeil) bulging • (wang) chubby • [*de*] ball, globe • (bloem-) bulb

bolrond convex, spherical

bolvormig spherical, globular

bolwerk rampart • *fig* bulwark, stronghold

bom bomb

bomaanval bombing attack

bombardement bombardment

bombarderen bomb

bommenwerper bomber

bomvrij bomb-proof

bon ticket • cheek • coupon

bonboekje coupon-book

bonbon bonbon

bond alliance, league, union, confederation

bondgenoot ally, confederate

bondig succinct, concise

bonen beans

bons thump, bump • *de* ~ *geven*, jilt

bont fur • *bn* party-coloured, motley • mixed

bontjas, bontmantel fur coat

bonzen thump • (deur) knock at

boodschap (bericht) message • (opdracht) errand

boodschappen (inkopen) shopping

boodschappentas shopping bag

boog bow • (cirkel) arc • (gewelf) arch

boom tree • (paal) pole, bar

boomgaard orchard

boomkwekerij tree-nursery

boomstam tree trunk

boon bean • *bruine bonen*, kidney beans • *witte bonen*, white beans

boor drill

boord border, brim • (hals-) collar • board • *aan* ~ on board

boordevol brimful, chock-full

boordwerktuigkundige flight engineer

boortoren derrick

boorwater boracic water

boorzalf boracic ointment

boos angry • cross (with) • (slecht) bad, evil, wicked

boosaardig malicious, malign

boosheid anger • wickedness

booswicht wretch, villain

boot boat

boottrein boat-train

bootreis cruise

bootsman boatswain

boottocht boattrip

bootwerker docker

bord (v. eten) plate • (school) blackboard • (m. opschrift) sign

bordeel brothel

bordes flight of steps

bordpapier cardboard, pasteboard

borduren embroider

boren bore, drill, pierce

borg (persoon) surety, guarantee • (zaak) security • bail

borgsom deposit

borgtocht security, bail

borrel drink

borst (v. vrouw) breast, (borstkas) chest

borstbeeld bust

borstel brush
borstelen brush
borstkas chest
borstplaat fudge
borstvoeding breast feeding
borstwering parapet
bos [de] (sleutels e.d.) bunch,
bundle • (stro) truss • (haar)
tuft • [het] (m. bomen) wood,
forest
bosbessen bilberries
bosbouw forestry
bospad wood-path
bosrijk woody
boswachter forester
bot [de] (vis) flounder • [het]
(been) bone • bn (niet scherp)
blunt
boter butter
boterbloem buttercup
boterham slice of bread (and
butter)
botervlootje butter-dish
botsen bump, dash (against)
botsing collision • crash
botweg bluntly
bougie spark-plug • vette ~, oily
plug
bougiekabels ignition cable
bougiesleutel plug spanner
bouillon broth, beef-tea • clear
soup
bouillonblokje beef-cube
bout (staaf) bolt, pin • (v. dier)
quarter • (vogel) drumstick
bouw building • structure,
construction
bouwen build, construct
bouwkunde architecture
bouwland farmland
bouwpakket building,
construction set
bouwterrein building-site
bouwvakker builder
bouwvallig tumble-down,
ramshackle
bouwwerk building
• construction
boven vz above, upon, over • bijw
upstairs • above
bovenaan at the top
bovenal above all
bovenbuur upstairs neighbour
bovendien besides, moreover
bovengenoemd above-
mentioned
bovenhuis (upstairs) flat
bovenin at the top
bovenkant upper side
bovenlijf upper part of the body
bovenlip upper lip
bovennatuurlijk supernatural
bovenop on top
bovenstaand above(-mentioned)
bovenste upper(most)
bovenverdieping upper storey
bovenzijde upper side
bowlen bowl
box box • (auto) lock-up
• (kinderen) play-pen
• (luidspreker) speaker
braadpan frying-pan
braaf honest, good
braakmiddel emetic
braaksel vomit
braam blackberry
braden (pan) fry • (spit) roast
• (oven) bake
brak brackish, saltish
braken vomit • be sick
brancard stretcher
brand fire • blaze

brandbaar combustible
brandblusapparaat,
   brandblusser fire extinguisher
branden burn, be on fire • (koffie)
   roast
brander burner
branderig burning, burnt
brandewijn brandy
brandgevaar fire-risk
brandhout firewood
branding surf, breakers *mv*
brandkast safe
brandkraan fire-cock, fire-plug
brandladder fire-ladder,
   fireescape
brandmerk brand, stigma
brandnetel stinging nettle
brandpunt focus
brandspiritus methylated spirits
brandspuit fire-engine
brandstichter incendiary,
   fireraiser
brandstichting arson
brandstof fuel
brandstoffilter fuel filter
brandstofpomp fuel pump
brandtrap fire escape
brandverzekering fire insurance
brandweer fire brigade
brandweerman fireman
brandwond burn
brandzalf burn ointment
Brazilië Brazil
breed broad, wide
breedsprakig long-winded,
   verbose
breedte breadth • width • *geogr*
   latitude
breedvoerig ample,
   circumstantial
breekbaar breakable, fragile,

brittle
breekijzer crow-bar, jemmy
breien knit
brein brain, intellect
breinaald knitting-needle
breken break
brem (struik) broom • (zout)
   pickle, brine
brengen bring, take, carry
bres breach
bretels braces, suspenders *mv*
breuk burst, crack • (arm, been)
   fracture • (v. lichaamsvlies)
   hernia • (vriendschap) rupture
   • (traditie) break • (rekenen)
   fraction • *tiendelige ~*, decimal
   fraction
breukband truss
brevet certificate, patent
brief letter
briefkaart postcard
briefopener paper-knife
briefpapier writing-paper
briefwisseling correspondence
bries breeze
brievenbesteller postman
brievenbus (aan huis) letter box
   • (op straat) pillarbox
brievenweger letter-balance
bril (pair of) glasses *mv*,
   spectacles *mv* • (wc) seat
briljant brilliant
Brit Briton
Brits British
Brittannië Britain
broche brooch
brochure brochure
broeden brood, sit on eggs • *~*
   over, brood over
broeder brother
broederlijk brotherly, fraternal

broederschap brotherhood
broedsel brood, hatch
broeien (v. hooi) heat, get heated • *er broeit iets*, there is something in the wind
broeierig stifling
broeikas hothouse
broek (pair of) trousers • *korte ~*, shorts *mv*
broekje (slipje) panties
broekpak trouser suit
broer brother
brok lump • piece, morsel
bromfiets moped
brommen hum • (knorren) grumble
bron spring, fountain, source • *uit goede ~*, (on) good authority
bronchitis bronchitis
brons bronze
bronwater mineral water
bronzen bronze
brood bread • *een ~*, a loaf • *een half ~* half a loaf of bread • *geroosterd ~*, toast
broodbakker baker
broodbeleg sandwich fillings and spreads
broodje roll • *~ ham* ham roll • *~ kaas* cheese roll
broodrooster toaster
broodtrommel bread-tin
broodwinning living
broom bromide
broos frail, brittle, fragile
bros crisp, brittle
brouwen brew
brouwer brewer
brouwerij brewery
brug bridge
Brugge Bruges

brugwachter bridge-man, -keeper
bruid bride
bruidegom bridegroom
bruidsmeisje bridesmaid
bruidspaar bride and bridegroom, newly-married couple
bruidsschat dowry
bruikbaar useful, serviceable
bruikleen (free) loan
bruiloft wedding(party) • *gouden, koperen, zilveren ~*, golden, brass, silver wedding
bruin brown • *~ brood* brown bread
bruisen (zee) seethe, roar • (drank) fizz
brullen roar
Brussel Brussels
brutaal cheeky, rude
bruto gross, gross weight
bruusk abrupt
bruut brute • brutish
BTW = *belasting toegevoegde waarde* V.A.T. (value added tax)
budget budget
buffel buffalo
buffer buffer
buffet bar, buffet • (kast) sideboard
buffetjuffrouw barmaid
bui (regen) shower • (gril) freak, fit
buidel bag, pouch
buigbaar flexible, pliable
buigen bend, bow
buiging bow • (v. dame) curts(e)y
buigtang pliers
buigzaam flexible

buik abdomen, belly
buikloop diarrhoea
buikpijn belly-ache
buikvliesontsteking peritonitis
buil bruise, bump, swelling
buis tube, pipe, conduit
buit booty
buitelen tumble
buiteling tumble
buiten without, out of • outside, besides, except • *van ~*, by heart
buitenband tyre
buitenboordmotor outboard motor
buitengewoon extraordinary
buitenhuis country-house
buitenissig excentric
buitenkansje (stroke of) good luck
buitenkant outside
buitenland foreign countries • *in, naar het ~*, abroad
buitenlander foreigner
buitenlands foreign, exotic • *Ministerie v. Buitenlandse Zaken*, Foreign Secretary
buitenlucht open air
buitenshuis outdoors, out
buitenslands abroad
buitenspel (voetbal) offside
buitenspiegel driving mirror
buitensporig extravagant, excessive
buitenstaander outsider
buitenste outmost
buitenwijk suburb
bukken stoop, bow
buks rifle
bulderen (kanon) boom • (mens) bellow • (zee) roar

bulletin bulletin
bult hunch, hump(back) • (buil)lump, bump
bumper bumper
bundel bundle
bungalow bungalow
bungalowpark holiday park
bungalowtent family tent
burcht castle
bureau writing-desk • (kantoor) office
burgemeester burgomaster, (in Engeland) mayor
burger citizen, commoner • (geen militair) civilian • *in ~*, in plain clothes
burgerbevolking civil(ian) population
burgerij citizens *mv*
burgerlijk civil • (functie) civic • (niet deftig) plain
burgeroorlog civil war
burgerrecht civil right, citizenship
bus (brieven enz.) box • (autobus) bus • coach • (blik) tin • can
buschauffeur bus driver
busconducteur ticket collector
busdienst bus service
bushalte bus stop
businessklasse business class
buslichting collection
busstation bus station
buste bust
bustehouder brassiere, bra
busverbinding bus connection
butagas calor gas
buur neighbour
buurman neighbour
buurt neighbourhood • quarter • *in de ~* in the neighbourhood

• near here
buurvrouw neighbour
b.v. = bij voorbeeld for example,
    for instance, e.g.

C

ca. = *circa*, circa, about
cabaret cabaret
cabine cabin • (vrachtauto) cab
cacao cocoa
cactus cactus
cadeau present
cadeaubon gift token
café pub • café
cafetaria cafetaria, buffet
cake cake
camera camera
camoufleren camouflage
campagne campaign
camper camper
camping camping site
campinggas butane gas
Canadees Canadian
capabel able
cape cape
capitulatie capitulation
cappuccino cappuccino
capsule (pil) capsule
capuchon hood
caravan caravan
carbol carbolic acid
carburator carburetter,
    carburettor
cardanas propellor-shaft
cargadoor ship-broker
carnaval carnival
carrière career

carrosserie coach-work
carte: à la - à la carte
carter crankcase
casino casino
cassatie cassation, appeal
cassette (v. foto's) cartridge • (v.
    geluid) cassette
cassetterecorder cassette
    recorder
catalogus catalogue
catarre catarrh
cavalerie cavalry
cd CD
cd-rom CD-ROM
cd-speler CD player
ceintuur belt, sash, scarf
cel cell
cello cello
cellofaan cellophane
cellulair cellular
cement cement
censuur censorship
cent cent
centimeter centimetre
centraal central • *centrale
    verwarming* central heating
centrale (tel) exchange, *elektr*
    power-station
centraliseren centralize
centrum centre
ceramiek ceramics *mv*
ceremonieel ceremonial
certificaat certificate
champagne champagne
champignons mushrooms
chantage blackmail
chaos chaos
charter charter flight
chartervliegtuig chartered
    aircraft
chartervlucht charter-flight

chassis (auto) chassis • (foto) plate-holder
chatten chat
chauffeur driver
chef chief, head, leader • manager • boss
chemicaliën *mv* chemicals *mv*
chemicus chemist
chemie chemistry
cheque cheque
chic smart, stylish
China China
Chinees Chinese
chip chip
chips crisps
chirurg surgeon
chloor chlorine
chocola chocolate
chocolade chocolate
chocolademelk (koud) drinking chocolate • (warm) chocolate milk
choke choke
cholera cholera
christelijk christian
christen Christian
christendom Christianity
Christus Christ
chronisch chronic
cijfer figure
cilinder cylinder
cipier jailer, warder
circa about
circuit circuit
circulaire circular (letter)
circus circus
cirkel circle
citaat quotation
citroen lemon
citroenpers lemon-squeezer
civiel civil • (billijk) moderate,

reasonable
clandestien clandestine
clausule clause
claxon horn
cliché block • *fig* cliché
cliënt client
cliëntèle clients *mv*, clientele, customers *mv*
closetpapier toilet-paper
club club
cognac brandy
cognossement bill of lading
cokes coke
colbert jacket • (kostuum) lounge-suit
collect call reverse-charge call
collecte collection
collega colleague
college (les) college-course • lecture
collegiaal brotherly
colonne columm
coltrui polo-neck sweater
combinatie combination
comfort comfort
comité committee, board
commandant commander
commanderen command
commando (word of) command
commentaar commentary
commercieel commercial
commissaris (v. maatschappij) director • (politie) superintendent
commissie committee, board • (loon) commission
commissionair commission agent • ~ *in effecten*, stockbroker
communicatie communication
communie communion

communisme communism
communist communist
compagnie company
compagnon partner
compenseren compensate
compleet complete
complex complex
compliment compliment
complot plot, intrigue
componeren compose
componist composer
compote stewed fruit
compromitteren compromise
computer computer
concentratiekamp concentration camp
concentreren concentrate
concert concert • (v. één kunstenaar) recital • (stuk) concerto
concessie concession
conciërge hall-porter, caretaker
conclusie conclusion
concreet concrete
concurrent competitor, rival
concurrentie competition
conditie condition
condoleren condole (on)
condoom condom
conducteur (trein) guard • (tram, bus) conductor
confectie ready-made clothes *mv*
conférencier compere
conferentie conference
conflict conflict
conform in conformity with
congres congress
conjunctuur economic situation, economic trend
connectie connection
connossement bill of lading

consciëntieus conscientious
consequent consistent
consequentie consistency
conservatief conservative
conservatorium school of music
conserven *mv* preserves *mv*
conserveren preserve, keep
consignatie consignment
consigne orders *mv* • pass-word
constant constant • *bijw* constantly
constateren state, establish
constipatie constipation
constitutie constitution
constructie construction
consul consul
consulaat consulate
consult consultation
consultatiebureau health centre
consument consumer
consumptie consumption
contact contact • ~ *opnemen* get in touch
contactlens contact lens
contactpunten contact-breaker points
contactsleutel ignition key
contant cash • à ~, for cash • ~e *betaling*, cash payment
continubedrijf continuous industry
contra contra, versus, against
contract contract
contrast contrast
contributie subscription
controle check
controlelampje warning light
controleren verify, check
controleur controller
conventioneel conventional
conversatie conversation

coöperatie co-operation • (zaak) co-operative store(s)
corps corps, body
corpulent corpulent, stout
correct correct
correspondent correspondent • correspondence clerk
correspondentie correspondence
corrupt corrupt
cosmetica cosmetics
couchette berth
coulisse side-scene, wings *mv*
coupé compartment
couperen cut
couplet stanza
coupon coupon • (stof) remnant, cutting
coureur racing motorist
courgette *Br* courgette • *Amer* zucchini
couturier designer
couvert cover • (v. brief ook) envelope
couveuse incubator
crank crank
crèche crèche • day nursery
creditcard credit card
crediteren credit (with)
crediteur creditor
crematie cremation
cremeren cremate
crimineel criminal
crisis crisis • turning-point
criticus critic
croissant croissant
crossfiets cross-country bicycle
crucifix crucifix
cruise cruise
cultureel cultural
cultuur culture
curatele guardianship

curator curator, guardian • trustee
curiosa curios
cursief in italics
cursus course • *schriftelijke ~*, correspondence course
cycloon cyclone
cyclus cycle
cynisch cynical

D

daad deed, act, action
daar *bijw* there • *voegw* as, since because
daarbij near it • besides
daardoor through it • by that
daarentegen on the contrary, or the other hand
daarginds there • over there
daarna after that
daarom therefore, for that reason
daaromtrent thereabouts
daarop on that • upon (after) this, thereupon
daartoe for that purpose, to do so
daaruit from that
daarvan of that • from that
daarvoor for that • before that
dadel date
dadelijk direct • immediate • *bij* at once, immediately • *zo ~* presently
dader perpetrator, author • (v. strafbaar feit) delinquent
dag day • *per ~* per day • a day

• *dezer ~en,* the other day • *~!* (hallo) hi! • (tot ziens) bye!

agblad daily paper, newspaper
agboek journal, diary
agelijks every day • daily
agen (dagvaarden) summon • *het begint me te ~* it begins to dawn upon me
ageraad dawn, daybreak
agkaart day-ticket
aglicht daylight
agloner day-labourer
agretour day-return ticket
agschotel today's special
agtekenen date
agtocht day trip
agvaarden cite
agvaarding summons, writ
ahlia dahlia
ak roof • *onder ~ zijn,* be under cover, be provided for
akgoot gutter
akloos homeless
akpan tile
al valley
alen descend • (prijs, barometer) fall • (zon, prijs) go down
aling descent, fall, drop
am dam, dike
amast damask
ame lady
amesblad women's magazine
amesmode ladies wear
amestoiletten ladies (room)
amesverband sanitary towels
ammen play draughts
amp vapour
ampkring atmosphere
amschijf draughtsman
amspel draughts

dan then • (vergelijking) than
dancing dance hall
dank thanks
dankbaar thankful, grateful
dankbaarheid thankfulness, gratitude
danken thank • *te ~ hebben,* owe • *dank u,* (bij aanneming) thank you • (bij niet-aanneming) no thank you
dankzij thanks to
dans dance
dansen dance
danser(es) dancer
dansles dancing-lesson
dapper valiant, brave, gallant
dapperheid bravery, valour
darm intestine, gut • *dikke, dunne ~,* large, small intestine
dartel frisky • playful
das (dier) badger • (kleding) (strop~) tie • (sjaal) scarf
dashboard dashboard
dasspeld tie-pin
dat that • that one
dateren date
datgene that
datum date
dauw dew
daveren boom, thunder **de** the
de the
dealer dealer
debat debate, discussion
debatteren debate, discuss
debet debit
debiel mentally deficient
debiteren debit • *fig* retail
debiteur debtor
debrayeren declutch
debuut debut
december December

decimaalteken decimal point
decimeter decimetre
declameren recite
declaratie declaration • voucher
declareren charge • declare
decoratie decoration
deeg dough, paste
deel part, portion, share • volume
deelachtig worden obtain, participate in
deelbaar divisible
deelnemen partake, participate
deelneming participation • pity, sympathy, compassion
deels partly
deeltal dividend
deelwoord participle
deemoed humility, meekness
Deen Dane
Deens Danish
deerlijk grievously, piteously • badly
deernis pity, commiseration
defect zn defect, deficiency • bn broken down, out of order • ~ raken, break down
definiëren define
definitief definitive
deftig grave, dignified, stately • portly
degelijk substantial, sound, thorough, solid
degen sword
degene he, she (who)
deining swell • excitement
dek cover, bed-clothes mv • (v. schip) deck
dekbed duvet
dekblad wrapper
deken blanket • gewatteerde ~, quilt

dekken cover • lay (the table) • mark
dekmantel fig cover
deksel cover, lid
dekstoel deck-chair
delen divide
deler divisor
delfstof mineral
delging extinction (of a debt), amortization
delicatessen delicatessen
deling partition • division
delven dig
dement demented
democratie democracy
demonstreren demonstrate
demonteren dismantle, take apart
dempen (gracht) fill up • (geluid) deaden • (licht) subdue • (oproer) quell
den fir, fir-tree • grove ~, pine(-tree)
Denemarken Denmark
Den Haag The Hague
denkbaar imaginable
denkbeeld idea, notion
denkbeeldig ideal, imaginary
denkelijk likely
denken think
denkwijze way of thinking
dennenboom fir-tree
deodorant deodorant
departement department, office • zie verder ministerie
deponeren put down • deposit
deposito deposit • in ~, on deposit
depot branch-establishment, depot
derailleur derailleur gear

derde third

deren harm, hurt, injure

dergelijk such, similar

derhalve consequently, so

dertien thirteen

dertiende thirteenth

dertig thirty

dertigste thirtieth

desalniettemin nevertheless

deserteren desert

deserteur deserter

desinfecteren disinfect

deskundig(e) expert

desnoods if need be

desondanks for all that

dessert dessert

des te all the • so much the

destijds at (the) that time

detail detail • en ~, (by) retail

detective detective

detectiveroman detective-story, crime-story

deugd virtue

deugdelijk valid, sound • duly

deugdzaam honest, virtuous

deugniet rogue, rascal

deuk dent

deuntje air, tune

deur door

deurknop door-handle, knob

deurkruk door handle

deurwaarder process-server, usher, bailiff

devaluatie devaluation

devies decive, motto

deviezen mv (foreign) currency

deze this, these • ~ en gene, this one and the other • schrijver ~s, the present writer

dezelfde the same

dia slide

diabetes diabetes

diafilmpje slide film

diagnose diagnosis

dialect dialect

dialoog dialogue

diamant diamond

diaraampje slide mount

diarree diarrhoea

dicht closed

dichtbij nearby

dichten (poëzie) write verses/ poetry • (dichtmaken) close

dichter poet

dichterlijk poetic(al)

dichtstbijzijnd closest

dicteren dictate

die that • that one

dieet diet • op ~ on a diet

dieetvoeding dietary food

dief thief/thieves

diefstal theft

dienaar servant

dienblad (dinner-)tray

dienen serve

dienst service

dienstmeisje maid

dienstregeling time-table

dienstweigeraar conscientious objector

diep deep

diepgang (scheepvaart) profundity, draught • (figuurlijk) depth

diepte depth

diepvries zn freezer

diepvries (voedsel) frozen (food)

diepzinnig profound, abstruse

dier animal

dierbaar dear, beloved

dierenarts veterinary surgeon, vet

dierenbescherming (society for the) prevention of cruelty to animals
dierentuin zoo
dierenwinkel pet shop
dierkunde zoology
dierlijk animal, brute, brutish
diesel diesel
dieselmotor Diesel engine
dieselolie diesel oil
diëtist(e) dietician
dievegge (female) thief
differentieel differential gear
difterie, difteritis diphtheria
digitaal digital
dij thigh
dijbeen thighbone
dijk dike, bank, dam
dik fat • thick
dikte thickness, bigness
dikwijls often
dimlicht dimmed headlight
dimmen dim (the headlights)
diner dinner
dineren have dinner
ding thing
dingen bargain • ~ *naar*, compete for
dinsdag Tuesday
diploma certificate, diploma
diplomaat diplomat
diplomeren certificate
direct at once, directly
directeur (bedrijf) (managing) director • (school) headmaster • (schouwburg) manager
directie board, management
directrice directress • manageress • (ziekenhuis) matron
dirigent conductor
discipline discipline

disco disco
discotheek disco, discotheque
discriminatie discrimination
discussie discussion
diskette floppy disk
dissertatie thesis
distantiëren move away from, dissociate
distel thistle
distilleren distil
distributie distribution • (bij schaarste) rationing
district district
dit this • this one
divan divan, couch
dividend dividend
divisie division
dobbelen play dice, gamble
dobbelsteen die (mv dice)
dobber float
dobberen float, fluctuate
docent teacher, lecturer
doch though
dochter daughter
doctor doctor
document document
dode (gedode) one dead (killed)
dodelijk mortal, deadly, lethal
doden kill
doedelzak bagpipe
doe-het-zelf do it yourself
doek [de] cloth • [het] (schilderij) canvas • (schouwburg) curtain • (bioscoop) screen
doel target, aim, mark • purpose object • *sp* goal
doelbewust purposeful
doelloos aimless
doelmatig appropriate, efficient
doelpunt goal
doeltreffend effective

doelverdediger goal-keeper
doen do, perform, make
dof dull
dog mastiff, bulldog
dok dock
dokter doctor
dol mad, frantic, wild
dolen wander (about), roam
dolfijn dolphin
dolk dagger
dollar dollar
dom *bn* stupid, dull, silly • [*de*] (kerk) cathedral
domein domain, territory • (kroon-) crown land
domicilie domicile
dominee clergyman, minister
domineren dominate • play (at) dominoes
domkop blockhead
domoor dimwit
dompelen plunge, immerse
Donau Danube
donder thunder
donderdag Thursday • *Witte* ~, Maundy Thursday
donderen thunder
donker dark
donor donor
dons down, fluff
donzig downy, fluffy
dood [*de*] death • *bn* dead
doodgaan die
doodgeboren still-born
doodkist coffin
doodlopen come to a dead end
doodmaken kill
doodop dead-beat • knocked up
doods dead, death-like
doodsakte death certificate
doodsangst mortal fear, terror

doodsbleek deathly pale
doodshoofd skull
doodslaan kill, slay
doodslag manslaughter
doodsoorzaak cause of death
doodstil stock-still
doodstraf death-penalty
doodvonnis sentence of death
doof deaf
doofheid deafness
doofstom deaf and dumb
dooi thaw
dooien thaw
dooier yolk
doolhof labyrinth • maze
doom thorn, prickle
doop baptism, christening
doopsgezinde baptist
doopvont baptismal font
door by, through • ~ *en* ~, to the core • thoroughly
doorbakken well-done
doorboren pierce, stab, perforate
doorbraak (dijk) breach • *mil* break-through
doorbranden burn on • burn through • (lamp) burn out • (zekering) blow
doorbrengen pass, spend
doordacht well-considered
doordat because
doordringen penetrate
dooreen pell-mell
doorgaan go on • ~ *voor*, pass for
doorgaand continuous
doorgaans generally, usually
doorgang passage
doorgeven pass on
doorgronden fathom • see through
doorhaling erasure, cancellation

doorheen through
doorkneed versed in
doorkomen pass through
doorkruisen cross
doorlaten admit • go through
doorlichten X-ray
doorlopen move on • *doorlópen*, pass through
doorlopend continuous • (voorstelling) non-stop
doorn thorn
doornat wet through
doorregen streaky (bacon)
doorreis passage through • *op* ~ en route
doorschijnend translucent, diaphanous
doorschrappen strike out
doorslaan (gek worden) go mad
doorslaand conclusive
doorslag (kopie) carbon copy • *dat geeft de* ~, that's what turns the scale
doorslaggevend decisive
doorsmeren lubricate
doorsnede section, diameter
doorstaan endure, stand
doorsteken pierce, stab
doorsturen (post) forward • (verder sturen) send on
doortastend energetic
doortocht passage
doortrapt cunning, sly
doortrekken flush (the toilet)
doortrokken permeated, soaked
doorvaart passage
doorverbinden put through
doorvoer transit
doorvoerhandel transit trade
doorwaden wade through
doorweekt soaked, sodden

doorwrocht elaborate
doorzenden forward, send on
doorzetten push on, persevere
doorzettingsvermogen perseverance
doorzichtig transparent
doorzien look through
doorzoeken search, go through
doos box
dop (ei) shell • (boon) pod • (pen) top, cap
dopen baptize, christen • dip
doperwten green peas
doppen shell
dopsleutel socket wrench
dor barren, dry, arid
dorp village
dorpel threshold
dorpsbewoner villager
dorsen thresh
dorst thirst • ~ *hebben* be thirsty
dorstig thirsty
dosis dose
douane customs *mv*
douanebeambte customs officer
douanecontrole customs examination
douanekantoor customs office
douanier customes officer
douche shower
douchen (take a) shower
doven extinguish
dozijn dozen
draad (stof) thread • (metaal) wire
draadloos wireless
draadnagel wire-nail
draagbaar [de] litter, stretcher • *bn* portable, bearable
draagkracht ability to bear • (v. brug, schip) carrying capacity

draaglijk tolerable
draagtas carrier bag
draagvlak airfoil, plane
draai turn • twist, bend
draaibank lathe
draaiboek script
draaideur revolving door
draaien turn, spin, twist, wind • (tel) dial • *fig* shuffle
draaierig giddy, dizzy
draaikolk whirlpool, eddy
draaimolen merry-go-round
draaiorgel barrel-organ
draak dragon
dracht (kleding) dress, costume
draf trot
dragen carry • bear • (kleren) wear
dralen linger, loiter
drama drama
dramatisch dramatic(ally)
drang pressure, urgency
drank drink, beverage • *sterke ~,* liquor
drankzuchtig dipsomaniac
drassig marshy, swampy
draven trot
dreef alley, lane • *op ~ zijn,* be in splendid form
dreg grapnel, drag
dreigbrief threatening letter
dreigement threat
dreigen threaten, menace
drempel threshold
drenkeling drowned (drowning) person
drenken water • drench
dresseren (paard) break (in), (ander dier) train
dressoir sideboard
dressuur breaking-in, training

• *fig* drilling
dreumes mite, toddler
dreunen drone, rumble
drie three
driehoek triangle
driekwartsmaat three-four time
driemaal thrice, three times
driemaandelijks quarterly
driesprong three-forked road
driest bold, daring
drietal (number of) three
drievoud treble
drievoudig triple, threefold
driewieler tricycle
drift passion
driftbui tantrum
driftig passionate, quicktempered
drijfijs drift-ice, floating ice
drijfriem driving-belt
drijfveer incentive, motive
drijven (op vloeistof) float, swim • (doen voortgaan) drive • (zaak) run • (nat zijn) soaking wet
drillen drill
dringen push • crowd, throng • urge
dringend urgent, pressing
drinken drink
drinkglas drinking glass
drinkwater drinking water
droefenis sorrow, affliction
droefgeestig melancholy
droevig sad, sorrowful, doleful
drogen dry
drogist druggist, chemist
drogisterij druggist's (shop)
drogreden sophism
drom throng, crowd
dromen dream

dromerig dreamy
drommels! the deuce!
dronk drink • toast
dronkaard drunkard
dronken drunk
dronkenschap drunkenness
droog dry, arid • dull
droogdok dry-dock
droogkap (hood) hair dryer
droogleggen drain
droogte drought • dryness
droogtrommel tumble drier
droom dream
droombeeld vision
drop liquorice
droppel drop
drug(s) drug(s)
druif grape
druipen drip
druipnat dripping (wet)
druiven grapes
druivensap grape-juice
druivensuiker glucose, dextrose
druiventros bunch of grapes
druk *bn* busy, crowded • *[de]*
    (spanning) pressure • (boek)
    printing • (oplaag) impression,
    edition
drukfout misprint, printer's
    error
drukken press • print • squeeze
drukkend oppressive • (warm)
    sultry
drukker printer
drukkerij printing-office
drukknoopje press-button
drukknop push-button
drukmeter pressure-gauge
drukpers (printing-)press
drukproef proof
drukte stir, bustle, fuss

drukverband pressure bandage
drukwerk printed matter
drumstel set of drums
druppel drop
D-trein corridor-train
dubbel double
dubbelganger double
dubbelzinnig ambiguous,
    equivocal
duchten fear, dread
duchtig fearful, strong
duel duel
duet duet
duf fusty, stuffy
duidelijk plain, clear, distinct
duif pigeon, dove
duig stave • *in ~en vallen*, drop
    to pieces • *fig* fall through
duikboot submarine
duikbril diving goggles *mv*
duiken dive
duiker diver
duikuitrusting diving equipment
duim thumb
duimstok (folding-)rule
duin dune
duister dark, obscure, gloomy,
    dim • *fig* mysterious
duisternis darkness
Duits German
Duitser German
Duitsland Germany
duivel devil
duivels devilish, diabolical
duiventil pigeon-house, dovecot
duizelig dizzy • giddy
duizeling vertigo, fit of giddiness
duizend thousand
duizendtal a thousand
dulden bear, suffer, endure
dun thin, slender • (lucht) rare

dunk opinion
duo (motorfiets) pillion
duopassagier pillion-rider
duperen put out, harm
duplicaat duplicate, replica
duplo *in ~*, in duplicate
duren last
durf courage
durven dare
dus so, consequently, therefore
dusdanig such
duster overall
dutje doze, nap
duur [de] duration, length • *op de lange ~*, in the long run • *bn* dear, expensive, costly
duurte dearness, expensiveness
duurtetoeslag cost-of-living allowance
duurzaam durable, lasting
duw push
duwen push
dwaalspoor wrong track, red herring
dwaas [de] fool • *bn* foolish
dwalen roam, wander • err
dwaling error
dwang compulsion, constraint, coercion
dwangbevel warrant, writ
dwarrelen whirl
dwars transverse, cross- • *fig* contrary
dwarsbomen cross, thwart
dwarsstraat cross-street
dweepziek fanatic(al)
dweil floor-cloth, mop, swab
dweilen mop
dwepen met be all for, be enthusiastic about
dweper fanatic, devotee

dweperij fanaticism
dwerg dwarf, pygmy
dwingeland tyrant
dwingen constrain, compel, force, coerce
dwingend coercive
d.w.z. that is (to say), namely
dynamiet dynamite
dynamisch dynamic
dynamo dynamo
dynastie dynasty
dysenterie dysentery

E

eau de cologne eau de cologne
eb ebb, ebb-tide • low tide
ebbenhout ebony
echo echo
echt [de] (huwelijk) marriage, matrimony • *bn* real, legitimate, authentic, genuine • *bijw* really
echtbreuk adultery
echtelieden *mv* married people *mv*
echtelijk conjugal, matrimonial
echter however
echtgenoot husband
echtgenote wife
echtpaar couple
echtscheiding divorce
economie economy
economisch economic • (zuinig) economical
econoom economist
eczeem eczema
edel noble, precious

edelachtbaar honourable
edelman nobleman
edelmoedig generous
edelmoedigheid generosity
edelsteen precious stone • jewel
eed oath
eekhoorn squirrel
eelt callus
een a, an
één one
eend duck
eendracht concord
eenheid unit, unity
eenhoorn unicorn
eenjarig of one year • (plant) annual
eenmaal once
eenparig unanimous • (snelheid) uniform
eenpersoons for one person, single
eenpersoonsbed single bed
eenpersoonskamer single room
eenrichtingsverkeer one-way traffic
eens once, one day • *het ~ zijn*, agree
eensgezind unanimous
eensklaps suddenly
eensluidend ~ *afschrift*, a true copy
eenstemmig unanimous
eentje one
eentonig monotonous
eenvoud simplicity, plainness
eenvoudig simple, plain
eenzaam solitary, lonely, alone
eenzelvig solitary, self-contained
eenzijdig partial, one-sided
eer *voegw* before • *zn* honour
eerbaar chaste, virtuous

eerbewijs honour, homage
eerbied respect
eerbiedig respectful
eerder sooner, before
eergevoel sense of honour
eergisteren the day before yesterday
eerlijk honest, fair
eerlijkheid honesty
eerst first, firstly • *~e hulp*, first-aid • *~e klas* first class
eerstdaags one of these days
eersteklas first-class
eersterangs first class
eerstgenoemd former, firstmentioned
eerstvolgend next
eertijds formerly
eervol honourable
eerzucht ambition
eerzuchtig ambitious
eetbaar eatable, edible
eetgelegenheid eatery
eethuis eating-house • restaurant
eetkamer dining-room
eetlust appetite
eetservies dinner-service
eetwaar eatables
eetzaal dining-room
eeuw century, age
eeuwig eternal, perpetual
eeuwigheid eternity
eeuwwisseling turn of the century
effect effect • success
effecten *mv* stocks *mv*, securities *mv*
effectenbeurs stock exchange
effectenmakelaar stock-broker
effen (glad) smooth, even • (kleur) plain

effenen smooth, level
efficiënt efficient, businesslike
eg harrow
egaal level, smooth
egel hedgehog
egoïsme egoism
EHBO first-aid
EHBO-doos first-aid kit
EHBO-post first-aid post
ei egg • *gebakken ~*, fried egg, *zacht (hard) gekookt ~*, soft-(hard-) boiled egg
eierdopje egg-cup
eierlepel egg-spoon
eierschaal egg-shell
eigen own, private • peculiar, proper
eigenaar owner, proprietor
eigenaardig peculiar
eigenbaat self-interest
eigendom property
eigenhandig with one's own hand, by hand
eigenliefde self-love
eigenlijk true, proper(ly) • properly speaking, actual(ly)
eigennaam proper name
eigenschap quality, property
eigenwaan conceitedness, presumption
eigenwijs opinionated
eigenzinnig wayward, wilful
eik oak
eikel acorn
eiland island, isle
eilandengroep archipelago
einddiploma leaving certificate
eind(e) end, extremity • termination, conclusion
eindelijk finally, at last
eindeloos endless, infinite

eindexamen leaving examination
eindigen end, finish, cease
eindje length, piece
eindpunt terminus
eindstreep finish
eis demand, claim
eisen demand, claim
eiser claimant
eiwit white of an egg • albumen
ekster magpie
eksteroog corn
el yard
eland moose
elastiek elastic
elastisch elastic
elders elsewhere
elegant elegant, stylish
elektra electricity
elektricien electrician
elektriciteit electricity
elektrisch electric
elektriseren electrify
elektrocardiogram electrocardiogram
elektrode electrode
elektronica electronics
elektronisch electronic
element element
elementair basic
elf eleven
elfde eleventh
elftal eleven
elimineren eliminate
elite elite, pick
elk every, each
elkaar each other, one another
elleboog elbow
ellende misery
ellendeling wretch
ellendig miserable

els (boom) alder • (naald) awl
email enamel
e-mail e-mail, E-mail
e-mailen e-mail
emancipatie emancipation
emballage packing
embolie embolism
emigrant emigrant
emigreren emigrate
emmer bucket
emotioneel emotional
en and
encyclopedie encyclopedia
end end
energie energy
energiek energetic
enerzijds on the one side (hand)
eng (nauw) narrow, tight
• (griezelig) creepy
engel angel
Engeland England
Engels English
Engelse Englishwoman
Engelsman Englishman
engte strait, defile
enig sole, single • (kind) only
• unique • (leuk) good,
marvellous • ~e(n), some
enigermate in some degree
enigszins somewhat
enkel [de] (lichaamsdeel) ankle
• bn single • bijw merely, only
• ~e some • ~e reis single
(ticket)
enkeltje one-way ticket
enkelvoud singular
enkelvoudig singular
enorm enormous, huge
enquête inquiry, investigation
enten graft
enthousiast enthusiast, eager

entree entrance, admittance
entreebiljet ticket
entreeprijs admission fee
envelop envelope
enzovoort(s) (enz.) and so on
(etc.)
epidemie epidemic
epilepsie epilepsy
epileren depilate
epos epic (poem)
er there
erbarmelijk pitiful, pitiable
erbarmen pity, compassion
erbij ~ zijn, be there, ~ komen, be
added
ere honorary
eredienst worship
eren honour
erewoord word of honour
erf grounds, premises
erfdeel portion, heritage
erfelijk hereditary
erfelijkheid heredity
erfenis inheritance, heritage
erfgenaam heir
erfgename heiress
erfzonde original sin
erg bad, evil • very (much) • badly
(damaged, wanted) • geen ~
hebben, not be aware of
ergens somewhere, anywhere • ~
anders, somewhere else
erger worse
ergeren annoy
ergerlijk annoying, provoking,
shocking, irritating
ergernis annoyance
erheen ~ gaan, go there
erkennen acknowledge • admit, own
• recognize • admit, own
erkenning acknowledg(e)ment,

recognition
erkentelijk thankful, grateful
ernst earnest(ness) • seriousness • (gevaarlijk) gravity
ernstig serious • bad
erop on(to) it, in(to) it
erotisch erotic
ertoe ~ *bereid zijn*, be willing
erts ore
ervaren experienced, skilled
ervaring experience
erven inherit
erwten peas
erwtensoep pea-soup
es (boom) ash
escalatie escalation
eskader squadron
espresso espresso
essentieel essential
estafetteloop relay race
esthetisch aesthetic
etage floor
etagewoning flat
etalage (shop-)window
etaleren display
etappe stage
eten eat
eten, etenswaar food
etenstijd dinner- (lunch-, supper-) time
ethica ethics
ethisch ethical
etiket label
etmaal twenty-four hours
ets etching
etsen etch
etter matter, pus
etui case
euro Euro
eurocard Eurocard
eurocheque Eurocheque

Europa Europe
Europeaan European
Europees European
evacueren evacuate
evangelie gospel
even *bn* (v. getal) even • *bijw* (gelijk) equal(ly) • (eventjes) just, one moment
evenaar equator
evenals (just) as
evenaren equal, match
eveneens also, likewise
evenement event
evenmin als no more than
evenredig proportional
eventjes a little while
eventueel *bn* contingent, possible, potential • *bijw* this being the case
evenveel as much
evenwel however
evenwicht equilibrium, balance
evenwijdig parallel
evenzeer as much
ex ex
examen examination
excellentie excellency
excentriek eccentric
exclusief exclusive
excursie excursion
excuseren excuse
excuses apologies • ~ *maken* apologize
excuus excuse
exemplaar specimen, copy
exerceren drill
exercitie drill
exotisch exotic
expediteur forwarding-agent, shipping-agent
expeditie expedition • despatch

• shipment, forwarding
expert expert
exploitatie exploitation, working
export export(ation)
exporteren export
exporteur exporter
expositie exposition
expres on purpose
expresse, per by express
exprestrein express train
extase ecstacy, rapture
extern non-resident
extra extra, special
extract extract
extratrein special train
extreem extreme
ezel donkey, ass • (v. schilder) easel

F

faam fame, reputation
fabel fable • *fig* myth
fabelachtig fabulous
fabriceren manufacture
fabriek (manu)factory • works • mill
fabrieksmerk trade-mark
fabrikaat make
fabrikant manufacturer, maker
factuur invoice
faculteit faculty
failliet bankrupt
faillissement failure, bankruptcy
fakkel torch, flare
falen fail
familie (gezin) family, (verwanten) relatives, relations

familielid family member
familiepension private boarding-house
fan fan
fanatiek fanatic(ally)
fantasie phantasy, fancy
fantastisch fantastic
fascinerend fascinating
fascisme fascism
fat dandy, swell, prig
fataal fatal
fatsoen (beleefdheid) good manners • (vorm) fashion, cut, shape
fatsoenlijk respectable, decent
fauteuil arm-chair
favoriet favourite
fax fax
faxapparaat fax machine
faxen fax
fazant pheasant
februari February
fee fairy
feest feast, festival • party • festivity
feestdag (public) holiday
feestelijk festive, festal
feestmaal banquet
feestvieren celebrate
feit fact, matter of fact
feitelijk actual, real
fel fierce
felicitatie congratulation
feliciteren congratulate (on)
fenomeen phenomenon
ferm sound, thorough, energetic
festival festival
feuilleton serial
fier proud
fiets bicycle • bike
fietsbel (bi)cycle-bell

fietsen cycle
fietsenhok bicycle shed
fietsenmaker bicycle repairer
fietsenrek bicycle-rack
fietsenstalling bicycle-shelter
fietser cyclist
fietsketting bicycle chain
fietspad cycle track
fietspomp bicycle pump
fietssleuteltje key to bicycle lock
fietstas saddle bag
fietstocht cycling-tour
figurant super
figuur figure, diagram
figuurlijk figurative
fijn (kwaliteit) fine, choice
• (plezierig) nice, pleasant • ,
swell
fijngevoelig delicate
fijnmaken grind
fiks good, sound • hard
file traffic jam
filet (vis) fillet • (vlees) undercut
filevorming traffic congestion
filiaal branch establishment
film film • movie • *vertraagde* ~,
slow-motion picture
filmcamera camera
filmen film
filmjournaal newsreel
filmster film star
filosofie philosophy
filosoof philosopher
filter filter
filtersigaret filter-tip cigarette
finale *sp* final
financieel financial
financiën *mv* finance(s) • *Minister
v. Financiën*, Chancellor of the
Exchequer
finish finish

firma firm, house
firmant partner
fiscus treasury, exchequer
fit fit
fitness fitness training
fixeren fix • stare at
fladderen flutter, hover
flanel flannel
flank flank, side
flat *Br* flat • *Amer* apartment
flater blunder
flatgebouw apartment building,
block of flats
flatteus flattering, becoming
flauw faint, weak, insipid • flat
flauwte swoon, fainting fit
flauwvallen faint
flensje thin pancake
fles bottle • *een halve* ~... half a
bottle of
flesopener bottle-opener
flessengas Calor gas
flessenmelk bottled milk
flets faded, pale
fleurig *fig* bright
flikje chocolate-drop
flikkeren flicker, sparkle
flink good, considerable,
thorough
flirten flirt
flitsblokje flashcube
flitsen flash
flitser flash
flitslampje flash bulb
flonkeren sparkle, twinkle
flop flash-out
fluisteren whisper
fluit flute
fluiten whistle • (in schouwburg)
hiss
fluitist flute-player, flautist

fluitketel whistling-kettle
fluks quickly
fluor fluoride
fluweel velvet
foedraal case, sheath
foei fy!, for shame!
föhn hairdryer
föhnen blow dry
fokken breed, rear
folder flyer
folteren put to the rack • *fig* torture, torment
foltering torture
fonds fund, stock
fondsdokter panel doctor
fondue fondue
fonkelen sparkle
fonkelnieuw brand-new
fontein fountain
fonteintje wash-basin
fooi tip
foppen fool, cheat, hoax
forceren force
forel trout
forens commuter
formaat size
formaliteit formality
formeel formal
formule formula
formulier form
fornuis kitchen-range • cooker
fors robust, strong
fort fort
fortuin fortune
fosfaat phosphate
fosfor phosphorus
foto photo, picture
fotograaf photographer
fotograferen photograph • take pictures
fotografie photography

fotokopie photocopy
fototoestel camera
fouilleren search
fout [*de*] mistake • *bn* wrong
foyer foyer
fraai beautiful, pretty, handsome, fine
fractie fraction • group
framboos raspberry
frame frame
Française Frenchwoman
franco postfree, carriage paid
franje fringe
frankeren stamp, post-pay, prepay
frankering postage
Frankrijk France
Frans French
Fransman Frenchman
fraude fraud
frauduleus fraudulent
fresco fresco
Fries Frisian
fris fresh, cool • refreshing
frisbee frisbee
frisdrank soft drink
frisheid freshness
frites chips, *Amer* French fries
frituren fry
fronsen frown
front front
fruit fruit
frustratie frustration
fuif spree, party
fuiven feast, revel
functie function
functioneel functional
fundament foundation(s)
fungeren officiate
fusie merger
fut spunk, spirit

fysiotherapie physiotherapy

G

gaaf sound, whole, entire
gaan go
gaanderij gallery
gaar (doorbakken) well-done
gaas gauze
gadeslaan observe, watch
gading liking, choice
gal gall, bile
galant gallant
galavoorstelling gala night
galbulten *mv* hives
galerie picture gallery
galerij gallery
galg gallows
galm sound, resounding
galmen sound, resound
galop canter
gammel ramshackle
gang corridor • (mijn) gallery
• (loop) gait, walk • (snelheid)
speed, rate • (verloop, maaltijd)
course
gangbaar current
gangmaker pace-maker
gangpad path • gangway • aisle
gans *bn* whole, all • [*de*] (vogel)
goose (mv geese)
ganzenlever goose-liver
gapen yawn • *fig* gape
gaping gap, hiatus
gappen pinch
garage garage
garanderen guarantee
garantie guarantee

garantiebewijs warranty
garderobe (kleren) wardrobe
• (theater) cloakroom
garen thread, yarn
garnaal shrimp
garnituur set
garnizoen garrison
gas gas
gasfabriek gasworks
gasfles gas-container
gasfornuis gas-cooker
gashaard gas-fire
gaskomfoor gas ring
gaskraan gas-tap
gaspedaal accelerator
gasstel gas ring, gas burner
gast guest
gastarbeider foreign worker
gastenboek guest book
gastheer host
gasthuis hospital
gastvrij hospitable
gastvrijheid hospitality
gastvrouw hostess
gat hole, opening, gap
gauw soon
gauwdief thief
gave gift
gazon lawn, green
geacht dear
geadresseerde addressee
Geallieerden *de ~*, the Allied
Forces
geanimeerd lively, vivid
gearmd arm in arm
gebaar gesture
gebabbel prattle, chit-chat
gebak pastry, cake
gebakje tartlet
gebakken baked
gebed prayer

gebedenboek prayer-book
gebeente bones
gebergte mountain range
gebeuren happen, occur, chance, come about
gebeurtenis event, occurrence
gebied territory, area • region
gebieden command, order
gebiedend imperative, imperious
gebit (set of) teeth
gebod command • (bijbels) commandment
geboeid spell-bound
gebonden bound, tied • (soep) thick
geboorte birth
geboorteakte birth-certificate
geboortebeperking birth-control
geboortedatum date of birth
geboorteplaats birth-place
geboren born
gebouw building, edifice
gebraden roasted
gebrek (tekort) want • (fout) defect, default • (lichaam) infirmity • ~ *aan*, shortage of, lack of, want of • ~ *lijden*, be in want
gebrekkig defective, faulty • (persoon) invalid, infirm
gebroken broken
gebruik use, usage • habit, custom • employment • *voor eigen* ~ for personal use
gebruikelijk usual, customary
gebruiken use, employ • take
gebruiksaanwijzing directions *mv* for use
gebrul roaring
gecompliceerd complicated, complex

gedaagde defendant
gedaante shape, form, figure
gedaanteverwisseling metamorphosis
gedachte thought, idea
gedachtenis memory • (voorwerp) memento, keepsake
gedeelte part
gedeeltelijk *bn* partial • *bijw* partly, in part
gedenken remember
gedenkschrift memoir
gedenkwaardig memorable
gedeponeerd registered
gedeprimeerd depressed
gedeputeerde deputy
gedesoriënteerd disorientated
gedetailleerd detailed
gedicht poem
gedienstig obliging
gedijen thrive, prosper
gediplomeerd qualified
gedogen allow
gedrag behaviour, conduct, demeanour • bearing
gedragen (zich) behave
gedrang crowd, throng
gedrocht monster
gedrongen (stijl) compact • (mens) thick-set
gedruis roar, roaring
gedrukt (boek) printed • (stemming) depressed
geducht formidable
geduld patience, forbearance
geduldig patiënt
gedurende during, for
gedurig continual
gedwee meek, submissive

geel yellow
geelfilter light-filter
geelzucht jaundice
geen no, none, not any, not one
geenszins not at all, by no means
geest spirit, soul, mind, genius • wit • ghost, spectre • *de Heilige G~*, the Holy Ghost
geestdrift enthusiasm
geestelijk spiritual, intellectual • ecclesiastic, clerical
geestelijke minister • priest
geestelijkheid clergy
geestes- mental
geestesstoornis mental derangement
geesteziek mentally ill
geestig witty, smart
geestkracht energy, strength of mind
geestverwant congenial spirit • (political) supporter
geeuwen yawn
gefeliciteerd! congratulations!
gefluister whispering
geforceerd forced
gegadigde interested party • candidate
gegarandeerd warranted
gegeneerd embarrassed
gegeven fact
gegevens *mv* details • data
gegoed well-to-do • well-off
gegrond (well) founded
gehaat hated, hateful
gehakt minced meat
gehaktbal meat-ball
gehalte quality • percentage • (good) alloy
gehandicapt handicapped

gehard hardened, hardy
gehecht attached (to)
geheel whole, all, entire, full
geheim *zn* mystery • secret • *bn* secret, hidden
geheimzinnig mysterious
gehemelte palate
geheugen memory
gehoor hearing • (toehoorders) audience, auditory
gehoorapparaat hearing aid
gehoorzaam obedient
gehoorzaamheid obedience
gehoorzamen obey
gehucht hamlet
gehuwd married
geïnteresseerd interested
geïrriteerd annoyed
geiser geyser
geit goat
geitenkaas goat cheese
gejaagd hurried, agitated
gejuich shouting, cheering
gek [*de*] fool, madman • *bn* foolish, mad • *~ op*, very fond of • *voor de ~ houden*, make a fool of
gekheid folly, foolery • madness
gekkenhuis madhouse
gekleed dressed • dressed up
geklets twaddle, gossip
gekletter clattering
gekleurd coloured • stained (glass)
geknoei bungling • mess
gekoeld cooled • chilled
gekookt cooked • boiled
gekreukeld crumpled, creased
gekruid seasoned • spiced
gekunsteld artificial
gel gel

gelaat face, countenance
gelaatskleur complexion
gelach laughter, laughing
gelag *'t ~ betalen*, pay for the drinks • *fig* pay the piper
gelang *naar ~ van*, according to
gelasten order, instruct
gelaten resigned
gelatenheid resignation
geld money
geldautomaat cash dispenser
geldboete fine
gelden be worth • (geldig zijn) be in force • hold (good) • (betrekking hebben) concern, apply to
geldgebrek want of money
geldig valid
geldigheid validity
geldigheidsduur period of validity
geldstuk coin
geldswaarde money value
geleden past • ago, since • *een week ~* a week ago
geleerd learned
geleerde scholar, learned man
gelegen situated • (passend) convenient
gelegenheid opportunity, occasion
gelegenheids- occasional
gelei jelly, jam
geleide guidance • escort
geleidehond guide-dog
geleidelijk gradual(ly)
geleiden lead, conduct, convoy
geleider conductor
geleiding leading, conducting • conducting wire
geletterd literary

geliefd beloved, dear
gelieve please
gelijk similar, alike, equal • (vlak) even, level, smooth • *~ hebben*, be right
gelijken resemble, be like, look like
gelijkenis resemblance • (bijbels) parable
gelijkluidend identical, true
gelijkmaken level
gelijkmatig equable, even • uniform
gelijknamig of the same name
gelijkschakelen synchronize
gelijksoortig similar, homogeneous
gelijkstellen assimilate
gelijkstroom direct current
gelijktijdig simultaneous
gelijkvloers (on the) groundfloor
gelijkwaardig equivalent
gelinieerd ruled
gelofte vow, promise
geloof faith • belief • creed
geloofsbrieven credentials
geloofwaardig credible, trustworthy
geloven believe • think
gelovig faithful, believing
geluid sound, noise
geluidsbandje cassette tape
geluidsbarrière sound-barrier
geluidshinder noise pollution
geluimd in the mood for • *goed ~*, in a good temper
geluk happiness • (bof) fortune, (good) luck • *op goed ~*, on the off-chance, at random
gelukken succeed
gelukkig happy • (v. kans) lucky

• fortunate(ly), successful

gelukstelegram greeting telegram

gelukwens congratulation

gelukwensen congratulate

gemaakt made • *fig* affected

gemachtigde deputy, proxy

gemak comfort, ease, convenience • *op zijn ~*, at ease

gemakkelijk easy

gemaskerd masked

gematigd moderate, temperate

gember ginger

gemeen (vals) dirty • (algemeen) common

gemeenschap community, society • communication

gemeenschappelijk *bn* common, joint • *bijw* in common, jointly

gemeente municipality • (kerk) parish

gemeentebestuur municipality

gemeentelijk municipal

gemeenteraad town council

gemeenzaam familiar

gemenebest commonwealth

gemengd mixed, miscellaneous

gemeubileerd furnished

gemiddeld average

gemis want, lack

gemoed mind, heart

gemoedelijk kind

gemotoriseerd motorized

genaamd named, called

genade grace, mercy

genadeloos merciless

genadeslag finishing stroke

genadig merciful, gracious

gene that, the former • *aan ~ zijde van*, beyond

geneesheer doctor, physician

geneeskrachtig medicinal

geneeskunde medicine

geneeskundig medical

geneesmiddel medicine

genegen inclined, disposed to

genegenheid inclination

geneigd inclined to

generaal general

generaliseren generalize

generatie generation

generen, zich feel embarrassed

Genève Geneva

genezen *ww* (patiënt) cure • (wond) heal • (beter worden v. persoon) recover • (v. wond) heal • *bn* cured, better

genezing cure, recovery, healing

geniaal of genius, briljant

genie [*de*] *mil* engineering • [*het*] (begaafd persoon) genius

geniepig sneaky

genieten enjoy

genitaliën *mv* genitals *mv*

genius genius

genodigde guest

genoeg enough, sufficient(ly)

genoegdoening satisfaction

genoegen pleasure, delight • *het doet mij ~*, I am very glad to hear it

genoeglijk pleasant

genoegzaam sufficient

genoemd mentioned, said

genootschap society, corpora

genot enjoyment, delight

geoefend trained, expert

geografisch geographical

geoorloofd permitted

geopend open

gepast fit, proper, suitable • *~ geld* exact money • the exact sum • *met ~ betalen!* no change given • (in bus) exact fare

gepeins musing, pondering

gepensioneerd retired

gepeupel mob, rabble

gepraat talk

geraakt hit, touched • offended

geraamte skeleton • frame

geraas noise, clamour, din

geraffineerd refined

geraken come to, arrive

gerant manager

gerecht (court of) justice • tribunal • (eten) course, dish

gerechtelijk judicial, legal

gerechtigd authorized, qualified, entitled (to)

gerechtshof court of justice

gereed ready • *~ geld,* cash

gereedmaken make ready, prepare

gereedschap tools, utensils, instruments

gereformeerd Calvinist

geregeld regular, orderly

geremd inhibited

gereserveerd reserved • booked

gerief(e)lijk convenient, comfortable

gering slight • small • low

geringschatting disdain, disregard

gerinkel jingling

geritsel rustling

geroezemoes bustle

geronnen curdled, clotted

gerookt smoked

geroosterd roasted

geroutineerd expert

gerst barley

gerucht rumour, noise

geruim *~e tijd,* a long (considerable) time

gerust quiet, easy

geruststellen set at ease, reassure

gescheiden separated • divorced

geschenk present, gift

geschiedenis history

geschikt apt, fit, able, suitable, suited to, for

geschil difference, quarrel

geschoold trained, skilled

geschreeuw cries, shouts

geschrift writing

geschut artillery, guns

geselen whip, flog

geslaagd successful

geslacht generation, family • sex

geslachtsdelen *mv* genitals *mv*

geslachtsgemeenschap coition

geslachtsziekte venereal disease, sexually transmitted disease

geslepen sly, cunning • sharp

gesloten shut, closed • (mens) uncommunicative, close

gesorteerd assorted

gesp clasp

gespannen tight • tense

gespierd muscular, sinewy

gesprek conversation, talk • (tel) call • (tel) *in ~,* number engaged • *een ~ aanknopen* start a conversation

gespuis rabble, scum

gestadig continual, steady

gestalte figure, shape, stature, size

gesteente stone, rock

gestel constitution

gesteld (verondersteld) supposed • *~ op,* be fond of

gesteldheid nature • state, condition, situation

gestemd disposed

gesternte star(s), constellation

gesticht establishment • home

gestoffeerd furnished

gestolen stolen

gestommel noise

gestoord disturbed • *geestelijk ~*, mentally deranged

gestroomlijnd stream-lined

getailleerd waisted

getal number

getij tide

getikt nuts, daft

geteld entitled

getrouw faithful, true, loyal • exact

getrouwd married

getuige witness • (huwelijk) best man

getuigen testify, witness

getuigenis evidence, testimony

getuigschrift certificate, testimonial • (servant's) character

geul channel, gully

geur smell, odour

geurig sweet-smelling, fragrant

gevaar danger, peril, risk • ~ *lopen om*, run the risk of.. ing • *op het ~ af*, at the risk of

gevaarlijk dangerous, perilous

geval case, event • *in ieder ~*, in any case • *in geen ~*, on no account

gevangen imprisoned

gevangene prisoner, captive

gevangenis prison, jail

gevangennemen apprehend • capture

gevangenschap captivity, imprisonment

gevarendriehoek advance warning triangle (sign)

gevarieerd varied

gevat quick-witted, clever

gevecht fight, combat, action, battle

geveinsd feigned, simulated

gevel front, façade

geven give • present with • (kaartsp) deal

gever giver

gevestigd established

gevoel feeling, sentiment • (zin) feeling, touch

gevoelens *mv* sentiments *mv*

gevoelig sensitive

gevoelloos unfeeling, insensible, numb

gevogelte fowl, poultry

gevolg consequence • (personen) train, retinue • *ten ~e van*, in consequence of

gevolgtrekking conclusion

gevolmachtigde plenipotentiary • proxy

gevonden voorwerpen lost property

gevorderd advanced

gevreesd dreaded

gewaad garment, garb

gewaagd hazardous, risky

gewaarworden perceive

gewaarwording sensation • (vermogen) perception

gewapend armed • ~ *beton*, reinforced concrete

gewas crop

geweer gun, rifle

gewei horns, antlers *mv*

geweld force, violence
gewelddadig violent
geweldig powerful, mighty • ~!, wonderful!, terrific!
gewelf vault, arched roof
gewend accustomed, used (to)
gewennen accustom (to)
gewenning habituation
gewenst wished for, desirable
gewest region, province
geweten conscience
gewetenloos unscrupulous
gewetensbezwaar scruple, conscientious objection
gewettigd justified
gewezen late, former
gewicht weight • *fig* importance • *soortelijk* ~, specific gravity
gewichtig weighty • important
gewijd consecrated, sacred
gewild (in trek) much sought after, popular • (gekunsteld) affected
gewillig willing
gewis certain, sure
gewoel stir, bustle
gewond injured • wounded
gewonde injured person • wounded person
gewoon usual • common, ordinary, plain, normal
gewoonlijk usually, as a rule
gewoonte custom • habit
gewricht joint, articulation
gezag authority, power
gezagvoerder captain
gezamenlijk joint • *bijw* jointly, together
gezang song • (kerk) hymn
gezant minister
gezantschap embassy, legation

gezegde saying, expression
gezellig (persoon) sociable • (huis) homely • cosy
gezelschap company, society
gezelschapsspel round game
gezet corpulent, stout
gezeten well-to-do
gezeur complaining
gezicht (ogen) sight, look • (gelaat) face • (zicht) view, sight
gezichtsvermogen eye sight
gezien esteemed
gezin family
gezind disposed, inclined
gezindheid inclination • persuasion
gezindte sect
gezinshoofd head of the family
gezinshulp home help
gezinsverzorgster (trained) mother's help
gezocht (artikel) in demand, sought after • (argument) farfetched • (niet-natuurlijk) studied
gezond healthy, sound • (voedsel) wholesome
gezondheid health • *op uw* ~ here's to you! cheers!
gezwel tumour • swelling
gezwollen swollen • bombastic
gids (persoon) guide • (boekje) handbook
giechelen giggle
gier vulture
gieren scream • (v. wind) whistle
gierig miserly, avaricious, stingy
gierigaard miser, niggard
gierigheid avarice
gieten pour, (ijzer) cast

gieter watering-can
gietijzer cast iron
gif poison
gift gift • present • donation
giftig poisonous, venomous
gijzelaar hostage
gil shriek, yell
gilde guild, corporation
gillen yell, shriek
ginder (over) there
ginds yonder
gips plaster (of Paris)
giraf(fe) giraffe
gireren transfer
giro clearing • giro
girobetaalkaart Giro cheque
giropas Giro cheque guarantee card
girorekening transfer account, giro account
gissen guess, conjecture
gist yeast
gisten ferment, work
gisteren yesterday • ~*avond*, last night, yesterday evening • ~*morgen*, yesterday morning
gitaar guitar
glaasje small glass
glad smooth, polished • (straat) slippery • *fig* cunning
gladgeschoren clean-shaven
gladheid smoothness • slipperiness
glans (haar) gloss • (schoen) shine • *fig* splendour, brilliancy, glory, glamour
glas glass
glasblazerij glass-works
glashard hard as nails
glashelder crystal clear
glazen of glass

glazenwasser window-cleaner
glazig glassy
glazuur glaze, enamel
gletsjer glacier
gleuf groove, slot
glibberig slippery
glijbaan slide
glijden glide, slide, slip
glimlach smile
glimlachen smile
glimmen glimmer, glow, shine
glinsteren glitter, sparkle
globaal rough
gloed blaze, glow • *fig* ardour, fervour
gloednieuw brand-new
gloeien glow, be red-hot
gloeilamp glow-lamp, bulb
glooiing slope
glorie glory, splendour
gluiperig sneaky
glunderen beam
gluren peep, leer
goal goal
God God
goddelijk divine • heavenly
goddeloos impious, ungodly, unholy
godheid deity
godin goddess
godsdienst religion
godsdienstig religious
godsdienstoefening divine service
godslastering blasphemy
godvruchtig pious, devout
goed (waar) goods • (kleren) clothes, things • (landgoed) estate • *bn* good • (goedhartig) kind • *wees zo ~*, be kind enough • *~ zo*, well done! • *zo*

~ *als*, all but, practically
goedemiddag good afternoon
goedemorgen good morning
goedenacht good night
goedenavond (bij aankomst) good evening • (bij vertrek) good night
goedendag (bij afscheid) goodbye • (begroeting) good day
goederen (bezittingen) goods, property • (koopwaar) merchandise
goederentrein goods train
goedhartig kind-hearted
goedheid goodness
goedig good-natured
goedkeuren approve (of)
goedkeuring approval
goedkoop cheap
goedmaken repair • *fig* make (it) up
goedpraten gloss over
goedschiks willingly
goedsmoeds of good cheer
goedvinden approval
gokautomaat fruitmachine
gokken gamble
golf [de] wave, billow • (inham) bay, gulf • (spel) golf • *Golf van Biskaje*, Bay of Biscay
golfen play golf
golflengte wave-length
golfslag dash of the waves
golfterrein golf-links *mv*
golvend waving, undulating
gom gum
gonzen hum, buzz
goochelaar juggler, conjurer
goochelen show tricks
gooien cast, throw, fling

goor dingy, nasty
goot gutter, drain, gully
gootsteen sink
gordel girdle, belt
gordelroos shingles
gordijn curtain • *ijzeren* ~ iron curtain
gorgelen gargle
gort groats, barley
goud gold
gouden gold(en)
goudenregen laburnum
goudmijn gold-mine
goudsmid goldsmith
goudvis gold-fish
gouvernante governess
graad degree, rank, grade
graaf earl • (buiten Engeland) count
graafschap county, shire
graag *bn* eager • *bijw* gladly • willingly • *hij doet het* ~, he likes to do it • ~*!* yes, please • thank you
graan grain, corn
graat fish-bone, bone
grabbelen scramble for
gracht canal, ditch, moat
gracieus graceful
graf grave, tomb, sepulchre
grafkelder vault
grafschrift epitaph
grafsteen tombstone
gram gramme
grammatica grammar
grammofoon gramophone
grammofoonplaat (gramophone) record
granaat *mil* shell, (hand-) grenade
graniet granite

grap joke
grapefruit grapefruit
grappenmaker joker, buffoon
grappig funny, facetious, comic
gras grass
grasperk lawn, plot of grass
gratie pardon, grace
gratis gratis, free (of charge)
grauw grey
graven dig
graveren engrave, carve
gravin countess
gravure engraving
grazen graze
greep grip, clutch, handle
greintje particle, atom
grendel bolt
grendelen bolt
grens frontier, border • limit
grensgeval borderline case
grenspaal boundary-post, landmark
grensplaats border town
grenzeloos boundless, unlimited
grenzen border (on) • verge (on), confine
greppel ditch, trench
gretig avid, eager, greedy
grief grievance
Grieks Greek, Grecian
griep influenza • flue
grieperig ill with flu
griesmeel semolina
grieven grieve, offend
griezelen shiver, shudder
griezelig gruesome, creepy
grif readily, promptly
griffier clerk (of the court), secretary, recorder
grijns grin, grimace
grijnzen grin

grijpen catch, lay hold of, grasp
grijs grey
grijsaard old man
gril caprice, whim, fancy
grillig capricious, whimsical
grimas grimace
grimeren make up
grimmig grim
grind gravel
grindweg gravel-road
groef groove, furrow
groei growth
groeien grow
groen *bn* green • ~*e kaart* green card • [*de*] (stud.) freshman
groente vegetables
groenteboer greengrocer
groenteman greengrocer
groentesoep vegetable soup
groentewinkel greengrocer's shop
groep group
groepering grouping
groet greeting, salutation, salute
groeten *ww* greet, salute • *mv* regards
grof coarse, rough
grommen grumble, growl
grond land • ground, earth, soil • bottom • *fig* reason, cause
grondbeginsel principle
grondgebied territory
grondig thorough, profound
grondlegger founder
grondpersoneel *luchtv* ground staff
grondslag foundation
grondstof raw material
grondverf primer
grondvesten found
grondwet constitution

grondwettig constitutional
grondzeil ground sheet
groot big, large, great, tall, high • *in 't ~,* wholesale
Groot-Brittannië Great Britain
grootgrondbezitter large landowner
grootheidswaanzin megalomania
grootmoeder grandmother
grootmoedig magnanimous
grootouders *mv* grand-parents
groots grand, grandiose, majestic • (trots) proud
grootspraak boast(ing)
grootste biggest • largest
grootte largeness, bigness • greatness • size, magnitude
grootvader grandfather
gros gross • *fig* main body
grossier wholesale dealer
grot grotto, cave
grotendeels greatly
gruis grit • coal-dust
gruweldaad atrocity
gruwelijk abominable, horrible
GSM mobile phone
guit rogue
gul generous, liberal • (hartelijk) cordial, open-hearted
gulden (vroegere munt) guilder
gulp zip, fly
gulzig greedy, gluttonous
gulzigaard glutton
gummi (india-)rubber
gunnen grant • not envy
gunst favour • *te mijnen ~e,* in my favour
gunstig favourable, propitious
guur bleak, raw
gymnasium grammarschool

gymnastiek gymnastics
gympen *Br* trainers • *Amer* sneakers
gynaecoloog gynaecologist

H

Haag *Den ~,* The Hague
haag hedge
haai shark
haak hook
haakje (leesteken) bracket, parenthesis • *tussen twee ~s,* by the way
haakpen crochet-needle
haaks slanting
haakwerk crochet-work
haal stroke
haan cock • *~tje de voorste* the cock of the walk
haar *vnw* her • hair
haarborstel hairbrush
haard hearth
haardroger hair-drier
haarkloverij hair-splitting
haarlak hair spray
haarnetje hair-net
haarspeld hairpin
haarspeldbocht hairpin turn
haarstuk hairpiece, toupee
haarversteviger setting lotion
haas (dier) hare • (vlees) fillet, tenderloin
haasje-over leap-frog
haast (spoed) haste, speed, hurry • *bijw* (bijna) almost, nearly
haasten (zich) hasten, make haste, hurry up

haastig hasty, hurried
haat hatred
haatdragend resentful, rancorous
hachee hash
hachelijk precarious, perilous
hagedis lizard
hagel hail • (om te schieten) small shot
hagelbui hailstorm
hagelen hail
hak heel
haken hook • (handwerk) do crochet-work
hakkelen stammer, stutter
hakken chop, hew, hash, mince
hal hall • (hotel) lounge
halen fetch, get • draw • pull • (trein) catch
half half • ~ *acht*, half past seven
halfbloed half-caste
halfgaar half-done
halfpension half board
halfrond hemisphere
halfstok at half-mast
halfvol half-and-half
halfweg half-way
hallo! hello!
halm stalk, blade
hals neck, throat • (sul) simpleton • ~ *over kop*, head over heels
halsband collar
halsslagader carotid (artery)
halsstarrig headstron, obstinate
halswervel cervical vertebra
halt halt • ~ *houden*, halt
halte stop
halvemaan half-moon, crescent
halveren halve
halverwege half-way
ham ham

hamburger hamburger
hamer hammer
hamster hamster
hamsteren hoard
hand hand • *de* ~ *geven*, shake hands with • *van de* ~ *doen*, dispose of • *wat is er aan de hand?*, what is up?
handbagage hand luggage
handbal handball
handboek manual
handdoek towel
handdoekenrek towel-rack
handdruk handshake
handel trade, commerce • *zwarte* ~, black market • (kruk) handle
handelaar merchant, dealer, trader
handelbaar tractable, manageable
handelen act, do • ~ *in*, trade, deal (in)
handeling action, act • ~*en*, proceedings • *H~en der Apostelen*, Acts of the Apostles
handels- commercial
handelsbalans balance of trade
handelscorrespondentie commercial correspondence
handelsmerk trade mark
handelsreiziger commercial traveller, salesman
handelsverkeer commerce, trade
handelwijze proceeding, method
handenarbeid manual labour
handgebaar gesture
handgeklap applause
handgeld earnest-money, handsel
handgemaakt hand-made
handgemeen worden come to

blows
handgranaat (hand-)grenade
handhaven maintain
handicap handicap
handig handy, skilful
handigheid skill, adroitness
handkar barrow, hand-cart
handlanger helper • accomplice
handleiding manual, guide
handrem hand brake
handschoen glove
handschrift handwriting
• manuscript
handtas hand-bag
handtastelijk : ~ *worden* use violence, paw, become intimate
handtekening signature
handvat handle
handvol handful
handwerk trade, handicraft
• (*naaien*) needlework
handwerksman artisan
handwijzer hand-post, sign-post
handzaam handy
hangen hang
hanger hanger
hangerig listless
hangkast hanging wardrobe
hangmat hammock
hangslot padlock
hansworst Punch, buffoon
hanteren handle
hap bit(e), morsel
haperen not function properly
hapering (bij het spreken) hesitation • (storing) hitch
hapje bite, snack
happen snap, bite
happig ~ *op*, keen upon
hard hard • (snel) fast • (woorden)

harsh • (stem) loud
harddraverij trotting-race
harddrug hard drug
harden harden
harde schijf hard disk
hardgekookt hard-boiled
hardhandig hard-handed, rough, rude
hardheid hardness, harshness
hardhorend hard of hearing
hardlijvig constipated
hardnekkig obstinate, stubborn
hardop aloud
hardvochtig hard-hearted
harig hairy
haring (vis) herring • (voor tent) tent peg
hark rake
harken rake
harlekijn harlequin, buffoon
harmonica harmonica
harnas cuirass, armour
harp harp
hars resin
hart heart
hartaanval heart attack
hartelijk hearty • cordial
harten hearts
hartenaas ace of hearts
hartgrondig wholehearted
hartig salt, hearty
hartinfarct cardiac infarct
hartkloppingen palpitations of the heart
hartkwaal heart condition
hartpatiënt cardiac patient
hartroerend pathetic, moving
hartslag heart-beat
hartstocht passion
hartstochtelijk passionate
hartverlamming heart failure

artverscheurend heart-rending

asj hashish

atelijk hateful, odious

aten hate, detest

ausse rise

aveloos ragged, shabby

aven port, harbour

avenen damage

avenhoofd pier, mole

aver oats *mv*

avermout rolled oats • oatmeal porridge

avik hawk

azelnoot hazelnut, filbert

azenpeper jugged hare

azewind greyhound

ebben have (got)

ebzucht greed, covetousness

ebzuchtig greedy, covetous

echt solid, firm, strong

echten fasten, attach

echtenis custody, confinement • *in ~ nemen*, arrest

echtpleister sticking-plaster

ectare hectare

eden *bijw* to-day, this day • the present

edenavond this evening

edendaags present, modern

eel (geheel) whole, entire • (erg) very • *~ wat*, a good deal (of)

eelal universe

eelhuids unscathed

een away • *~ en terug*, there and back • *~ en weer*, to and fro

een-en-weer back-and-forth

eengaan go away, leave

eenreis outward journey

eer lord, gentleman, master • (kaartsp) king

heerlijk delicious

heerlijkheid (pracht) magnificence, glory • (landgoed) manor

heerschappij dominion, rule

heersen rule, reign

heerszuchtig dictatorial

hees hoarse

heester shrub

heet hot

heethoofd hothead

hefboom lever

heffen raise, lift • (belasting) levy

heffing raising • levying

hefschroefvliegtuig helicopter

heft handle, haft

heftig vehement

heg hedge

heide (landschap) heath, moor • (plant) heather

heiden heathen, pagan

heidens heathen, pagan

heien ram

heiig hazy

heil welfare • *rel* salvation • *veel ~ en zegen!*, a happy New Year

Heiland Saviour

heilig holy, sacred

heiligdom sanctuary

heilige saint

heiligheid holiness, sanctity

heiligschennis sacrilege

heilwens felicitation

heilzaam (geneeskrachtig) curative, healing • (weldadig) beneficial

heimelijk secret, clandestine

heimwee home-sickness

heinde en ver far and near

hek fence, railing, gate

hekel dislike • *een ~ hebben aan*,

dislike, hate
hekelen criticize
heks witch • *fig* vixen
hel [de] hell • bn bright, glaring
helaas! alas!, unfortunately held
hero
held hero
heldendaad heroic deed
heldenmoed heroism
helder clear, bright • (rein) clean
helderziend clear-sighted
• (medium) clairvoyant
heldhaftig heroic
heldin heroine
heleboel many, a lot
helemaal wholly, totally, entirely,
quite
helen (beter maken) heal, cure
• (beter worden) heal
• (gestolen goed) receive
helft half
helikopter helicopter
hellen incline, slant, slope
helling slope
helm (hoofddeksel) helmet
• (gras) bentgrass
help! help (me)!
helpen help, assist, aid, be of use
• *wij kunnen het niet ~*, it is not
our fault
hels hellish, infernal
hem him
hemd (overhemd) shirt
• (ondergoed) vest
hemel sky • (godsd.) heaven
• (troon) canopy
hemellichaam heavenly body
hemels divine
Hemelvaartsdag Ascension-day
hen [de] (kip) hen • vnw them
hengel fishing-rod

hengelen angle
hengelsport angling
hengsel hinge, handle
hengst stallion
hennep hemp
herademen breathe again
herberg inn, pub(lic house)
herdenken commemorate
herdenking commemoration
herder shepherd
herdershond sheep-dog
herdruk reprint
herenboer gentleman-farmer
herenigen reunite
herenkleding men's wear
herentoilet gents
herexamen re-examination
herfst autumn
herfstdraden mv gossamer
herhaaldelijk again and again,
repeatedly
herhalen repeat
herhaling repetition
herinneren *zich ~*, remember,
recollect • *iem. ~ aan*, remind
one (of)
herinnering memory,
remembrance, recollection
herkauwer ruminant
herkennen know again,
recognize
herkenningsmelodie signature
tune
herkiezen re-elect
herkomst origin
herleiden reduce
herleiding reduction
herleven revive
herleving revival
hermelijn ermine
hermetisch hermetic

ernia slipped disc
ernieuwen renew
ernieuwing renewal
eroïne heroin
eroveren reconquer, recapture
errie noise
erroepen recall, revoke
erscheppen regenerate, transform
ersenen *mv* brain(s)
ersenschudding concussion
ersenvliesontsteking meningitis
erstel repair • (zieke) recovery
erstellen mend, repair • (fout) correct • (schade) make good • (zieke) recover
erstelling repairing, recovery
erstellingsoord sanatorium
erstructurering restructuring
ert deer, stag
ertog duke
ertogdom duchy
ertogin duchess
ertrouwen marry again, remarry
ervatten resume
ervormd reformed
ervorming reform • (kerk) reformation
erwaarts hither, this way
erzien revise
erziening revision **het** the, it, he, she **heten**
et the • it
eten name, call • be named, be called • *ik heet...* my name is ... • *hoe heet je/u?* what's your name? • *hoe heet het?* what's it called?
eterdaad *op ~*, red-handed

hetgeen what, which
hetzelfde the same
hetzij either... or • whether... or
heuglijk joyful • memorable
heulen be in league with
heup hip • (v. dier) haunch
heus *bn* courteous, kind • *bijw* really
heuvel hill
heuvelachtig hilly
hevel siphon
hevig vehement, violent
hevigheid vehemence
hiaat hiatus • gap
hiel heel • *iem. op de ~en zitten*, be close upon one's heels
hier here • *~ en daar*, here and there
hierbij enclosed, hereby
hierdoor by this
hierheen hither • this way
hiermede herewith, with this
hierna after this
hiernaast next door
hiernamaals hereafter
hierop upon this, hereupon
hiervan of that, about this
hij he
hijgen pant, gasp
hijsen hoist
hik hiccup, hiccough
hikken hiccup, hiccough
hinde hind, doe
hinder nuisance, trouble
hinderen hinder, impede, inconvenience, trouble
hinderlaag ambush
hinderlijk annoying, troublesome
hindernis obstacle, hindrance
hinderpaal obstacle

hinkelen (kinderspel) hop
hinken limp
hinniken neigh, whinny
historie history
historisch historic
hitte heat
hittegolf heat wave
hobbel bump
hobbelig rugged, uneven
hobbelpaard rocking-horse
hobby hobby
hockey hockey • *(Amer)* field hockey
hoe how • ~ *eerder* ~ *liever*, the sooner the better • ~ *langer* ~ *erger*, worse and worse • ~ *langer* ~ *meer*, more and more
hoed hat
hoedanigheid quality, capacity
hoede guard, care • *op zijn* ~, on one's guard
hoef hoof
hoefijzer horseshoe
hoek corner
hoekplaats corner-seat
hoektand eye-tooth
hoen hen
hoepel hoop
hoer whore
hoera hurray
hoes cover, dust sheet
hoeslaken fitted sheet
hoest cough
hoestdrank cough mixture
hoesten cough
hoeve farm
hoeveel how much/many
hoeveelheid quantity
hoeven need
hoewel although
hof [*de*] (tuin) garden • [*het*] (v.

vorst) court
hoffelijk courteous
hofhouding court
hofmeester steward
Hogerhuis House of Lords
hogeschool university
hogesnelheidstrein high-speed train
hok (hond) kennel • (varken) sty • (kolen) shed • (kamer) hole, den
hol cave • (dier) hole, den • *bn* hollow, empty
Holland Holland, the Netherlands
Hollander Dutchman • *de* ~*s*, the Dutch
Hollands Dutch
Hollandse Dutchwoman
hollen run
holletje *op een* ~, at a scamper
holte cavity • (hand) hollow
hom milt, soft roe
hommel drone, bumble-bee
homo gay
homoseksueel homosexual, gay
homp lump • (brood) chunk
hond dog
hondenhok (dog-)kennel
hondenweer beastly weather
honderd hundred
honderdste hundredth
honderdtal a (one) hundred
honds doggish • brutal
hondsdolheid rabies
honen jeer at, insult
Hongaar(s) Hungarian
Hongarije Hungary
honger hunger • ~ *hebben*, be hungry
hongerig hungry

hongersnood famine
honing honey
honingraat honeycomb
honkbal baseball
honorarium fee
honoreren pay • honour
hoofd head • chief, leader • (school) headmaster • (artikel) heading
hoofd- principal, main
hoofdarbeider brainworker
hoofdartikel leading-article, leader
hoofdbureau head-office • police office
hoofddeksel head-gear
hoofddoek scarf
hoofdeinde head
hoofdfilm feature, (main) film
hoofdgerecht main course
hoofdkussen pillow
hoofdkwartier headquarters *mv*
hoofdletter capital
hoofdpersoon principal person
hoofdpijn headache
hoofdpostkantoor main post office
hoofdredacteur editor-in-chief
hoofdrol leading part
hoofdstad capital
hoofdstuk chapter
hoofdverkeersweg mainroad, arterial road
hoofdweg major road
hoofdzaak main point
hoofdzakelijk principally, chiefly, mainly
hoofdzuster head-nurse
hoofs courtly, court
hoog high • tall, lofty • exalted
hoogachtend yours faithfully

hoogachting respect, esteem
hoogconjunctuur boom
hoogdravend high-flown, pompous
hooggeacht ~*e heer*, Dear Sir
hooghartig proud, haughty
hoogheid highness
Hooglander Highlander
hoogleraar professor
hoogmis high mass
hoogmoed pride
hoogoven blast-furnace
hoogseizoen high season
hoogspanning high tension
hoogstaand superior
hoogstens at (the) most
hoogte height • elevation, hill • altitude • *op de ~ zijn*, be well informed
hoogtepunt culminating point
hoogtevrees vertigo
hoogtezon sunlamp
hoogvlakte plateau, tableland
hooi hay
hooiberg haystack
hooien make hay
hooikoorts hayfever
hoon insult, taunt
hoop (stapel) heap, pile • (massa) crowd, multitude • (verwachting) hope
hoopvol hopeful
hoorbaar audible
hoorn horn • bugle
hoorspel radio play
hopeloos hopeless
hopen hope (op, for)
horde *sp* hurdle • (troep) horde, troop, band
horeca hotel and catering industry

horen *ww* hear • *zn* zie *hoorn*
horizon horizon
horizontaal horizontal
horloge watch
horlogebandje watch-strap
horzel horse fly
hospita landlady
hospitaal hospital, infirmary
hossen jig
hostie host
hotel hotel
hotelier hotel-keeper
houdbaar tenable • ~ *zijn* (be)
　non-perishable
houden hold • keep • ~ *van*, (iets)
　like, (iem.) love
houding bearing, carriage,
　posture, attitude
housen house dance
houseparty house party
hout wood • timber
houten wooden
houthakker wood-cutter
houtskool charcoal
houtsnede woodcut
houtvester forester
houvast hand hold • *fig* hold
houw cut, gash
houweel pickaxe
houwen hew
hozen scoop
huichelaar hypocrite
huichelachtig hypocritical
huichelen dissemble • feign
huid skin • hide
huidarts dermatologist
huidig present, modern • current
huig uvula
huilen (dier) howl, whine • (mens)
　cry, weep
huis house • home • *naar* ~,

home
huisarts general practitioner
huisbaas landlord
huisbewaarder care-taker
huisdier pet
huisdokter zie *huisarts*
huiselijk domestic, homely
huisgenoot housemate
huisgezin family
huishoudelijk economical
　• domestic
huishouden household
huishoudgeld housekeeping
　money.
huishoudster housekeeper
huishuur house-rent
huiskamer sitting-room, living-
　room
huisknecht man-servant • (hotel)
　boots
huisraad furniture
huissleutel latchkey
huisvesting lodging,
　accommodation
huisvrouw housewife
huiswaarts homeward
huiswerk home tasks
huiszoeking house search
huiveren shiver • (vrees) shudder
huiverig shivery • *fig* shy
huivering shiver(s), shudder
huiveringwekkend horrible
huizen house, live
hulde homage, tribute
huldigen do (pay) homage to
hullen wrap (up)
hulp aid, help, assistance • *eerste*
　~, first-aid
hulpbehoevend needy, infirm
hulpbron resource
hulpeloos helpless

hulpmiddel expedient, makeshift
hulpvaardig helpful
hulpwerkwoord auxiliary verb
huls pod • cartridge-case
hulst holly
humeur humour, mood
humeurig moody
humor humour
hun *bez vnw* their, *pers vnw* them
hunkeren hanker after
huppelen hop, skip
hups nice, kind
huren rent • hire
hurken squat (down)
hut hut • cottage • *scheepv* cabin
hutkoffer cabin-trunk
huur rent, hire • lease • *te ~*, to let
huurauto rental car
huurder hirer, tenant
huurhuis rented house
huurkoop hire-purchase (system)
huurprijs rent
huwelijk marriage
huwelijksaanzoek proposal
huwelijksreis wedding-trip, honeymoon
huwelijksvoorwaarden *mv* marriage contract
huwen marry, wed
huzaar hussar
hyacint hyacinth
hygiëne hygiene
hygiënisch hygienic
hyperventilatie hyperventilation
hypotheek mortgage
hypotheekbank mortgage bank

I

ideaal ideal
idee idea, notion
idem the same, ditto, do
identificatie identification
identificeren identify
identiteitsbewijs identity paper
idioot *bn* idiot • *bijw* idiotic
idylle idyl
ieder (een ieder) each one • (elke) each • every
iedereen everybody, everyone
iemand somebody, any body • someone
iep elm(tree)
Ier Irishman
Ierland Ireland
Iers Irish
iets something, anything
ijdel vain
ijdelheid vanity
ijken gauge
ijl thin, rare
ijlen basten, hurry on • (in koorts) rave, wander
ijlings hastily
ijs ice • (consumptie~) ice-cream
ijsbaan skating-rink
ijsbeer polar bear
ijsblokje ice-cube
ijsco ice-cream
ijscoman ice-cream vendor
ijselijk horrible, frightful
ijsje ice-cream, ice
ijskast refrigerator
ijskegel icicle
ijskoud cold as ice, icy
ijslolly ice lolly

ijspegel icicle
ijssalon ice-cream bar
ijsschots floe
ijver zeal, diligence, ardour
ijverig diligent
ijzel black ice
ijzen shudder, shiver
ijzer iron
ijzerdraad iron wire
ijzeren iron
ijzergieterij iron-foundry
ijzerwaren *mv* hardware
ijzig icy • gruesome
ik I
illegaal illegal, clandestine
illegaliteit resistance movement
illusie illusion
illustratie illustration
illustreren illustrate
imitatie imitation
immers for
immuun immune
imperiaal roof-rack
imponeren impress
import import
importeren import
importeur importer
in (binnen) in • inside • (naar
binnen) into
inademen breathe, inhale
inbeelding imagination
• selfconceit
inbegrepen included
inbinden bind • *fig* climb down
inblazing instigation • suggestion
inboedel furniture
inboezemen inspire
inboorling native
inborst character, nature
inbraak burglary
inbreker burglar

inbreuk infraction • ~ *maken*,
encroach upon
incasseren cash, collect
incassobureau collection agency
incheckbalie check-in desk
inchecken check in
incident incident
inclusief including
inconsequent inconsistent
indachtig mindful of
indelen divide, group, class
• incorporate in
indeling division, classification
inderdaad indeed
indertijd at the time
indexcijfer index figure
indiaan (Red) Indian
indien if, in case
indienen present • bring in
individu individual
individueel individual
indoctrinatie indoctrination
Indonesië Indonesia
indopen dip in(to)
indringen penetrate into
indringer intruder
indringerig intrusive
indruk impression
indrukwekkend impressive
industrialiseren industrialize
industrie industry
industrieel [*de*] manufacturer • *bn*
industrial
ineens all at once, suddenly
ineenstorting collapse
ineenzakken collapse
inenten vaccinate
inenting vaccination
inentingsbewijs vaccination
certificate
infanterie infantry, foot

infecteren infect
infectie infection
inflatie inflation
influenza influenza, flu
informatie information
informatiebureau inquiry-office
informeren inquire
ingaan enter, go into
ingang entrance • *met ~ van*, as from, with effect from
ingelegd (vloer) inlaid • (zuur) preserved, pickled
ingenaaid paper bound
ingenieur engineer
ingesloten enclosed • included
ingetogen modest
ingeval in case
ingeving prompting, suggestion, inspiration
ingevolge pursuant to
ingewanden *mv* bowels, entrails, intestines
ingewijde initiate, insider
ingewikkeld intricate, complicated
ingeworteld inveterate
ingezetene inhabitant
ingrediënt ingredient
ingrijpen intervene, encroach (upon)
ingrijpend radical
inhaalverbod overtaking prohibition
inhalen take in, haul in • (oogst) gather in • (verkeer) overtake • (tijd) make up for
inhaleren inhale
inhalig greedy, covetous
inhechtenisneming arrest
inheems native, indigenous

• home-bred
inhoud contents
inhouden contain • hold, keep back
initiatief initiative
injectie injection
injectiespuit (injection) syringe
inkijken look into
inklaren clear
inkomen income • *ww* enter
inkomsten revenu
inkomstenbelasting income tax
inkoop purchase • *inkopen doen* shop
inkoopsprijs cost price
inkopen buy, purchase
inkt ink • *Oost-Indische ~,* Indian ink
inktkoker inkstand
inktvis octopus
inktvlek ink-blot, ink-stain
inkwartieren billet, quarter
inladen load • put on board
inlander native
inlands native, home-, home-made • home-bred
inlassen insert, intercalate
inleg stake, deposit
inleggen put in
inlegkruisje panty liner
inleiding introduction
inleveren deliver up, send in
inlichten inform
inlichting information • *~en geven,* inform • *~en inwinnen,* make inquiries • *~en vragen* make inquiries
inlichtingenbureau inquiry-office
inlijsten frame
inlijving incorporation
inlopen enter • *schoenen ~,* break

in shoes
inlossen redeem
inmaak preservation • preserves
inmaken preserve
inmenging meddling, interference • intervention
inmiddels in the meantime, meanwhile
innemen take (in) • (medicijn) take • *fig* captivate, charm
innemend taking, winning
innen collect, cash
innerlijk inward, internal
innig tender, fervent
inpakken pack (up), wrap up
inpolderen reclaim
inprenten imprint, impress
inramen (dia's) mount
inrichten arrange • (huis) fit up • furnish • (winkel) fit
inrichting arrangement, layout • (huis) furniture • (gebouw) establishment
inrijden (auto) run in
inroepen invoke
inruilen exchange (for)
inschakelen throw into gear • *rtv* switch on • *fig* include (in), introduce (into)
inschenken pour out
inschepen embark, ship
inscheping embarkation
inschikkelijk obliging, compliant, accommodating
inschrijfgeld registration fee
inschrijven inscribe, book • enroll, enter
inschrijving subscription • enrollment • entry
insect insect
insectenpoeder insect powder

insgelijks likewise • ~!, the same to you!
insigne badge
inslaan (paal) drive in • (ruit) smash • (opdoen) lay in • (weg) take
inslapen fall asleep
inslikken swallow (down)
insluiten lock in • (brief) enclose
insmeren grease, smear
insnijding incision
inspannen *zich* ~, exert oneself, do one's utmost
inspanning exertion
inspecteren inspect
inspecteur inspector
inspectie inspection
inspraak participation
inspuiting injection
instaan voor answer for, guarantee, vouch tor
installeren install
instandhouding maintenance, preservation
instantie instance, resort
instapkaart boarding card
instappen get in, get on, take seats
instellen institute • make (inquiries to) • establish
instelling institution
instemmen agree (with)
instemming approval
instituut institute
instorten pour in (into) • fall down • collapse • (zieken) relapse
instorting collapse, relapse
instructie instruction
instrument instrument
instrumentenbord dash-board

integendeel on the contrary
integer honest, upright
intekenen (op) subscribe (to)
intellectueel intellectual
intelligent intelligent
intercity express (train)
interessant interesting
interest interest • *samengestelde ~,* compound interest
interlokaal gesprek trunk call
intern internal
internationaal international
internet Internet
internetcafé cyber café
internetten surf (on) the Net
internist specialist in internal medicine
interview interview
intiem intimate
intocht entry
intrede entrance • beginning
intrek *zijn ~ nemen in,* put up at
intrekken draw in • (*order enz.*) cancel • withdraw • (*in huis*) move in
intrigant intriguer
intrige intrigue • plot
introducé visiting member
introduceren introduce, present
intussen meanwhile, in the meantime
inval (v. vijand) invasion • (politie) raid • *fig* fancy, brainwave
invalide *bn* invalid • [*de*] disabled person
invalidenwagentje wheel chair
invallen fall • tumble down • (*kou*) set in • *mil* invade
invasie invasion
inventaris inventory
investering investment

invitatie invitation
invloed influence
invloedrijk influential
invoegen insert
invoer importation, import
invoeren import • *fig* introduce
invoerhandel import trade
invoerrechten *mv* import duty
invoervergunning import licence
invorderen collect
invulformulier (blank) form
invullen fill in
inwendig internal
inwerking action, influence
inwijden inaugurate
inwijding consecration, initiation, inauguration
inwilligen grant
inwinnen (inlichting) gather • (raad) take
inwisselen change • exchange for
inwonend resident
inwoner inhabitant, lodger, resident
inwrijven rub (in)
inzage inspection • *ter ~,* on approval • open to inspection
inzakken collapse
inzamelen gather, collect
inzegenen bless, consecrate
inzenden send in, forward • *ingezonden stuk,* letter to the editor
inzepen lather
inzet first bid • stake(s)
inzicht insight, view
inzien look into, feel, consider • *mijns ~s,* in my opinion
inzittende occupant

inzonderheid especially
ironie irony
ironisch ironical
islam Islam
isolatieband insulating tape
isoleren isolate • *elektr* insulate
Israëliet Israelite
Israëlisch Israeli
Italiaan Italian
Italiaans Italian
Italië Italy
ivoor, ivoren ivory

J

ja yes
jaar year
jaarbeurs industries fair
jaargang file, volume
jaargetij(de) season
jaargetijde season
jaarlijks yearly, annual(ly)
jaartal year, date
jaartelling era
jaarverslag annual report
jacht *[de]* (het jagen) hunting, shooting • *[het]* (schip) yacht
jachtakte shooting-licence
jachthaven marina
jachtterrein hunting-ground
jack jacket
jacketkroon jacket crown
jagen hunt, chase • (haasten) race, rush
jager hunter • *luchtv* fighter
jaloers jealous
jaloezie jealousy • (zonneblind) window-blind, Venetian blind

jam jam
jammer misery • *het is ~, it is a pity*
jammeren lament, wail
jammerlijk miserable, piteous
janken yelp, whine
januari January
Japanner Japanese, Jap
Japans Japanese
japon dress, gown
jarig *ik ben ~, it is my birthday*
jarretel suspender
jas coat
Javaan(s) Javanese
jawel yes • indeed
je (jij) you • (jouw) your
jegens towards, to
jenever jenever
jengelen whine
jeugd youth
jeugdherberg youth hostel
jeugdig youthful, juvenile
jeuk itching
jeuken itch
jicht gout
jij you
jodin Jewess
jodium iodine
jodiumtinctuur tincture of iodine
Joegoslavië Yugoslavia
joggen jog
jokken fib, teil fibs (stories) • lie, teil lies
jol yawl, dinghy
jolig jolly, merry
jong *[het]* young one • cub • *bn* young
jongeman young man
jongen boy
jongeren young people
jongst youngest, latest

jongstleden last
jood Jew
joods Jewish, Judaic
jou you
journaal news
journalist journalist
jouw your
jubelen jubilate
jubilaris person celebrating his jubilee
jubileum jubilee
juchtleer Russia leather
judo judo
juf miss
juffrouw miss
juichen shout, exult
juist just, exact, correct
juk yoke, cross-beam
juli July
jullie *pers vnw* you • *bez vnw* your
juni June
junkie junkie
juridische hulp legal aid
jurist barrister, lawyer
jurk dress
jury jury
jus gravy
jus d'orange orange juice
juskom gravy-boat
justitie justice
juweel jewel, gem
juwelier jeweller

K

kaak jaw
kaal bald, bare, naked • (kleren) threadbare • *fig* shabby
kaap cape, headland
kaars candle
kaart card • (land-) map • (plattegrond) plan • (entree-) ticket • (ansicht-) postcard
kaarten play at cards
kaartje (visite-)card • (toegangs-) ticket
kaartsysteem card index
kaarttelefoon card telephone
kaas cheese
kaasmarkt cheese-market
kaatsen play at fives
kabaal din, row
kabbelen ripple, babble
kabel cable
kabelbaan telpher • cable railway
kabeljauw cod(fish)
kabinet cabinet • (regering) cabinet, government
kabouter elf, gnome
kachel stove
kade quay
kader cadre, frame
kadetje French roll
kaf chaff
kaft wrapper, cover
kajuit cabin
kakelen cackle • *fig* chatter
kakkerlak cockroach
kalender calendar
kalf calf
kalfsgehakt minced veal

kalfsleer calf (leather)
kalfsoester veal escalope
kalfsvlees veal
kalfszwezerik sweetbread
kalk lime • plaster
kalkoen turkey(-cock)
kalksteen limestone
kalm calm, quiet
kalmeren *overg* soothe • *onoverg* calm down
kalmte calm, calmness
kam (haar) comb • (vogel) crest • (viool) bridge • (berg) ridge
kameel camel
kamer room, chamber • *K~ van Koophandel,* chamber of commerce
kameraad mate, comrade
kamerjas dressing gown
kamermeisje chambermaid
kamerscherm draught-screen
kamfer camphor
kamferspiritus camphorated spirits
kamgaren worsted
kamille camomile
kammen comb
kamp camp
kampeerbenodigdheden camping equipment
kampeerbus camper
kampeerterrein camping site
kampeerwagen caravan
kamperen camp
kamperfoelie honeysuckle
kampioen champion
kampioenschap championship
kampvuur campfire
kampwinkel camping shop
kan jug, can, mug
kanaal canal • *het K~,* the

Channel
kanarie canary
kandelaar candlestick
kandidaat candidate • (voor betrekking) applicant • *~ in de letteren, rechten.* Bachelor of Arts (Laws)
kaneel cinnamon
kangoeroe kangaroo
kanker cancer
kano canoe
kanoën canoe
kanon gun, cannon
kans chance
kansel pulpit
kanselarij chancery
kanselier chancellor
kant (zijde) side, border, edge • (richting) direction • (bladzijde) margin • (handwerk) lace
kantelen topple over, capsize
kantine canteen
kantonrechter justice of the peace
kantoor office
kantoorbediende office-clerk
kantooruren *mv* office-hours
kanttekening marginal note
kap cap, hood • cover • (laars) top • (auto) bonnet
kapel chapel • (vlinder) butterfly • (muziek) band
kapelaan curate
kapelmeester bandmaster
kapen hijack
kaping hijacking
kapitaal capital
kapitalisme capitalism
kapitein captain
kaplaarzen wellington boots

kapok capoc
kapot broken, gone to pieces • ~ *maken*, break
kappen chop • (boom) cut down • (haar) dress
kapper hairdresser
kapseizen capsize
kapsel head-dress
kapstok coat-stand, hall-stand • row of pegs
kaptafel dressing-table
kapucijner Capuchin, grey friar • (erwt) marrowfat pea
kar cart
karaat carat
karabijn carbine
karaf carafe
karakter character, nature
karakteristiek characteristic
karate karate
karavaan caravan
karbonade chop, cutlet
kardinaal cardinal
karig scanty, sparing
karikatuur caricature
karnemelk buttermilk
karnen churn
karper carp
karpet carpet
karrenspoor rut
kartel cartel
kartelen notch
karton cardboard, paste-board
kartonnen cardboard, paste-board
karwei job
kas case • (broei-) hothouse • (v. geld) cash • pay-office
kasboek cash-book
kasgeld till-money
kassa (cash-)desk, pay-desk

• (schouwburg) box-office • *per* ~, net cash
kassabon receipt
kassier cashier
kast cupboard • (boeken) bookcase • (kleer-) wardrobe
kastanje chestnut
kasteel castle
kastekort deficiency, deficit
kastelein inn-keeper, landlord
kastijden chastise
kat cat
kater tom cat
katheder pulpit
kathedraal cathedral
katholiek catholic
katoen cotton
katrol pulley
kattenbak cinder tray
katterig ~ *zijn*, feel unwell
kauwen chew
kauwgom chewing gum
kazerne barracks *mv*
keel throat
keelgat gullet
keelpijn pain in the throat, sore throat
keep notch
keer turn • (maal) times
keerkring tropic
keerpunt turning-point
keerzijde reverse, back
keet shed • ~ *maken* make a mess
keffen yap
kegel cone • (spel) skittle, ninepin
kegelbaan skittle-alley, bowling-alley
kegelen play at skittles
kegelvormig conic(al)

kei boulder
keizer emperor
keizerin empress
keizerlijk imperial
keizerrijk empire
kelder cellar
kelk cup, chalice • (bloem) calyx
kelner waiter
kelnerin waitress
kenbaar knowable, recognizable
kengetal *tel* code number
kenmerk characteristic
kenmerkend characteristic
kennelijk apparent, evident
kennen know • be acquainted with
kenner connoisseur
kennis knowledge • (persoon) acquaintance, friend • ~ *maken*, meet, make someone's acquaintance
kennisgeving notice, notification
kennismaken meet • be introduced to
kenschetsen characterize
kenteken distinctive mark, badge, token
kentekenbewijs registration certificate
kentering turning, change
kerel fellow, chap
keren turn • (tegengaan) stop
kerk church
kerkdienst church service
kerkelijk ecclesiastical
kerker dungeon, prison
kerkgenootschap denomination
kerkhof churchyard
kerktoren steeple
kermen moan, groan
kermis fair

kern (noot) kernel • (perzik) stone • (cel, atoom) nucleus • *fig* pith, core
kern- nuclear
kernachtig pithy, terse
kerndeling nuclear fission
kernenergie nuclear power
kernreactor atomic pile
kerrie curry (-powder)
kers cherry • *Oost-Indische ~*, nasturtium
kerstavond Christmas Eve
kerstboom Christmas-tree
kerstlied Christmas carol
Kerstmis Christmas, X-mas
kersvers quite fresh
kerven carve
ketel kettle • (groter) boiler
keten chain
ketter heretic
ketting chain • (hals-) necklace
kettingbeschermer chain guard
kettingbotsing pile-up
kettingkast gear case
keu (billiard-)cue
keuken kitchen
keukenmeisje cook
Keulen Cologne
keur choice • selection
keuren inspect, taste • (arts) examine
keurig nice, exquisite
keuring examination, inspection
keus choice, selection
keuvelen chat
keuze zie *keus*
kever beetle
kibbelarij squabble, quarrel
kibbelen bicker, wrangle
kiekje snap(shot)
kiel (hemd) blouse • (schip) keel

kiem germ
kiemen germinate
kier narrow opening • *op een ~,* ajar
kies [de] (back) tooth • *bn* delicate, considerate
kieskeurig dainty, particular
kiespijn tooth-ache
kiesrecht franchise
kietelen tickle
kieuw gill
kievit lapwing, pewit
kiezel gravel
kiezelsteen pebble
kiezen choose • (bij verkiezingen) elect
kiezer constituent, voter
kijf *buiten ~,* beyond dispute
kijk look, aspect
kijken look
kijker looker-on, spectator • (glas) telescope • opera-glass
kijkgat peep-hole
kijven quarrel, wrangle
kikker, kikvors frog
kil chilly
kilo, kilogram kilogram
kilometer kilometre
kilometerteller mileage recorder
kim horizon
kimono kimono
kin chin
kind child, infant, baby
kinderachtig childish
kinderarts pediatrician
kinderbed cot
kinderbijslag family allowance
kinderboerderij mini zoo
kinderfilm children's film
kinderjuffrouw nurse
kinderkamer nursery

kinderkleding children's clothes
kinderlijk childlike, childish
kindermenu children's menu
kinderspel children's game
kinderstoel high chair
kinderverlamming infantile paralysis, polio(myelitis)
kinderwagen pram
kinderzitje (op fiets) child's seat
kinds doting
kindsbeen *van ~ af,* from a
kinine quinine
kinkel clown • bumpkin
kinkhoest (w)hooping-cough
kiosk kiosk
kip hen • (gerecht) chicken
kipfilet chicken (breast) fillet
kippenhok hen-house
kippensoep chicken soup
kippenvel *fig* goose-flesh
kippig short-sighted
kist case • chest, box • (doodkist) coffin
kitsch kitsch
kittig smart
kiwi kiwi
klaar (af) ready • (helder) clear
klaarblijkelijk evident, obvious
klaarkomen get ready
klaarmaken make ready, prepare
klacht complaint
klachtenboek complaint book
klad [de] (vlek) stain, blot • [het] (ontwerp) rough draught
kladden stain, blot
klagen complain (of)
klakkeloos gratuitous
klam clan-imy, moist
klandizie custom, clientele
klank sound • ring
klant customer

klap slap, smack, blow
klapbes gooseberry
klappen smack, clap, applaud
klapper (vrucht) coco-nut
• (register) index
klappertanden *hij klappertandt*,
his teeth chatter
klaproos (corn)poppy
klapstoel folding chair, tip-up
seat
klaren clarify • (goederen) clear
klarinet clarinet
klas(se) class • (op school) form
• class-room
klassenstrijd class-war
klasseren classify
klassiek classic
klateren rattle • (water) splash
klatergoud tinsel, Dutch gold
klauteren clamber, climb
klauw clutch, paw
klavecimbel harpsichord
klaver clover, trefoil, shamrock
klaverblad clover-leaf
klaveren (kaartsp) clubs
klavier keyboard • piano
kleden dress, clothe • *geklede jas*,
frock-coat
klederdracht costume
kleding clothes, dress
kledingzaak clothing shop
kleed (vloer) carpet • (tafel)
tablecover • (kleding) garment,
dress
kleedhokje changing cubicle
kleefstof glue, gluten
kleerborstel clothes-brush
kleerhanger coat-hanger
kleerkast wardrobe
kleermaker tailor
klei clay

klein little, small
Klein-Azië Asia Minor
kleinbeeldcamera 35 mm
camera
kleindochter granddaughter
kleineren belittle
kleingeestig narrow-minded
kleingeld change
kleinigheid trifle
kleinkind grandchild
kleinood jewel, trinket, gem
kleinzerig squeamish about pain
kleinzielig small-minded
kleinzoon grandson
klem (val) catch, mantrap
• (nadruk) stress, emphasis
klemmen pinch, clench, clasp
klemmend cogent
klemtoon stress • accent
klep (in motor) valve
kleren *mv* clothes *mv*
klerenhanger clothes-hanger
klerk clerk
kletsen talk (nonsense)
kletskous chatterbox
kletsnat soaking wet
kletspraat silly talk
kletteren clatter • (wapens) clash
kleumen shiver
kleur colour • (gelaats-)
complexion
kleurboek painting-book
kleurecht sun-proof, fast-dyed
kleuren colour • (blozen) blush
kleurenblind colour-blind
kleurendiafilm colour slide film
kleurenfilm colour film
kleurenfoto colour print
kleurenfotografie colour
photography
kleuren-tv colour TV

kleurig colourful, gay

kleurling coloured man

kleurpotlood coloured pencil

kleuter toddler

kleuterschool infant-school

kleven cleave, stick • adhere

kleverig sticky

kliek clique, set, coterie

kliekje(s) *mv* left-overs

klier gland

klieven cleave

klikken inform, tell tales

klimaat climate

klimmen climb, ascend, mount

klimop ivy

kliniek clinic

klink latch

klinken sound, clash, ring • touch (glasses) • (klinknagels) rivet

klinker (letter) vowel • (steen) brick

klinknagel rivet

klip rock, crag, reef

klittenband velcro

kloek hen

klok clock • (toren-) bell • *op de ~ kijken* tell the time

klokhuis core

klokkenspel carillon, chimes *mv*

klokslag stroke

klomp lump • (goud) nugget • (schoeisel) wooden shoe, clog

klont lump

klontje (suiker) lump • *~ suiker* lump of sugar

kloof deft, gap, chasm

klooster cloister • (v. mannen) monastery • (v. vrouwen) convent

kloosterbroeder friar

kloostergang cloister

klop knock

kloppen knock • tap • beat • (op deur) rap • *~ met*, agree with, tally with

klos bobbin, spool • reel

kloven cleave • (hout) chop

klucht farce

kluchtig comical, droll

kluif bone

kluis safe

kluister fetter, shackle

kluit clod, lump

kluiven pick, gnaw

kluizenaar hermit

klus job

klutsen beat up (eggs)

kluwen ball

knaagdier rodent

knaap boy, lad, chap

knabbelen nibble

knagen gnaw

knak crack • blow, injury

knakken snap • crack

knakworst frankfurter

knal crack, bang, detonation, report

knaldemper, knalpot silencer

knap (intelligent) clever • (uiterlijk) handsome, good-looking

knarsen creak, grind

knarsetanden gnash one's teeth

knecht (man-)servant

kneden knead

kneep pinch

knel *in de ~*, in a scrape

knellen pinch, squeeze

knetteren crackle

kneuzen bruise

kneuzing bruise, contusion

knevel moustache • (van dier)

whiskers
knibbelen haggle
knie knee
knielen kneel
knieschijf knee-cap
kniezen mope, fret
knijpen pinch • *fig* squeeze
knikken nod
knikker marble
knikkeren play at marbles
knip cut, dip • (slot) catch • (met vinger) fillip
knipkaart ticket book
knipmes clasp-knife
knipogen wink, blink
knippen cut
knipperlicht flashing light
knipsel snippet
knobbel bump • knob, knot
knoeien mess, make a mess • tamper • *fig* bungle
knoest knot, gnarl
knoflook garlic
knokkel knuckle
knol (gewas) turnip • (v. plant) tuber • (paard) jade
knoop (in touw) knot • (aan kleding) button
knooppunt junction
knoopsgat buttonhole
knop (deur) knob • (v. bel, apparaat) button, push • (v. bloem) bud
knopen knot, tie
knopje button
knorren grunt • *fig* grumble
knorrig grumbling
knuffelen hug, cuddle
knuppel cudgel, club, bludgeon
knutselen potter
koddig droll, odd, funny

koe cow
koek cake
koekbakker confectioner
koekenpan frying-pan
koekje biscuit
koekoek cuckoo • skylight
koel cool
koelbloedig cool, level-headed
koelhuis cold store
koelkast refrigerator, fridge
koelte coolness
koeltje breeze
koelvloeistof coolant
koelwaterleiding coolant duct
koen bold, daring
koepel dome, cupola
koerier courier
koers (richting) course, direction • (markt-) quotation • (geld) (exchange) rate
koerslijst list of quotations
koest quiet
koesteren cherish, nurse
koets coach, carriage
koetsier coachman, driver
koevoet crowbar
koffer trunk, suit-case
kofferbak boot
kofferruimte boot
koffie coffee • ~ *met melk* white coffee • ~ *met melk en suiker* coffee with milk and sugar • ~ *met room* coffee with cream • ~ *met suiker* coffee with sugar • *espresso*~ espresso coffee • *zwarte* ~ black coffee
koffiebar coffee bar
koffiedrinken lunch
koffiehuis café
koffiemelk coffee cream
koffiemolen coffee grinder

koffiepot coffee-pot
koffiezetapparaat coffee machine
kogel (kanon) ball • (geweer) bullet
kogellager ball-bearing
kogelrond globular, spherical
kok cook
koken (water) boil • (eten) cook
koker case, sheath
koket coquettish
kokosnoot coco-nut
kolen *mv* coal(s)
kolendamp carbon monoxide
kolenkit coal-scuttle
kolenmijn coal-mine, coal-pit. colliery
kolf (geweer-) butt (-end)
koliek colic
kolom column
kolonel colonel
kolonie colony, settlement
kolos giant
kolossaal colossal(ly), huge
kom basin, bowl
komedie comedy
komeet comet
komen come, arrive • *kom hier!* come here! • *kom mee!* come along!
komfoor chafing-dish, brazier
komiek clown, comedian
komisch comic(al), funny
komkommer cucumber
komkommersla sliced-cucumber salad
komma comma
kommer trouble, sorrow
kompas compass
kompres compress
komst coming, arrival

konijn rabbit
koning king
koningin queen
koningsgezind royalist
koninklijk royal, regal
koninkrijk kingdom
konkelen plot, intrigue
kont behind • butt
konvooi convoy
kooi cage • (op schip) berth • bunk
kookboek cookery book
kookkunst cookery, art of cooking
kookpunt boiling-point
kool (groente) cabbage • (brandstof) coal • *rode ~,* red cabbage
koolhydraat carbohydrate
koolmonoxide carbon monoxide
koolstof carbon
koolzaad (plant) rape • (zaad) cole-seed
koolzuur carbonic acid
koop purchase • *te ~,* for sale
koopje bargain
koopman merchant, dealer
koopvaarder merchantman
koopwaar merchandise, commodities
koor choir, chorus
koord cord, string, rope
koorddanser rope-dancer
koorts fever
koortsachtig feverish • hectic
koortsthermometer clinical thermometer
koorzang choral song
kop head • (verstand) brains, sense • (kom) cup • (in krant) head-line

kopen buy, purchase
kop-en-schotel cup and saucer
koper [de] (iem. die koopt) buyer • [het] (metaal) copper • *geel~*, brass • *rood~*, copper
koperdraad brass-wire
koperen copper, brass
kopergravure copperplate
kopie copy • (v. kunstwerk) replica
kopiëren copy
kopij manuscript, copy
kopje cup
koplamp headlight
koppel (riem) belt • (paar) couple
koppelen couple
koppeling clutch
koppelingskabel clutch operating cable
koppelteken hyphen
koppig headstrong, obstinate • (v. dranken) heady
koptelefoon headphones
koraal (zang) choral • (stof) coral
koralen coral
koran Koran
kordaat resolute
koren corn, grain
korenbloem cornnower, bluebottle
korenschoof sheaf of corn
korf basket, hamper
korfbal korfball
korporaal corporal
korps corps, body
korrel grain
korrelig granular
korset corset, stays
korst crust • (op wond) scab • (v. kaas) rind
korstdeeg short pastry

kort short, brief • *te ~ komen*, be short of • *~e broek* shorts
kortademig short of breath
kortaf curt
kortegolf short-wave
kortheidshalve for the sake of brevity, for short
korting discount
kortom in short, in a word
kortsluiting short-circuit
kortstondig short, of short duration
kortwieken clip the wings
kortzichtig shortsighted
korzelig crabbed, crusty
kosmonaut cosmonaut
kost board, food • *~ en inwoning*, board and lodging • *aan de ~ komen*, make a living • *in de ~ doen*, put out to board
kostbaar expensive, costly, dear
kostbaarheden *mv* valuables
kostelijk exquisite
kosteloos free, gratis
kosten *mv* expenses, cost • *op mijn ~*, at my expense • *alle ~ inbegrepen*, all-in-cost • *ww* cost • *ww* cost • *hoeveel kost het?* how much does it cost?
koster sexton
kostganger boarder
kostgeld board
kosthuis boarding-house
kostprijs cost-price
kostschool boarding-school
kostuum costume • (v. man) suit • (v. vrouw) costume • (gemaskerd bal) fancy-dress
kostwinner bread-winner
kostwinning livelihood
kotelet chop

kou cold
koud cold
koudvuur gangrene
koukleum chilly body
kous stocking
kousenband garter
kouvatten catch (a) cold
kouwelijk chilly, sensitive to cold
kozijn window-frame
kraag collar
kraai crow
kraaien crow
kraakbeen cartilage
kraal bead
kraam booth, stall
kraamvrouw woman in childbed
kraan (water enz.) tap • (hef-) crane, derrick
kraanvogel crane
kraanwagen breakdown lorry
krab (dier) crab, crab-fish • (haal) scratch
krabbelen scribble, scrawl
krabben scratch
kracht energy, power, strength, force
krachteloos powerless • invalid
krachtens by virtue of
krachtig powerful, strong
krakeling pretzel
kraken crack, creak
kram cramp(-iron)
kramp cramp, spasm
krampachtig spasmodic, convulsive
kranig brave
krankzinnig crazy, mad, lunatic
krankzinnigengesticht lunatic asylum
krankzinnigheid craziness, madness, lunacy

krans wreath
krant newspaper
krantenjongen newsboy
krantenknipsel press cutting
krap tight, narrow
kras [de] scratch • bn strong, vigorous • stiff
krassen scratch • scrape
krat crate
krater crater
krediet credit
kredietwaardig solvent
kreeft (zee-) lobster • (zoetwater-) crawfish • (in dierenriem) Cancer
kreet cry, scream, shriek
kregel peevish, cross
krekel cricket
krenken hurt, offend, injure
krent currant
krentenbol currant-bun
krenterig mean, niggardly
kreuk crease
kreukelen crease, crumple
kreukvrij crease-resisting
kreunen moan, groan
kreupel lame
kreupelhout underwood
kriebelen tickle
krijgen get, receive, obtain
krijgsgevangene prisoner of war
krijgsgevangenschap captivity
krijgshaftig martial, warlike
krijgsman warrior
krijgsraad council of war • (recht) court-martial
krijgstucht military discipline
krijsen scream, shriek
krijt chalk • (teken-) crayon
krik screw-jack
krimpen shrink • writhe (with

pain)
krimpvrij unshrinkable
kring circle, ring
kringloop recycling
krioelen swarm
kristal crystal
kristallisatie crystallization
kritiek [de] criticism, critique • review • bn critical, crucial
kritisch critical
kroeg pub
kroes cup, mug • (smelt-) crucible
kroeshaar frizzled hair
kroket croquette
krokodil crocodile
krokus crocus
krom crooked, curved
krommen (zich) bend, bow, curve
kromming bend, curve
kronen crown
kroniek chronicle • (in krant) column
kroning coronation
kronkelen wind, meander
kronkeling winding, coil
kroon crown • (licht-) chandelier, lustre
kroonprins crown-prince
kroos duckweed
kroost children mv, offspring
kropsla cabbage-lettuce
krot hovel, den, hole
kruid herb
kruiden mv spices
kruidenier grocer
kruidenierswaren mv groceries
kruidenrekje spice rack
kruidenthee herb-tea
kruidje-roer-mij-niet touch-me-

not
kruidnagel clove
kruien trundle a wheelbarrow • (ijs) drift
kruier porter
kruik jar • pitcher • warme ~, hot-water bottle
kruimel crumb
kruin crown, top
kruipen creep • crawl
kruis cross • (v. broek) seat • muz sharp
kruisbeeld crucifix
kruisbes gooseberry
kruisen cross • (v. schip) cruise
kruiser cruiser
kruisiging crucifixion
kruising (v. rassen) cross, cross-breeding • (v. wegen) crossroads, crossing
kruispunt intersection • (v. spoorweg) crossing
kruissnelheid cruising speed
kruistocht crusade
kruisvaarder crusader
kruisverhoor cross-examination
kruisweg rk Way of the Cross
kruiswoordpuzzel crossword puzzle
kruiswoordraadsel crossword puzzle
kruit (gun)powder
kruiwagen wheelbarrow • fig protection
kruk (deur) handle • (v. invalide) crutch • (mach) crank • (mens) bungler, blunderer
krukas crank-shaft
krul curl • (hout) shaving
krullen ww curl
krulspeld curler

kubiek cubic
kubus cube
kuchen cough
kudde herd • (schapen) flock
kuieren stroll
kuif tuft, crest
kuiken chicken
kuil pit, hole
kuip tub
kuipbad tub-bath
kuipen cooper • *fig* intrigue
kuiperij intrigue
kuis chaste
kuisheid chastity
kuit (v. vis) roe, spawn • (v.h. been) calf
kunde knowledge
kundig able, clever, skilful
kunnen be able, can, may
kunst art • (kunstje) trick
kunstenaar artist
kunstgebit dentures
kunstgeschiedenis history of art
kunstgreep artifice, knack, trick
kunstig ingenious
kunstje trick
kunstleer artificial leather
kunstmatig artificial
kunstmest artificial manure • fertilizer
kunstnijverheid industrial arts *mv*
kunstrijden (schaatsen) figure-skating
kunstvaardig skilful
kunstwerk work of art
kurk cork
kurkentrekker corkscrew
kus kiss
kussen cushion • (bed) pillow • *ww* (zoenen) kiss

kussensloop pillowcase
kust coast, shore
kustplaats coastal town
kuststreek coastal region, littoral
kustvaarder coaster
kut cunt
kuur whim, freak, caprice
kwaad wrong, evil • mischief • harm, injury • *bn* (slecht) bad, ill • evil • (boos) angry • ~ *zijn op*, be angry with
kwaadaardig ill-natured, malicious
kwaadspreken talk scandal, slander
kwaadwillig malevolent
kwaadwilligheid malevolence
kwaal disease
kwadraat ((eend) (naughty) boy
kwakzalver quack, charlatan quack
kwal jelly-fish
kwalijk nemen hold against • take amiss, take in bad part • *neem me niet ~*, beg your pardon, sorry
kwaliteit quality
kwantiteit quantity
kwark curds
kwart fourth (part), quarter • ~ *over...* a quarter past ... • ~ *voor...* a quarter to ...
kwartaal quarter of a year, three months
kwartel quail
kwartet quartet(te)
kwartier quarter (of an hour) • *eerste, laatste ~*, first, last quarter
kwarts quartz
kwast (verf-) brush • (v. gordijn)

tassel • (in hout) knot) • *fig* fop, fool

kweken (plant) grow • (groente) raise • *fig* breed, foster

kwekerij nursery

kwellen vex, tease, torment

kwestie question, matter

kwetsbaar vulnerable

kwetsen injure, hurt • *fig* offend

kwiek lively, spry

kwijlen drivel, slaver

kwijnen pine away, languish

kwijt *het* ~ *zijn*, (bevrijd) be rid of • (verloren) lost • *ik ben*... ~ I've lost ...

kwijten (zich) acquit oneself (of)

kwijtraken lose, get rid of

kwijtschelden remit • let off

kwik quicksilver, mercury

kwikstaart wagtail

kwinkslag witticism, jest

kwispelstaarten wag the tail

kwistig lavish, liberal

kwitantie receipt

L

la drawer, till

laadbak carrier

laadvermogen carrying-capacity

laag [*de*] bed, layer, row • *bn* low, base, mean

laaghartig mean, base-minded

laagspanning low tension

laagte lowness • valley

laagvlakte low-lying plain

laagwater low tide

laakbaar blamable, condemnable

laan avenue, alley

laars boot

laat late • *hoe* ~ *is het?*, what time is it? • *te* ~ (too) late

laatst last • *op zijn* ~, at the latest • (onlangs) the other day

laatstgenoemd latter

label label

laboratorium laboratory

lach laugh, laughter

lachen laugh (om, at)

lachwekkend ludicrous

ladder ladder

lade drawer, till

ladekast chest of drawers

laden load, charge • ~ *en lossen*, load and discharge

lading cargo, charge • load

laf (flauw) insipid • (niet moedig) cowardly

lafaard coward

lafenis refreshment, comfort

lafheid cowardice • insipidity

lagedrukgebied low-pressure area

lager *bn* lower, inferior • bearing(s)

Lagerhuis House of Commons

lagerwal lee-shore • downhill

lak (verf) lac(quer)

laken cloth • (bedden-) sheet • *ww* blame, censure

lakenzak sheet sleeping bag

lakken lacquer

lakleer patent leather

laks indolent, lax

lam *zn* (dier) lamb • *bn* (verlamd) paralytic

lambrisering wainscot

lamp lamp • bulb

lampenkap lamp-shade
lampion Chinese lantern
lamsbout leg of lamb
lamskotelet lamb cutlet
lamsvlees lamb
lanceren launch
land land • (staat, platteland)
country • (akker) field • *hier te
~e*, in this country • *het ~
hebben aan*, hate, dislike
landbouw agriculture
landbouwer farmer
landeigenaar landowner
landelijk rustic, rural
landen land • disembark, alight
landengte isthmus
landerig blue
landerijen *mv* landed estates
landgenoot fellow-countryman
landgoed estate, country-seat
landhuis country-house
landing landing • disembarkation
landingsbaan runway
landingsgestel (under) carriage
landkaart map
landklimaat continental climate
landloper vagebond, tramp
landmacht land-forces
landmeter surveyor
landschap landscape
landstreek region, district
landverhuizer emigrant
landverraad high treason
landvoogd governor
landweg country road
landwijn simple, regional wine
landwinning reclamation of land
lang long, tall, high
langdradig long-winded, lengthy
langdurig long • prolonged
langharig long-haired

langlaufen cross-country skiing
langlopend long-term
langparkeerder long-term parker
langs along
langspeelplaat long-playing
record
languit full length
langwerpig oblong
langzaam slow
langzamerhand gradually, by
degrees
lans lance
lantaarn lantern • (v. fiets) lamp
lantaarnpaal lamp-post
lap rag • patch • (poets-) cloth
lapje (vlees) collops
lappen *ww* mend • (sp) lap
laptop laptop, notebook
larderen lard
larie nonsense, fiddle-sticks
larve larva, grub
lassen weld, join
last load, burden, weight
• (overlast) trouble • *ten ~e
leggen*, charge with • *~ hebben
van* be troubled by
lastdier pack-animal
laster slander, calumny,
defamation
lasterlijk slanderous,
blasphemous
lastgever principal
lastig (moeilijk) difficult
• (veeleisend) exacting
• (moeilijk te regeren)
troublesome • (vervelend)
annoying • *~ vallen*, trouble
lastpost nuisance
lat lath
laten let • leave • (toelaten) let,
allow, permit • (nalaten) omit

• (gelasten) make, have... do,
get... to • ~ *vallen*, drop • ~
zien, show
later later
Latijn(s) Latin
latwerk trellis, lattice
laurier laurel, bay
lauw tepid
lauwerkrans wreath of laurels
lava lava
lavement enema
laven refresh
lavendel lavender
laveren tack • *fig* manoeuvre
lawaai noise, tumult, din
lawaaierig noisy
lawaaiig noisy
lawine avalanche, snowslide
laxeermiddel laxative
laxeren purge
leasen lease
lectuur reading-matter
ledematen *mv* limbs
ledenlijst list of members
lederwaren leather goods
ledigen empty
ledikant bedstead
leed grief, sorrow
leedvermaak enjoyment of
others' mishaps
leefregel regimen • diet
leeftijd age
leeg empty, vacant • (niets
inhoudend) idle
leeghoofdig empty-headed
leeglopen deflate • empty out
leegloper idler, loafer
leegmaken empty
leegte emptiness
leek layman
leem loam, clay

leemte gap
leen loan
leengoed feudal estate
leep sly, cunning
leer [de] (theorie) doctrine • [het]
(stof) leather
leerboek text-book
leergierig eager to learn
leerjongen apprentice
leerling pupil, disciple
leerling-verpleegster
probationer
leerlooier tanner
leermeester teacher
leerplicht compulsory education
leerrijk instructive
leerstelling dogma, tenet
leerwaren *mv* leather goods *mv*
leerzaam (boek) instructive
leesbaar legible • readable
leesbibliotheek lending-library
leesboek reading-book
leest last, boot-tree
leeszaal reading-room • *openbare*
~, public library
leeuw lion
leeuwerik (sky)lark
leeuwin lioness
lef guts
legaal legal
legaat legacy, bequest
legalisatie legalization
legateren bequeath
legatie embassy, legation
legen empty
legende legend
leger army • *L~ des Heils*,
Salvation Army
legerafdeling unit
legeren encamp
legéring alloy

legerleiding (army) command
legerplaats camp
leggen lay • put • place
legging leggings
legioen legion
legitimatiebewijs identity card
legitimeren zich ~, prove one's identity
legpuzzel jigsaw puzzle
lei slate
leiden lead, guide, conduct,
leider leader, manager
leiding leadership, conduct, direction, management • (concreet) pipe
leidingwater tap water
leidraad guide(-book)
leidsel rein
lek leak • (band) puncture • bn leaky, punctured
lekkage leakage
lekken leak
lekker nice, delicious • (geur) nice, sweet
lekkerbek gourmand
lekkernij dainty, delicacy
lekkers sweets, sweetmeats
lelie lily
lelietje-van-dalen lily of the valley
lelijk ugly
lemmet blade
lende loin
lendenstuk loin
lendenwervel lumbar vertebra
lenen (aan) lend to • (van) borrow (from) • zich ~ tot, lend oneself to...
lengen lengthen
lengte length • (aardrijkskunde) longitude

lenig lithe, supple, pliant
lenigen alleviate, relieve
lenigheid litheness
lening loan
lens lens
lente spring
lepel spoon • (om te scheppen) ladle
leraar teacher
lerares (woman) teacher
leren learn • study • (onderwijzen) teach • bn (of) leather
lering instruction
les lesson • ~ geven, give lessons, teach
lesbienne lesbian
leslokaal class-room
lessen quench, slake
lessenaar desk
let op! look out!
letsel hurt, damage, harm
letten mind, attend (to), pay attention (to)
letter letter, character, type
letteren mv literature
lettergreep syllable
letterkunde literature
letterkundige man of letters
letterlijk to the letter, literal(ly)
leugen lie
leugenaar liar
leugenachtig lying, mendacious
leugentje ~ om bestwil, white lie
leuk amusing, funny, nice
leunen lean (op, on)
leuning rail, banisters • (brug) parapet • (stoel) back, armrest
leunstoel easy chair
leus slogan, catchword
leuteren twaddle, drivel

leven life • (lawaai) noise • *ww* live, exist

levend alive, living

levendig lively, animated, vivacious, keen

levenloos lifeless

levens- vital

levensbehoeften *mv* necessaries of life

levensbeschrijving biography

levensduur lifetime

levensgevaar danger (peril) of life

levensgroot life-size(d)

levenslang for life, lifelong

levensloop course of life

levenslustig cheerful

levensmiddelen *mv* provisions, victuals, groceries

levensmiddelenbedrijf grocer's shop

levensonderhoud livelihood, living

levensstandaard standard of living

levensverzekering life insurance

levenswijze mode of life

lever liver

leverancier supplier, dealer, purveyor, contractor

leverantie supply(ing)

leveren supply, deliver, furnish

levering delivery, supply

leverpastei liver-pie

levertijd delivery period

levertraan cod-liver oil

leverworst liver sausage

lezen read

lezing reading, lecture

libel dragon-fly

liberaal liberal

lichaam body

lichaamsbeweging physical exercise

lichaamsbouw build, stature

lichaamsdeel part of the body

lichaamsoefening bodilby exercise

lichaamstemperatuur body temperature

lichamelijk corporal, bodily • *~e opvoeding* physical education

licht *bn* light • (kleur) pale • (tabak) mild • (helder) clear, bright • *bijw* lightly, slightly, easily • light, lighting

lichtblauw light blue

lichtblond fair

lichtbundel pencil of rays, beam

lichten lift • raise, heave • (bus) clear • (anker) weigh • (weerlichten) lighten

lichterlaaie ablaze

lichtgelovig credulous

lichtgeraakt touchy

lichtgevend luminous

lichting (post) collection • (leger) draft, class

lichtmeter photometer

lichtnet (electric) mains

lichtpunt connection • *fig* bright spot

lichtreclame illuminated sign(s)

lichtsterkte light intensity

lichtstraal ray (beam) of light

lichtvaardig rash

lichtzinnig frivolous

lid limb • (vinger) phalanx • (vereniging) member • (gewricht) joint

lidmaatschap membership

lidwoord article

lied song • (in kerk) hymn
liederlijk dissolute • debauched
lief dear, beloved • (aantrekkelijk) sweet, pretty
liefdadig charitable
liefdadigheid charity
liefde love • (christelijk) charity
liefdeloos loveless
liefderijk charitable
liefelijk lovely, sweet
liefhebben love
liefhebbend affectionate, loving
liefhebber amateur, lover
liefhebberij hobby
liefje love, sweetheart
liefkozen caress, fondle
liefkozing caress
lieflijk lovely
liefst rather
lieftallig sweet
liegen lie
lies groin
lieveling darling, pet
liever rather • ~ *hebben*, rather have • prefer (a thing)
lift lift, *Amer* elevator
liften hitch-hike
lifter hitch-hiker
liftjongen lift-boy
liggen lie, be situated
ligging situation • position
ligstoel deckchair
lijdelijk passive
lijden *ww* suffer, endure, bear • suffering
lijdend suffering • *taalk* passive
lijder sufferer, patient
lijdzaam patient, meek
lijf body
lijfrente life-annuity
lijfwacht bodyguard

lijk corpse, (dead) body
lijkdienst funeral service
lijken be like • seem, appear • (aanstaan) like • ~ *op* look like
lijkkoets hearse
lijkschouwing post mortem
lijkverbranding cremation
lijm glue
lijmen glue together
lijn line
lijndienst regular service
lijnolie linseed oil
lijnrecht straight
lijnvliegtuig air-liner, liner
lijnvlucht regular flight
lijst list • register • (v. schilderij) frame • (rand) border, edge
lijster thrush
lijsterbes mountain-ash
lijvig voluminous, bulky
lik lick
likdoorn corn
likeur liqueur
likken lick
lila lilac
limiet limit • reserve price
limonade lemonade
linde lime(-tree), linden
liniaal ruler
linie line
linker left
linkerhand left hand
linkerzij left side
links *bijw* left • to, at the left • at the left-hand (side) • *bn* left-handed • (politiek) left • (onhandig) clumsy, awkward
linksaf (to the) left • ~ *slaan* turn left
linnen linen
linnengoed linen

linoleumsnede linocut
lint ribbon • tape
lintbebouwing ribbon development
lintworm tapeworm
linze lentil
lip lip
lippenstift lipstick
lipssleutel Yale key
liquidatie liquidation, winding-up
liquideren wind up, liquidate
lispelen lisp
list craft, cunning • trick, ruse
listig cunning, sly, wily
liter litre
literatuur literature
lits jumeaux *mv* twin beds
litteken scar • cicatrice
locomotief engine
lodderig drowsy, lazy
loden lead(en)
loef luff • *iem. de ~ afsteken*, get the better of
loeien (runderen) low, moo, bellow • (wind) roar
loens squint-eyed
loep magnifying-glass
loer *op de ~ liggen*, lie in wait
loeren peer, spy
lof [de] praise • [het] Brussels ~, chicory
loffelijk laudable, praise-worthy
log heavy, unwieldy
loge (theater) box • (vrijmetselarij) lodge
logé guest
logeerkamer guest-room, spare room
logement inn, hotel
logenstraffen give the lie to, belie

logeren stay
logies lodging, accommodation
logisch logical
loipe piste
lok lock, curl
lokaal room, locality • *bn* local • *~ gesprek*, local call
lokaas bait, decoy
lokaliteit locality
loket (bank, postkantoor) window • counter • (station) ticket window • (v. kaartjes) booking/box office
lokken lure, decoy, entice
lol fun
lolly lolly
lommer shade • foliage
lommerd pawnbroker's shop
lomp [de] (vod) rag, tatter • *bn* clumsy, awkward • (v. gedrag) rude
lomperd boor, lout
Londen London
lonen pay
long lung
longarts lung specialist
longontsteking pneumonia
lonken wink
lont fuse • *~ ruiken*, smell a rat
loochenen deny
loochening denial
lood lead • (dieplood) plumb • (schietlood) plumb-line
loodgieter plumber
loodlijn perpendicular
loodrecht perpendicular
loods *scheepv* pilot • (schuur) shed • hangar
loodvrij unleaded
loofboom foliage tree

looien tan

loom slow, heavy, dull

loon wages, salary • reward

loonbelasting pay-as-you-earn, income-tax

loonsverhoging rise in wages

loop run • (persoon) walk • (zaken) course • (geweer) barrel

loopbaan career

loopgraaf trench

loopjongen errand-boy

looppas double-quick (time)

loopplank gang-board

loos dummy, false • ~ *alarm*, false alarm

loot shoot • *fig* scion

lopen walk • (hard) run • (bewegen) go

lopend running • (jaar) current (year)

loper runner • (sleutel) masterkey • (schaak) bishop • (tapijt) carpet

lor rag, patch

los loose, free

losbandig licentious

losbarsten break out, explode

losbarsting explosion, outbreak

losbol loose liver

losgeld ransom

loslaten let loose, let go

loslippig indiscreet

losmaken loosen, untie

lossen unload • (wapen) discharge • fire

lot (noodlot) fate, destiny, lot • (in loterij) lottery-ticket

loten draw lots

loterij lottery

lotgenoot, -genote companion

in distress

lotgeval adventure

loting drawing of lots

lotion lotion

lounge lounge

louter pure, mere

loven praise

lozen (water) drain • (zucht) heave • (persoon) get rid of

LPG LPG

lucht air • (hemel) sky • (reuk) smell, scent

luchtaanval air-raid

luchtalarm air-raid warning

luchtballon balloon

luchtband pneumatic tyre

luchtbasis air-base

luchtbed air-bed

luchtbel air bubble

luchtdicht air-tight

luchtdruk atmospheric pressure

luchten air, ventilate

luchtfilter air filter

luchtfoto air photograph

luchthartig light-hearted

luchthaven airport

luchthavenbelasting airport tax

luchtig airy, light

luchtje *een ~ scheppen*, take an airing

luchtkasteel castle in the air

luchtklep air-valve

luchtlandings- airborne

luchtledig void of air • *~e ruimte*, vacuum

luchtlijn air line

luchtmacht air force

luchtpijp windpipe • (in lichaam) trachea

luchtpost air mail

luchtstreek climate, zone

luchtstrijdkrachten *mv* air force
luchtvaart aviation
luchtvaartmaatschappij airline (company)
luchtverversing ventilation
luchtvervuiling air pollution
luchtziek air sick
lucifer match
lucifersdoosje match-box
luguber sinister
lui *bn* lazy • *mv* (mensen) people
luiaard sluggard, lazy-bones
luid loud
luiden sound • ring, be ringing
luidkeels aloud
luidruchtig loud, noisy
luidspreker loudspeaker
luier napkin • nappy
luieren be idle, idle
luifel awning
luik (v. raam) shutter • (v. vloer) trap-door • batch
Luik Liege
luilak lazy-bones
luilekkerland land of plenty
luim humour, mood • whim, caprice, freak • temper
luipaard leopard
luis louse
luister lustre, splendour
luisteraar listener
luisteren listen
luisterrijk glorious, splendid
luistervergunning radio licence
luistervink eavesdropper
luit lute
luitenant lieutenant
luitenant-generaal lieutenant-general
luitenant-kolonel lieutenant-colonel

lukken succeed, do
lukraak at random
lul dick
lullig *Da's* ~, that's too bad
lummel lout
lunapark fun fair • amusement park
lunch lunch
lunchen have lunch
lunchpakket packed lunch
lus (v. touw) noose • (in tram) strap
lust desire, appetite • (neiging) inclination, liking
lusteloos listless
lusten like • enjoy
lustig cheerful, merry
luthers Lutheran
luttel little, few
luwen abate • calm down
luxe luxury
luxueus luxurious
lynx lynx
lyriek lyric poetry, lyrics
lyrisch lyric(al)

M

ma mum, mom
maag stomach
maagd maid(en), virgin
maagdelijk maidenly, virgin
maagkramp spasm of the stomach
maagpijn stomach-ache
maagzuur gastric acid
maagzweer gastric ulcer
maaien mow, cut

naak *in de ~ hebben*, have... made

naaksel make

naal *[de]* (keer) time(s) • *[het]* (maaltijd) meal

naaltijd meal

naan moon • *halve ~*, crescent • *nieuwe, volle ~*, new, full moon

naand month

naandag Monday

naandblad monthly

naandelijks monthly

naandverband sanitary towel

naar (doch) but • (slechts) only, merely

naarschalk marshal

naart March

naas (v. net) mesh

naat (vriend) mate, comrade • (om te meten) measure • (muz en vers) measure • (grootte) size • *de ~ slaan*, beat time • *maten en gewichten*, weights and measures

naatafdeling bespoke department

naatregel measure

naatschappelijk social • *~ werk*, welfare work

naatschappij society • (handel) company

naatstaf standard • measure

nacaroni macaroni

nachinaal mechanical

nachine engine, machine

nachinist engine-driver • (schip) engineer

nacht power • authority • might, force(s)

nachteloos powerless • impotent

machtig mighty, powerful • (v. eten) rich

machtigen authorize

machtiging authorization

madelief daisy

madeliefje daisy

magazijn storehouse, warehouse • (winkel) store(s)

mager lean, thin

magie magic

magistraat magistrate

magneet magnet • (v. motor) magneto

magnetisch magnetic

mahoniehout mahogany

maillot leotard

maïs maize, (Indian) corn • *gepofte ~*, popped corn, popcorn

majesteit majesty

majoor major

mak tame • gentle, meek

makelaar broker

maken make, manufacture • (repareren) mend, repair • *niets te ~ met*, nothing to do with

maker maker

make-up make-up

makkelijk easy

makker comrade, mate

makreel mackerel

mal model, mould • *bn* foolish

malaise depression, slump

malaria malaria

malen grind • (geven om) care • (gek zijn) be mad, crazy

mals tender

mama mam(m)a

man man • (echtgenoot) husband

manchet cuff • (vast) wristband

manchetknoop sleeve-button • (dubbele) sleeve-link
mand basket, hamper
mandarijn tangerine
manege riding-school
manen ww dun • mv mane
maneschijn moonlight
mango mango
manhaftig brave
manicuren manicure
manie mania
manier fashion, way
manieren manners
manifestatie demonstration
mank lame, crippled
mankement defect
mankeren fail
mannelijk male, masculine
mannelijkheid manliness • masculinity, manhood
mannequin (fashion) model
mannetje (v. dier) male
manoeuvre manoeuvre
manschappen mv men
mantel coat
mantelpak coat and skirt
manufacturen mv drapery, soft goods mv
map portfolio • folder
maquette model
marathon marathon
marcheren march
marechaussee constabulary
margarine margarine
margriet ox-eye (daisy)
Maria-Hemelvaart Assumption
marihuana marihuana
marine navy
marineofficier naval officer
marinier marine
markies (edelman) marquis

• (scherm) awning
markt market
marktprijs market-price
marmelade marmalade
marmer marble
marmot marmot
Marokko Morocco
mars march
marsepein marchpane
marskramer pedlar, hawker
martelaar martyr
martelen torment, torture
marteling torture
marter marten
masker mask
maskerade masquerade, pageant
maskeren mask
massa mass
massage massage
masseren massage
massief solid, massive
mast mast • pole
mat [de] (kleed) mat • bn (moe) tired, weary • [het] (schaken) checkmate
match match, game
materiaal material(s)
materieel material(s) • bn material
matglas ground glass
matig sober, moderate • (prijs) reasonable
matigen temper, moderate
matigheid moderation, temperance
matras mattress
matrijs matrix
matroos sailor, blue-jacket
m.a.w. in other words
maximaal maximum
maximum maximum

maximumprijs maximum price
maximumsnelheid maximum speed
mayonaise mayonnaise
mazelen *mv* measles *mv*
mecanicien mechanic
mechaniek mechanism
mechaniseren mechanize
Mechelen Mechlin, Malines
medaille medal
mede also
mede- zie ook *mee-*
medeburger fellow citizen
mededeelzaam communicative
mededelen inform, tell
mededeling announcement
mededingen compete
mededinger competitor, rival
mededogen compassion, pity
medeklinker consonant
medeleven sympathy
medelijden pity, compassion
medelijdend compassionate
medemens fellow-man
medeminnaar rival
medeplichtige accomplice, accessory
medewerken cooperate
medewerker associate
medewerking cooperation
medeweten knowledge
medezeggenschap right of say
medicijn medicin
medio ~ *mei*, mid-May
medisch medical
medische hulp medical assistance
mee also, along
meebrengen bring along • *fig* entail
meedoen ~ *aan*, join in

meedogenloos pitiless
meegaan go along (with), accompany
meegaand accommodating, compliant
meegaande yielding, compliant
meehelpen help out
meel flour
meeldauw mildew
meeldraad stamen
meelopen (vergezellen) walk with
meelspijs spoon-meat
meenemen take away, take along
meer *telw* more • (waterplas) lake
meerdere superior
meerderheid majority • *fig* superiority
meerderjarig of age
meerijden ride along
meermalen repeatedly
meermin mermaid
meerstemmig polyphonic
meervoud plural
mees titmouse
meeslepen drag along
meespelen play along
meest most
meestal mostly, usually
meestbiedende highest bidder
meester master • teacher • *iets ~ zijn*, have... in hand
meesteres mistress
meesterlijk masterly
meesterstuk masterpiece
meetbaar measurable
meetkunde geometry
meetlat ruler
meetlint measuring tape

meeuw (sea-)gull
meevallen turn out better than was expected, exceed expectations
meevaller piece of good luck
meewarig compassionate
mei May
meid girl • (dienstmeisje) maid-servant
meidoorn hawthorn
meikever cockchafer
meineed perjury
meisje girl • (vriendin) girl-friend • (dienstbode) maid-servant
meisjesnaam maiden name
mejuffrouw miss, lady
melaats leprous
melaatsheid leprosy
melancholiek melancholy
melden mention • inform of
melding mention • report
melk milk
melkboer milkman
melken milk
melkinrichting dairy
melkkan milk-jug
melksalon creamery
melktand milk-tooth
melkweg Milky Way
melodie melody, tune
meloen melon
me (mij) me
memorie (geheugen) memory • (geschrift) memorial
men one, they, we, people
meneer Mr ... • Sir
menen mean • (denken) suppose, think
mengeling mixture
mengelmoes medley, jumble
mengen mix, blend • *zich ~ in,*

meddle with, interfere
mengsel mixture
mengsmering two-stroke mixture
menie red-lead
menig many, several, quite a few
menigeen many a man
menigmaal many times
menigte (mensen) multitude, crowd • abundance
mening opinion
mennen drive
mens man, woman, person
mensdom mankind
menselijk human
mensen people
mensenhater misanthrope
mensenkennis knowledge of men
mensenliefde philanthropy
mensenschuw shy
mensheid mankind
menslievend philanthropic, humane
menstruatie menstruation
mentaliteit mentality
menu menu • ~ *van de dag* today's special
menukaart menu
merel blackbird
merendeels mostly
merg marrow • *door ~ en been,* to the very marrow
mergel marl
meridiaan meridian
merk mark • (fabrieks-) brand
merkbaar perceptible, noticeable
merken mark • (bemerken) perceive
merkteken mark, sign, token
merkwaardig remarkable

merrie mare

mes knife

messenlegger knife-rest

messing brass

mest dung, manure

mesten dung, manure • (dieren) fatten

mesthoop dunghill

met with, by, at, on, upon, of

metaal metal

metaalindustrie metal (of. metallurgic) industry

metalen metal

meteen at once • at the same time

meten measure, gauge

meteoor meteor

meter metre

metgezel companion, mate

methode method

metro Underground

metselaar bricklayer

metselen lay bricks

mettertijd in (course of) time

meubel piece of furniture

meubelmaker furniture-maker, joiner

meubilair furniture

meubileren furnish

mevrouw Mrs ... • madam

m.i. in my opinion

miauwen mew, miaow

microfoon microphone

microscoop microscope

middag noon, midday • afternoon • *'s* ~*s* in the afternoon

middageten lunch

middagmaal dinner

middel means, expedient, (genees-) remedy • (taille)

middle • waist • *door* ~ *van*, by means of • *een* ~ *tegen* a remedy for

middelbaar middle, middling • *van* ~*bare leeftijd*, middle-aged • ~*bare school*, secondary school

middeleeuwen *mv* middle ages *mv*

middeleeuws medieval

middelen *mv* means *mv*

Middellandse Zee Mediterranean

middellijn diameter

middelmaat medium size

middelmatig moderate, mediocre

middelpunt centre

middelste middle

midden middle, midst • centre

middenberm centre strip

middenin in the middle

middenrif diaphragm

middenstand middle class

middenvinger middle finger

middenweg middle course, middle ground

middernacht midnight

mie noodles

mier ant

migraine migraine

mij me • *van* ~ me, mine

mijden avoid, shun

mijl mile (1609 m)

mijlpaal milestone

mijmeren muse, dream • brood

mijn *vnw* my • [*de*] (explosief • v. delfstoffen) mine

mijnbouw mining

mijnenlegger mine-layer

mijnenveger mine-sweeper

mijnerzijds on my part
mijnheer Mr ... • sir
mijnwerker miner
mijt (insect) mite • (hooi) stack
mikken aim (op, at)
mikpunt aim • target
Milaan Milan
mild liberal, generous • soft, genial
milddadig liberal, generous
milieu milieu, surroundings
milieubescherming environmental control (protection)
milieuhygiëne environmental sanitation
milieuverontreiniging environmental pollution
militair military
miljard milliard
miljoen a million
millimeter millimetre
milt spleen, milt
min bn (gemeen) mean • ~ of meer, more or less
minachtend disdainful
minachting contempt, disdain
minder less, fewer • inferior
mindere inferior (to)
minderheid minority
minderjarig minor, under age
minderjarigheid minority • infancy
minderwaardig inferior
mineraal mineral
mineraalwater mineral water
miniatuur miniature
minimaal minimal
minimum minimum
minirok mini-skirt
minister minister, secretary • ~

president, prime minister
ministerie ministry • department Office • ~ v. Binnenlandse Zaken, Home Office • ~ v. Buitenlandse Zaken, Foreign Office • (Amer) State Department • ~ v. Financiën, The Treasury
ministerraad cabinet
minnaar lover
minst least • ten ~e, at least
minstens at least
minuut minute
minvermogend poor, indigent
minzaam affable
mis [de] rk mass • bn amiss, wrong
misbaar uproar, clamour
misboek missal
misbruik abuse, misuse • ~ maken van, abuse
misdaad crime
misdadig criminal
misdadiger criminal
misdragen zich ~, misbehave
misdrijf crime, offence
misgreep mistake, error
misgunnen grudge
mishandelen ill-treat, maltreat
mishandeling ill-treatment
miskenning lack of appreciation
miskoop bad buy
miskraam miscarriage, abortion
misleiden mislead • deceive
mislukken miscarry, fail
mislukking failure
mismaakt deformed, mis-shapen
mismoedig disheartened, dejected
misnoegd discontented, displeased

misnoegen discontent

misplaatst out of place • *fig* misplaced, mistaken

misrekening miscalculation

misschien perhaps, maybe

misselijk sick • *fig* disgusting

missen miss • fail • lack • do without

missie mission

misstand abuse

misstap false step

mist fog • mist

misten be misty

misthoorn siren, fog-horn

mistig foggy, misty

mistlamp fog lamp

mistroostig disconsolate

misvatting misapprehension

misverstand misunderstanding

misvormd deformed, mis-shapen

mitrailleur machine-gun

mits provided, on condition that

mixen mix

mixer mixer

mms MMS

mobiel mobile

mobieltje mobile phone

mobilisatie mobilization

mobiliseren mobilize

mobilofoon radiotelephone, walkie-talkie

modder mud, mire

modderig muddy

modderpoel puddle

mode fashion

model model, pattern

modern modern

moderniseren modernize

modeshow fashion show

modezaak fashion business

modieus fashionable

modiste milliner

moe tired, weary (of)

moed courage, heart, spirit

moedeloos dejected, spiritless

moeder mother

moederlijk maternal, motherly

moedertaal mother tongue

moedervlek mole, birth-mark

moedig courageous, brave

moedwil wantonness • *uit ~,* wantonly

moedwillig wanton

moeilijk difficult, hard

moeilijkheid difficulty, trouble

moeite trouble, pains, labour, care • *~ hebben met* find it difficult to • *het is de ~ waard,* it is worthwhile

moer nut

moeras marsh, swamp

moerassig marshy

moerbei mulberry

moes pulp

moesson monsoon

moestuin kitchen garden

moeten must, have to, be obliged

mogelijk possible, may be • *bijw* possibly • *zo ~,* if possible

mogelijkheid possibility

mogen be allowed to, may • like

mogendheid power • *grote ~,* great power

mohammedaan Mohammedan

mok mug

mokken sulk

mol mole • *muz* flat

molecule molecule

molen mill

molenaar miller

molensteen millstone

molenwiek wing of a mill, vane
mollig plump, chubby
molm mould
molshoop mole-hill
molton swanskin
moment moment
mompelen mutter, mumble
mond mouth
mondeling oral, verbal
mond- en klauwzeer foot-and-mouth disease
mondheelkunde dental surgery
mondig of age
monding delta
mond-op-mondbeademing mouth-to-mouth resuscitation
mondstuk mouthpiece • (cigarette) tip
mondvoorraad provisions
monnik monk, friar
monopolie monopoly
monotoon monotonous
monster (gedrocht) monster • (proef) sample • ~ *zonder waarde*, sample of no value
monsterachtig monstrous
monsteren muster
montage mounting, assembly
montagewoning prefabricated house • *gemeenz* prefab
monter brisk, cheerful, lively
monte'ren erect • (auto) assemble
monteur mechanic
montuur frame
monument monument
mooi beautiful, fine, nice • lovely
moord murder
moorddadig murderous
moordenaar murderer
moot slice • (vis) fillet

mop (grap) joke • (vlek) blob
mopperen grumble (at)
moraal moral
moreel moral
morfine morphine
morgen [*de*] morning • *bijw* tomorrow • *'s ~s*, in the morning • *tot ~* see you tomorrow
morgenavond tomorrow evening
morgenmiddag tomorrow afternoon
morgenochtend tomorrow morning
morgenrood dawn
morren grumble, murmur
morsen make a mess
morsig dirty, untidy
mortier mortar
mos moss
moskee mosque
moslim, moslem Muslim
mossel mussel
mosterd mustard
mot moth
motel motel
motie motion, vote • *~ van wantrouwen*, vote of no-confidence
motief motive • (in kunst) motif
motiveren motivate • account for
motor engine
motorboot motorboat
motorfiets motor cycle, motorbike
motorkap bonnet
motorolie engine oil
motorophanging engine mounting
motorpech engine trouble

motorrijder motor cyclist
motregen drizzling rain
motto motto, device
mountainbike mountain bike
mousseren effervesce • ~*de wijn*, sparkling wine
mouw sleeve • *iem. iets op de ~ spelden*, make one believe something
mozaïek mosaic (work)
mud hectolitre
muf dingy
muffig musty, fusty
mufheid fustiness
mug mosquito
muggenzifter hair-splitter
muil mouth • (pantoffel) slipper
muildier mule
muilezel hinny
muilkorf muzzle
muilpeer box on the ears
muis mouse
muiten mutiny, rebel
muiter mutineer, rebel
muiterij mutiny
muizenval mousetrap
mul loose
mummelen mumble
mummie mummy
munitie ammunition
munt coin, money • (gebouw, plantje) mint
munten coin
munttelefoon payphone
murmelen murmur
murw soft, tender, mellow
mus sparrow
museum museum • (schilderijen) gallery
musicus musician
muskaatnoot nutmeg

muskiet mosquito
muskietennet mosquito-net
muts beret
muur wall
muurbloem (ook *fig*) wallflower
muurschildering mural painting
muziek music
muziekkorps band
muzikaal musical
muzikant musician
mysterie mystery
mystiek mysticism
mythe myth

N

na after
naad(je) seam
naaf hub
naaidoos sewing-box
naaien sew
naaigaren sewing-thread
naaimachine sewing-machine
naaister seamstress, needlewoman
naakt naked, bare, nude
naaktheid nakedness, nudity
naaktstrand nudist beach
naald needle
naaldboom conifer
naam name, (roep, ook) reputation
naambordje name-plate
naamgenoot namesake
naamkaartje visiting-card
naamval case
naamwoord noun • *bijvoeglijk* ~, adjective • *zelfstandig* ~,

substantive
na-apen ape, imitate
naar vz to, according to, after • op weg ~ on the way to • bn disagreeable, unpleasant, nasty • (ziek) queer
naarmate according as
naarstig diligent, assiduous
naast bn next, nearest • vz next (to), beside
naaste neighbour, fellowcreature
naasten nationalize • seize
nabestaande relative
nabestelling repeat order
nabij near, close to
nabijgelegen adjacent
nabijheid vicinity, neighbourhood, proximity
nabootsen imitate, mimic
naburig neighbouring
nacht night • 's ~s, at night, in the night-time, during the night • per ~ per night
nachtbus night bus
nachtclub night club
nachtegaal nightingale
nachtelijk nocturnal
nachthemd nightshirt
nachtjapon nightdress, nightie
nachtmerrie nightmare
nachtpon night gown
nachtrust night's rest
nachttarief night rate
nachttrein night train
nachtverblijf accommodation for the night
nachtvlucht night flight
nadat after
nadeel disadvantage • harm, hurt, loss

nadelig disadvantageous • detrimental (to)
nadenken ww think (about), reflect (upon) • reflection
nadenkend thoughtful, pensive
nader nearer • further
naderbij nearer
naderen approach, draw near
naderhand afterwards, later on
nadering approach
nadien since, afterwards
nadoen imitate, mimic
nadruk emphasis, stress
nadrukkelijk emphatic(ally)
nagaan follow, trace • go through, look into
nageboorte placenta
nagedachtenis memory
nagel nail
nagelborstel nail-brush
nagellak nail polish
nagelschaar nail scissors
nagelvijl nail-file
nagemaakt counterfeit, forged, faked
nagenoeg almost, nearly
nagerecht dessert
nageslacht posterity
nagesynchroniseerd dubbed
naïef naive, artless
naijver emulation, jealousy
najaar autumn
najagen chase, pursue • hunt for
najouwen call after
nakijken check
nakomeling descendant
nakomen come afterwards • follow • (belofte) fulfil
nalaten leave (behind) • (nietdoen) omit, neglect, fail
nalatenschap inheritance, estate

nalatig negligent, careless
naleven observe, fulfil
nalopen run after, follow
namaak imitation
namaken (nadoen) copy, imitate • (vervalsen) forge
namelijk namely, viz
namens in the name of, on behalf of
namiddag afternoon
naoorlogs post-war
napraten echo • remain talking
nar fool, jester
narcis narcissus, daffodil
narcose anaesthesia
narcotiseur anaesthetist
narekenen check
naseizoen late season
naslagwerk book of reference
nasleep train (of consequences) • aftermath (of war)
nasmaak after-taste
nasnuffelen search • ferret (in)
nasporen trace, investigate
nastaren gaze after
nastreven strive after • pursue
nat wet, liquid • bn wet, moist, damp
natie nation
nationaal national
nationaliteit nationality
naturalisatie naturalization
naturaliseren naturalize
natuur nature
natuurbehoud conservation of nature
natuurbescherming preservation of natural beauty
natuurgebied scenic area
natuurkunde physics mv
natuurkundige natural

philosopher, physicist
natuurlijk bn natural • bijw naturally • of course
natuurramp natural disaster
natuurreservaat nature reserve
natuurverschijnsel natural phenomenon
natuurwetenschappelijk scientific
nauw bn narrow, tight, close • bijw narrowly, closely, strictly • in het ~ brengen, press hard
nauwelijks scarcely, hardly
nauwgezet punctual, conscientious
nauwkeurig exact, accurate
navel navel
navolgen imitate, follow
navorsen investigate, search into
navraag inquiry, demand
naweeën mv after-pains mv • fig after-affects mv
nawerking after-effect(s)
nazaten mv descendants
nazenden send after, forward
nazien look after • examine • (machine) overhaul • (schoolwerk) correct, mark
nazomer Indian summer
nazorg after-care
neder- zie ook neer-
nederig humble, lowly
nederlaag defeat
Nederland The Netherlands, Holland
Nederlander Dutchman
Nederlands Dutch
Nederlandse Dutchwoman
nederzetting settlement
nee no
neef (neefzegger) cousin

• (oomzegger) nephew
neer, neer- down
neerdalen come down, descend
neerhalen pull down
neerhurken squat (down)
neerknielen kneel (down)
neerkomen land
neerleggen lay down • (ambt) resign • (werk) strike • *zich ~ bij*, accept
neerslachtig dejected
neerslag precipitation • fall (of rain, snow etc.)
neerstorten fall down • *luchtv* crash
neerzetten put down
negatief *bn* negative
negen nine
negende ninth
negentien nineteen
negentig ninety
neger negro
negéren cut, ignore
negerin negress
neigen (tot) incline, tend to
neiging inclination, bent
nek neck
nemen take, accept • *op zich ~*, undertake to do it
nep swindle, fake
nerf rib, vein • grain
nergens nowhere
nerts mink
nerveus nervous, agitated
nest nest • (roofvogel) aerie
nestel tag, lace
nestelen nest • *zich ~*, nestle
net (vis-) net • (boodschappen) string bag • (in trein) rack • (spoorweg, telefoon enz.) network • *bn* neat • (proper)

tidy • (fatsoenlijk) decent, respectable • clean • *bijw* just, precisely
netelig thorny, ticklish
netheid neatness, tidiness
netjes neatly, nicely • tidy
netnummer dialling code
netto net
netvlies retina
netwerk network
neuken fuck
neuriën hum
neuroloog neurologist
neus nose • (schoen) toe-cap
neusbloeding nosebleed
neusgat nostril
neushoorn rhinoceros
neusklank nasal sound
neutraal neutral
neutraliteit neutrality
neuzen look around
nevel haze
nevelig hazy, misty
nicht (neefzegster) cousin • (oomzegster) niece
niemand nobody, no one
nier kidney
niersteen renal calculus
niesen sneeze
niet not • *~ meer*, no more, no longer
nietig (onbelangrijk) insignificant, paltry • null
nietje staple
niets nothing
nietsnut good-for-nothing
nietszeggend meaningless • inexpressive
niettegenstaande notwithstanding
niettemin nevertheless

nieuw new
nieuweling novice • new-comer • new boy
nieuwerwets new-fashioned
nieuwigheid novelty, innovation
nieuwjaar New Year • *gelukkig ~!*, I wish you a happy New Year!
nieuwjaarsdag New Year's Day
nieuws news, tidings
nieuwsberichten *mv* news
nieuwsgierig curious, inquisitive
nieuwsgierigheid curiosity
nieuwtje novelty • piece of news
niezen sneeze
nijd envy
nijdig angry
nijlpaard hippopotamus
nijpend biting • acute
nijptang (pair of) pincers
nijver industrious, diligent
nijverheid industry
nikkel nickel
niks nothing
niksen slack (out)
nimmer never
nippertje *op het ~*, touch-and-go, in the nick of time
nis niche
niveau level
nivelleren level
n.l. = namelijk namely, viz.
noch... noch neither... nor
nochtans yet, nevertheless
nodeloos needless
nodig necessary, needful • *~ hebben*, need, want • *~ zijn* be needed
noemen name, call
noemenswaard(ig) worth mentioning

noemer denominator
nog yet, still, besides, further
noga nougat
nogal rather, fairly
nogmaals once more
nok ridge
nokkenas camshaft
nominaal nominal
non nun
non-alcoholisch non-alcoholic (drinks)
nonchalant careless
nonsens nonsense, rot
non-stop non-stop
non-stopvlucht direct flight
nood need, necessity, distress, want
nooddeur emergency door
nooddruftig needy, indigent
noodgeval emergency (case)
noodhulp temporary help
noodkreet cry of distress
noodlanding forced landing
noodlijdend indigent • poor
noodlot fate, destiny
noodlottig fatal
noodrem safety brake
noodsein distress-signal
noodstop emergency stop
noodtoestand emergency
nooduitgang emergency exit
noodvulling temporary filling
noodweer *uit ~*, in self-defence
noodwoning temporary house
noodzaak necessity
noodzakelijk necessary
noodzaken oblige, compel, force
nooit never
noord north
noordelijk northern
noorden north

noordenwind north wind
noorderbreedte North latitude
noorderlicht northern lights
noordoost north-east
noordpool north pole
noordwest north-west
Noordzee North Sea
Noors Norwegian
Noorwegen Norway
noot (vrucht) nut • (anders) note
nootmuskaat nutmeg
nop nothing • *voor ~*, free
nopen induce, oblige
norm norm
normaal normal
nors gruff, surly
nota (rekening) bill • note, memorial • *~ nemen van*, note, take note of
notabelen *mv* notabilities
notarieel notarial
notaris notary
notenbalk staff, stave
notenboom walnut-tree
notendop nutshell
notenhout walnut
notenkraker (pair of) nutcrackers
noteren write down
notering *handel* quotation
notie notion
notitie note, memorandum • notice
notitieboekje note-book
notulen *mv* minutes *mv*
nou well • now
novelle short novel
november November
nu now
nuchter sober
nudistenkamp nudist camp
nuffig affected

nuk freak, whim, caprice
nul naught, zero • (in telefoonnummers) o • *fig* nonentity, mere cipher
nummer number • (kledingstuk) size
nummerbord number-plate
nummerschijf *tel* dial
nut use, profit, benefit
nutteloos useless • in vain
nuttig useful, profitable
nuttigen take • partake of
nuttigheid utility
nylon nylon

O

o.a. = *onder andere* among other things
oase oasis
ober waiter
obligatie bond, debenture
obsceen obscene
obstakel obstacle
oceaan ocean
och oh!, ah!
ochtend morning • *'s ~s* in the morning
ochtendblad morning-paper
ochtendjas dressing gown
octaaf octave
octrooi patent
odeur perfume, scent
oedeem oedema
oefenen exercise, practise, train
oefening exercise, practice
oeroud ancient
oerwoud primeval forest

oester oyster
oeuvre body of work
oever (zee) shore • (rivier) bank
of or • if, whether • *of... of*, either... or
offer offering, sacrifice
offeren sacrifice
offerte offer
officieel official
officier officer • ~ *van gezondheid*, army surgeon • ~ *van justitie*, Public Prosecutor
officieus semi-official
ofschoon (al)though
oftewel or
ofwel or
ogenblik moment
ogenblikkelijk immediate
ogenschijnlijk apparent
ogenschouw *in ~ nemen*, inspect, have a look at
o.i. = *ons inziens* in our opinion
oké okay
oksel armpit
oktober October
olie oil • ~ *en azijn* oil and vinegar • ~ *verversen* change the oil
olieachtig oily
oliebol ± fried, round cake
oliedrukmeter oil-pressure gauge
olie- en azijnstelletje cruetstand
oliefilter oil filter
oliegoed oilskins
oliepeil oil level
oliepomp oil pump
oliesel *rk* extreme unction
oliespuit oil syringe
olieverf oil-paint
olifant elephant
olijf olive

olijfolie olive-oil
olijk roguish
olm elm
om round, at, about, for • to, in order to, of, on • (voorbij) up • (opdat) in order to
oma granny
omarmen embrace
ombrengen kill
ombuigen bend
omdat because
omdraaien turn
omelet omelet
omgaan go about • ~ *met*, associate with • (v. voorwerp) handle
omgaande *per ~*, by return (of post)
omgang (social) association, company • (toren) gallery
omgekeerd turned upside down • reversed
omgeven surround
omgeving surroundings *mv*
omgooien knock over, overturn
omhaal ceremony, fuss
omheen (round) about
omheining fence, enclosure
omhelzen embrace
omhoog on high • aloft • up
omhullen envelop, wrap round
omhulsel wrapping, cover
omkeer change, turn • reversal • revolution
omkeren turn round
omkijken look back
omkomen perish
omkopen bribe, corrupt
omlaag below, down
omlegging (weg) diversion
omleiding diversion (of traffic)

omliggend surrounding
omloop (bloed) circulation
• (aarde) revolution • (toren) gallery • *in ~ brengen*, put into circulation
omlopen go round • (make a) detour
ommezien *in een ~*, in a trice
ommezijde back • *zie ~*, please turn over • P.T.O.
ompraten talk round
omrastering railing
omreis detour
omrijden make a detour
omringen surround, encircle
omroep broadcast(ing)
omroeper *rtv* announcer
omroepstation broadcasting station
omroeren stir
omscholen retrain
omschrijven define, describe
• circumscribe
omschrijving definition
omsingelen surround
omslaan overthrow, overset, turn over • throw on (a cloak)
• (weer) change, break
omslachtig cumbersome
omslag (boek) cover, wrapper • (v. mouw) cuff • (v. broek) turn-up
• *(med)* compress • *fig* fuss, ado
• *hoofdelijke ~*, poll-tax
omspoelen rinse, wash up
omstander bystander
omstandig circumstantial
omstandigheid circumstance
omstreden disputed
• controversial
omstreeks about
omstreken *mv* surroundings *mv*

omtrek circumference, contour, outline • (omstreken) environs, neighbourhood
omtrent about, concerning, with regard to
omvallen fall down, be upset
omvang compass, extent • (stem) range • (boom) girth
omvangrijk voluminous, extensive
omvatten span • include, embrace
omver down, over
omverwerpen upset • (regering) overthrow
omweg roundabout way • detour
omwenteling revolution, rotation
omwerken remould • rewrite
omwisselen change
omzet turnover, sale
omzichtig circumspect, cautious
omzien look back (about) • *~ naar*, look out for
onaangenaam disagreeable, unpleasant
onaantrekkelijk unattractive
onaardig unpleasant, unkind
onachtzaam inattentive, negligent, careless
onafgebroken uninterrupted
onafhankelijk independent
onafscheidelijk inseparable
onbaatzuchtig disinterested, unselfish
onbedaarlijk uncontrollable, inextinguishable
onbedachtzaam inconsiderate, thoughtless
onbedorven unspoiled, innocent
onbeduidend insignificant

onbedwingbaar uncontrollable
onbegaanbaar impassable
onbegonnen ~ *werk*, an endless task
onbegrensd unlimited
onbegrijpelijk inconceivable, incomprehensible
onbehaaglijk uncomfortable, uneasy
onbeheerd ownerless
onbeholpen awkward, clumsy
onbehoorlijk unseemly, improper, indecent
onbehuisd homeless
onbekend unknown • *Ik ben hier* ~, I'm a stranger here
onbekookt inconsiderate
onbekrompen unsparing, lavish • (v. geest) broad-minded
onbekwaam incapable, unable
onbeleefd impolite, uncivil
onbelemmerd unimpeded
onbelicht unexposed
onbemiddeld without means
onbenul nonentity
onbenullig fatuous
onbepaald indefinite
onbeperkt unlimited
onbereikbaar unattainable
onberekenbaar incalculable
onberispelijk blameless, irreproachable, flawless
onbeschaafd ill-bred • uncivilized
onbeschaamd impudent, bold, impertinent
onbescheiden impudent
onbeschoft impolite
onbeschrijfelijk indescribable
onbeslist undecided • *sp* drawn
onbesproken blameless
onbestelbaar undeliverable

onbestemd indeterminate, vague
onbestendig unstable, inconstant, variable
onbestuurbaar unmanageable
onbesuisd rash, hot-headed
onbetaalbaar priceless, invaluable • (grap) capital
onbetamelijk unbecoming, indecent, improper
onbetekenend insignificant
onbetrouwbaar unreliable
onbetwist undisputed
onbevaarbaar innavigable
onbevoegd incompetent
onbevooroordeeld unprejudiced, unbiassed
onbevreesd fearless
onbewaakt unattended
onbeweeglijk motionless
onbewoond uninhabited, unoccupied, not occupied
onbewust unconscious • unaware (of)
onbezoldigd unsalaried
onbezorgd care-free
onbillijk unjust, unfair
onbrandbaar incombustible
onbreekbaar unbreakable
onbruik *in* ~ *geraken*, go out of use
onbruikbaar useless • (persoon) inefficient
ondank ingratitude
ondankbaar ungrateful
ondanks in spite of
onder under, among, during • *bijw* down
onderaan at the bottom (the foot) of
onderaards underground

onderafdeling subdivision • subsection

onderarm fore-arm

onderbelicht under-exposed

onderbewust subconscious

onderbreken interrupt, break

onderbreking interruption, break

onderbroek pants

onderdaan subject

onderdak shelter

onderdanig submissive

onderdeel part, fraction, section

onderdirecteur sub-manager

onderdompelen submerge, immerse

onderdrukken keep down, oppress, suppress

onderdrukking oppression • suppression

onderduiken dive • *fig* go into hiding

ondereinde lower end

óndergaan go down • (zon) set

ondergáán undergo, suffer

ondergang ruin

ondergeschikt subordinate • minor • inferior

ondergetekende undersigned

ondergoed underwear

ondergronds underground • ~e *spoorweg*, the Underground • *(amer)* subway

onderhandelen negotiate

onderhandeling negotiation

onderhands private

onderhevig subject, liable (to)

onderhorig dependent, subordinate

onderhoud (v. weg enz.) upkeep • (levens-) maintenance, support, sustenance • (gesprek) conversation, talk, interview

onderhouden (in 't leven) support • (aan de gang) keep up, maintain • (praten) entertain

onderhoudend entertaining, amusing

onderhoudsbeurt overhaul

onderhuurder subtenant

onderin at the bottom

onderjurk petticoat

onderkaak lower jaw

onderkant bottom

onderkin double chin

onderkomen shelter, lodging

onderkruiper blackleg

onderlijf belly, abdomen

onderling mutual

onderlip lower lip

ondermijnen undermine, sap

ondernemen undertake, attempt

ondernemend enterprising

ondernemer owner

onderneming undertaking, enterprise • (zaak) concern • (plantage) estate, plantation

onderofficier non-commissioned officer • (marine) petty officer

onderpand pledge, guarantee, security

onderricht instruction

onderschatten undervalue, underrate

onderscheid difference • distinction

onderscheiden ww discern, distinguish • *zich ~,* distinguish oneself • bn different, various • distinct

onderscheiding distinction

• decoration
onderscheidingsteken badge
onderscheppen intercept
onderschrift subscription
• signature
ondershands privately, by private contract
onderstaand undermentioned
onderste lowest, bottom, undermost
ondersteboven upside down
onderstel (v. vliegtuig) undercarriage
onderstelling supposition, hypothesis
ondersteunen support
ondersteuning support, relief
onderstrepen underline
ondertekenen sign
ondertekening signature
ondertiteld subtitled
ondertrouw betrothal
ondertussen meanwhile
onderverhuren sublet
ondervinden experience
ondervinding experience
ondervoeding malnutrition
ondervoorzitter vice-chairman
ondervragen interrogate, question
ondervraging interrogation, examination
onderweg underway
onderwerp subject • topic
onderwerpen subject • submit
onderwerping subjection, submission
onderwijl meanwhile, the while
onderwijs education
onderwijzen teach
onderwijzer teacher • instructor

onderworpen submissive
• subject (to)
onderzeeboot submarine
onderzeeër submarine
onderzoek inquiry, investigation, examination
onderzoeken investigate
• examine
ondeskundig inexpert
ondeugd vice • (persoon) scamp
ondeugdelijk defective
ondeugend naughty, mischievous • wicked
ondiep shallow
ondier brute, monster
onding absurdity
ondoenlijk impracticable, unfeasible
ondoordacht inconsiderate, thoughtless
ondoordringbaar impenetrable
ondoorgrondelijk inscrutable
ondoorschijnend opaque
ondraaglijk unbearable, intolerable, insupportable
ondrinkbaar undrinkable
ondubbelzinnig unequivocal
onduidelijk indistinct • obscure
onecht not genuine, false
• forged • (kind) illegitimate
oneens *het ~ zijn*, disagree
oneerbaar indecent
oneerbiedig irreverent
oneerlijk dishonest, unfair
oneindig endles, infinite
onenigheid discord, disagreement
onervaren inexperienced
oneven odd
onevenredig disproportionate
onfatsoenlijk indecent, improper

onfeilbaar unfailing, infallible
ongaar underdone
ongaarne unwillingly
ongeacht regardless of
ongebaand unbeaten, untrodden
ongebonden dissolute, loose
ongebruikelijk unusual
ongedeerd unhurt
ongedierte vermin
ongeduld impatience
ongeduldig impatient
ongedurig restless
ongedwongen unconstrained, unrestrained, free
ongeëvenaard unequalled
ongegeneerd unceremoniously
ongegrond groundless
ongehoord unheard of
ongehoorzaam disobedient
ongehuwd unmarried
ongekuist unexpurgated
ongekunsteld ingenuous
ongeldig invalid, not valid
ongelegen inconvenient
ongelijk ~ *hebben*, be wrong • *bn* unequal, uneven
ongeloof unbelief, disbelief
ongelooflijk incredible
ongelovig unbelieving
ongelovige infidel, unbeliever
ongeluk (pech) misfortune • (gemoedstoestand) unhappiness • (ongeval) accident, mishap • (toeval) bad luck • *bij* ~, accidentally
ongelukkig unhappy, unfortunate, unlucky
ongeluksvogel unlucky person
ongemak inconvenience • (gebrek) trouble

ongemakkelijk not easy, uncomfortable
ongemanierd ill-mannered
ongemerkt unperceived, imperceptible • unmarked
ongemoeid undisturbed, unmolested
ongenaakbaar inaccessible, unapproachable
ongenade disgrace
ongeneeslijk incurable
ongenegen disinclined
ongenoegen displeasure
ongeoorloofd illicit, unallowed
ongepast unseemly, improper
ongeregeld irregular
ongerept untouched • pure
ongerief inconvenience
ongerijmd absurd, preposterous
ongerust uneasy
ongerustheid uneasiness, anxiety
ongeschikt unfit, inapt • unsuitable, improper
ongeschonden undamaged, unviolated
ongeschoold unskilled
ongesteld indisposed, unwell • ~ *zijn* (v. vrouwen) menstruate, have one's period
ongesteldheid indisposition • (v. vrouwen) menstruation
ongestoord undisturbed
ongetwijfeld undoubtedly, doubtless
ongevaarlijk harmless, safe
ongeval accident, mishap
ongevallenverzekering accident insurance
ongevallenwet employers' liability act

ongeveer about
ongeveinsd unfeigned
ongevoelig unfeeling, insensible
ongewoon unusual, uncommon
ongezellig unsociable • cheerless • (huis) not cosy
ongezond (klimaat) unhealthy • (voeding) unwholesome • (lucht) insalubrious
ongunstig unfavourable
onguur inclement, rough
onhandelbaar intractable onhandig awkward, clumsy
onhandig clumsy, awkward
onhebbelijk unmannerly, rude
onheil calamity, disaster
onheilspellend ominous
onherbergzaam inhospitable
onherkenbaar unrecognizable
onherroepelijk irrevocable
onherstelbaar irreparable • (verlies) irrecoverable
onheuglijk immemorial
onhoorbaar inaudible
onhoudbaar untenable
onhygiënisch insanitary onjuist inaccurate • inexact
onjuist incorrect
onkies indelicate
onkosten *mv* charges, expenses *mv*
onkruid weeds *mv*
onkunde ignorance
onkundig van ignorant of
onkwetsbaar invulnerable
onlangs the other day, lately, recently
onleesbaar (schrift) illegible • (boek) unreadable
onlogisch illogical
onlusten *mv* troubles,

disturbances, riots *mv*
onmacht impotence • (flauwte) swoon, fainting fit
onmatig immoderate, intemperate
onmeetbaar immeasurable
onmens monster, brute
onmenselijk inhuman, brutal
onmerkbaar imperceptible
onmetelijk immense, immeasurable
onmiddellijk immediate • *bijw* directly, immediately, at once
onmin *in ~*, at variance (with)
onmisbaar indispensable
onmogelijk impossible
onnadenkend thoughtless, inconsiderate
onnauwkeurig inaccurate
onnodig needless, unnecessary
onnozel simple, silly
onomstotelijk irrefutable
onomwonden explicit, plain
onontbeerlijk indispensable
onooglijk unsightly
onopgevoed ill-bred
onophoudelijk incessant, ceaseless, unceasing
onoplettend inattentive
onopvallend inconspicuous
onopzettelijk unintentional
onordelijk disorderly, unruly
onovergankelijk intransitive
onoverwinnelijk invincible
onoverzichtelijk unclear • complex, intricate
onpartijdig impartial
onpasselijk sick
onraad trouble, danger • *ik ruik ~*, I smell a rat
onrecht injustice, wrong • *ten ~e*,

wrongly
onrechtmatig unlawful
onrechtvaardig unjust
onredelijk unreasonable
onregelmatig irregular
onrein unclean, impure
onrijp unripe, immature
onroerend ~e goederen, mv real property, real estate
onrust restlessness, unrest
onrustbarend alarming
onrustig restless, unquiet
ons pers vnw us • bez vnw our • van ~ ours • 100 grams
onsamenhangend incoherent
onschadelijk harmless, inoffensive
onschatbaar invaluable
onschendbaar inviolable
onschuld innocence
onschuldig innocent
onsterfelijk immortal
onstuimig boisterous fig, impetuous, dashing
onsympathiek uncongenial
ontaard degenerate
ontactvol tactless
ontberen be in want of, lack
ontbering want, privation
ontbieden summon, send for
ontbijt breakfast
ontbijten have breakfast
ontbinden undo • (huwelijk enz.) dissolve • (lichaam) decompose
ontbinding dissolution, decomposition
ontbloot bare • devoid (of)
ontboezeming effusion
ontbranden take fire, ignite
ontbreken be wanting, be absent • miss

ontdaan disconcerted • upset • taken aback
ontdekken discover • find out
ontdekking discovery
ontdoen zich ~ van, get rid of, dispose of, part with
ontdooien thaw, fig melt
ontduiken (slag, wet) elude • (moeilijkheid) evade
ontegenzeglijk incontestable, unquestionable
onteigenen expropriate
ontelbaar countless, innumerable
ontembaar untamable, indomitable
onteren dishonour
onterven disinherit
ontevreden discontented (with)
ontevredenheid discontent
ontfermen zich ~ over, take pity on
ontgaan escape
ontginnen (bossen) clear • (land) reclaim • (mijn) work, exploit
ontginning reclamation, exploitation
ontgoochelen disillusion(ize)
ontgroeien outgrow
onthaal treat, entertainment
onthalen treat (to)
ontharden soften
ontharen depilate
ontheemde displaced person
ontheffen relieve (of)
ontheffing exemption, dispensation, exoneration
onthouden withhold, keep from • (niet vergeten) remember • zich ~ van, abstain from
onthouding abstinence • (bij

stemming) abstention
onthullen reveal, disclose
• (standbeeld) unveil
onthutst disconcerted, upset
ontijdig untimely, premature
ontkennen deny
ontkenning denial, negation
ontketenen unchain • (aanval) launch
ontkiemen germinate
ontkleden undress
ontkomen escape
ontkoppelen declutch
• disconnect
ontladen unload
ontlasting (uitwerpselen) stools
• (leniging) relief
ontleden dissect, anatomize
• (redekundig) analyse
• (taalkundig) parse
ontleding analysis • (anatomie) dissection • (taalkundig) parsing
ontlenen borrow, derive (from)
ontluiken open, expand
ontmaskeren unmask
ontmoedigen dishearten, discourage
ontmoeten meet • encounter
ontmoeting meeting • encounter
ontoegankelijk inaccessible
ontoelaatbaar impermissable
ontoereikend inadequate
ontoerekenbaar not imputable, irresponsible
ontoonbaar not fit to be seen
ontploffen explode, detonate
ontploffing explosion, detonation
ontplooien unfold

ontraden dissuade from
ontroerd moved
ontroering emotion
ontroostbaar disconsolate
ontrouw *zn* unfaithfulness
• infidelity • *bn* disloyal, unfaithful
ontruimen evacuate, vacate
ontruiming evacuation, clearing
ontscheping disembarkation
ontsieren disfigure, mar
ontslaan discharge, dismiss • ~ *van*, release, free (from)
ontslag discharge, dismissal
ontslagaanvrage resignation
ontsmetten disinfect
ontsnappen escape
ontsnapping escape
ontspannen unbend, relax
ontspanning relaxation
• distraction • relief
ontsporen (van trein) be derailed
• (figuurlijk) go off the rails
ontsporing derailment
ontspringen rise, originate
ontstaan arise, proceed • ~, origin
ontsteken kindle, light • become inflamed
ontsteking (ziekte) inflammation
• (auto) ignition • (vuur) kindling
ontsteld alarmed
ontstellend terrible, awful
ontstentenis consternation, dismay, alarm
ontstemd out of tune • *fig* put out
ontstemming displeasure
ontstentenis default
onttrekken withdraw from • *zich*

~ *aan*, withdraw from
ontucht lewdness
ontvangbewijs receipt
ontvangen receive
ontvanger (goederen) consignee, recipient • (belasting) tax-collector
ontvangst receipt, reception
ontvelling abrasion
ontvlambaar inflammable
ontvlekken clean, remove stains from
ontvluchten fly, escape
ontvoeren carry off, kidnap
ontvoering abduction, kidnapping
ontvouwen unfold
ontvreemden steal
ontwaken awake, get awake, wake up
ontwapenen disarm
ontwapening disarmament
ontwarren untangle
ontwerp project, plan
ontwerpen draft, draw up, design, project
ontwijfelbaar unquestionable
ontwijken evade • (iem.) avoid
ontwikkelaar developer
ontwikkeld *fig* educated
ontwikkelen develop
ontwikkeling development • *algemene* ~, general education
ontwikkelingshulp developing aid, development aid
ontwikkelingsland developing country, development country
ontwrichten dislocate
ontzag awe, respect
ontzaglijk awful, tremendous

ontzeggen deny
ontzet relief • rescue
ontzettend dreadful, terrible, appalling
ontzetting (uit ambt) dismissal • (schrik) horror
ontzien respect, spare
onuitputtelijk inexhaustible
onuitsprekelijk unspeakable, inexpressible
onuitstaanbaar insufferable • intolerable
onuitvoerbaar impracticable
onvast unstable, unsteady
onvatbaar immune (from)
onveilig unsafe, insecure • ~!, danger!
onveranderlijk unchangeable, unalterable
onverantwoordelijk not responsible • injustifiable, irresponsible
onverbeterlijk incorrigible
onverbiddelijk inexorable
onverdraaglijk intolerable
onverdraagzaam intolerant
onverenigbaar incompatible
onverflauwd unabated
onvergankelijk imperishable, undying
onvergeeflijk unforgivable, unpardonable
onvergelijkelijk incomparable, matchless
onvergetelijk unforgettable
onverhoeds sudden, unexpected
onverhoopt unexpected
onverklaarbaar inexplicable
onverkoopbaar unsal(e)able
onvermijdelijk unavoidable • inevitable

onvermoeibaar indefatigable

onvermoeid untired, tireless

onvermogen inability, impotence • (geld) indigence

onverrichter zake without success

onverschillig indifferent, careless

onverschrokken intrepid, undaunted, dauntless

onverslijtbaar everlasting

onverstaanbaar unintelligible

onverstandig unwise

onverstoorbaar imperturbable

onvertogen unseemly, indecent

onvervaard undaunted

onverwacht(s) unexpectedly, suddenly, unawares

onverwijld immediate

onverzadigbaar insatiable

onverzettelijk immovable, stubborn, obstinate

onverzoenlijk irreconcilable, implacable

onverzorgd (arm) unprovided for • (slordig) untidy

onvoldaan unsatisfied

onvoldoend insufficient(ly) • ~e (school) unsufficient mark

onvoldoende unsatisfactory mark

onvolkomen imperfect

onvolledig incomplete

onvoltooid unfinished, incomplete

onvoorbereid unprepared

onvoordelig unprofitable

onvoorstelbaar incredible

onvoorwaardelijk unconditional

onvoorzichtig imprudent

onvoorzien unforeseen, unexpected

onvriendelijk unkind

onvruchtbaar infertile • sterile, barren

onwaar untrue

onwaardig unworthy

onwaarheid untruth, lie

onwaarschijnlijk improbable • unlikely

onwankelbaar unshakable, unwavering

onweer thunder-storm

onweersbui (thunder-)storm

onweerstaanbaar irresistible

onwel indisposed, unwell

onwelvoeglijk indecent

onwetend ignorant

onwetendheid ignorance

onwettig unlawful, illegal

onwijs unwise, foolish

onwil unwillingness

onwillekeurig involuntary

onwrikbaar immovable • fig unshakable

onze our • de ~, ours

onzedelijk immoral

onzeker uncertain • insecure • (hand, stem) unsteady

onzekerheid uncertainty, insecurity

onzerzijds on our part

onzevader the Lord's Prayer

onzichtbaar invisible

onzijdig neutral • taalk neuter

onzijdigheid neutrality

onzin nonsense

onzindelijk uncleanly, dirty

onzinnig absurd, nonsensical

onzuiver impure

oog eye • met het ~ op, in view of • onder vier ogen, in private

oogarts ophthalmologist, eye-

doctor
oogbol eye-ball
oogdruppels *mv* eye drops *mv*
ooggetuige eye-witness
ooghaar eyelash
ooglid eyelid
oogluikend *iets ~ toestaan*,
connive at
oogmerk aim, intention, purpose
oogpunt point of view
oogst harvest, crop
oogsten reap, gather, harvest
oogwenk wink
ooievaar stork
ooit ever
ook also, too
oom uncle
oor ear
oorarts otologist, ear specialist
oorbel earring, eardrop
oord place, region
oordeel judgment, sentence,
opinion, discretion
oordeelkundig judicious
oordelen judge *(over*, of) • think
oorkonde charter, deed,
document
oorlelletje earlobe
oorlog war
oorlogsinvalide disabled
exsoldier
oorlogskerkhof war cemetery
oorlogsschip man-of-war,
warship
oorlogsverklaring declaration of
war
oorlogszuchtig bellicose, eager
for war
oorlogvoerend belligerent
oorontsteking inflammation of
the ear, otitis

oorpijn ear-ache
oorsprong origin, source
oorspronkelijk original
oorverdovend ear-deafening
oorvijg box on the ears
oorworm earwig
oorzaak cause, origin
oost east
oostelijk eastern
oosten East, Orient
Oostenrijk Austria
Oostenrijks Austrian
oostenwind east wind
oosterlengte East longitude
oosters oriental, eastern
Oostzee, de The Baltic (Sea)
op on, upon, at, in about, up • *hij
is ~*, he is out of bed • he is
finished • *mijn geld is ~*, my
money is spent • *de wijn is ~*,
the wine is finished • *~ en neer*,
up and down
opa granddad
opbellen ring • phone
opbergen put (stow) away
opblazen blow up
opbouwen build up
opbrengen bring in • (dief) run
in
opbrengst produce, proceeds *mv*
opdat that • *~ niet*, lest
opdienen serve
opdoen (vooraden) lay in • buy
• (opdissen) bring in • (krijgen)
get, gain, acquire
opdracht dedication • (last)
charge, mandate, commission
• *~ geven*, instruct
opdrijven force up
opdringen thrust, force upon
opdringerig obtrusive, intrusive

opdrinken drink, finish
opdrogen dry up
opeen together, in a heap
opeenhoping accumulation, congestion, agglomeration
opeens suddenly, all at once
opeenvolgend successive
opeenvolging succession
opeisen claim, summon
open open • (betrekking) vacant • ~ *haard* open hearth
openbaar public • ~ *vervoer* public transport
openbaarmaking publication
openbaring revelation
opendoen open • answer the bell
openen open
opengaan open
openhartig frank, openhearted
opening opening • (gat) aperture • hole
openingstijden opening-hours
openlijk open, public
openluchttheater open-air theatre
openmaken open
opentrekken open • (gordijn) draw back
opera opera
operateur operator
operatie operation
operatiekamer operating room, operating theatre
opereren operate
operette operetta, musical comedy
opeten eat
opfrissen refresh • freshen, brush up • have a wash
opgaan rise, go up • run out

opgang rise • ~ *maken*, catch on
opgave statement • (taak) task • (school) exercise
opgeblazen *fig* bumptious, inflated
opgebroken (weg) road works
opgeruimd cheerful, in high spirits
opgetogen elated *(van*, with)
opgeven give up • (vermelden) mention • state • *zich ~ voor* enrol for
opgewassen a match for • equal to
opgewekt cheerful • in high spirits • (gesprek) animated
opgewonden excited
opgezet stuffed
opgraving exhumation • (archeologisch) excavation
opgroeien grow up
ophaalbrug drawl ridge
ophalen draw up, pull up • pick up • (schouders) shrug • (inzamelen) gather
ophangen hang (up) • suspend
ophef fuss
opheffen lift up, raise • (afschaffen) abolish
opheffing elevation • (afschaffing) abolition, closing
ophelderen clear up, explain
opheldering explanation, elucidation
ophijsen hoist (up)
ophitsen set on • incite
ophogen heighten
ophopen heap up, accumulate
ophoping accumulation
ophouden hold up • (afhouden

v.) detain • (eindigen) cease, stop

opjagen rouse, start • *fig* run up

opkijken look up

opklapbed folding bed

opklaren clear up

opklimmen climb, mount • *fig* rise

opknappen tidy up • patch up • (beter worden) regain strength

opkomen get up • rise • ~ *tegen*, protest against

opkomst rise • (van vergadering) attendance

opkweken breed, bring up

oplaag impression

opleggen lay on, impose, charge with

oplegger trailer

opleiden bring up, train

opleiding education, training

opletten pay attention, attend

oplettendheid attentiveness, attention

opleven revive

opleveren produce, yield • (moeilijkheden) present • (afleveren) deliver

opleveringstermijn term of delivery

opleving revival

oplichten (bedriegen) swindle • (optillen) lift (up), raise

oplichter swindler

oplichting fraud

oploop tumult, riot, row

oplosbaar (vloeistof) soluble • (vraag) solvable

oploskoffie instant coffee

oplossen (in vloeistof) dissolve

• (vraag) solve

oplossing solution

opluchting relief

opluisteren add lustre to

opmaken (verteren) spend • (haar) dress • (verslag) draw up • (gelaat) make-up

opmars advance

opmerkelijk remarkable

opmerken (waarnemen) note, notice • (opmerking maken) observe, remark

opmerking observation, remark

opmerkzaam attentive, observant

opmeten measure

opname record(ing)

opnemen take up • (reiziger) pick up • (patiënt) admit • (voedsel) take • (geld) draw

opnieuw again

opnoemen name, mention

opoffering sacrifice

oponthoud delay

oppakken pick up, take up • (arresteren) run in

oppas babysitter

oppassen take care, be careful *(of, voor)* • *pas op!*, take care!, beware of...!

oppassend well-behaved

oppasser attendant • caretaker

opper upper, chief, superior

opperbevelhebber commander-in-chief

opperen propose, suggest

opperhoofd chief, head

oppermacht supremacy

oppermachtig supreme

oppersen press

opperste uppermost, supreme

oppervlak surface
oppervlakkig superficial
oppervlakte surface
oppompen pump up
oppositie opposition
oprapen pick up, take up
oprecht sincere, straightforward
oprechtheid sincerity
oprichten set up, erect • *fig* establish, found
oprijlaan drive
oprisping belch
oprit drive
oproep *tel* call • summons
oproepen call up • convoke, summon
oproer insurrection, revolt
oproerig rebellious
oproerling rebel, insurgent
oproerpolitie riot police
oprollen roll up
oprotten get lost
opruien incite
opruier agitator, inciter
opruimen clear away • (voorraad) clear off
opruiming clearing away • (uitverkoop) sales
opscheppen (eten) serve out • boast, brag
opschieten get on • hurry up
opschik finery, trappings
opschorten suspend, adjourn
opschrift inscription • heading
opschrijfboekje note-book
opschrijven write down
opschudding bustle, tumult • commotion
opschuiven push up • move up
opslaan put up • (boek) open • (tent) pitch • (prijs) raise

• (inslaan) lay in • store • (hoger worden) rise
opslag rise • (in pakhuis) storage
opslagplaats store
opsluiten lock up • confine
opsluiting confinement
opsnijden brag
opsnij(d)er braggart
opsommen enumerate, sum up
opsporen trace, find out
opspraak *in* ~ *brengen,* compromise
opspringen jump (leap) up
opstaan get up, stand up, rise • revolt
opstand insurrection, revolt
opstandeling insurgent, rebel
opstanding resurrection
opstapelen heap up, pile up
opstappen get on board
opsteken hold up, lift • (paraplu) put up • (sigaret) light • (geld) pocket
opstel composition • paper • essay
opstellen (instrument, machine) mount • (soldaten) post • (redigeren) draft, draw up
opstijgen rise • ascend, mount • (v. vliegtuig) take off
opstoken poke (up) • *fig* incite, instigate
opstootje riot
opstopper cuff, slap
opstopping congestion
opstropen tuck up
opsturen send on, forward
optekenen note (down)
optellen cast up, add (up)
opticien optician
optillen lift up

optocht parade
optreden appear • ~ *tegen*, take action against
optrekken draw up, raise • march • (auto) accelerate • (van mist) lift
opvallend striking
opvangen catch • (woorden) overhear • *rtv* pick up
opvatten *fig* understand
opvatting conception, idea, view, opinion
opvegen sweep up
opvliegend short-tempered
opvoeden educate, bring up
opvoeding education
opvoedkunde pedagogy
opvoeren carry up, raise • increase • (motor) speed up • (toneel) perform
opvoering performance
opvolgen follow • succeed
opvolger successor
opvouwbaar collapsible, folding
opvouwen fold up
opvrolijken brighten, cheer up
opvullen fill up, stuff
opwaarts upward
opwachten wait for
opwachting *zijn ~ maken*, pay one's respects to
opwegen tegen counterbalance
opwekken excite, stimulate
opwekkend exciting, stimulating
opwekking stimulation • (v. stroom) generation
opwelling outburst
opwinden wind up • *fig* excite
opwinding excitement
opzeggen say, recite (a lesson) • (intrekken) denounce • (uit

betrekking) give notice
opzegging denunciation, withdrawal • (ontslag) notice
opzenden send
opzet design, intention • *met ~*, on purpose
opzettelijk intentional, wilful • *bijw* designedly, purposely
opzetten put on • (v. tent) set up, pitch • (v. dier) stuff
opzicht supervision • *in alle ~en*, in every respect • *ten ~e van*, with respect to
opzichter overseer • superintendent
opzichtig gaudy, showy, garish
opzien look up • ~ *tegen*, shrink from • ~ *baren*, make a stir
opzienbarend sensational
opzij aside, to the side
opzoeken seek • look up • (bezoeken) call on
opzwellen swell
oranje orange
orde order • *aan de ~ zijn*, be under discussion • *in ~*, all right • *niet in ~*, out of order • *in ~ brengen*, put right • *in ~ komen*, come right
ordelijk orderly
ordeloos disorderly
order order, command
ordinair cheap
orgaan organ
organisatie organization
organisch organic
organiseren organize, arrange
orgel organ
origineel *zn* original
orkaan hurricane
orkest orchestra, band

orthopedisch orthopaedic

os ox

ossenhaas fillet of beef

ossenvlees beef

otter otter

oud old, aged • (antiek) antique, ancient • *hoe ~ bent u?* how old are you?

oudbakken stale

oudejaarsavond New Year's Eve

ouder *bn* older • *zn* parent

ouderdom (old) age

ouderling elder

ouders *mv* parents *mv*

ouderwets old-fashioned

oudheid antiquity

oudoom great-uncle

ouds *van ~*, of old

oudste oldest • eldest

oudtante great-aunt

ouverture overture

ouvreuse usherette

ouwel wafer • (om poeder) cachet

ouwelijk oldish

ovaal oval

oven oven, furnace

over over • (aan overzijde v.) beyond • opposite • *~ en weer*, to and again

overal everywhere

overal(l) dungarees

overbelichten over-expose

overbevolking surplus population

overblijfsel remainder, remnant, remains, rest

overblijven be left • remain

overbluffen bluff

overbodig superfluous

overboeken transfer

overboord overboard

overbrengen carry, transfer, transport

overbuur opposite neighbour

overcompleet surplus

overdaad excess

overdadig superabundant • excessive

overdag in the daytime

overdenking consideration, reflection, meditation

overdoen do over again • (wegdoen) part with

overdracht transfer

overdragen carry over • *fig* hand over, transfer

overdreven exaggerated

overdrijven exaggerate

overdrijving exaggeration

overeenkomen agree, harmonize (with)

overeenkomst (gelijkenis) resemblance • conformity • (verdrag) agreement

overeenkomstig *bn* corresponding • similar • *vz* in accordance with

overeenstemmen (overeenkomst vertonen) correspond to • (gelijkgestemd zijn) agree (with)

overeenstemming harmony, agreement • *in ~ met*, in accordance with

overgaan go • (voorbijgaan) pass off, wear off • (op school) be removed • *~ tot*, proceed to

overgang transition • change • (spoorweg) crossing

overgankelijk transitive

overgave surrender • delivery

overgeven hand over • pass
• (afstaan) give over, yield
• (braken) vomit • *zich ~*,
surrender
overgooier pinafore dress
overgordijn curtain
overgrootvader great-
grandfather
overhaasten hurry
overhalen fetch over
• (overreden) persuade, gain
over
overhand *de ~ hebben*, have the
upper hand, prevail
overhandigen hand over
overheen over, across
overheersen dominate
overheersing domination
overheid the authorities, the
Government
overhellen incline (to), hang
over (to), lean over (to)
overhemd shirt
overhoop in a heap • *~ halen*,
turn over • *~ liggen met*, be at
variance with
overhouden save
overig other
overigens for the rest
overijld rash, in a hurry
overjas overcoat
overkant other side
overkant (aan de -) across the
street
overkapping roof
óverkomen come over • get
across
overkómen befall, happen to
overkomst visit, coming
óverladen transship
overláden overload • (maag)

surfeit, overeat
overlast inconvenience,
annoyance
overlaten leave
overleden deceased
overleg deliberation
óverleggen (tonen) hand over,
produce
overléggen deliberate, discuss,
consider
overleven survive, outlive
overleveren transmit, deliver
overlevering tradition
overlijden death, decease • *ww*
die
overlijdensakte death certificate
overlijdensdatum date of death
overloop landing • (water)
overflow
overlopen run over • (deserteren)
go over, desert
overmaat excess
overmacht superior power • force
majeure
overmaken do over again • (geld)
remit, make over
overmeesteren overpower,
overmaster, conquer
overmoedig reckless
overmorgen the day after
tomorrow
overnachten spend the night
overnachting stay
overname takeover
overnemen take over
overoud very old, ancient
overpeinzing meditation
overplaatsen transfer
overreden persuade
overreiken hand, reach
overrijden run over

verrompeling surprise
verschakelen switch over
• (auto) change gear, shift
verschatten overrate,
overestimate
verschieten remain, be left
verschoen overshoe, galosh
verschot remainder, rest
• surplus • *handel* balance • *het stoffelijk ~*, the mortal remains
verschrijden *fig* exceed
verschrijven write out, copy out
• (geld) transfer
verslaan omit, pass over
verspannen overstrung,
overstrained, overwrought
verspel adultery
verstapje correspondence-
ticket, transfer
verstappen cross, step over
• (trein) change
verste lieutenant-colonel • (v. klooster) prior
versteekplaats zebra-crossing
versteken cross
verstelpen overwhelm
verstromen inundate, flood
verstroming inundation, flood
verstuur upset
vertocht passage • crossing
vertollig superfluous
vertreden contravene, break
vertreding contravention
• transgression, trespass
vertreffen surpass, excel, outdo
vertrek case, cover
vertrekken cross • pull across
vertroeven overtrump
vertuigen convince (one of)
vertuiging conviction
veruren *mv* overtime

overval raid
overvalwagen police van
overvloed abundance, plenty
overvloedig copious, abundant,
profuse
overvracht excess luggage
overvragen ask too much,
overcharge
óverweg level crossing
overwegen consider
overwegend preponderant
overweging consideration • *in ~ geven*, suggest
overweldigen overpower
overwerk extra work, overwork
óverwerken work overtime
overwérken *zich ~*, overwork
oneself
overwicht overweight
overwinnaar conqueror
overwinnen conquer, vanquish
• overcome
overwinning victory
overwinteren winter
overzee overseas
overzees oversea(s)
overzetten take across
overzicht survey • general view
overzichtelijk clearly (arranged)
overzijde other side

P

pa dad
p.a. = per adres (to the) care of,
c/o
paal stake, pile, pole • *~ en perk stellen aan*, set bounds to

paar (twee) pair, couple • (enkele) some • a few

paard horse • *te ~*, on horseback

paardebloem dandelion

paardenkracht (pk) horsepower (HP)

paardenslager horse butcher

paardensport equestrian sport

paardrijden horseback riding

paarlemoer mother of pearl

paars purple

paarsgewijs two and two

paasdag Easter Day

paasvakantie Easter holidays *mv*

pacht rent • lease

pachter tenant-farmer

pad [de] (dier) toad • [het] (weggetje) path

paddestoel toadstool • (eetbare) mushroom

padvinder (boy-)scout

padvindster (girl) guide

page page • foot-boy

pagina page

pak package, bundle, parcel • (kostuum) suit

pakhuis warehouse

pakje parcel, packet

pakken (inpakken) pack • (grijpen) size

pakket packet, parcel

pakketpost parcel post

pakking packing

pakpapier packing paper

pal *zn* click, pawl • *bn* firm

paleis palace

paling eel

paljas clown, buffoon

palm (boom) palm • (hand) palm

Palmzondag Palm Sunday

pamflet pamphlet

pan (frying-)pan • saucepan • (dak-) tile • (herrie) row • *in de ~ hakken*, cut up • wipe out

pand (onder-) pawn, pledge, forfeit • (aan jas) flap, tail • (huis en erf) premises

pandbrief mortgage bond

pandjeshuis pawnshop

paneel panel

paneermeel breadcrumbs *mv*

paniek, panisch panic

panne (car-) trouble

pannenkoek pancake

pannenlap potholder

pannenspons scourer

pantalon trousers *mv*

panter panther

pantoffel slipper • *onder de ~ zitten*, be henpecked

pantoffelheld henpecked husband

pantser armour

panty pair of tights

pap porridge • dad

papa dad

papaver poppy

papegaai parrot

papier paper

papieren paper

papiergeld paper currency

papiermand waste-paper basket

paplepel dessertspoon

paprika sweet pepper

paraaf paraph, flourish • initials

paraat ready

parachute parachute

parachutist parachutist, paratrooper

parade parade, show

paradijs paradise

paraferen initial, paraph

paragraaf paragraph
paraplu umbrella
parasiet parasite
parasol parasol
parcours circuit, course
pardon pardon • ~!, sorry, beg pardon! excuse me!
parel pearl
parelmoer mother of pearl
parelsnoer pearl-necklace
paren couple, match, unite • (v. dieren) mate
parfum perfume, scent
parfumerie (zaak) perfumery
pari par • a ~, at par • beneden ~, boven ~, below par, above par
Parijs Paris • bn Parisian
park park, gardens
parkeerautomaat parking ticket dispenser
parkeergarage parking garage
parkeerlicht parking light
parkeermeter parking meter
parkeerplaats car park
parkeerschijf parking disk
parkeerverbod no parking
parkeerwacht car park attendant
parkeren park
parket parquet • public prosecutor's department
parketvloer parquet floor(ing)
parlement parliament
parmantig pert
parochie parish
parodie parody, skit
parool parole • password
part part, portion, share
parterre (huis) ground floor • (in theater) pit
particulier zn private person • bn private

partij party • (goederen) lot • sp game • ~ kiezen voor, take part with
partijdig partial
partijdigheid partiality, bias
partituur score
partner partner
party party
parvenu upstart
pas zn (stap) pace, step • (berg-) pass • (paspoort) passport • bijw scarcely, hardly, only
pascontrole passport-control
Pasen Easter
pasfoto passport-photo
paskamer changing room
pasklaar ready for trying on
pas op! careful! look out!
paspoort passport
passage passage • (winkelgalerij) arcade
passagebureau booking-office
passagier passenger
passen (juiste maat zijn) fit, become, suit • (kleding proberen) try on • (geld) give exact change
passend suitable, fit
passer (pair of) compasses
passerdoos case of mathematical instruments
passeren pass (by) • happen
passief passive
pasta pasta
pastei pastry, pie
pasteitje patty
pastoor parish priest
pastorie parsonage, rectory, vicarage • rk presbytery
patat Br chips, Amer fries
patates frites chips

paté pâté
patent licence, patent
patiënt patient
patrijs partridge
patrijspoort port-hole
• (oorlogsschip) scuttle-port
patriot patriot
patroon [de] (chef) employer, master, principal
• (beschermheer) patron
• (vuurwapen) cartridge • [het] (model) pattern, design
patrouille patrol
pauken mv kettledrums
paus pope
pauselijk papal
pauw peacock
pauze break, pause
pauzeren take a break
paviljoen tent, pavilion
pech car trouble / bad luck
pedaal pedal
pedant zn pedant • bn pedantic
pedel beadle
pedicure chiropodist
peen carrot
peer pear
pees tendon, sinew, string
peetoom godfather
peettante godmother
pegel Amer buck
peignoir dressing gown
peil gauge, water-mark • fig standard
peilen gauge, sound, fathom
peinzen ponder, meditate, muse (upon)
pek pitch
pekel pickle, brine
pelgrim pilgrim
pellen peel, hull

pels fur (coat)
peluw bolster
pen pen • (brei-) needle
pendelen commute
penhouder penholder
penicilline penicillin
penis penis
pennenmes pen-knife
penning medal • badge
penningmeester treasurer
pens paunch • (gerecht) tripe
penseel paint-brush, pencil
pensioen pension • met ~ gaan, retire
pension boarding house
pensioneren pension off
peper pepper
peperbus pepper-box
pepermunt peppermint
pepmiddel stimulant
peppil pep pill
per by
perceel (huis) premises • (grond) plot
percent per cent • percentage
percentage percentage
perenboom pear-tree
perfect perfect
periode period
periodiek bn zn periodical
perk (bloem-) bed • (grens) bound, limit
perkament parchment
permanent bn permanent, lasting, standing • permanent wave
permanenten zich laten ~, have one's hair permed, have a perm
permissie permission • (voor soldaten) leave

perplex perplexed
perron platform
Pers Persian
pers press
persconferentie press conference
persen press, squeeze
personeel servants, staff, personnel
personenauto car
persoon person
persoonlijk personal • in person
persoonsbewijs identity card
perspectief perspective
pertinent positive
Perzië Persia
perzik peach
Perzisch Persian
pessarium pessary, diaphragm
pest plague, pestilence
pesten tease
pet cap
petekind godchild
peterselie parsley
petroleum petroleum, oil
petroleumblik oil-tin
petroleumkachel oil-stove
peuk cigarette
peul husk • shell
peultjes *mv* podded peas *mv*
peuter toddler
peuteren niggle, fumble
piano piano
pianostemmer piano-tuner
piccolo (in hotel) buttons
picknick picnic
pick-up record player
piek pike • (top) peak • (haar) wisp
piekeren brood
piekfijn spick and span
piekuur peak hour, rush hour

pienter clever, smart
piep (v. muizen) squeak • (v. scharnier) creak
piepen peep, chirp, squeak
pier (dier) earth-worm • (havendam) pier, jetty
pierenbadje paddling pool, wading pool
piesen pee
pijl arrow
pijler pillar, column • pier
pijn pain
pijnbank rack
pijnboom pine, pine-tree
pijnigen torture, torment
pijniging torture
pijnlijk painful
pijnloos painless
pijnstillend soothing
pijnstiller painkiller
pijp (orgel-, rook-) pipe • (buis) tube • (schoorsteen) funnel
pijpleiding pipe-line
pijptabak pipe tobacco
pik dick
pikant piquant, spicy
pikdonker pitch-dark
pikken pick, peck
pil pill (ook anticonceptie-)
pilaar pillar
piloot pilot
pils lager
pin peg
pincet tweezers
pincode PIN
pinda peanut
pindakaas pea-nut butter
pinguïn penguin
pink little finger
pinksterbloem cuckoo-flower
Pinksteren Whitsuntide

pinnen use one's PIN
pinpas PIN card
pioenroos peony
pion pawn
pionier pioneer
piraat pirate
piramide pyramid
pis piss
pisang banana
pissebed woodlouse
pissen piss
pistool pistol
pit (noot) kernel • seed, stone • *fig* pith • (lamp) wick
pittig pithy • lively • (v. smaak) strong
pizza pizza
pizzeria pizzeria
plaag plague • nuisance
plaat (prent) print • picture
  • (grammofoon-) record
  • (ondiepte) shoal • sands
  • (ijzer e.d.) sheet, plate
plaatijzer sheet-iron
plaatje picture • plate
plaats place • (binnen-) court, yard • (betrekking) place, situation • (in boek) passage • (trein, bus, theater) seat • ~ *bespreken* book seats • *in* ~ *van*, instead of
plaatsbespreking booking
plaatsbewijs ticket
plaatsbureau booking-office
  • (theater) box-office
plaatselijk local
plaatsen place, put, set • (geld) invest • (advertentie) insert
plaatshebben take place
plaatsing placing • insertion
plaatskaart ticket

plaatsvervanger substitute
plaatsvinden take place
plafond ceiling
plagen tease • (boosaardig) vex
plaid plaid
plak (kaas) slice • (chocola) slab
plakband adhesive tape
plakboek scrap-book
plakken stick • paste, glue
  • *blijven* ~, stay long
plan plan, intention • project
  • *van* ~ *zijn*, plan, intend
planeet planet
plank plank • (dunner) board • (in kast e.d.) shelf
plankzeilen surf
plant plant
plantaardig vegetable
plantage plantation, estate
planten plant
plantengroei vegetation
plantentuin botanic garden
planter planter
plantkunde botany
plantsoen park
plas puddle, pool
plassen (urineren) make water, pee • (in water spelen) splash
plastic (van -) plastic (made of -)
plat flat • *bn* flat • level • *fig* broad, trivial • vulgar
plateau plateau
platform platform
platina platinum
plattegrond map
platteland (op het -) country (in the -)
plaveisel pavement
plechtig solemn, stately
plechtigheid ceremony
pleegkind foster-child

pleegmoeder foster-mother
pleegvader foster-father
plegen (gewoon zijn) use, be accustomed • (een misdrijf) commit, perpetrate
pleidooi pleading, plea
plein square • (rond) circus
pleister plaster
pleisterplaats pull-up
pleiten plead
pleiter pleader, barrister
plek spot • (vlek) stain
plenzen splash
pletten crush
pleuris, pleuritis pleurisy
plezier pleasure
plicht duty, obligation
plichtsbesef sense of duty
plichtverzuim neglect of duty
ploeg plough • (groep) shift, gang • *sp* team
ploegbaas foreman
ploegen plough
ploert snob, cad
ploertendoder bludgeon
ploeteren toil (and moil), drudge, plod
ploffen flop
plomberen (goed) lead • (tand) fill a tooth
plomp clumsy
plonzen flop • splash
plooi fold • (in broek) crease • (in voorhoofd) wrinkle
plooibaar pliable
plotseling sudden(ly)
pluche plush
pluim plume, feather
pluimpje compliment
pluimvee poultry
plukken (bloemen) pick, gather

• (vogel) pluck
plunderen plunder • pillage
plunjezak kit
plus plus
plusminus about
pluspunt advantage
po chamber-pot
pochen boast, brag
pocketboek paperback
podium platform • stage
poedel (hond) poodle • (misgooi) miss
poeder powder
poederdons powder-puff
poederdoos powder-box
poederen powder
poedermelk powdered milk
poel puddle, pool
poelier poulterer
poep shit
poepen poo
poes cat, puss(y), pussy-cat
poëtisch poetic(al)
poets trick • prank • *een ~ bakken,* play a trick upon
poetsen polish
poëzie poetry
poffertje fritter
pogen endeavour, try
poging endeavour, attempt, effort
poken poke
pokken *mv* smallpox
pol clump (of grass)
polaroidfilm Polaroid film
polder polder
polemiek polemic, controversy
Polen Poland
poliep (dier) polyp • (gezwel) polypus
polijsten polish, burnish

polikliniek policlinic
polis policy
politicus politician
politie police
politieagent policeman, constable
politiebureau police station
politiek politics *mv*
pollepel ladle
pols (polsslag) pulse • (gewricht) wrist
polsen sound
polshorloge wrist-watch
polsslag pulsation
polsstok leaping-pole
pomp pump
pompen pump
pompoen pumpkin
pond (munt en gewicht) pound
ponsen punch
ponskaart punched card
pont ferry
pony pony
pook poker
Pool Pole
pool pole
poolcirkel polar circle
poolster polar star
poort doorway, gate(way)
poos while, time
poot paw, foot, leg
pop (speelgoed) doll, puppet
popconcert pop concert
popcorn popcorn
popmuziek pop music
poppenhuis doll's house
poppenkast puppet-show
poppenwagen doll's carriage
populair popular
populier poplar
poreus porous

porie pore
porno porn
porren poke, stir • (wekken) knock up, call up
porselein china(-ware), porcelain
port [*de*] port(-wine) • [*het*] postage
portaal landing • porch, hall
portefeuille wallet • (v. minister) portfolio
portemonnee purse
portie portion
portiek porch
portier [*de*] (persoon) door-keeper, porter • [*het*] (v. auto) door
portierslot door lock
porto postage
portret portrait, photo(graph)
Portugees Portuguese
portwijn port(-wine)
poseren pose • sit
positie position
positief positive
post (betrekking) post, office • (schildwacht) sentry • (posterijen) post
postauto postal van
postbode postman
postbus (post-office) box
postcheque postal check
postcode postcode
postduif carrier-pigeon
postelein purslane
posten (brief) post • (bij staking) picket
poste restante post restante
poste-restante to be called for
postgirorekening postal clearing account, giro account
postkantoor post office

postpakket parcel
postpapier note-paper
postrekening *Br* current account • *Amer* checking account
postspaarbank post-office savings-bank
postwissel post-office order
postzegel (postage) stamp
postzegelautomaat stamp machine
postzegelverzamelaar stamp collector
pot pot • jar • (speelpot) stakes, pool • *wat de ~ schaft*, potluck
potdicht close(-shut)
poten (planten) plant • (vis) set
potig strong, robust
potlood pencil
potsierlijk ludicrous
pottenbakkerij pottery
pousseren push
pover poor, shabby
Praag Prague
praal pomp, magnificence
praalgraf mausoleum
praatje talk • *een ~ maken*, have a chat • *~s*, fiddlesticks
praatpaal emergency telephone
praatziek talkative
pracht splendour, magnificence
prachtig magnificent, splendid, beautiful
praktijk practice
praktisch practical
pralen shine, glitter • *~ met*, make a show of
prat proud
praten talk
precedent precedent
precies exactly
predikant clergyman, minister

• vicar
prediken preach
prediker preacher • *P~*, Ecclesiastes
preek sermon
preekstoel pulpit
prefereren prefer
prei leek
preken preach
premie premium, bonus
premier Prime Minister
première première, first night
prent print, picture
prentbriefkaart picture postcard
prentenboek picture-book
preparaat preparation
present *bn* present • (cadeau) present
presenteerblad salver, tray
presenteren offer • present
presentielijst attendance register
president president
pressen press (into the service)
presse-papier paper-weight
pressie pressure
prestatie performance, achievement
presteren achieve
prestige prestige
pret pleasure, fun
pretendent pretender, claimant
pretentieus assuming
pretpark theme park
prettig pleasant, nice
preuts prudish, demure
prevelen mutter, mumble
preventief preventive
prieel bower, arbour
priem pricker, awl • bodkin
priester priest
prijken shine, glitter, blaze

prijs (waarde) price • (beloning) prize • (lof) praise
prijscourant price-current, price-list
prijslijst price list
prijsnotering quotation
prijsstijging rise in prices
prijsverhoging increase, rise in prices
prijsverlaging price-reduction • price-cutting
prijsvraag competition
prijzen praise, commend
prijzenswaardig praiseworthy, commendable
prik prick, sting
prikkel *fig* stimulus
prikkelbaar irritable
prikkeldraad barbed wire
prikkeldraadversperring wire entanglement
prikkelen prickle • *fig* stimulate • (irriteren) irritate
prikken prick
priklimonade aerated lemonade
prima fine
primitief primitive
primus primus stove
principe principle
principieel fundamental
prins prince
prinses princess
print printout
printen print
printer printer
prisma prism
privaat privy • *bn* private
privaatles private lesson
privé private, personal
privé-secretaresse private (confidential) secretary

pro pro
proberen try
probleem problem
procédé process
procederen be at law
procent per cent
proces lawsuit
processie procession
proces-verbaal official report
procuratie proxy, procuration
procuratiehouder proxy, confidential clerk
procureur solicitor, attorney
procureur-generaal Attorney General
producent producer
product product
productie production, output
productief productive
proef proof • (experiment) trial, test • experiment • (monster) sample
proefkonijn experimental rabbit • *fig* guinea-pig
proefmonster (testing) sample
proefnummer specimen copy
proefondervindelijk experimental
proefrit trial run
proefschrift thesis
proeftijd probation
proefvlucht test flight
proefwerk (test) paper
proesten sneeze
proeven taste, try
profeet prophet
professor professor
professoraat professorship
profiel profile
profiteren van profit by
programma programme

• (schouwburg) play-bill.
progressief progressive
projecteren project
projectiel projectile, missile
projector projector
proletariër proletarian
promotie promotion • *univ* graduation
promoveren *sp* be promoted • *univ* take one's doctoral degree
prompt ready, prompt
pronk show, ostentation
pronken show off
prooi prey
proost! cheers!
prop stopple, stopper • (van papier) pellet • (van watten) wad • (in keel) lump
propaganda propaganda
proper neat, tidy, clean
proportie proportion
propvol crammed
prospectus prospectus
prostituee prostitute
protest protest(ation)
protestant(s) protestant
protesteren protest (against)
prothese prosthesis
proviand food
provinciaal provincial
provincie province
provisie (voorraad) stock, supply • (loon) commission
provisiekamer pantry, larder
provisorisch provisional
provoceren provoke
proza prose
prozaïsch prosaic
pruik wig
pruilen pout, sulk, be sulky

pruim plum
pruimen chew (tobacco)
prul bauble, trash
prullenbak waste basket
prullenmand wastepaper basket
prutsen potter, tinker (at)
pruttelen simmer • *fig* grumble
psalm psalm
psychiater psychiatrist
psychoanalyse psychoanalysis
psychologie psychology
puber adolescent
publicatie publication
publiceren publish, make public
publiek *bn* public • *(toneel enz.)* audience
pudding pudding
puik choice, excellent
puimsteen pumice-stone
puin rubbish
puinhoop heap of rubbish • ruins
puist pimple, pustule, boil
pul jug, vase
punaise drawing-pin, thumbtack
punt point • (neus) tip • (schoen) toe • (leesteken) full stop • (op i) dot • point • *dubbele ~*, colon • *op het ~ staan*, be about to
puntenslijper pencil-sharpener
puntig pointed, sharp
puntje point • (neus, tong) tip • *in de ~s*, shipshape
pupil pupil, ward • (van oog) pupil
puree puree • (van aardappelen) mashed potatoes
purgeermiddel purgative
purper purple
put well • (kuil) pit, hole
putten draw
puur pure, plain • *fig* mere

puzzel puzzle
pyjama pyjamas

Q

qua as (in)
quantum quantity
quarantaine quarantine
quasi quasi
queue *Br* queue • *Amer* line
quitte quits
quiz quiz
quotiënt quotient

R

ra yard
raad (advies) advice • (lichaam)
council • *iem. om ~ vragen*, ask
someone's advice
raadgevend advisory,
consultative
raadhuis town hall
raadplegen consult
raadsel riddle, enigma
raadselachtig enigmatic
raadsheer councillor
raadslid (town-)councillor
raadsman counsel
raadzaam advisable
raaf raven
raak telling • effective
raakvlak tangent plane
raam window
raap turnip

raar strange, odd
raaskallen rave, talk nonsense
rabarber rhubarb
race race
racebaan race-course
racen race
racewagen racing-car
rad (wiel) wheel • *bn* (van tong)
glib
radar radar
raddraaier ringleader
radeloos desperate
raden (raad geven) advise • (goed
gissen) guess
raderen erase
raderwerk wheel-work
radiaalband radial tyre
radiateur radiator
radiator radiator
radicaal radical
radijs radish
radio radio
radioactief radioactive
radio-omroep broadcasting
radiotoestel wireless set
radiozender radiotransmitter
rafel ravel
rafelen fray, unravel
raffinaderij refinery
rag cobweb
ragout ragout
rails rails
rakelings ~ *gaan (strijken) langs*
graze
raken hit, touch • *fig* concern
raket rocket • rocket
rakker rascal, rogue
ram ram • (dierenriem) Aries
ramen estimate (at)
raming estimate
rammelen rattle, clatter

ramp disaster, calamity, catastrophe
rampzalig wretched • fatal
rancune rancour, grudge
rand (hoed) brim • (boek) margin • (tafel) edge • (afgrond) brink • (bos) skirt, border • *fig* verge
randweg ring road
rang rank, degree, grade
rangeerterrein shunting-yard
rangeren shunt
ranglijst army list
rangorde order
rangschikken arrange, range
rangschikking classification
ranja orangeade
rank *zn* tendril • *bn* slender
ransel knapsack • (slaag) flogging, drubbing
ranselen wallop, drub
rantsoen ration
rantsoeneren ration
rap nimble, quick, agile
rapen pick up, gather
rapport statement, report
rapporteren report
rariteit curiosity, curio
ras (mensen) race • (dieren) breed • *bn* quick, swift • *bijw* soon, quickly
rashond pedigree dog
rasp rasp, grater
raspaard thorough-bred
rassendiscriminatie racial discrimination
rasterwerk trellis-work
rat rat
ratel rattle
rationeel rational
rattenkruit arsenic, rat's bane
rauw raw, uncooked • (stem)

raucous, hoarse
rauwkost raw vegetables
ravage havoc • wreckage
ravijn ravine
ravotten romp
rayon area • territory
razen rage, rave
razend raving, mad • wild
razernij rage • frenzy
reactie reaction (to)
reactionair reactionary
reageerbuisje test-tube
reageren react (to)
realiseren realize
realiteit reality
rebel rebel, mutineer
rebus picture puzzle
recensent critic, reviewer
recensie criticism, critique, review
recept recipe • *med* prescription
receptie reception
receptionist receptionist
receptioniste receptionist
recherche detective force
rechercheur detective
recht *bn* right • (lijn) straight • right • (rechtspraak) law, justice • (belasting) duty, custom • ~ *hebben op*, be entitled (have a right) to
rechtbank law court
rechtdoor straight ahead
rechter judge, justice
rechterhand right hand
rechterlijk judicial • legal
rechterzij right side
rechterzijde right side
rechthoek rectangle
rechthoekig right-angled, rectangular

rechtmatig rightful, lawful, legitimate
rechtop upright, erect
rechts *bn* right • right-handed • *bijw* (on, at) the right
rechtsaf to the right
rechtsbijstand legal assistance
rechtschapen honest, upright
rechtsgeleerde lawyer
rechtsgeleerdheid jurisprudence
rechtsom to the right
rechtsomkeert ~ *maken* turn about
rechtspersoonlijkheid incorporation
rechtspraak jurisdiction
rechtstreeks direct
rechtuit straight on • *fig* frankly
rechtvaardig righteous, just
rechtvaardigen justify
rechtvaardigheid justice, righteousness
rechtvaardiging justification
rechtzetten straighten • *fig* correct
reclame advertising, publicity
reclamebiljet poster
reclameren complain • claim
record record
recreatie recreation
rector headmaster • ~ *magnificus*, vice-chancellor
reçu (luggage)ticket • receipt
redacteur editor
redactie editorial staff
reddeloos not to be saved
redden save, rescue
redding saving, rescue • deliverance, salvation
reddingsboei life buoy
reddingsboot lifeboat

reddingsbrigade rescue party
reddingsgordel lifebelt
rede (toespraak) speech, discourse • (verstand) reason, sense • (ankerplaats) road(s), roadstead
redelijk rational, reasonable • moderate
redeloos irrational
reden reason, cause, motive • (verhouding) ratio
redenaar orator
redeneren reason, argue
redenering reasoning
reder (ship-)owner
rederij shipping company
redetwisten argue, dispute
redevoering speech, address
redmiddel remedy, expedient
reduceren reduce
reductie reduction
ree roe, hind
reeds already
reëel real
reeks series, sequence, train • (wiskunde) progression
reep rope, strip, string, line • bar (of chocolate)
reet (kier) cleft, crack, split • (achterwerk) ass
referentie reference
refrein chorus, refrain
regel rule • line • *in de* ~, as a rule
regelen arrange, order, settle
regeling regulation, arrangement, settlement
regelmatig regular
regelrecht straight
regen rain
regenachtig rainy

regenboog rainbow
regenbui shower of rain
regenen rain
regenjas raincoat
regent regent • (v. inrichting) governor
regeren rule, govern, reign over
regering government • reign
regie (toneel) staging • (film) direction
regime regime
regiment regiment
regionaal regional
regisseur stage-manager • (film) director
register register • (van een boek)index
registratie registration
reglement regulation(s), rules *mv*
reglementair prescribed
reiken reach, extend
rein pure, clean • chaste
reinigen clean(se), purify
reiniging cleansing
reis journey • (zee- ook) voyage • trip • *op* ~, on a journey • *op* ~ *gaan*, go on a journey • *goede* ~*!*, have a good trip! a pleasant journey!
reisbenodigdheden travel items
reisbureau travel agency
reischeque traveller's cheque
reis- en verblijfkosten *mv* hotel and travelling expenses
reisgeld travelling-money
reisgids guide-book, travel guide
reiskosten *mv* travelling-expenses
reiskredietbrief circular letter of credit

reisleider tour manager
reisroute route, itinerary
reisvaardig ready to set out
reisverzekering travel insurance
reiswagen touring-car
reizen travel
reiziger traveller
reizigersverkeer passenger traffic
rek clothes-horse • (v. borden enz.) rack • (in elastiek) spring
rekbaar extensible, elastic
rekenen count, reckon, calculate • ~ *op*, depend upon, rely upon
rekening bill, account • (het rekenen) calculation • reckoning • *in* ~ *brengen*, charge • ~ *houden met*, take into account
rekening-courant account current
rekeningnummer account number
rekenkunde arithmetic
rekenmachine calculator
rekenschap account • *zich* ~ *geven van*, realize
rekest petition
rekken stretch • draw out
rekruut recruit
rekstok horizontal bar
rekwest petition
rel riot, row
relaas account, story
relatie relation
reliëf relief
religie religion
religieus religious
relikwie relic
reling rail(s)
rem brake

remblokken brake pads
rembours cash on delivery
remise *sp* draw, drawn game
• (loods) shed • (van tram) depot
remkabel brake cable
remlicht brake light
remmen brake
remming *fig* inhibition
remolie brake oil
remover (nagellak) remover
rempedaal brake
remschijf brake disc
ren run, course
renbaan race-course
rendabel paying, remunerative
rendement yield • output
rendier reindeer
rennen run, race
renoveren renovate
renpaard race-horse
renstal racing-stable
rente interest
renteloos without interest
rentevoet rate of interest
rentmeester steward, bailiff
reorganisatie reorganization
reorganiseren reorganize
reparateur mechanic
reparatie repairs
repareren repair
repertoire repertory
repeteren repeat • (les) go over
• (toneel) rehearse
repetitie repetition • (toneel) rehearsal • (op school) test-paper • *generale* ~, dress rehearsal, final rehearsal
reportage reporting
reporter reporter
reppen ~ *van*, make mention of

• *zich* ~, hurry
represaille reprisal
reptiel reptile
republiek republic
republikein(s) republican
reputatie reputation
reservaat reservation
reserve reserve(s)
reserveonderdeel spare part
reserveren reserve • book
reservering reservation
reservewiel spare wheel
reservoir tank, container
residentie residence
resp., respectievelijk respectively
respect respect
ressorteren onder come within, fall under
rest rest, remainder
restant remainder, remnant
restaurant restaurant
restauratie (herstel) restoration, renovation • (restaurant) restaurant • (op station) refreshment room • buffet
restauratierijtuig dining-car
restauratiewagen buffet car
restaureren restore
restitutie repayment
resultaat result, outcome
resumeren sum up, summarize
retour return
retourbiljet return ticket
reu (male) dog
reuk smell, odour, scent
reukloos scentless, inodorous
reuma rheumatism
reumatiek rheumatism
reus giant
reusachtig gigantic • enormous
reuzel lard

revalidatie rehabilitation
revaluatie revaluation
revisie revision • (v. drukproef) revise • (v. auto) overhaul(ing)
revolutie revolution
revolutionair revolutionary
revolver revolver
revue (toneel) revue
riant comfortable
rib rib • (kubus) edge
ribbel ridge
ribfluweel corduroy
richel ledge, border, edge
richten direct, point, aim
richting direction
richtingaanwijzer indicator
richtlijn directive
ridder knight
ridderlijk chivalrous
ridderorde decoration, order of knighthood
rieken smell
riem (leren band) strap • (gordel) belt • (roei-) oar
riet reed, cane • (voor daken) thatch
rietje (drinking) straw
rietsuiker cane sugar
rij row, range, series, file • *in de ~ staan*, queue
rijbaan carriage-way, lane
rijbewijs driving licence
rijden (te paard, fiets) ride • (rijtuig, auto) drive
rijexamen driving-test
rijgen lace • (op koord) string • (naaiwerk) baste
rijk (land) empire • realm • *bn* rich • wealthy • copious • *~e landen*, affluent countries
rijkaard rich fellow

rijkdom riches, wealth
rijkelijk richly, copiously
rijksambtenaar civil servant, government official
rijlaars riding-boot
rijles (auto) driving lesson • (paard) riding lesson
rijm rhyme
rijmen rhyme
Rijn Rhine
Rijnwijn Rhine-wine, hock
rijp (ijzel) hoar-frost • *bn* ripe, mature
rijpaard riding-horse
rijpen ripen, mature
rijpheid ripeness, maturity
rijschool riding-school • driving-school, school of motoring
rijst rice
rijstebrij rice-milk
rijsttafel rice-table, tiffin
rijtoer drive
rijtuig carriage, coach
rijweg carriage-road
rijwiel (bi)cycle
rijwielhandel bicycle shop
rijwielhersteller cycle repairer
rijwielpad cycle-track
rijwielstalling bicycle-shelter
rijzen rise
rijzig tall
rijzweep horsewhip
rillen shiver (van, with), shudder (at)
rilling shiver, shudder
rimboe jungle
rimpel wrinkle
ring ring
ringtoon ringtone
ringvinger ring-finger
ringvormig ring-like, ring-shaped

rinkelen jingle, tinkle
riolering sewerage
riool sewer, drain
risico risk
riskant risky, hazardous
rit ride
ritme rhythm
ritmisch rhythmic
ritselen rustle
ritssluiting zip
ritueel ritual
rivaal rival
rivier river
robbedoes tomboy
robber rubber
robijn ruby
rochelen hawk, clear one's throat • (van stervende) rattle
roddelen gossip
rodehond German measles *mv*
rodekool red cabbage
Rode Kruis Red Cross
roe(de) (straf-) rod, birch
roeiboot row boat
roeien row
roeiriem oar, scull
roeitocht row
roeiwedstrijd boat-race
roekeloos reckless, rash
roem glory, renown, fame
roemen praise • boast
roemrijk illustrious, glorious
roep call, cry
roepen call, cry
roeping call, calling, vocation
roepstem call
roer rudder, helm
roereieren *mv* scrambled eggs *mv*
roeren stir • (*fig* ook) touch, move

roerend moving, touching
roerganger helmsman
roerloos motionless
roes drunken fit • *fig* intoxication
roest rust
roesten rust
roestig rusty
roestvrij rust-proof, stainless
roestwerend anti-corrosive
roet soot
roffel roll (of drums)
rog ray
rogge rye
roggebrood rye-bread
rok (heren) dress-coat • (vrouwen) skirt
roken smoke • *niet* ~ no smoking
rol roll • (toneel-) part, role
rolgordijn roller-blind
rollade collared beef
rollager roller-bearing
rollator rollator (walker), rolling walker
rollen roll, tumble
rolluik rolling-shutter
rolmops collared herring
rolpens minced meat in tripe
rolschaatsen rollerskates
rolstoel wheel-chair, Bath chair
roltrap escalator
rolveger carpet sweeper
roman novel
romanschrijver novelist
romantisch romantic
Romein(s) Roman
rommel lumber, rubbish
rommelig untidy
romp (lichaam) trunk • (schip) hull
rond round • circular

rondborstig candid, frank
rondbrengen take round
ronddolen, ronddwalen wander, roam (about)
ronde round • (v. politieagent) beat
rondgaan go about
rondgang circuit, tour, round
rondje round
rondkijken look round
rondkomen make (both) ends meet
rondleiden lead about, take round
rondleiding guided tour
rondom round about
rondreis (circular) tour
rondrijden drive about
rondrit sightseeing-tour
ronduit frankly, plainly
rondvaart boat trip
rondvlucht circuit
rondzenden send out
rondzwerven wander (roam) about
ronken snore • (machine) roar
ronselen recruit
röntgenfoto X-ray photograph
röntgenstralen *mv* X-rays *mv*
rood red
roodborstje robin
roodharig red-haired
roodhuid redskin, red Indian
roodvonk scarlet fever
roof robbery, plunder • (op wond) scab
roofdier beast of prey
roofvogel bird of prey
rooien dig up • (bomen) pull up
rooilijn alignment
rook smoke

rookcoupé smoking-compartment, smoker
rookspek smoked bacon
rookvlees smoked beef
rookworst smoked sausage
room cream
roomboter dairy-fresh butter
roomijs ice-cream
roomservice room service
rooms(-katholiek) Roman Catholic
roos (bloem) rose • (op 't hoofd) dandruff • (op schijf) bull's eye
rooskleurig rosy
rooster gridiron, grill • (lijst) list, time-table
roosteren roast
ros steed • *bn* reddish
rosbief roast beef
rose pink
rosé rosé
rossig reddish, ruddy
rot rotten, putrid
rotonde roundabout
rots rock
rotsachtig rocky
rotten rot, putrefy
rotting putrefaction
rotzooi mess
route way
routine routine
rouw mourning
rouwbeklag condolence
rouwen be in mourning
roven rob, plunder • steal
rover robber
royaal liberal, handsome, generous
royeren cancel, strike off the list
roze pink
rozemarijn rosemary

rozenhout rose-wood
rozenkrans rosary
rozijnen raisins
rubber rubber
rubriek head, column
ruchtbaar ~ *maken*, make public, make known • ~ *worden*, get abroad
rug back • (berg-) ridge
rugby rugby
ruggelings backwards
ruggengraat backbone, spine
ruggenmerg spinal marrow
ruggensteun support
ruggespraak ~ *houden met*, consult
rugleuning back (of a chair)
rugpijn back-ache
rugwervel dorsal vertebra
rugzak rucksack
ruien moult
ruif rack, manger
ruig hairy, shaggy • rough
ruiken smell, scent
ruil exchange, barter
ruilen exchange
ruilhandel barter
ruim (schip) hold • *bn* large, wide, roomy, spacious • ample
ruimen empty, clear
ruimschoots largely, amply
ruimte space
ruimtevaart space travel
ruïne ruin
ruïneren ruin
ruisen (water) murmur • (bladeren) rustle
ruit *wisk* rhomb • (glass-) pane • (venster) window • (in stof) check
ruiten *kaartsp* diamonds

ruitensproeier windscreen washer
ruitenwisser windscreen wiper
ruiter horseman
ruiterlijk frank
ruk pull, tug, jerk
rukken pull, tug, jerk • (uit de handen) snatch
rukwind gust of wind, squall
rum rum
rumoer noise, uproar
rumoerig noisy, tumultuous
rund cow, ox
runderlap beefsteak
rundvee (horned) cattle
rundvlees beef
rups caterpillar
Rus Russian
Rusland Russia
Russisch Russian
rust rest • quiet • tranquillity, *sp* half-time
rustbank couch
rustdag day of rest • holiday
rusteloos restless
rusten rest, repose • ~*d*, retired
rusthuis rest home
rustig quiet
rustplaats resting-place
ruw (stoffen) raw • (onbewerkt) rough • (grof) coarse, crude • (oneffen) rugged
ruzie quarrel, brawl

S

saai dull, tedious
sabbelen suck
sabel sabre, sword
saboteren sabotage
sacrament sacrament
safe strong room, safe-deposit
safeloket safe deposit
sage legend, tradition
sago sago
Saksen Saxony
Saksisch Saxon
salade salad
salami salami
salaris salary, pay
saldo balance • *batig* ~, credit
   balance • *nadelig* ~, deficit
salon drawing-room • saloon
salueren salute
salvo volley, round, salvo
sambal chilli pepper sauce
samen together
samendrukken press together,
   compress
samengesteld compound
samenhang coherence,
   connection • (*zin*) context
samenhangen cohere • be
   connected
samenkomst meeting
samenleving society
samenloop concourse • (*rivieren*)
   confluence, concurrence • ~
   van omstandigheden,
   coincidence
samenscholing gathering, riot
samenspanning conspiracy, plot
samenspraak dialogue

samenstellen compose, compile
samenstelling composition
   • *taalk* compound (word)
samentrekken contract
   • concentrate
samentrekkend astringent,
   constringent
samentrekking contraction,
   concentration
samenvatten sum up
samenvatting résumé, summing
   up
samenvoegen join, unite
samenweefsel texture • (*ook fig*)
   tissue
samenwerking co-operation
samenwonen live together
samenzweren conspire, plot
samenzwering conspiracy
sanctie sanction
sandaal sandal
sandwich sandwich
saneren reorganize
sanitair plumbing
sap juice
sappig sappy, juicy
sarcastisch sarcastic
sardine sardine
sarren provoke, vex, tease
satelliet satellite
saucijsje sausage
saucijzenbroodje sausage-roll
sauna sauna
saus sauce
sauskom sauce-boat
's avonds in the evening
savooiekool savoy (cabbage)
saxofoon saxophone
scène scene
scepter sceptre
sceptisch sceptical

schaaf plane
schaafwond abrasion of the skin, chafe, graze
schaak check • ~ *spelen*, play (at) chess
schaakbord chess-board
schaakmat checkmate
schaakspel (game of) chess • set of chess-men
schaaktoernooi chess-tournament
schaal (v. schaaldier) shell • (schotel) dish, bowl • (v. collecte) plate • (verhouding) scale • *op grote, ruime ~*, on a large scale
schaaldier crustacean
schaamte shame
schaamteloos shameless
schaap sheep
schaapherder shepherd
schaapskooi sheep-fold
schaar (knip-) (pair of) scissors • (v. schapen, gras) shears • (v. kreeft) pincer • (menigte) crowd
schaars scarce, scanty
schaarste scarcity • shortage
schaats skate
schaatsen ice-skating
schaatsenrijden ice-skating
schacht (mijn) shaft • (laars) leg • (pijl-) stem
schade damage • harm • *tot ~ van*, to the detriment of • *~ lijden*, suffer a loss
schadelijk harmful, injurious • noxious
schadeloosstelling indemnification, compensation
schaden damage, hurt

schadevergoeding indemnification, compensation
schaduw shade, shadow
schaduwrijk shady, shadowy
schaduwzijde *fig* drawback
schaften eat
schafttijd meal-time
schakel link
schakelaar switch
schakelbord switch-board
schakelen switch • (auto) change gear
schaken play chess • (vrouw) run away with
schakering variegation, shade
schaking elopement, abduction
schalks arch, roguish
schampschot grazing shot
schampschot grazing shot
schandaal scandal, shame, disgrace
schandalig disgraceful, scandalous
schande shame, disgrace • scandal
schandelijk disgraceful, shameful
schandvlek stain, blemish
schapenbout leg of mutton
schapenkaas sheep-cheese
schapenvlees mutton
schappelijk tolerable, moderate, reasonable
scharen zich ~, range oneself
scharenslijper knife-grinder
scharlaken scarlet
scharnier hinge
scharrelen scrape, rout,

rummage

schat treasure

schateren roar with laughter

schaterlach burst of laughter

schatkamer treasury

schatkist exchequer, (public) treasury

schatplichtig tributary

schatrijk wealthy, very rich

schatten appraise • assess • value • estimate • (afstand) gauge

schattig sweet

schatting valuation, estimation

schaven plane • (zijn vel) abrade, graze

schavot scaffold

schavuit rascal, rogue

schede sheath • scabbard

schedel skull

scheef oblique • slanting

scheel squinting • *schele hoofdpijn*, migraine

scheen shin

scheenbeen shin-bone

scheep ~ *gaan*, go on board

scheepsarts ship's surgeon

scheepsbouw ship-building

scheepsbouwkunde naval architecture

scheepvaart navigation

scheerapparaat shaver

scheercrème shaving-cream

scheergerei shaving-tackle

scheerkwast shaving-brush

scheermes razor

scheermesje blade

scheerzeep shaving soap

scheiden divorce • separate

scheiding separation • partition • (haar) parting • (echt-) divorce

scheidsrechter *sp* referee, umpire • *recht* arbiter, arbitrator;

scheikunde chemistry

scheikundige chemist

schel *zn* bell • *bn* (geluid) shrill • (licht) glaring

schelden call names, scold • ~ *op*, abuse, revile

scheldnaam nickname

scheldwoord invective, term of abuse

schelen (verschillen) differ • (mankeren) want • *wat scheelt je?*, what is the matter with you?, what's wrong? • *het kan me niet ~*, I don't care a damn

schellen ring the bell

schellinkje the gallery, the gods

schelm rogue, knave, rascal

schelp shell

schelpdier shell-fish

schelvis haddock

schema diagram, outline

schematisch in outline

schemer(acht)ig dim, dusky

schemeren ('s ochtends) dawn • ('s avonds) grow dusk

schemer(ing) twilight, dusk

schemering twilight, dusk

schenden disfigure • damage • (wet, eed, heiligdom) violate

schenken (gieten) pour • (geven) give, present with • *aandacht ~ aan*, pay attention to

schenker donor

schenking donation, gift

schennis violation • outrage

schep spade, scoop, shovel

schepen alderman

scheppen create • ladle, scoop

• *adem ~*, take breath • *een luchtje ~*, take an airing

schepper creator

schepping creation

schepsel creature

scheren (mensen) shave • (schapen) shear • *~ over*, skim

scherf fragment, splinter

scherm screen • (bloem) umbel • (toneel) curtain • *achter de ~en*, behind the scenes

schermen fence

schermutseling skirmish

scherp sharp • keen, acute

scherpen sharpen

scherpschutter sharp-shooter

scherpte sharpness, edge

scherpziend sharp-sighted

scherpzinnig acute, sharpwitted

scherts jest, joke • pleasantry

schertsen joke, jest

schets draught, sketch • outline

schetsen sketch • draw, outline

schetteren (trompet) bray, blare

scheur tear, rent, slit • cleft

scheuren tear (up) • rend

scheuring rupture, schism

scheut shoot • (v. vloeistof) dash • (v. pijn) twinge

scheutje dash

schichtig shy, skittish

schiereiland peninsula

schieten fire • shoot

schietlood plumb

schietschijf target

schiften sort, separate • (melk) curdle

schijf (vlees) slice, fillet • (dam-)man • (schiet-) target • (v. wiel) disc

schijn shine • appearance, show, pretence • *de ~ redden*, keep up appearances

schijnbaar seeming(ly), apparent(ly)

schijnen (v. zon) shine • (lijken) appear, seem, look

schijnheilig hypocritical

schijnsel glimmer • sheen

schijnwerper searchlight, projector • (v. auto) dazzle lamp

schik *~ hebben*, amuse oneself • *in zijn ~ zijn*, be pleased

schikken order, arrange • adjust • *zich ~ naar*, submit to • conform to

schikking arrangement, settlement, compromise

schil (aardappel, banaan) skin • (sinaasappel) peel • *~len*, *mv* peelings, parings *mv*

schild shield, buckler

schilder painter

schilderachtig picturesque

schilderen paint • picture • depict

schilderij painting, picture

schilderkunst painting

schildklier thyroid gland

schildknaap squire

schildpad tortoise • (zee-) turtle

schildpadsoep turtle soup

schildwacht sentinel, sentry

schilfer scale, flake

schilferen scale (off), peel (off)

schillen (appels) pare • (sinaasappels, aardappelen) peel

schim shadow, shade, ghost

schimmel (paard) grey horse, grey • (zwam) mould

schimmelig mouldy

schimpen scoff *(op,* at)
schimpscheut taunt
schip ship, vessel • (kerk) nave
schipbreuk shipwreck • ~ *lijden*, be shipwrecked
schipbreukeling castaway
schipper bargeman, boatman • skipper
schitteren shine, glitter, sparkle
schitterend brilliant, glorious
schmink grease-paint • make-up
schoeisel shoes *mv*, foot-wear
schoen shoe
schoenborstel shoe-brush, blacking-brush
schoenenwinkel shoe shop
schoenlepel shoe-lift
schoenmaker shoemaker
schoenpoetser shoe-black • (in hotel) boots
schoensmeer shoe polish
schoenveter boot-lace
schoft (schurk) scoundrel, rascal
schok shock, jerk, jolt • (hevig) concussion
schokbreker, schokdemper shock-absorber
schokken shake, convulse
schol (vis) plaice • (ijs) floe
scholengemeenschap (ongeveer) comprehensive school
scholier, -e schoolboy, schoolgirl, pupil
scholing education
schommel swing
schommelen swing • (op stoel) rock • (koersen) fluctuate
schommeling fluctuation
schommelstoel rocking-chair
schoof sheaf
schooier tramp, beggar

school school • (vis) shoal • *basis~*, elementary school • *middelbare ~*, secondary school
schoolbord blackboard
schoolgeld school-fee
schoolhoofd head-master
schoolmeester schoolmaster
schoolrapport report
schools academic
schoolslag breast-stroke
schooltas (school-)satchel
schoon clean, pure • beautiful, fine
schoondochter daughter-in-law
schoonheid beauty
schoonheidsspecialiste beautician
schoonmaak cleaning, clean-up
schoonmaken clean
schoonmoeder mother-in-law
schoonouders *mv* parents-in-law
schoonvader father-in-law
schoonzoon son-in-law
schoonzus sister-in-law
schoonzuster sister-in-law
schoorsteen chimney • (schip) funnel
schoorsteenmantel mantelpiece
schoorsteenveger chimney-sweeper
schoorvoetend reluctantly
schoot lap • *fig* womb
schop (trap) kick • (spade) shovel, spade
schoppen *ww* kick • *zn kaartsp* spades
schor hoarse, husky
schorem scum
schorpioen scorpion
schors bark
schorsen suspend

schorsing suspension
schort apron
schot shot • (muur) partition • (schip) bulkhead
Schot Scot(chman)
schotel (schaal) saucer • (gerecht) dish • *vliegende ~*, flying saucer
schotelantenne satellite dish
Schotland Scotland
Schots Scotch, Scottish
schots *zn* floe of ice • *bn*: *~ en scheef*, higgledy-piggledy
schouder shoulder
schouderbandje shoulder-strap
schouderblad shoulder-blade
schoudertas shoulder-bag
schouwburg theatre
schouwspel spectacle, sight
schraal thin, poor, scanty
schram scratch
schrander clever, intelligent
schrap scratch • *zich ~ zetten*, take a firm stand
schrapen scrape
schrappen cancel, strike out • (wortels) scrape
schrede pace, step, stride
schreeuw cry, shout
schreeuwen cry, shout, bawl
schreeuwerig clamorous • blatant • (kleur) loud
schreien cry, weep
schriel stingy, mean
schrift writing • (de letter) script • (schrijf boek) exercise book • *de Heilige S~*, Holy Writ, Holy Scripture
schriftelijk written, in writing • *~e cursus*, correspondence course
schrijden stride
schrijfbehoeften *mv* writing

materials *mv*, stationery
schrijfblok writing-block
schrijfbureau writing-desk
schrijffout clerical error
schrijfgereedschap writing-materials
schrijfletters *mv* script
schrijfmachine typewriter
schrijfpapier writing paper
schrijfster author(ess)
schrijftafel writing-table
schrijlings astride
schrijnen smart
schrijven write
schrijver writer, author • (kantoor) clerk
schrik fright • terror
schrikaanjagend terrifying
schrikachtig easily frightened, jumpy
schrikdraad barbed wire
schrikkeljaar leap year
schrikken be frightened
schril shrill, strident
schrobben scrub, scour
schroef screw
schroefdraad screw-thread
schroefsleutel monkey-wrench, spanner
schroeien scorch • singe
schroeven screw
schroevendraaier screwdriver
schrokken eat gluttonously
schromelijk grossly, awfully
schromen fear, dread
schrompelen shrivel
schroom fear, scruple
schroomvallig diffident • timid
schroot scrap
schub scale
schuchter timid, bashful

schudden shake • *kaartsp* shuffle
schuier brush
schuif (grendel) bolt • (doos) sliding lid
schuifdak sliding roof
schuifdeur sliding-door
schuifelen shuffle
schuifla drawer
schuifraam sash-window
schuilen take shelter • hide
schuilhoek hiding-place
schuilkelder underground shelter
schuilplaats hiding-place, shelter, refuge • *bomvrije* ~, dug-out
schuim foam • (op bier) froth • (zeep) lather • *fig* scum, dregs
schuimbad foam bath
schuimen foam, froth • lather
schuimrubber foam rubber
schuin slanting, sloping • oblique • *fig* broad, obscene
schuit boat, barge
schuiven shove, push • (opium) smoke
schuld (geld) debt • (verantwoordelijkheid) blame • (fout) fault, guilt
schuldbekentenis bond, I.O.U.
schuldbelijdenis confession of guilt
schuldbesef consciousness of guilt
schuldeiser creditor
schuldenaar debtor
schuldig guilty, culpable • ~ *zijn*, be guilty • (geld) owe
schuldige culprit, delinquent
schunnig mean, shabby
schuren scour • (wrijven) rub against

schurft scabies, itch
schurftig scabby, mangy
schurk rascal, scoundrel
schurkenstreek roguery
schut screen, partition
schutkleur protective colouring
schutsluis lock
schutter marksman
schutting fence, hoarding
schuur barn, shed
schuurpapier emery-paper
schuw shy, timid, bashful
schuwen shun, avoid
scooter scooter
scoren score
scrupule scruple
seance seance
seconde second
secretaresse secretary
secretaris secretary • town clerk
sectie section • (v. lichaam) post-mortem
secuur accurate, precise
sedert since • for
sedertdien since
sein signal
seinen give a signal
seinhuis signal-box
seinpaal signal-post, semaphore
seizoen season
seks sex
sekse sex
seksshop sex shop
seksualiteit sexuality
seksueel sexual
sekte sect
selderie, selderij celery
selecteren select
selectie selection
seminarie, seminarium seminary
senaat senate

sensatie sensation, stir
sentimenteel sentimental
september September
sergeant sergeant
sergeant-majoor sergeant-major
serie series
serieus serious
sering lilac
serre (aan huis) closed
  veranda(h)
serveerster waitress
serveren serve
servet napkin
service service
servies (dinner-)service
sfeer sphere • fig atmosphere
shag rolling tobacco
shampoo shampoo
sherry sherry
shirt shirt
show show
Siberië Siberia
sidderen quake, shake, tremble
sieraad ornament
sieraden jewellery
sieren adorn, decorate
sierlijk graceful, elegant
sigaar cigar
sigarenwinkel tobacconist's
sigaret cigarette • ~ met filter
  filter cigarette
sigarettenaansteker cigarette-
  lighter
signaal signal • mil buglecall
signalement description
sijpelen ooze, trickle
sik goatee
sikkel sickle, reaping-hook
simpel silly • simple, plain
sinaasappel orange
sinaasappelsap orange juice

sinas orange soda
sinds since
sindsdien since
singel (gordel) girth • (om stad)
  moat
sintel cinder
sintelbaan sp cinder-track
Sinterklaas Saint Nicholas
sire Sire, your Majesty
sirene siren
siroop treacle • syrup
sissen hiss
situatie situation
sjaal shawl, scarf
sjacheren barter
sjerp sash, scarf
sjiek fancy
sjofel shabby
sjokken jog, trudge
sjorren lash
sjouwen carry • (sloven) drudge
skateboard skateboard
skeeler skates
skelet skeleton
ski ski
skiën, skilopen ww ski • skiing
skilift ski lift
skischans ski jump
skischoenen ski boots
skistok ski pole
sla (grecht) salad • (groente)
  lettuce
slaaf slave
Slaaf Slav
slaafs slavish, servile
slaag drubbing
slaan (ook v. klok) strike
  • (herhaaldelijk) beat
slaap sleep • (v. hoofd) temple
slaapcoupé sleeping-
  compartment

slaapkamer bedroom
slaapmiddel soporific
slaapmutsje night-cap
slaappil sleeping pill
slaapplaats sleeping-place
slaaptrein sleeper train
slaapwagen sleeper
slaapwandelaar sleep-walker
slaapzaal dormitory
slaapzak sleeping bag
slaatje salad
slabbetje bib
slachten kill, slaughter
slachting slaughter
slachtoffer victim
slag [de] stroke • blow • (v. h.
  hart) beat, beating • (v. klok,
  roeier) stroke • (donder) clap
  • (veldslag) battle • (kaartspel)
  trick • (in haar) wave • fig blow
  • [het] (soort) kind, sort • class
slagader artery
slagboom barrier
slagen succeed (in ...ing)
slager butcher
slagerij butcher's shop
slagregen downpour
slagroom whipped cream
slagschip battleship
slagtand tusk, fang
slagvaardig quick-witted
slagveld battle-field
slagwerk percussion
slagzin slogan
slak (met huisje) snail • (zonder
  huisje) slug • (metaalslak) slag
slaken (kreet) utter • (zucht)
  heave
slalom slalom
slang serpent, snake • (v.
  brandspuit) hose • (rubber)

tube
slangenbeet snake-bite
slank slender, slim
slaolie salad oil
slap slack, loose, flabby • (thee)
  weak • (karakter) weak,
  spineless
slapeloos sleepless
slapeloosheid insomnia
slapen sleep
slaperig sleepy, drowsy
slapte slackness • (handel) slack
slasaus salad-dressing
slavenhandel slave trade
slavernij slavery
slavin slave
Slavisch Slav
slecht bad, evil • (mens) wicked
  • (kwaliteit) poor
slechten level, demolish
slechter worse
slechthorend hard of hearing
slechts only, merely
slechtziend weak-sighted
slee sledge
sleep train
sleepboot tug(boat)
sleepdienst towing-service
sleep-in sleep-in
sleepkabel tow rope
sleeptouw tow-rope • op ~
  houden, keep on a string
slenteren saunter, lounge
slepen drag, trail • (schip) tow
slepend dragging • (ziekte)
  lingering
sleuf groove • slot, slit
sleur routine, rut
sleuren trail, drag
sleutel key • muz clef • Engelse ~,
  spanner, monkey-wrench

sleutelbeen collar-bone
sleutelbloem primula, primrose, cowslip
sleutelbos bunch of keys
sleutelgat keyhole
sleutelring key-ring
slib mud
sliert string
slijk mud, mire, dirt
slijm slime • mucus
slijmerig slimy
slijmvlies mucous membrane
slijpen whet, grind, sharpen
slijtage wear and tear
slijten wear out • (dagen) spend, pass
slijterij off-licence
slikken swallow
slim astute • sly, cunning
slimmerd, slimmerik sly dog
slinger (klok) pendulum • (pomp) handle • (versiering) festoon
slingeren (slinger) swing • (schip) roll • (pad) wind
slingerplant climber
slinken shrink • dwindle down
slinks crooked, artful, cunning
slipgevaar! slippery road
slipje (broekje) panties
slippen (auto) skid
slippers slippers
sloep longboat, sloop, shallop
slof slipper, mule • (sigaretten) carton
slok draught
slokdarm gullet, oesophagus
slokken guzzle, swallow
slons slut, sloven, slattern
sloof apron • (persoon) drudge
sloom slow
sloop pillow-case

sloot ditch
slopen demolish • (huis) pull down • (schip) break up
slordig slovenly, careless, sloppy
slot (vergrendeling) lock • (kasteel) castle • (eind) conclusion • *achter ~ en grendel*, under lock and key • *op ~* locked • *ten ~te*, finally, eventually
slotenmaker locksmith
slotsom conclusion
sluier veil
sluik lank
sluimeren slumber
sluimering slumber, doze
sluipen steal, sneak. creep into
sluipmoord assassination
sluipschutter sniper
sluis sluice, lock
sluiten (dichtdoen) shut • (op slot) lock • (een winkel) close • (beëindigen) conclude, close
sluiting shutting, closing, locking
sluitingsuur closing time
slurf (olifant) trunk
slurpen lap, sip
sluw sly, cunning, astute, artful
smaad revilement • libel
smaak taste • (zin) liking
smaakvol tasteful
smachten languish, long, pine *(naar,* after, for)
smadelijk opprobrious
smak smacking of the lips • heavy fall • thud
smakelijk savoury, tasty • *~ eten!,* good appetite
smakeloos tasteless • *fig* lacking taste • in bad taste
smaken taste *(naar,* of)

smal narrow
smalen rail *(op, at)*
smalfilm 8 mm film
smart pain, grief, sorrow
smartelijk painful, grievous
smartengeld compensation
smeden forge, weld • (plan) devise
smederij smithy, forge
smeedijzer wrought iron
smeekbede supplication
smeer grease, fat, tallow • smear, spot
smeerkaas cheese spread
smeerlap blackguard, skunk
smeerolie lubricating oil
smeerpunt lubrication point
smeken entreat • supplicate, implore, beseech
smelten melt, fuse
smeltkroes melting-pot
smeltpunt melting-point
smeren grease, oil, lubricate • smear • (boter) spread
smerig dirty
smering lubricant
smeris cop
smet spot, stain • *fig* blemish
smetteloos stainless, immaculate
smeulen smoulder
smid smith
smijten throw, fling, hurl
smoel mug • *zijn ~ houden*, hold one's jaw
smoesje pretext
smoezelig dingy, smudgy
smoking dinner-jacket • *Amer* tuxedo
smokkel smuggling
smokkelaar smuggler
smokkelen smuggle

smokkelhandel smuggling
smokkelwaar contraband
smoren smother, throttle
sms'en send text messages
smullen feast, banquet
smulpartij banquet
snaar string, chord
snackbar snack bar
snakken ~ *naar*, yearn for, die for
snappen understand
snateren chatter
snauwen snarl (at)
snavel bill, beak
snedig witty • smart
snee cut • (plak) slice, rasher • (scherp) edge
sneetje slice
sneeuw snow
sneeuwbal snowball
sneeuwen snow
sneeuwjacht snowdrift, blizzard
sneeuwketting snow chain
sneeuwklokje snowdrop
sneeuwstorm snow storm
sneeuwvlok snowflake
snel quick, swift • fast, rapid
snelbinder elastic luggage binders
snelblusser fire extinguisher
snelbuffet snack-bar
snelgoed fast goods
snelheid swiftness, speed
snelheidsmeter speedometer
snelkoker quick heater
snelkookpan pressure cooker
sneller faster
sneltrein express train
snelweg motorway
snert pea-soup • *fig* trash
sneu disappointing

sneuvelen be killed in action
snibbig snappy
snijboon haricot bean
snijbrander (oxygen) cutter
snijden cut • (vlees) carve • (kaartspel) finesse
snijlijn secant
snijpunt (point of) intersection
snijtand cutting tooth, incisor
snik gasp, sob
snikken sob
snipper cutting • scrap • shred
snipperdag extra day off
snit cut
snobistisch snobbish
snoeien prune • clip
snoek pike
snoekbaars pike-perch
snoep sweets
snoepen eat sweets
snoer string • cord • flex
snoet snout, muzzle
snoever boaster, braggart
snoezig sweet, ducky
snor moustache
snorkel snorkel
snorken snore
snorren drone, whir
snot snot, mucus
snotneus snotty nose • fig whipper-snapper
snowboard snowboard
snuffelen nose, ferret
snugger bright, clever
snuif snuff
snuisterij knick-knacks mv
snuit snout, muzzle • (olifant) trunk
snuiten blow (one's nose)
snuiven sniff, snuffle, snort
snurken snore

sober sober, frugal
sociaal social • sociaal werkster, social worker
sociaal-democraat social democrat
socialiseren socialize
socialisme socialism
socialist socialist
sociëteit club(-house)
soda soda
sodawater soda-water
soebatten implore, beseech
soep soup
soepbord soup-plate
soepel supple, flexible
soeplepel soup-spoon • (groter) soup-ladle
soepterrine soup-tureen
soes (cream) puff
soeverein sovereign
sof flop
sofa sofa, settee
sok sock • fig (old) fogey
soldaat soldier • gewoon ~, private • gemeenz Tommy Eng • G.I. Amer
soldeer solder
solderen solder
soldij pay
solidair solidary, mutually dependent
solide solid • (bedrijf) respectable • (belegging) sound, safe • (persoon) steady
solist soloist
sollicitant candidate, applicant
sollicitatie application
sollicitatiebrief letter of application
solliciteren apply (for)
solo solo

olvabiliteit ability to pay
som sum, amount • problem
somber gloomy • sad, dark
sommeren summon
sommige some
soms sometimes
sonderen sound, probe
sonnet sonnet
oort sort, kind • species
oortelijk specific
oortgelijk similar, suchlike
sop suds
sopraan soprano
sorbet sorbet
sorry sorry
sorteren (as)sort
sortering assortment
souffleur prompter
souper supper
souperen take supper
souterrain basement
souvenir souvenir, keepsake
Sovjet-Unie Soviet union
spa spa • mineral water
spaander chip
spaak spoke
spaander chip
spaans Spanish
spaarbank savings bank
spaargeld savings *mv*
spaarpot money box
spaarrekening savings account
spaarzaam saving, economica
spaarzaamheid economy, thrift
spade spade
spaghetti spaghetti
spalk splint
span team, pair • *een aardig ~,* a nice couple
spanen chip
Spanjaard Spaniard
Spanje Spain

spannen (touw) stretch • tighten • (voor-) put to • (nauw zijn) be (too) tight
spannend (boeiend) exciting, thrilling
spanning tension • (banden) pressure • (v. brug) span • *elektr* tension, voltage • *fig* tension, strain • suspense
spar (boom) spruce-fir
sparen (geld)save • (verzamelen) collect • (ontzien) spare
spartelen sprawl
spastisch spastic
spat spot, speckle, stain
spatader varicose vein
spatbord mud-guard • splash-board • (v. auto ook.) wing
spatie space
spatten splash, spatter
specerij spice(s)
specht woodpecker
speciaal special
special special
specialiseren specialize
specialist specialist
specialiteit speciality • specialty
specificeren specify
spectrum spectrum
speculant speculator
speculatie speculation, stockjobbing
speeksel spittle, saliva
speelgoed toys *mv*
speelkaarten playing cards
speelruimte play • *fig* elbowroom, margin
speels playful
speeltuin playground
speen teat, nipple • *fop~* comforter

speenvarken sucking-pig
speer spear
spek bacon • (vers) pork
spektakel noise, hubbub
spel play • game • sport • (toneel) acting • ~ *kaarten*, pack of cards • *de Olympische Spelen*, the Olympic games
speld pin
spelden pin
speldenknop pin's head
spelen play • (om geld) gamble • ~ *voor*, act
speling play • ~ *der natuur*, freak (of nature)
spellen spell
spelletje game
spelling spelling, orthography
spelonk cave, cavern, grotto
sperwer sparrow-hawk
sperziebonen string beans
spetter hunk
speuren trace, track
speurhond tracker dog, sleuth (-hound)
speurtocht search
spichtig lank, weedy
spie pin, peg, cotter
spiegel looking-glass, mirror, glass
spiegelbeeld image, reflection
spiegelei fried egg
spiegelglas plate glass
spiegelruit pane of plate glass
spieken crib, cheat
spier muscle
spiering smelt
spierkracht muscular strength, muscle
spiernaakt stark naked
spierpijn muscular pain(s)

spijbelen play truant
spijker nail
spijkerbroek pair of jeans
spijkeren nail
spijl bar • spike
spijs food
spijskaart menu
spijsvertering digestion
spijt regret • ~ *hebben van*, regre • be sorry for • *tot mijn ~*, to my regret
spijten be sorry • *het spijt me*, I am sorry, I regret
spikkel speck, speckle, spot
spiksplinternieuw bran(d) new
spil pivot, spindle • *sp* centre-hal
spin spider
spinazie spinach
spinnen (textiel) spin • (kat) purr
spinnenweb cobweb
spion spy
spionage spying, espionage
spioneren spy
spiraal spiral
spiraalveer coil-spring
spiritualiën *mv* spirits
spiritus methylated spirits
spiritusbrander methylated spir stove
spit (braad-) spit • (in de rug) lumbago
spits point • (toren) pinnacle, spire • (berg) top, summit • *bn* pointed, sharp
spitsuren *mv* peak-hours, rush hours *mv*
spitsvondig subtle
spitten dig
spleet split, cleft, crevice
splijten cleave, split
splinter splinter

split split
splitpen split pin
splitsen split (up) • (touw) splice • *zich ~*, split (up) • (weg) bifurcate
splitsing splitting (up), division • (weg) bifurcation • (atoom) fission
spoed speed, haste • (v. schroef) pitch • *~!*, urgent!
spoedbestelling express delivery
spoedeisend urgent
spoeden *zich ~*, make haste, hasten (to)
spoedgeval emergency (case)
spoedig speedy, quick • early (reply) • *bijw* quickly • soon
spoel spool • (techn.) coil • reel
spoelen wash, rinse
spoelworm roundworm
spoken haunt
sponning rabbet, groove
spons sponge
spontaan spontaneous
spook ghost, phantom
spoor (v. ruiter) spur • (indruk) trace, track, foot-mark • (trein) railway, rails • (op station) rail • *per ~*, by rail
spoorbaan railroad
spoorboekje railway timetable
spoorboom gate
spoorkaartje railway ticket
spoorloos without a trace
spoorslags at full gallop
spoortrein train
spoorweg railway
spoorwegovergang level-crossing
spoorwegpolitie railway police
sporen go (travel) by railway

sport (lichaamsbeweging) sport • (v. ladder) rung
sportartikelen sports articles
sporten do sport
sportief sporting, sportsmanlike
sportschoenen sport shoes
sportterrein sports field
spot mockery
spotgoedkoop dirt-cheap
spotprent caricature
spotprijs nominal price
spotten mock, scoff (*met*, at)
spotvogel mocking-bird
spraak speec., anguage
spraakgebrek speech-defect
spraakgebruik usage
spraakkunst grammar
spraakzaam talkative
sprakeloos speechless, dumb
sprank spark
spreekkamer consulting-room, surgery
spreekkoor chorus
spreekuur consulting hours *mv*
spreekwoord proverb, adage
spreekwoordelijk proverbial
spreeuw starling
sprei bedspread, counterpane
spreiden spread • (v. bed) make
spreken speak, say, talk • *kan ik meneer X ~?*, can I see Mr. X?
spreker speaker • (redenaar) orator
sprenkelen sprinkle
spreuk motto, aphorism
spriet sprit • (v. insect) feeler • (gras) blade
springen spring, leap, jump, bound • (glas) crack • (band) burst
springplank spring-board

springstof explosive
sprinkhaan grasshopper
sproeien sprinkle, water
sproeier sprinkler
sproet freckle
sprokkelen gather dead wood
sprong leap, jump • bound
sprookje fairy-tale
sprot sprat
spruit sprout • sprig • scion
spruitjes *mv* sprouts *mv*
spugen spit • vomit
spuien sluice • ventilate
spuit syringe, squirt
spuitbus aerosol(can)
spuiten spout, squirt
spuitje injection
spuitwater soda-water
spul stuff
spullen things
spuug spittle, saliva
spuwen spit • vomit
squash squash
squashen play squash
staaf (ijzer) bar • (goud) ingot
staak stake, pole
staal (model) sample, pattern • (metaal) steel
staaldraad steel-wire
staan stand • be • (passen) become
staangeld deposit
staanplaats stand
staar cataract
staart tail
staat (land) state • (toestand) state, condition • (lijst) statement, list • *in ~ stellen*, enable to • *in ~ zijn*, be able • *~ van beleg*, state of siege
staatkunde politics

staatsburger subject • citizen
staatsgreep coup (d'état)
staatshoofd chief of the state
staatsie state, pomp
staatslening government loan
staatsloterij state lottery
staatsman statesman
staatssecretaris minister of state
staatswetenschap political science
stabiel stable
stabiliteit stability, stableness
stad town
stadhuis town hall
stadion stadium
stadium stage, phase
stadsbestuur municipality
stadsbus local buss
staf staff • mace
stafkaart ordnance map
stage apprenticeship
staken stop, suspend • (werk) strike
staker striker
staking suspension • (werk-) strike
stakker poor wretch (thing)
stal stable • cow-house • (varkens) sty
stalen *bn* (of) steel • *fig* brazen • *ww* steel
stallen put up
stalles *mv* stalls *mv*
stalletje stall, stand, booth
stalling stable • garage • (fiets) shelter
stam stem • trunk • (volks-) race, tribe
stamboom family tree, pedigree
stamelen stammer
stamgast regular customer

stampen stamp • (schip) pitch • (machine) thud

stamper stamper • pestle • (v. bloem) pistil

stamppot hotchpotch

stampvoeten stamp one's feet

stampvol crowded, chock-full

stamvader progenitor

stand attitude, posture • (hoogte) height • (in maatschappij) status, position • (toestand) situation, state • (sport) score • *tot ~ brengen*, bring about, accomplish

standaard standard

standbeeld statue

standhouden maintain • endure

standje reproof, scolding • *iem. een ~ geven*, scold sbd.

standplaats standing-place, station • (v. taxi's) stand • (op camping) pitch

standpunt point of view

standvastig steadfast, firm, constant

stang bar, rod • (van bit) bridle-bit

stank bad smell, stink, stench

stap step

stapel pile, heap

stapelbed bunk bed

stapelen stack

stappen step, stalk

stapvoets at a foot-pace

star stiff, rigid • fixed

staren stare (at), gaze (at)

start start • take-off

startbaan runway

starten start

starter starter

startkabels jump leads

startmotor starter motor, starter

statief tripod

statiegeld deposit

statig stately • grave

station station

stationschef station master

statistiek statistics

status status

statuten *mv* regulations, articles of association

staven support • substantiate

stedelijk municipal

stedenbouw town planning

steeds *bn* town- • townish • *bijw* always, continually, still, all the time • *~ hoger*, higher and higher

steeg lane, alley

steek (naaien) stich • (dolk) stab • (wesp) sting • (pijn) twitch • *~ onder water*, dig • *in de ~ laten*, leave, fail

steekpenning bribe

steekproef random sample

steeksleutel spanner

steekvlam flash

steekvlieg gadfly

steel (bloem) stalk • (bloem, glas) stem • (gereedschap) handle

steelpan saucepan

steen stone • *~ des aanstoots*, stone of offence

steendruk lithography

steengroeve quarry

steenkool coal

steenpuist boil

steiger scaffold(ing) • (haven) pier, jetty, landing-stage

steigeren rear

steil steep • precipitous

stek slip, cutting

stekeblind stone-blind
stekel prickle, sting
• (stekelvarken) spine
stekelbaars stickleback
stekelig prickly • *fig* stinging
stekelvarken porcupine
steken (v. insect) sting • (met speld enz.) prick • (v. zon) burn • (v. wond) smart • *blijven* ~, stick (fast) • *in zee* ~, put to sea
stekker plug
stel set
stelen steal
stellage scaffolding, stage
stellen set, place, put • (veronder-) suppose • (beweren) state
stellig positive • explicit
stelling theorem, problem • (stellage) scaffolding
stelpen staunch
stelregel maxim
stelsel system
stelselmatig systematical
stem voice • (bij stemming) vote • *muz* part
stembanden *mv* vocal chords *mv*
stembiljet voting-paper
stembureau polling-booth
stembus ballot box
stemgerechtigd qualified to vote
stemmen (een kandidaat) vote • (muziek) tune
stemmig demure, sedate
stemming voting • (humeur) frame of mind, mood • (v. markt) tone
stempel (voorwerp) stamp, die • (afdruk) stamp, impress • *postmark* • (v. bloem) stigma
stempelen stamp, mark
stemrecht right to vote

stemvork tuning-fork
stencil stencil
stenen stone, of stone
stengel stalk, stem
stenig stony
stenografie shorthand
stenotypist(e) shorthand typist
step (v. kinderen) scooter
step-in step-in
ster star • *vallende* ~, falling star
stereo stereo-
sterfbed death-bed
sterfelijk mortal
sterfgeval death
sterfte mortality
steriel sterile, barren
steriliseren sterilize
sterk strong
sterkedrank alcohol
sterkte strength
sterrenbeeld constellation
sterrenkers garden cress
sterrenkijker telescope
sterrenkunde astronomy
sterrenwacht astronomical observatory
sterretje asterisk (*)
sterveling mortal
sterven die
steun support
steunen support, back (up) • (zuchten) groan • ~ *op*, lean on • *fig* lean upon
steunzool arch support
steur sturgeon
steven prow, stem
stevenen steer, sail
stevig solid, firm, substantial
stewardess (in vliegtuig) air hostess • stewardess
stichtelijk edifying

stichten found, establish
stichting foundation • (inrichting) institution
stiefkind step-child
stiefmoeder stepmother
stiekem on the sly, secretly
stier bull • (dierenriem) Taurus
stift pin, point
stijf stiff
stijfhoofdig obstinate
stijfkop obstinate person
stijfsel starch
stijgbeugel stirrup
stijgen rise, mount, go up
stijl (v. deur enz.) post • (trant) style
stijven (m. stijfsel) starch • (verstevigen) stiffen
stikdonker pitch-dark
stikken stifle, be stifled, choke, suffocate • (naaien) stitch
stikstof nitrogen
stil still, quiet, silent
stillen (pijn) alleviate • (dorst) quench • (honger) appease
stilletjes silently
stilleven still life
stilstaan stand still • stop
stilstand standstill • cessation • stagnation, stoppage
stilte silence
stilzwijgend silent, taciturn
stimulans stimulant • *fig* stimulus
stimuleren stimulate
stinken stink *(naar,* of)
stip point, dot (op de i)
stippel dot, speck
stippellijn dotted line
stipt punctual, precise
stoeien romp

stoel chair • seat
stoelgang stool(s), motion(s)
stoeltjeslift chair lift
stoep (voor huis) steps • (trottoir) pavement
stoer sturdy, stalwart, stout
stoet train, procession
stof [*de*] matter • (weefsel) fabric, material • *fig* subject-matter • theme • [*het*] (vuil) dust
stofbril goggles
stofdoek duster
stoffeerder upholsterer
stoffelijk material
stoffen dust
stoffer duster • ~ *en blik* (dust)pan and brush
stoffig dusty
stofwisseling metabolism
stofzuigen vacuum
stofzuiger vacuum cleaner
stok stick • cane • (v. vlag) pole
stokbrood French bread
stokdoof stone-deaf
stoken (kachel) stoke • (drank) distil • *fig* stir up, brew
stoker stoker, distiller
stokerij distillery
stokoud very old
stokpaardje hobby
stokvis stockfish
stollen congeal, coagulate, curdle, clot
stolp glass-bell • cover
stom (niet sprekend) dumb, mute • (film) silent • (dom) stupid
stomdronken dead drunk
stomen steam • dry-clean
stomerij dry-cleaner's
stomheid dumbness • stupidity

stommelen clutter
stommeling blockhead
stomp *zn* (stoot) push, dig, thump, punch • (overblijfsel) stump • *bn* blunt, dull • (hoek) obtuse
stompzinnig obtuse
stomverbaasd stupefied
stoofpeer cooking-pear
stookgat fire hole
stookolie oil-fuel
stoom steam
stoomboot steamer, steam-ship
stoomketel steam-boiler
stoommachine steam-engine
stoornis disturbance
stoot push • (degen) thrust, (dolk) stab • (biljart) stroke
stootkussen buffer
stoottroepen *mv* shocktroops
stop (v. fles) stopper • (in kous) darn • (zekering) fuse • (in bad) put • ~! stop!
stopbord halt sign
stopcontact power-point
stoplicht traffic light
stopmiddel something for diarrhoea
stopnaald darning-needle
stoppel stubble
stoppen stop • (v. pijp) fill • (bergen) put • (herstellen) darn
stopplaats stop(ping-place)
stoptrein slow train
stopverf putty
stopwol darning-wool
stopzetten stop • close down
storen disturb, derange • interrupt • *zich* ~ *aan*, mind
storing disturbance • trouble,

breakdown • *rtv* interference
storm storm, tempest, gale
stormachtig stormy, tempestuous, tumultuous
stormen storm • *het stormt*, it is blowing a gale
stortbui heavy shower
storten (tranen) shed • (vuilnis) dump • (geld) pay in, deposit
storting (geld) payment, deposit
stortkoker chute, shoot
stortregen heavy shower
stortvloed flood, torrent
stortzee sea
stoten push • (hoofd) bump • (tenen) stub • *fig* stock
stotteren stutter, stammer
stout (ondeugend) naughty
stoutmoedig bold, daring
stoven stew
straal ray • beam • (cirkel) radius • (bliksem) flash • (water) jet
straalvliegtuig jet plane
straat street • (zee-) straits
straatjongen street-boy, guttersnipe
straatkant street side
straatsteen paving-stone
straatverlichting street-light
straatweg road
straf *zn* punishment, penalty • *bn* severe • (v. drank) stiff
strafbaar punishable • penal
straffeloos unpunished, with impunity
straffen punish
strafport additional, extra postage, surcharge
strafrecht criminal law • *wetboek van* ~, penal code
strafschop penalty kick

strafwerk detention work
strafwet criminal law, penal law
strak tight, stiff, taut
strakjes in a moment
straks soon, later • *tot ~* see you later
stralen beam • radiate
straling radiation
stram stiff, rigid
strand beach • (kust) shore
stranden strand, run aground
strandstoel beach chair
streber pusher, careerist
streek (met pen) stroke • (gebied) region, district, area • (list) trick • *van ~*, upset
streekvervoer regional transport
streep streak, stripe • stroke, dash, line
strekken stretch • reach • extend
strekking tendency, purport
strelen stroke, caress • *fig* flatter
stremmen (bloed) congeal, coagulate • (melk) curdle • (verkeer) stop, obstruct
streng *zn* (touw) strand • *bn* severe, stern, rigid
strengheid severity
stress stress
streven strive (after), aspire (to), aim (at)
striem stripe, weal
strijd fight, combat • struggle, strife • contention • *in ~ met*, contrary to
strijden fight, combat, battle
strijdig conflicting • *~ met*, contrary to
strijdkrachten *mv* armed forces
strijdlustig combative, militant

strijdvaardig ready to fight
strijkbout flat iron
strijken (kleren) iron • (vlag) strike • (met hand) smooth
strijkijzer iron
strijkje string-band
strijkorkest string-orchestra
strijkplank ironing-board
strijkstok bow, fiddlestick
strik knot • (das) bow • (val) snare
strikken tie • (vangen) snare
strikt precise, strict
strikvraag catch, poser
strip comic
striptease striptease
stripverhaal strip
stro straw
strodak thatched roof
stroef stiff • stern • harsh
strohoed straw-hat
stromen stream, flow • *~d water* running water
stroming current • trend
stronk stump • (v. kool) stalk
strooien strew, scatter
strook strip • slip
stroom stream • current • *elektr* electricity
stroomlijn stream-line
stroomverdeler distributor
stroomversnelling rapid
stroop treacle
strooptocht raid
strop (ophanging) halter, rope • (v. wild) snare • (pech) bad luck
stropdas tie
stropen poach • (villen) skin
stroper poacher
strot throat
strottenhoofd larynx

strozak straw mattress
structureel structural
structureren structure
structuur structure
struik shrub, bush
struikelblok obstacle
struikelen stumble
struikgewas shrubs, scrub
struisvogel ostrich
studeerkamer study
student student
studeren study
studie studies
studiebeurs scholarship
studieboek text-book
studio studio
stug stiff • surly
stuifmeel pollen
stuip convulsion, fit
stuiptrekking convulsion
stuiten stop, check • (v. bal) bounce • ~ *op*, meet with
stuitend offensive, shocking
stuiven fly about, dash
stuk piece, part • (papier) paper, document • (schaak-) piece • (kanon) gun • *bn* (kapot) broken • *ingezonden* ~, letter to the editor • *per* ~, apiece • *~ voor* ~, one by one
stukadoor plasterer
stukgaan break, go to pieces
stukmaken break, smash
stukscheuren tear to pieces
stumper wretch
stunt stunt
stuntelig clumsy
sturen send, direct • (schip, auto) steer
stut prop, support, stay
stuur (schip) helm, rudder • (fiets)

handle bar • (auto) wheel
stuurboord starboard
stuurhuis steering box
stuurhut cockpit
stuurinrichting steering
stuurman steersman, mate
stuurs surly, sour
stuurwiel steering wheel
stuw weir
stuwdam barrage
stuwen stow • (voort-) propel
stuwkracht driving power
subsidie subsidy
subtiel subtle
succes success • ~!, good luck!
successierechten *mv* death-duties *mv*
sudderen simmer
suède suede
suf dull • dazed • sleepy
suffen doze
sufferd duffer, stupid
suggestie suggestion
suiker sugar
suikerbiet sugar-beet
suikergoed confectionery
suikerpatiënt diabetic
suikerpot sugar-basin
suikerraffinaderij sugar-refinery
suikerriet sugar-cane
suikerziekte diabetes
suite suite of rooms
suizen buzz
sukade candied peel
sukkel crock
sukkeldraf *op een* ~, at a jog trot
sukkelen (sjokken) jog, trudge • (ziekelijk zijn) be ailing
sul soft Johnny, noodle
superbenzine super, four-star petrol

superieur superior
supermarkt supermarket
suppoost attendant, guard
surfen surf
surfplank surf board
Suriname Surinam
surplus surplus • margin
surrogaat substitute
surséance ~ *van betaling*, letter of licence
sussen hush, soothe • (iets) hush up
syfilis syphilis
symbolisch symbolic(al)
symbool symbol
symfonie symphony
symmetrisch symmetric
sympathie sympathy (with)
sympathiek congenial • likable, nice
symposion symposium
symptoom symptom
synoniem synonymous
synthetisch synthetic
systeem system
systematisch systematic

T

taai tough
taak task
taal language • speech
taalfout mistake against the language
taalkundig grammatical
taart tart
taartje gateau
tabak tobacco

tabel table, index
tablet (medisch) tablet
tachtig eighty
tachtigste eightieth
tact tact
tactvol tactful
tafel table • *aan ~ gaan*, go to table, sit down to table
tafelkleed table-cover
tafellaken table cloth
tafelschuier crumb-brush
tafeltennis table-tennis
tafelwijn table wine
tafelzilver silver-plate, table silver
tafereel picture, scene
taille waist
tak bough, branch
takel pulley, tackle
takelwagen breakdown van
takkenbos faggot
tal number • *~ van*, numerous
talenpracticum language laboratory
talent talent
talk tallow • (steen) talc
talkpoeder talcum powder
talloos numberless, countless
talmen loiter, linger
talrijk numerous
tam tame, domestic
tamboer drummer
tamelijk rather
tampon tampon
tand tooth • (inkeping) notch • (v. rad) cog • (v. vork) prong
tandarts dentist
tandenborstel toothbrush
tandenstoker toothpick
tandpasta toothpaste
tandrad cogwheel

tandradbaan rack railway
tandvlees gums *mv*
tanen fade, pale, tarnish
tang (pair of) tongs • pincers, nippers
tanken fill up, refuel
tank (reservoir) tank
tankstation filling station
tante aunt
tantième bonus, royalty
tap tap
tapijt carpet
tapkast buffet, bar
tappen tap
taps tapering
taptoe tattoo
tarbot turbot
tarief tariff, rate
tarra tare
tartaar (gehakte biefstuk) raw minced beef
tarten challenge, defy
tarwe wheat
tas bag
tastbaar tangible, palpable
tasten feel, grope
taugé soya beans
taxatie appraisement • valuation
taxeren appraise, value (at)
taxfree tax free
taxi taxi
taximeter taxi meter
taxistandplaats taxi stand
tbc TB
te *vz* at, to, in, on • *bijw* (al te) too
team team
technicus technician
techniek technics *mv* • engineering
technisch technical • ~*e hulp*
technical assistance
teder tender
teef bitch
teek tick
teelt breeding, cultivation
teen (lichaamsdeel) toe • (takje) osier, twig
teer tar • *bn* delicate
tegel tile
tegelijk at the same time
tegemoet ahead
tegemoetgaan go to meet
tegemoetkomend accommodating
tegen against, to, for • (omstreeks) towards
tegenbericht message to the contrary
tegendeel contrary
tegengaan oppose, check
tegengesteld opposite, contrary
tegengif antidote
tegenhanger counterpart
tegenhouden stop, hold up
tegenkomen meet • encounter
tegenligger oncoming car
tegenlopen go against
tegenover over against, opposite (to)
tegenovergesteld opposed, opposite
tegenpartij adversary, opponent, other party
tegenpool antipole
tegenslag reverse, piece of bad luck
tegenspartelen struggle • jib
tegenspoed adversity, bad luck
tegenspraak contradiction
tegenspreken contradict
tegenstaan be repugnant

tegenstand resistance, opposition

tegenstander adversary, antagonist, opponent

tegenstelling opposition, contrast, antithesis

tegenstribbelen struggle • jib

tegenstrijdig contradictory

tegenvallen not come up to expectations • find oneself mistaken

tegenvoeter antipode

tegenwaarde equivalent

tegenwerken counteract, oppose

tegenwerking opposition

tegenwerping objection

tegenwicht counterbalance

tegenwind adverse wind

tegenwoordig *bn* present • *of today* • *bijw* at present, nowadays • ~ *zijn bij*, be present at

tegenwoordigheid presence • ~ *van geest*, presence of mind

tegenzin antipathy, aversion, dislike

tegoed balance

tehuis at home • ~, home

teil basin, tub

teisteren harass, ravage, spoil

teken sign, mark, token, symptom

tekenaar drawer, designer

tekenboek sketch-book

tekenen draw, delineate • (ondertekenen) sign

tekenfilm cartoon

tekening drawing • (schets) design

tekort shortage • deficit, deficiency

tekortkoming shortcoming

tekst text • (bij muziek) words

tekstboekje book • (bij opera) libretto

tel count

telefoneren telephone, phone

telefonisch telephonic • *bijw* by telephone

telefoniste operator

telefoon telephone

telefoonboek telephone directory

telefooncel call box

telefooncentrale exchange

telefoongesprek telephone call

telefoongids telephone book

telefoonkaart phonecard

telefoonkantoor telephone company office

telefoonnummer telephone number

telegraaf telegraph

telegraferen telegraph, wire

telegram telegram, wire

telelens telephoto lens

telen (v. dier) breed, raise • (v. plant) grow, cultivate

teleurstellen disappoint

teleurstelling disappointment

televisie television

televisietoestel television set

telex telex

telg descendant

telkens at every turn • every time • ~ *wanneer*, whenever, every time

tellen count

teller (v. breuk) numerator

telwoord numeral

temen drawl

temmen tame

tempel temple
temperament temperament, temper
temperatuur temperature
temperen temper • damp • dim
tempo *muz* time • (snelheid) pace
ten at, to, in, at the • in the • ~ *behoeve van*, in behalf of • ~ *dele*, partly • ~ *eerste*, first • ~ *einde*, in order to • ~ *gevolge van* in consequence of • ~ *gunste van*, in favour of • ~ *huize van*, at the house of • ~ *koste van*, at the cost of • ~*minste*, at least • ~*slotte*, finally
tendens tendency, trend
teneinde in order to
tenger slender, slim
tenietdoen cancel, annul
tenminste at least
tennis tennis
tennisbaan tennis court
tennisbal tennis ball
tennissen play tennis
tenor tenor
tent tent • (kermis-)booth • (tentoonstellings-) marquee
tentharing tent peg
tentoonspreiden display
tentoonstelling exhibition
tentstok tent pole
tentzeil canvas
tenue dress, uniform
tenzij unless
tepel nipple
ter at, to, in, into
terdege thoroughly
terecht justly • ~ *zijn*, be found
terechtstelling execution

terechtwijzing reprimand
teren (touw) tar • ~ *op*, live on
tergen provoke, irritate
terloops incidentally
term term
termijn term • (v. betaling) instalment • *op korte* ~, at short notice
ternauwernood scarcely, barely
terpentijn turpentine
terras (op dak) terrace • (bij café) pavement
terrein site • ground, plot
terreur terrorism
terrine tureen
terrorist terrorist
terstond directly, immediately, at once
terug back
terugbetaling repayment
terugblik look backward, retrospect
terugbrengen bring back • ~ *tot op*, reduce to
terugdeinzen shrink from
terugdenken ~ *aan*, recall
teruggaan go back • return
teruggave return, restitution
teruggeven give back, return, restore
terughoudend reserved
terugkaatsen rebound • (geluid, licht) throw back, reflect
terugkaatsing reflection, reverberation
terugkeer coming back • return
terugkomen come back • ~ *op*, return to • ~ *van*, give up
terugkomst coming back, return
terugreis return-journey
terugroepen recall, call back

terugslag repercussion
terugtocht retreat
terugtraprem back-pedalling brake
terugtrekken pull back, draw back, withdraw • (teruggaan) retreat, retire
terugweg way back
terugwerkend ~e *kracht*, retroactive, back-date
terugzenden send back, return
terugzien see again
terwijl while • (als tegenstelling) whereas
terzijde aside
test (proef) test
testament last will • *het Oude en Nieuwe* ~, the Old and New testament
testen test (for)
teug draught
teugel rein, bridle
teuten dawdle
teveel surplus
tevens at the same time
tevergeefs in vain, vainly
tevoorschijn ~ *halen*, produce • ~ *komen*, appear
tevoren before
tevreden satisfied
tevredenheid contentedness
tevredenstellen content, satisfy
tewaterlating launch(ing)
teweegbrengen cause, bring about
textiel textiles
tezamen together
thans now, at present
theater theatre
theatervoorstelling theatre show
thee tea

theeblad tea-tray
theedoek tea towel
theeketel teakettle
theekopje teacup
theelepel teaspoon
theemuts tea-cosy
theepot tea pot
theeservies tea-service, teaset
theezakje tea-bag
theezeefje tea-strainer
thema exercise • theme
theoretisch theoretical
theorie theory
therapie therapy
thermometer thermometer
thermosfles thermos (flask)
thermostaat thermostat
thuis (zijn) at home
thuisbrengen see home
thuisclub *sp* home-team
thuiskomst return
thuiswedstrijd home match
ticket ticket
tien ten
tiende tenth
tiendelig consisting of ten parts • ~e *breuk*, decimal fraction
tiener teen-ager
tiental (number of) ten
tientallig decimal
tieren (gedijen) thrive • (razen) rage, bluster
tiet boob, tit
tij tide
tijd time • (terugkerend) season • *taalk* tense • *op* ~, in time • *van* ~ *tot* ~, from time to time
tijdbom time bomb
tijdelijk temporary
tijdens during
tijdgenoot contemporary

tijdig early, betimes, in good time

tijdopname time-exposure

tijdperk period

tijdrovend time-consuming

tijdschrift periodical, magazine, review

tijdsein *rtv* time-signal

tijdstip moment • date • time

tijdvak period

tijdverdrijf pastime

tijger tiger

tik touch, pat

tikfout typing mistake

tikken tap • (v. klok) tick • (typen) type(write)

tillen lift, heave, raise

timmeren carpenter

timmerhout timber

timmerman carpenter

tin tin

tinnen pewter

tint tint, tinge, hue

tintelen sparkle *(van,* with) • tingle (with cold)

tip (vinger) tip • (v. doek) corner

tippelen hustle

tiran tyrant

tissue tissue

titel title

titelblad title-page

tjilpen chirp

tjokvol chock-full

tl-buis fluorescent tube, striplighting

toast toast

tobbe tub

tobben oil, drudge

toch yet, still, for all that • (zeker) surely, to be sure

tocht (reis) trip • expedition, journey • (wind) draught

tochtdeur swing-door

tochten *het tocht,* there is a draught

tochtig draughty

tochtje excursion, trip

tochtscherm screen

tochtstrip weather-strip

toe to, on, towards, in addition • (gesloten) shut

toebehoren belong to • *met ~,* with accessories

toebereidsel preparation

toebrengen inflict

toeclip toe clip

toedekken cover up • (kind) tuck in

toedienen administer • give

toedoen shut • *door zijn ~,* through him

toedracht particulars *mv,* the way it happened

toe-eigenen appropriate

toegang access, entrance, admittance

toegangsbewijs ticket

toegangskaart admission ticket

toegangsnummer admission number

toegangsprijs price of admission

toegankelijk accessible, open

toegedaan attached to • *een mening ~ zijn,* hold an opinion

toegeeflijk indulgent

toegenegen affectionate

toegeven (erkennen) admit, grant

toegift extra

toehoorder auditor, listener

toejuichen applaud, cheer

toekennen adjudge, award

toekijken look on
toekomen be due to • have enough ~, *doen* ~, send
toekomst future
toekomstig future
toelaatbaar admissible
toelage allowance
toelaten admit • (dulden) permit, tolerate, suffer
toelating admission, allowance
toelatingsexamen entrance examination
toeleg attempt, design, purpose
toeleggen *het* ~ *op*, be driving at • *zich* ~ *op*, apply oneself to
toelichten clear up, elucidate, explain
toelichting explanation
toeloop concourse
toen *bijw* then, at that time • *voegw* when, as
toenadering approach
toenemen increase • grow
toeneming increase, rise
toenmalig then, of the time
toepasselijk applicable (to), appropriate, suitable
toepassen apply (to)
toepassing application
toer (draai) turn • (tocht) tour, trip • (kunststuk) feat, trick • *een hele* ~, quite a job
toerbeurt *bij* ~, by turns
toereikend sufficient, enough
toerekenbaar accountable, responsible
toeren tour
toerenteller revolution counter
toerisme tourism
toerist tourist
toeristenbelasting tourist tax

toeristenkaart tourist card
toeristenklasse tourist class
toeristenmenu tourist menu
toeristisch touristy
toernooi tournament
toeschietelijk friendly
toeschijnen seem to
toeschouwer looker-on, spectator
toeschrijven attribute, ascribe (to)
toeslag extra charge
toespeling allusion
toespraak allocution, address
toespreken speak to, address
toestaan permit, allow • (verlenen) grant, concede
toestand state, situation • condition
toestel apparatus • (foto-) camera
toestemmen consent (to), grant
toestemming consent
toesturen send • (geld) remit
toetakelen damage, knock about • (met kleding) accoutre
toeter horn
toeteren toot
toetje dessert
toetreden join • accede to
toetreding ~ *tot de EU*, entry into the EU
toets touch • (piano) key
toetsen try, test
toeval accident, chance • (ziekte) fit of epilepsy • *bij* ~, by chance
toevallig accidental, casual • by chance
toeverlaat refuge, shield
toevertrouwen entrust
toevloed affluence • concourse
toevlucht refuge, recourse

toevluchtsoord refuge
toevoegen add, join (to)
toevoeging addition
toevoegsel supplement
toevoer supply
toewensen wish
toewijding devotion
toewijzen allot, assign, award
toewijzing allotment, assignment, allocation
toezeggen promise
toezegging promise
toezenden send, forward
toezicht supervision, superintendence, inspection
toezien look on • superintend, survey, keep an eye on
toga gown, robe, toga
toilet toilet, dress • (wc) toilet, lavatory
toiletpapier toilet paper
toiletten toilets
toiletzeep toilet soap
tol (speelgoed) top • (bij in-, uitvoer) customs, duties • (bij doortocht) toll
tolerant tolerant • permissive
tolk interpreter
tolken interpret
tollen spin a top • tumble about
tolweg toll road
tomaat tomato
tombe tomb
ton cask, barrel • (maat) ton
tondeuse (pair of) clippers
toneel stage • theatre • (deel v. bedrijf) scene
toneelgezelschap theatrical company
toneelkijker opera-glass
toneelspeelster actress

toneelspeler actor
toneelstuk play
tonen show
tong tongue • (vis) sole
tongval accent • dialect
tonic tonic
tonijn tuna
tooi attire, array
tooien adorn
toom bridle, reins
toon tone, sound
toonaangevend leading
toonbaar presentable
toonbank counter
toonbeeld model, paragon
toonder bearer
toonkunstenaar musician
toonladder gamut, scale
toonzaal show-room
toorn wrath, anger
toornig angry, wrathful, irate
toorts torch, link
toost toast
top top, summit • (vinger-) tip • (v. driehoek) apex • *van ~ tot teen*, from top to toe
topconferentie summit meeting
topfunctionaris senior excutive
topje top
topless topless
topprestatie record
toppunt top, summit • *fig* acme • culminating point • zenith
topzwaar top-heavy
tor beetle
toren tower • steeple (met spits)
torenspits spire
torentje turret
tornen rip (up)
torpedojager destroyer
torsen carry, bear

tosti toasted sandwich
tot until, till • ~ *nu toe*, up to now • ~ *en met*, up to and including
totaal total (amount) • *bn* total, entire
totdat till, until
toto pool
touperen backcomb
touringcar coach
tournee tour
tourniquet turnstile
touw rope • (dun) cord • (nog dunner) string • *op ~ zetten*, undertake
touwladder rope-ladder
tovenaar sorcerer, magician, wizard
tovenarij magic
toveren conjure, juggle
toverheks witch
toverlantaarn magic lantern
traag slow, indolent, tardy
traan tear • (olie) train-oil
trachten try, attempt, endeavour
tractor tractor
traditie tradition
traditioneel traditional
tragedie tragedy
tragisch tragic(al)
trainen train, coach
trainer trainer, coach
trainingspak track suit
traject section
traktaat treaty
traktatie treat
traktement salary, pay
trakteren treat, regale
tralie bar
tram tram
tramhalte tram stop

tramkaartje tramway ticket
transformator transformer
transistorradio transistor radio
transmissie transmission
transpireren perspire
transport transport, carriage • *per ~*, carried forward
transporteren transport • (in boeken) carry forward
trant manner, way, style
trap (reeks treden) stairs, staircase • (schop) kick • (graad) degree • *vergrotende ~*, comparative • *overtreffende ~*, superlative
trapas crankshaft
trapleuning banisters, rail
traploper stair-carpet
trappelen trample, stamp
trappen (met voet) kick (at) • tread • (op fiets) pedal
trappenhuis staircase hall
trapper pedal
trapsgewijs gradually • terraced
traveller's cheque traveller's cheque
trechter funnel • (granaat) crater
trede step, pace • (trap) step
treden tread, step, walk • *in werking ~*, come into force
treeplank footboard
treffen hit, strike • (aan-) meet (with)
treffend striking, touching
treffer hit
trefwoord head-word
trein train
treinconducteur (railway) guard
treinkaartje ticket
treinverbinding train connection
treiteren tease, nag

trek pull, tug • (v. lucht) draught • (aan sigaret) pull • (v. gezicht) feature • (lust) mind • (eetlust) appetite • *kaartsp* trick • *in ~ zijn*, be in demand
trekdier draught animal
trekhaak towing hook
trekken draw, pull, drag, tug • (gaan) go, march • (thee, lucht) draw • (v. kies) extract
trekker (persoon) hiker • (v. geweer) trigger
trekking drawing • (zenuw-) twitch, convulsion
trekpleister attraction
treksluiting zip fastener
trektocht hike
trekvogel bird of passage
trekzaag crosscut saw
treuren be sad, grieve • mourn *(over,* for)
treurig sad, mournful
treurspel tragedy
treurwilg weeping willow
treuzelen dawdle, loiter, linger
tribune tribune, platform, gallery
triest dreary, dismal, sad
trillen tremble • (v. stem) vibrate, quaver • (natuurk.) vibrate
trilling vibration
trimmen (oefenen) keep fit
triomf triumph
triomfantelijk triumphant
triomferen triumph
trip trip
triplex three-ply wood
trippelen trip along
troebel turbid, thick, cloudy • *in ~ water vissen*, fish in troubled waters

troef trump(s)
troep (rovers) band, gang • (toneel) troupe, company • *~en*, troops, forces
troetelkind darling, pet
troeven trump
troffel trowel
trog trough
trom drum
trombose thrombosis
trommel *muz* drum • (anders) box, case, tin
trommelen drum
trommelrem drum brake
trommelstok drumstick
trommelvlies eardrum
trompet trumpet
tronen throne, sit enthroned
tronie visage, face
troon throne
troonopvolger heir to the throne
troonsafstand abdication
troost comfort, consolation
troosteloos disconsolate
troosten comfort, console
tropen *mv* tropics *mv*
tropisch tropical
tros (druiven) bunch • (vruchten) cluster • (touw) hawser
trots *zn* pride • *bn* proud • *vz* in spite of
trotseren defy, brave
trottoir pavement, footway • *Amer* sidewalk
trottoirband curb(stone)
trouw *bn* faithful, loyal, trusty • *[de]* faith, faithfulness • loyalty, fidelity • *te goeder ~*, in good faith
trouwdag wedding-day
trouweloos faithless, perfidious

trouwen get married • ~ *met*marry, wed
trouwens as a matter of fact
trouwring wedding-ring
truc trick, stunt, gadget
truck truck
trui jersey, sweater • (dik) pullover
T-shirt T-shirt
Tsjech(isch) Czech
tuba tuba
tube tube
tuberculose tuberculosis
tucht discipline
tuchtigen chastise, punish
tuffen motor
tuig tools, utensils *mv* • (schip) rigging • (v. paard) harness • (v. volk) rabble
tuigage rigging
tuimelen tumble
tuin garden
tuinameublement set of garden furniture
tuinarchitect landscape gardener
tuinbank garden seat
tuinboon broad bean
tuinbouw horticulture
tuinder market-gardener
tuinhuis summer-house
tuinieren *ww* garden • gardening
tuinman gardener
tuinslang garden hose
tuit spout, nozzle
tuk ~ *op*, keen on
tukje nap
tulband turban • (gebak) spongecake
tule tulle
tulp tulip
tunnel tunnel

turen peer
turf peat
turfmolm peat-dust
turfstrooisel peat-litter
Turk Turk
Turkije Turkey
Turks Turkish
turnen do gymnastics
tussen between • (v. meer dan twee) among
tussenbeide komen intervene • interpose • come between
tussendek steerage
tussenkomst intervention • *door* ~ *van*, through
tussenlanding stop-over
tussenpersoon agent, intermediary
tussenpoos interval
tussenruimte interspace
tussenschot partition
tussenstation intermediate station
tussenstop pit stop
tussentijd interim • *in de* ~, in the meantime
tussentijds *bn* interim • *bijw* between times
tussenvoegsel insertion, interpolation
tussenwerpsel interjection
tutoyeren : *laten we elkaar* ~ let's get on first name terms
tv T.V.
twaalf twelve
twaalfde twelfth
twee two
tweedaags of two days
tweede second • ~ *klas* second class
tweedehands second-hand

tweedelig double, binary
tweederangs second-rate
tweedracht discord
tweegevecht duel
tweeling twin, pair of twins
tweelingbroer twin-brother
tweemaal twice
tweemotorig twin-engined
tweepersoons for two • (bed) double
tweepersoonsbed double bed
tweepersoonskamer double bedroom
tweeslachtig amphibious • bisexual
tweespalt discord
tweesprong cross-way, cross-road, bifurcation
tweestemmig for two voices
tweetakt motor two-stroke engine
tweetal two, pair
tweetalig bilingual
tweevoud double • *in ~*, in twofold
twijfel doubt • *zonder ~*, without (any) doubt • *in ~ trekken*, call in question
twijfelachtig doubtful • dubious
twijfelen doubt *(aan*, of)
twijg twig
twintig twenty
twintigste twentieth
twist quarrel, dispute
twisten quarrel, dispute
twistpunt issue
twistziek contentious, quarrelsome
tyfus typhoid (fever)
type type
typen type(write)

typisch typical
typist typist
t.z.t. = *te zijner tijd* in due time

U

u you
ui onion
uier udder
uil owl
uilskuiken owl, goose
uit *vz* out of, from • outside • *bijw* (voorbij) out • over • finished
uitademen expire
uitbarsting explosion, outburst • (vulkaan) eruption
uitbetalen pay down
uitblazen blow out • (uitrusten) take breath
uitblinken shine, excel
uitbouw annex
uitbranden burn out
uitbrander scolding, wigging
uitbreiden spread • (vergroten) enlarge • increase • (gebied) extend • *zich ~*, extend, spread
uitbreiding enlargement, extension, spreading
uitbreken break out
uitbroeden hatch
uitbuiten exploit
uitbundig exuberant
uitchecken check out
uitdagen challenge, defy
uitdaging challenge
uitdelen distribute, dispense • hand out
uitdeling distribution

uitdenken devise, contrive
uitdoen (licht) put out • (kleren) take off
uitdoven extinguish, put out
uitdraaien (licht) turn out, switch out (off) • ~ *op*, end in
uitdrager second-hand dealer • old-clothes man
uitdrogen dry up, desiccate
uitdrukkelijk express, explicit
uitdrukken express
uitdrukking expression • (term ook) term, locution, phrase
uiteen asunder, apart
uiteengaan part, separate
uiteenlopend divergent • different
uiteenvallen fall apart • break up
uiteenzetten explain, expound
uiteenzetting exposition
uiteinde end • extremity
uiteindelijk finally, eventually
uiten utter, express
uiteraard naturally
uiterlijk *bn, bijw* outward, external • *zn* at the latest • exterior, (outward) appearance
uitermate excessively, extremely
uiterst utmost, utter, extreme
uiterste extremity, extreme
uitgaaf expense • (v. boek) edition, publication
uitgaan go out
uitgaansagenda nightlife calendar
uitgaanscentrum entertainment centre
uitgang exit, way out • (v. woord) ending

uitgangspunt starting point
uitgave zie *uitgaaf*
uitgebreid extensive, wide
uitgelaten elated, exuberant
uitgeleide doen show out
uitgelezen select, choice
uitgeput exhausted
uitgeslapen wide-awake • (sluw) shrewd, cunning
uitgesloten out-of-the-question
uitgesteld postponed
uitgestorven (dieren) extinct • (plaats) deserted
uitgestrekt extensive, vast
uitgeven give out • (geld) spend • (boek) publish • (bankpapier) issue • *zich ~ voor*, pretend to be
uitgever publisher
uitgeverij publishing house
uitgewoond neglected
uitgezocht select, choice
uitgezonderd except, save
uitgifte issue
uitglijden slip
uithangbord sign(board)
uithangen hang out
uitheems foreign • (planten) exotic
uithollen hollow (out), excavate
uithongeren famish, starve
uithoren draw, pump
uithouden hold out • (verdragen) bear, suffer, stand
uithoudingsvermogen staying-power, stamina
uithuizig never at home
uiting utterance, expression
uitje trip
uitkering payment • (bij faillissement) dividend • (v.

werklozen) dole
uitkiezen choose, select
uitkijk look-out
uitkleden undress • zich ~, undress
uitkomen come out • (in 't oog vallen) show • sp lead • (bekend worden) become known • (waar zijn) come true • (v. boek) come out, appear
uitkomst result, end, issue • (redding) relief
uitlaat exhaust
uitlaatgassen mv exhaust gases mv
uitlaatpijp exhaust pipe
uitlachen laugh at
uitladen unload
uitlating (gezegde) utterance • statement
uitleg explanation
uitleggen lay out • fig explain • (wijder maken) let out
uitlekken leak out, drain
uitlenen lend (out)
uitleveren extradite
uitlokken provoke, elicit
uitlopen run out • turn out • (knop) bud • ~ op, result in
uitloven offer, promise
uitmaken (afmaken) finish • (vuur) put out • (relatie) break off • (vormen) form, constitute • (uitschelden) call names
uitmonden debouch (into)
uitmoorden massacre
uitmuntend excellent, first-rate
uitnodigen invite
uitnodiging invitation
uitoefenen exercise • practise • carry on

uitpakken unpack
uitpersen express, press out, squeeze
uitpikken select, single out
uitpluizen sift (out)
uitplunderen plunder, ransack
uitpuilend protuberant • (ogen) protuding
uitputten exhaust
uitputting exhaustion
uitreiken distribute • issue
uitreis outward journey • (v. schip) voyage out
uitrekenen calculate, work out
uitrekken stretch (out), draw out
uitrit drive
uitroeien fig exterminate • extirpate
uitroep exclamation, shout
uitroepen exlaim, cry out • (tot koning) proclaim
uitroepteken exclamation mark
uitrukken pull out • (v. troep) march (out) • (v. brandweer) turn out
uitrusten rest, take rest • (voorzien van) equip, fit out
uitrusting equipment, outfit
uitschakelen cut out, switch off • fig eliminate
uitscheiden stop, leave off
uitschelden abuse, call names
uitschot trash, refuse
uitschrijven write out, make out • (lening) issue • (prijsvraag) offer a prize
uitslag outcome, issue, result • (huid-) eruption, rash
uitslapen lie in
uitsloven, zich lay oneself out
uitsluiten shut out, exclude

uitsluitend exclusive
uitsluiting exclusion • (v. arbeiders) lock-out
uitsmijter (persoon) bouncer • (gerecht) fried bacon and eggs on slices of bread
uitspansel firmament, sky
uitsparen save, economize
uitspatting dissipation, excess
uitspraak pronunciation • (oordeel) pronouncement • (vonnis) sentence, verdict
uitspreiden spread (out)
uitspreken pronounce
uitstaan endure, suffer, bear • (v. mens) stand
uitstallen display
uitstalling display
uitstapje excursion, trip • sightseeing tour
uitstappen get off, get out, step out, alight
uitsteeksel projection • protuberance
uitsteken stretch out • put out • stick out, protrude
uitstekend first-rate, excellent t
uitstel postponement, delay, respite • ~ *van betaling*, extension payment, extension of credit
uitstellen delay, put off
uitsterven die out, become extinct
uitstorten pour out
uitstralen radiate • beam forth
uitstrekken stretch forth, extend
uitstrijkje smear
uittocht departure, exodus
uittrekken draw out • (kies e.d.) extract • (schoenen) pull off

• (jas) take off
uittreksel extract • excerpt, abridgement
uitvaagsel scum, dregs
uitvaardigen issue, promulgate
uitvaart funeral, obsequies *mv*
uitval sally • *fig* outburst
uitvallen fall out (off) • *mil* make a sally • *fig* turn out (well, badly) • (tegen iem.) fly out (at)
uitvaren sail out, put to sea
uitverkocht sold out, out of stock • (v. boek) out of print
uitverkoop sales • selling-off, clearance sale
uitverkoren chosen, select
uitvinden invent
uitvinding invention
uitvloeisel consequence, result, outcome
uitvlucht evasion, subterfuge
uitvoer export, exportation
uitvoerbaar practicable, feasible
uitvoeren (doen) carry out, execute, perform • (goederen) export
uitvoerhandel export trade
uitvoerig ample, circumstantial, minute
uitvoering execution • performance
uitvorsen find out, ferret out
uitwas outgrowth, excrescence
uitwaseming evaporation
uitwedstrijd away game
uitweg way-out, escape • *fig* outlet
uitweiden digress upon
uitwendig external
uitwerking effect
uitwerpsel excrement

uitwijken draw aside • make way, make room • give way
uitwisselen exchange
uitwissen efface, wipe out
uitwringen wring out
uitzendbureau employment agency
uitzenden send out • (radio) broadcast • (tv) transmit
uitzending (radio) broadcast • (tv) transmission
uitzet trousseau, outfit
uitzetten (groter worden) expand, dilate • (uitschakelen) switch off • (er~) turn out • (geld) invest
uitzicht view
uitzien look (out) • er ~, look
uitzoeken select, choose, pick out
uitzondering exception
uitzonderlijk exceptional
uitzuigen suck out • fig extort
ultimatum ultimatum
unaniem unanimous
unie union
uniek unique
uniform uniform
universeel universal, sole
universiteit university
uranium uranium
urgent urgent
urine urine
urinoir urinal
urn urn
uur hour • om drie ~, at three o'clock • een half ~ half an hour
uurwerk clock, timepiece
uw your
uwerzijds on your part

V

vaag vague • indefinite
vaak often
vaal sallow • fig drab
vaandel flag, standard, banner, ensign, colours
vaandrig ensign
vaardig skilful, adroit, clever
vaargeul channel
vaart canal • (scheepvaart) navigation • (snelheid) speed • in volle ~, (at) full speed
vaartuig vessel
vaarwel farewell • ~ zeggen, say good-bye
vaas vase
vaat the dishes
vaatdoek dish-cloth
vacant vacant
vacature vacancy, vacant place
vaccin vaccine
vaccineren vaccinate
vacht fleece
vacuüm vacuum
vader father
vaderland (native) country
vaderlandsliefde patriotism
vaderlijk paternal
vaderschap paternity, fatherhood
vadsig lazy, indolent
vagebond vagabond, tramp
vagevuur purgatory
vagina vagina
vak pigeon-hole, partition • (onderwijs) branch • (zaken) line • trade, branch, profession
vakantie holiday

vakantiehuis holiday home
vakantiekolonie holiday-camp
vakbond trade-union
vakkennis professional knowledge
vakkundig expert, professional
vakman professional, expert
vakmanschap craftsmanship
vakopleiding professional training
vakschool vocational school
vakterm technical term
vakvereniging trade-union
val fall • (vangknip) trap
valhelm crash helmet
valies traveling bag
valk falcon, hawk
vallei valley
vallen fall, drop • *laten ~*, drop • *~de ster*, falling star • *~de ziekte*, epilepsy
valluik trapdoor
valreep gangway
vals false • (schrift enz.) forged • (onoprecht) false, perfidious
valsheid falsehood • *~ in geschrifte*, forgery
valsspeler (card-)sharper
valstrik snare, trap
valuta currency • rate of exchange
van of, from, with, by, for
vanaf from
vanavond this evening
vandaag today
vandaan *daar ~*, from there
vandaar hence
vangen catch capture
vangrail Br crash barrier, Amer guardrail
vangst catch, capture

vanille vanilla
vanmiddag this afternoon
vanmorgen this morning
vannacht to-night • (vorige nacht) last night
vanochtend this morning
vanouds of old
vanuit from
vanwaar from where, whence
vanwege on account of, because of
vanzelf of itself, of its own accord
vanzelfsprekend self-evident, natural, of course
varen *zn* (plant) fern
varen sail
variatie variation
variëren vary
variété music-hall
variëteit variety
variété (theater) variety theatre
varken pig
varkenskarbonade pork-chop
varkenskotelet pork-cutlet
varkenslapje pork-collop
varkensvlees pork
vast *bn* fast, fixed • firm, steady • (niet vloeibaar) solid • *bijw* certainly
vastberaden resolute, firm
vastbesloten determined
vasteland continent
vasten *zn ww* fast
vastenavond Shrove Tuesday
vasthouden hold
vasthoudend tenacious
vastleggen fasten • record • (een schip) moor
vastlopen jam
vastmaken fasten, fix, tie

vastpakken take hold of, seize
vaststaan stand firm • be fixed
vaststellen (v. feit) establish, ascertain • (prijs) fix • (tijd) appoint
vat [de] grip, hold • [het] (ton) cask, barrel • drum
vatbaar capable (of), susceptible (to)
vatenkwast dish-mop
Vaticaan Vatican
vatten catch, seize • fig understand
vechten fight
vechtpartij fight, scrap
vee cattle
veearts veterinary surgeon
veeg wipe • bn ominous
veehandelaar cattle-dealer
veel much, (mv) many
veelal often, mostly
veelbelovend promising
veelbetekenend significant
veeleer rather
veeleisend exacting
veelomvattend wide
veelvoud multiple
veelvraat glutton
veelvuldig frequent
veelzeggend significant
veelzijdig many-sided, versatile
veemarkt cattle-market
veen peak-moor, peat
veenbes cranberry
veer [de] (vogel) feather • (v. metaal) spring • [het] (pont) ferry
veerboot ferry-boat
veerkracht elasticity
veerkrachtig elastic
veerman ferryman

veerpont ferry
veertien fourteen • ~ dagen, a fortnight
veertiende fourteenth
veertig forty
veestapel stock of cattle, livestock
veeteelt cattle-breeding
veevoer forage
vegen (vloer) sweep • (handen) wipe
veger (persoon) sweeper • (voorwerp) brush
vegetariër vegetarian
vegetarisch vegetarian
veilig safe, secure
veiligheid safety, security
veiligheidsgordel safety belt • (in vliegtuig) seat belt
veiligheidsklep safety-valve
Veiligheidsraad Security Council
veiligheidsriem safety belt
veiligheidsspeld safety pin
veiling public sale, auction
veinzen dissemble, feign, simulate
veinzerij dissimulation
vel (huid) skin, hide • (papier) sheet
veld field
veldbed camp-bed
veldfles flask
veldslag battle
veldtocht campaign
veldwachter county constable
vele many
velen ww stand
velerlei of many kinds
velg felly, rim
vellen (bomen) fell • (wapens) couch • (oordeel, vonnis) pass

Venetië Venice
venijn venom
venijnig venomous, vicious
vennoot partner • *stille* ~, silent (sleeping) partner
vennootschap partnership, company • *naamloze* ~, limited (liability) company • Ltd.
venster window
vensterbank window-sill
vensterruit (window-)pane
vent fellow, chap
venter hawker, pedlar
ventiel valve
ventielslangetje valve hose
ventilator fan
ventilatorriem fan belt
ventileren ventilate, air
ver far • distant, remote • ~ *weg*
verachtelijk despicable • contemptible • (verachtend) contemptuous
verachten despise
verachting contempt, scorn
verademing relief
verafgelegen remote, distant
verafgoden idolize
verafschuwen abhor, loathe
veranderen change • alter
verandering change
veranderlijk changeable, variable • inconstant
verantwoordelijk responsible, answerable, accountable • ~ *stellen*, hold responsible
verantwoordelijkheid responsibility
verantwoording justification • *ter* ~ *roepen*, call to account
verbaasd surprised, astonished
verband dressing, bandage

• (samenhang) connection • *in* ~ *met*, in connection with
verbandgaas gauze bandage
verbandkist, -trommel first aid kit
verbandwatten *mv* medicated cotton-wool
verbannen banish, expel, exile
verbasteren degenerate
verbazen surprise, astonish, amaze • *zich* ~, be astonished
verbazing surprise, amazement, astonishment
verbazingwekkend astounding
verbeelden *zich* ~, imagine
verbeelding imagination • (eigenwaan) conceit
verbeeldingskracht imagination
verbergen hide, conceal
verbeten grim
verbeteren make better • improve • (fouten) correct
verbetering improvement • correction, rectification
verbeurdverklaring confiscation, forfeiture, seizure
verbieden forbid • (bij wet) prohibit • interdict
verbijsterd bewildered, perplexed
verbinden join, connect, link • (telefoon) connect, put through • (wond) dress
verbinding connection • (chemisch) combination • (spoorweg) junction • *zich in* ~ *stellen*, communicate with, contact
verbintenis engagement, bond • contract
verbitterd embittered • fierce

verbittering bitterness, embitterment, exasperation

verbleken grow pale • (kleuren) pale, fade

verblijf abode, residence, sojourn, stay • (ruimte) quarters

verblijfkosten *mv* lodging expenses

verblijfplaats (place of) abode

verblijfsvergunning residence permit

verblijven stay

verblinden blind

verbloemen disguise • palliate

verbluft dumbfounded

verbod prohibition, interdiction

verboden forbidden, prohibited

verbogen bent

verbolgen angry

verbond alliance, league, pact

verbonden allied

verborgen hidden, secret

verbouwen (huis) rebuild • (telen) cultivate, grow, raise

verbranden burn • (door zon) get sunburnt

verbranding burning, combustion

verbreden widen, broaden

verbreiden spread • propagate

verbreken break (off), cut

verbrijzelen shatter, smash

verbroedering fraternization

verbroken cut off

verbrokkelen crumble

verbruik consumption, use

verbruiken consume, use, spend

verbruiker consumer

verbuigen bend • *taalk* decline

verbuiging *taalk* declension

verchroomd chromium-plated

verdacht suspect(ed), suspicious • ~ *zijn op*, be prepared for

verdachtmaking insinuation

verdagen adjourn

verdamping evaporation

verdedigen defend

verdediging defence

verdeeldheid dissension, discord

verdelen divide (among), distribute

verdelerkabels distributor cables

verdelging destruction

verdeling division, distribution

verdenken suspect (of)

verdenking suspicion

verder farther • (later) further

verderf ruin, perdition

verderfelijk pernicious, baneful

verdichtsel fable, fiction

verdienen earn • (lof enz.) deserve • (beloning, straf) merit

verdienste (loon) earnings, wages • (winst) profit • *fig* merit

verdienstelijk deserving, meritorious

verdiepen deepen • *zich ~ in*, lose oneself in, study

verdieping floor, story

verdikking thickening

verdoemenis damnation

verdoofd numb, stunned • anaesthetized

verdorren wither

verdorven depraved, wicked

verdoven numb • stun • (pijn) anaesthetize • ~de middelen illicit drugs

verdoving stupor, torpor,

stupefaction • anaesthesia
verdraagzaam tolerant
verdraagzaamheid tolerance
verdraaiing distortion, contortion
verdrag treaty • pact
verdragen suffer, endure, stand
verdriet grief, sorrow
verdrieten grieve, vex
verdrietig sad, sorrowful
verdrijven drive away, expel • (vrees enz.) dissipate, dispel • (tijd) pass
verdringen push away • fig oust, cut out • zich ~, crowd (om, round)
verdrinken (geld) spend on drink • (zorg) drink down • (dier) drown • (sterven) be drowned
verdrukken oppress
verdrukking oppression
verdubbelen double • fig redouble
verduidelijken elucidate, explain
verduidelijking elucidation, explanation
verduisteren darken, obscure • (ontvreemden) embezzle
verduistering obscuration • mil blackout • (zon, maan) eclipse • (diefstal) embezzlement
verdunnen dilute • (lucht) rarefy
verduren bear, endure
verdwalen lose (one's) way
verdwenen disappeared
verdwijnen disappear, vanish
vereenvoudigen simplify
vereenzelvigen identify
vereeuwigen perpetuate
vereffening settlement, adjustment

vereisen require, demand
vereiste requisite, requirement
verend elastic, springy
Verenigd ~ *Koninkrijk* United Kingdom • ~e *Staten*, United States • ~e *Naties*, United Nations
verenigen join, unite • combine • zich ~ met, join hands with • fig agree with
vereniging union, society, club
vereren honour, worship, venerate
verergeren (erger worden) deteriorate, grow worse • (erger maken) make worse, aggravate
verering veneration, worship
verf paint, colour • (voor stoffen) dye
verfijning refinement
verfilmen mm
verfkwast paint-brush
verflauwen fade • fig slacken
verfoeien detest, abhor
verfoeilijk detestable
verfraaien embellish
verfrissen refresh
verfrissing refreshment
vergaan perish • pass away • (schip) be wrecked
vergaarbak receptacle, cistern
vergaderen meet, assemble
vergadering assembly, meeting
vergallen embitter, spoil
vergankelijk transitory, fleeting, perishable
vergaren gather, collect
vergasten treat, feast (upon)
vergeeflijk pardonable
vergeefs bn useless, fruitless • bijw in vain • vainly

vergeetachtig apt to forget
vergeet-mij-niet forget-me-not
vergelden repay, requite
vergelding requital, retribution
vergeldingsmaatregel reprisal
vergelijk agreement, compromise, settlement
vergelijken compare (with)
vergelijking comparison • (wiskunde) equation
vergemakkelijken facilitate
vergen require, demand
vergenoegd contented
vergenoegen *zich ~ met*, content oneself with
vergetelheid oblivion
vergeten forget
vergeven forgive, pardon • (vergiftigen) poison
vergeving pardon
vergewissen *zich ~ van*, make sure, ascertain
vergezellen accompany • attend
vergezicht vista • prospect
vergezocht far-fetched
vergieten shed, spill
vergif poison
vergiffenis pardon
vergiftig poisonous, venomous
vergiftigen poison
vergissen (zich) be mistaken, make a mistake
vergissing mistake, error • *bij ~*, by mistake
vergoeden make good, compensate
vergoeding compensation
vergoelijken palliate, smooth over
vergrijp offence
vergrijsd grown grey

vergrootglas magnifyingglass
vergroten enlarge • increase • (fortuin) add (to) • (foto) enlarge • (m. lens) magnify
vergroting enlargement
verguizen revile, abuse
verguld gilt • ~ *op snee*, giltedged
vergunning permission, allowance, leave • (v. café) licence
verhaal story, tale • (recht) redress
verhaasten hasten, quicken
verhandelbaar negotiable
verhandelen deal in
verhandeling treatise, essay, dissertation
verhard hardened, obdurate • ~*e weg* hard-surface road
verharen lose one's hair
verheerlijking glorification
verheffen lift, raise, elevate
verheffing exaltation, elevation, raising
verhelderen brighten, clear up • *fig* enlighten
verhelen conceal, keep secret
verhemelte palate
verheugd glad, plaid
verheugen delight • *dat verheugt me*, I am glad of that • *zich ~*, rejoice (in, at)
verheven elevated, exalted, lofty, sublime
verhevigen intensify
verhinderen prevent (from)
verhindering hindrance, impediment
verhitten heat • *fig* fire
verhoeden prevent, avert

verhogen heighten, (prijzen, lonen) raise • (in rang) promote • increase *(met,* by)
verholen concealed, hidden
verhongeren starve
verhoor interrogatory, hearing
verhoren interrogate, (cross-)examine • (van getuige) hear
verhouding proportion • (tussen personen) relation • *naar ~,* proportionately, relatively
verhuiskosten *mv* expenses of moving
verhuiswagen furniture-van, removal-van
verhuizen remove, move (into)
verhuizing removal
verhuren (huis) let • (anders) let out (on hire), hire (out)
verifiëren verify, check
verijdelen frustrate, foil, baffle
vering spring
verjaard superannuated
verjaardag (v. mens of dier) birthday • (v. feit) anniversary
verjagen drive (chase) away • drive out • (vrees) dispel
verjaren celebrate one's birthday • become superannuated
verjonging rejuvenation
verkalking calcification
verkavelen parcel out
verkeer traffic • intercourse • *veilig ~,* road safety
verkeerd wrong
verkeersagent policeman on point-duty
verkeersbord road sign
verkeerslicht traffic light
verkeersongeval road accident
verkeersopstopping traffic-jam

verkeersovertreding road offence
verkeersregel traffic rule
verkeerstoren control tower
verkeersveiligheid road safety
verkeersvliegtuig air-liner
verkeersvoorschriften *mv* traffic regulations
verkeersweg thoroughfare
verkeerszuil guard-post
verkennen navigate
verkenning reconnoitring
verkering *~ hebben,* go steady
verkiesbaar eligible
verkieslijk preferable (to)
verkiezen choose, elect • *~ boven,* prefer to
verkiezing (keus) choice • (politiek) election • preference
verklaarbaar explicable
verklappen blab, give away
verklaren explain • (zeggen, oorlog) declare
verklaring explanation • declaration • statement
verkleden disguise • *zich ~,* change clothes • (vermommen) dress up, disguise oneself
verkleinwoord diminutive
verkleumd benumbed, numb
verkleuren discolour, fade
verklikker telltale • (aan machine ook) indicator
verknocht attached, devoted (to)
verknoeien spoil, bungle • waste
verkoeling cooling • chill
verkolen char
verkondigen proclaim
verkoop sale
verkoopbaar sal(e)able
verkoopsprijs selling price

verkoopster sales-woman
verkopen sell
verkoper seller • salesman, vendor
verkoping sale, auction
verkorten shorten, abridge
verkouden ~ *zijn* have a cold • ~ *worden*, catch (a) cold
verkoudheid cold
verkrachting rape
verkreukelen (c)rumple (up)
verkrijgbaar obtainable, available
verkrijgen obtain, acquire, get
verkwisten waste, dissipate
verkwistend lavish (of), wasteful, extravagant
verkwisting waste, dissipation
verlagen lower • (prijs) reduce • *fig* debase, degrade
verlamd paralyzed
verlamming paralysis
verlangen desire, longing • *ww* desire, want, long (for)
verlanglijst list of the things one would like to have
verlaten *ww* leave, quit, abandon • *bn* abandoned, deserted • lonely
verleden past, last
verlegen shy, timid • confused, embarrassed • *erg* ~ *zijn om*, want badly
verlegenheid shyness, timidity • embarrassment • *in* ~ *brengen*, embarrass
verleidelijk alluring, tempting, seductive
verleiden allure, tempt
verleiding temptation • seduction
verlenen grant • (toestemming) give

verlengen lengthen, prolong
verlenging lengthening • extension • (v. paspoort) renewal
verlengsnoer extension cord
verleppen wither, fade
verlichten (met licht) light, illuminate • (lichter maken) lighten • *fig* relieve, alleviate
verlichting lighting • illumination • lights • *fig* (v. geest) enlightenment • (pijn) alleviation, relief
verliefd in love (with) • ~ *worden op*, fall in love with
verlies loss • *mil* casualty
verliezen lose
verliezer loser
verlof leave • (v. drank) licence
verlofganger soldier (person) on leave
verlokken allure, tempt
verloochenen deny, disavow
verloochening denial
verloofd engaged to be married
verloofde fiancee
verloop course, progress
verlopen pass (away), elapse • (ongeldig worden) expire • (v. zaak) go down • *bn* seedy
verloren lost • ~ *voorwerpen* lost property
verloskamer delivery room
verloskunde obstetrics *mv*
verloskundige obstetrician
verlossen deliver, rescue • (bij bevalling) deliver
Verlosser the Redeemer
verlossing deliverance, redemption • (bevalling)

delivery
verloten dispose... of by lottery
verloting raffle, lottery
verloven *zich ~*, become
engaged
verloving betrothal, engagement
verlustigen *zich ~*, delight
vermaak pleasure, amusement
vermaard famous, renowned
vermagering slimming
vermageringskuur reducing
cure, slimming course
vermakelijk amusing,
entertaining, diverting
vermakelijkheid amusingness
• amusement
vermaken amuse, divert
• (nalaten) bequeath
• (veranderen) alter
vermanen exhort, admonish
vermaning exhortation,
admonition
vermannen *zich ~*, take heart,
pull oneself together
vermeend pretended, supposed
vermeerderen increase, enlarge
vermeerdering increase,
augmentation
vermelden mention, state
• record
vermelding mention
vermengen mix • (thee) blend
• (metaal) alloy
vermenging mixing, mixture
vermenigvuldigen multiply
vermenigvuldiging
multiplication
vermicelli vermicelli
vermijden avoid • shun
verminderen lessen, diminish
• (pijn) abate • (prijs) reduce

vermindering diminution,
decrease • reduction
verminken maim, mutilate
vermissing missing person
vermist missing
vermoedelijk *bn* presumable
• supposed • *bijw* presumably,
probably
vermoeden suspicion, surmise
• *ww* suspect, suppose,
presume
vermoeid tired, weary, fatigued
vermoeiend tiring
vermoeienis weariness, fatigue
vermogen power, faculty, ability
• (fortuin) wealth • *ww* be able
vermogend wealthy
vermolmd mouldered
vermomd disguised
vermoorden murder
vermorzelen crush
vermout vermouth
vermurwen soften, mollify
vernauwing narrowing • *med*
stricture
vernederen humiliate
vernedering humiliation
vernemen hear, understand,
learn
vernielen destroy • wreck
vernieling destruction
vernietigen annihilate, destroy
• (nietig verklaren) annul
vernieuwen renew
vernieuwing renewal,
renovation
vernis varnish • *fig* veneer
vernuft ingenuity, wit
vernuftig ingenious, witty
veronachtzamen neglect
veronderstellen suppose

veronderstelling supposition, assumption

verongelukken (v. persoon) meet with an accident, perish, come to grief • (schip enz.) be wrecked

verontreinigen defile, pollute

verontreiniging pollution, defilement

verontrusten disquiet, disturb

verontschuldigen *zich ~*, apologize, excuse oneself

verontschuldiging excuse, apology • *ter ~*, by way of excuse

verontwaardigd indignant (at)

verontwaardiging indignation

veroordeelde convict

veroordelen condemn

veroordeling condemnation • (straf) conviction

veroorloven permit, allow

veroorzaken cause

verordening regulation

verouderd out of date, antiquated • (woord) obsolete

veroveraar conqueror

veroveren conquer • capture

verovering conquest

verpachten lease

verpakking packing

verpanden pawn

verpersoonlijking personification

verpesten spoil

verplaatsen remove, transpose, displace • (ambtenaar) transfer

verplanten plant out, transplant

verpleegster nurse

verpleegtehuis nursing-home

verplegen nurse, tend

verpleging nursing

verpletteren crush, smash

verpletterend overwhelming

verplicht due (to) • obligatory • compulsory • *zeer ~*, much obliged

verplichten oblige, compel • *zich ~ tot*, bind oneself to

verplichting obligation

verraad treason, treachery

verraden betray

verrader traitor

verraderlijk treacherous

verrassen surprise

verrassend surprising, startling

verrassing surprise

verregaand extreme, excessive

verreikend far-reaching, sweeping

verrekenen settle • *zich ~*, miscalculate

verrekijker telescope, glass

verrekken (arm) dislocate • (enkel) sprain • (spier) strain

verrekt damn • *~e enkel*, sprained ankle

verreweg by far

verrichten do, perform

verrichting action, performance

verrijken enrich

verrijzen rise • arise

verroeren (zich) stir, move

verroesten rust

verrot rotten, putrid

verrotten rot, putrefy

verrotting rotting, putrefaction

verruilen exchange, barter

verrukkelijk delightful, charming, delicious

verrukking delight • rapture

vers verse • (couplet) stanza

• (gedicht) poem • *bn* fresh,
new • (ei) newlaid
verschaald flat, stale
verschaffen procure
verschansing entrenchment
• (schip) bulwarks *mv*, rails *mv*
verscheiden *telw* several • *bn*
various, different • decease
verscheidenheid diversity,
variety • range
verschepen ship
verscheping shipment
verscheuren tear, rend
verschiet distance
verschieten (v. ster) shoot • (stof)
lose colour
verschijnen appear
verschijning appearance • (geest)
apparition • (v. termijn) falling
due
verschijnsel phenomenon
verschil difference
verschillen differ
verschillend different, various
verschonen change (underwear,
sheets)
verschoppeling outcast
verschrikkelijk frightful,
dreadful, terrible
verschrikken frighten, scare
verschroeien scorch
verschrompelen shrivel
verschuilen hide, conceal
verschuiven move, shift • *fig* put
off
verschuldigd indebted, due
versie version
versieren (mooi maken) adorn,
decorate • (meisje) seduce
versiering adornment,
ornament, decoration

versiersel ornament
verslaafd addicted to
verslaafdheid addiction
verslaan (leger) beat, defeat
• (wedstrijd) report
verslag account, report
verslaggever reporter
verslapen *zich* ~, oversleep
verslapping slackening,
relaxation
verslaving addiction
versleten worn out, threadbare
verslijten wear out, wear off
verslikken *zich* ~, choke
verslinden devour
versmachten languish, pine
away
versmaden disdain, despise,
scorn
versmelten melt
versnapering dainty, titbit
• refreshment
versnellen accelerate
versnelling acceleration • (auto,
fiets) gear, speed
versnellingsbak gear box
versnellingskabel gear cable
verspelen lose (in playing)
versperren obstruct, barricade,
block, bar
versperring obstruction
verspieder spy, scout
verspillen waste
verspilling waste, dissipation
versplinteren splinter
verspreiden distribute • (gerucht)
spread • (menigte) disperse,
scatter
verspreken *zich* ~, make a slip of

the tongue
verspringen shift
vérspringen long jump
verst farthest
verstaan understand • hear
verstaanbaar intelligible
verstand understanding, intellect, intelligence • *gezond* ~, common sense
verstandelijk intellectual
verstandhouding understanding
verstandig wise, sensible, intelligent
verstandskies wisdom-tooth
verstandsverbijstering mental derangement
verstard *fig* petrified
versteend petrified
verstek *bij* ~ *veroordelen*, sentence by default
verstekeling stowaway
versteld (hersteld) mended, repaired • ~ *staan*, be taken aback
verstellen mend
verstelwerk mending
versterken strengthen, fortify
versterker *rtv* amplifier
versterking strengthening • *mil* reinforcement • *rtv* amplification
versteviger setting lotion
verstijfd stiff • benumbed
verstikkend suffocating, stifling
verstikking suffocation
verstokt ~ *vrijgezel*, confirmed bachelor
verstommen become speechless
verstoord disturbed • annoyed
verstoppen put away, hide
verstopping constipation

verstopt ~ *raken*, become clogged, be choked up, be stopped up
verstoren disturb • annoy
verstoring disturbance
verstoten repudiate, disown
verstrekken furnish, procure, supply
verstrijken expire
verstrikken entangle, trap
verstrooid scattered, dispersed • *fig* absent-minded
verstrooidheid absence of mind
verstuiken sprain
verstuiver spray
versturen send, post, mail
versuft stunned, dazed, dull
vertakking ramification
vertalen translate
vertaler translator
vertaling translation
verte distance
vertedering softening
vertegenwoordigen represent
vertegenwoordiger representative
vertegenwoordiging representation • *evenredige* ~, proportional representation
vertekenen *fig* distort
vertellen tell, relate • *zich* ~, make a mistake in adding up
vertelling tale, story
verteren spend, consume • (voedsel) digest
vertering (verbruik) consumption • (spijs-) digestion • (gelag) expenses
verticaal vertical
vertier entertainment
vertolken interpret

vertolking interpretation

vertonen show • exhibit

vertoning show • performance, representation

vertragen delay, retard • (de gang) slow down

vertraging delay

vertrek departure • start • (kamer) room, apartment

vertrekken depart, start, leave

vertroetelen pamper

vertrouwd reliable, trusted • familiar

vertrouwelijk confidential

vertrouweling confidant

vertrouwen confidence, trust • faith • *ww* trust • rely (upon)

vertwijfeling despair

veruit by far

vervaardigen make, manufacture

verval decay, decline

vervaldag due date

vervallen *ww* decay • (termijn) expire • *bn* ruinous, ramshackle • (recht) lapsed

vervalsen falsify, forge • (geld) counterfeit

vervalsing falsification

vervangen replace • change

vervanging substitution

vervelen bore, tire • *zich ~*, be bored

vervelend tiresome, boring • dull, annoying

verveling boredom

vervellen (slang) slough • (neus) peel

verven paint • (kleren, haar) dye

verversen refresh, renew • change

verversing refreshment

vervliegen evaporate

vervloeken curse, execrate

vervoegen conjugate

vervoeging conjugation

vervoer transport

vervoeren transport

vervoering ecstasy

vervoermiddel means of transport

vervolg continuation, sequel • *in 't ~*, in future

vervolgen pursue, prosecute • (voortgaan) continue

vervolgens then, further

vervolging pursuit • prosecution

vervreemden alienate

vervroegen advance, move forward

vervuild filthy

vervullen (belofte) fulfil • (plaats) occupy • (plicht) perform • (taak) accomplish • (droom) come true

vervulling performance • fulfilment

verwaand conceited, arrogant

verwaandheid conceit(edness)

verwaardigen deign

verwaarlozen neglect

verwachten expect

verwachting expectation • *in ~ zijn*, be pregnant

verwant allied, related to, cognate • (geest-) congenial

verwantschap relationship, kinship • *fig* congeniality

verward entangled, confused

verwarmen heat, warm

verwarming warming, heating • *centrale ~*, central heating

verwarren entangle • *fig* confuse, confound

verwarring entanglement • confusion

verweer defence

verweerd weathered • weatherbeaten

verwekken procreate, beget • *fig* raise, cause

verwelken fade, wither

verwelkomen welcome

verwennen spoil, pamper

verwensing curse

verweren *zich* ~, defend oneself

verwerken work up • *fig* cope with

verwerpelijk objectionable

verwerpen reject

verwerven obtain, acquire, gain

verwezenlijken realize

verwijden widen

verwijderd remote, distant

verwijderen remove • *zich* ~, withdraw, go away

verwijfd effeminate

verwijt reproach, blame

verwijten reproach, upbraid

verwijzen refer (to)

verwijzing reference

verwikkeling entanglement, complication

verwilderd (dieren, planten) run wild • (tuin) overgrown

verwisselen exchange • change

verwittigen inform (of)

verwoed furious, fierce

verwoesten destroy, devastate

verwoesting destruction, devastation

verwonden wound

verwonderen surprise, astonish

• *zich* ~, be surprised, marvel, wonder *(over)*, at)

verwondering astonishment

verwonderlijk astonishing, surprising

verwonding wound, injury

verwrongen distorted

verzachten soften • mitigate, alleviate

verzachtend softening • (omstandigheden) extenuating

verzadigen satisfy, satiate • *scheik* saturate

verzaken renounce, forsake • *kaartsp* revoke

verzakking sinking

verzamelaar collector

verzamelen gather, collect • store up • (troepen) rally

verzameling collection

verzegelen seal (up)

verzekerd insured

verzekeren assure • (inbraak enz.) insure • *zich* ~ *van*, secure

verzekering assurance • (inbraak enz.) insurance

verzekeringsmaatschappij insurance company

verzenden send

verzending sending • dispatch

verzengen singe, scorch

verzet opposition, resistance

verzetje distraction

verzetsbeweging resistance movement

verzetten move • *zich* ~ *tegen*, resist, oppose

verziend far-sighted

verzilveren encash, cash

verzinnen invent, devise

verzinsel invention
verzoek request, petition
verzoeken beg, request
 • (uitnodigen) ask, invite
verzoeking temptation
verzoekschrift petition
verzoenen reconcile with, to
verzorgen take care of
verzorging care, provision
verzot op fond of
verzuchting sigh
verzuim neglect, omission • (op school) non-attendance
verzuimen neglect • (niet doen) omit, fail (to)
verzwakken weaken, enfeeble
verzwaren make heavier • *fig* aggravate, increase
verzwelgen swallow up
verzwijgen not tell, conceal
verzwikken sprain
vest (gebreid) cardigan • (jasje zonder mouwen) waistcoat
vestiaire cloak-room
vestibule hall, vestibule
vestigen establish, set up • *de aandacht ~ op*, call attention to • *zich ~*, settle (down)
vesting fortress
vet fat, grease • *bn* fat, greasy • *~ gedrukt*, printed in bold type
vetarm low-fat
vete feud, enmity
veter boot-lace, shoe-lace
veteraan veteran
vetmesten fatten
veto veto
vetpuistje pimple
vetvlek grease-spot
veulen foal • colt
vezel fibre, filament

vezel(achtig) fibrous
vgl. = vergelijk confer, compare, cf.
via via, by way of
viaduct viaduct
vice-president vice-president
video video
videoband videotape
videocamera video camera
videocassette video cassette
videorecorder video recorder
videotheek video store
vier four
vierde fourth
vieren celebrate • (Kerstmis) keep
 • (touw) veer out, ease off
vierhoek quadrangle
viering celebration
vierkant square
vierling quadruplets *mv*
viervoeter quadruped
viervoud quadruple
vierwielaandrijving four wheel drive
vierzijdig four-sided, quadrilateral
vies dirty, nasty, filthy
 • (kieskeurig) particular
viewer viewer
viezerik pervert
viezigheid dirtiness • dirt, filth
vijand enemy
vijandelijk, vijandig hostile
vijandschap enmity
vijf five
vijfde fifth
vijfenzestigplusser senior citizen
vijftien fifteen
vijftig fifty
vijg fig
vijl file

vijlen file • *fig* polish
vijver pond
vijzel mortar • (om iets te heffen) jack
villa villa • country-house, cottage
villen skin
vilt(en) felt
viltstift felt-tip pen
vin fin
vinden find • (van mening zijn) think
vinder finder
vinding invention, discovery
vindingrijk inventive, ingenious
vinger finger
vingerafdruk finger-print
vingerhoed thimble
vingerkom finger-bowl
vingerwijzing hint, indication
vink finch
vinnig sharp, fierce • (wind) biting • (woorden) cutting
violet violet
violoncel (violon)cello
viool violin, fiddle
viooltje violet • *driekleurig ~*, pansy
virtuoos virtuoso
virus virus
vis fish
visakte fishing-licence
visgraat fish-bone
visie vision • outlook, view
visioen vision
visite visit, call • visitors
visitekaartje calling card
visiteren frisk
vismarkt fish-market
vissen fish *(naar*, for)
visser fisherman • angler

visserij fishery
vissersboot fishing-boat
vissershaven fishing-port
visum visa
visvergunning fishing permit
viswater fishing waters
viswinkel fishmonger
vitaal vital
vitamine vitamin
vitrage glass curtain
vitrine showroom
vitten find fault (with), cavil (at)
vizier (helm) visor • (geweer) sight
vla custard
vlaag (regen) shower • (wind) gust • *fig* fit
Vlaams Flemish
Vlaanderen Flanders
vlag flag
vlak plane • *bn* flat, level • plane • *bijw* flatly • close • right
vlakbij close by
vlakgom india-rubber
vlakte plain • level
vlam flame
Vlaming Fleming
vlammen flame, blaze
vlas flax
vlecht braid, plait
vlechten (touw) twist • (haar, mat, lint) plait • wreathe
vleermuis bat
vlees flesh • (voedsel) meat • (vrucht) pulp • *bevroren ~*, frozen meat
vleeswaren *mv* meat products
vlegel flail • *fig* boor
vleien flatter, coax, cajole
vlek spot, stain, blot
vlekkeloos spotless, stainless

vlekkenwater stain remover
vlektyfus typhus (fever)
vlerk wing
vleugel wing • grand piano
vleugelmoer wing nut
vlezig fleshy • (vrucht) pulpy
vlieg fly
vliegangst fear of flying
vliegbiljet air ticket
vliegbrevet flying certificate
vliegen fly
vliegenkast meat-safe
vlieger (speelgoed) kite • (piloot) airman, aviator
vliegtuig (aero)plane, airplane, aircraft
vliegveld airport
vliegwiel fly-wheel
vlier elder
vliering garret, loft, attic
vlies film • membrane
vlijen lay down • zich ~, nestle
vlijmscherp razor-sharp
vlijt industry, diligence
vlijtig diligent, industrious
vlinder butterfly
Vlissingen Flushing
vlo flea
vloed flood • flood-tide • high tide
vloedgolf tidal wave
vloeibaar liquid, fluid
vloeien flow • (v. inkt) run
vloeiend flowing, fluent • (spreken) fluently
vloeipapier blotting-paper
vloeistof liquid
vloeitje cigarette paper
vloeitjes cigarette papers
vloek curse • oath, swear-word
vloeken swear • (vervloeken)

curse
vloer floor
vloerbedekking floor-covering
vloerkleed carpet • (klein) rug
vlok (wol) flock • (sneeuw) flake • (haar) tuft
vlooienmarkt flea market
vloot fleet, navy
vlot raft • bn (v. schip) afloat • (spreker) fluent • (makkelijk) easy
vlucht flight • op de ~ slaan, take to flight
vluchteling fugitive • refugee
vluchten fly, flee
vluchtheuvel island, refuge
vluchtig volatile • fig cursory, hasty
vluchtnummer flight number
vluchtstrook verge
vlug quick, nimble, agile
vocabulaire vocabulary
vocht fluid, liquid • (vochtigheid) wet, moisture, damp
vochtig moist, damp, humid
vod rag, tatter
voddenman ragman
voeden feed • nourish • fig foster, nurse
voederen feed
voeding feeding • nourishment
voedsel food, nourishment
voedselvergiftiging food poisoning
voedselvoorziening food supply
voedzaam nourishing, nutritive, nutritious
voeg joint
voegen (betamen) become • (metselwerk) point, joint • ~ bij, add to • zich bij iem. ~, join

sbd. • *zich ~ naar*, conform to
voegwoord conjunction
voelbaar palpable, perceptible
voelen feel
voelhoorn feeler, tentacle
voeling *~ houden met*, keep (in) touch with
voer fodder, forage
voeren (leiden) carry, take, bring, lead
• (onderhandelingen) conduct
• (jas) line • (eten geven) feed
voering lining
voerman driver • waggoner
voertuig carriage, vehicle
voet foot • *te ~*, on foot, walking
• *op staande ~*, at once
voetbal *Br* football • *Amer* soccer
voetballen play football
voetballer football-player
voetganger pedestrian
voetlicht footlights *mv*
voetpad foot-path
voetrem foot-brake
voetstap (foot)step
voetstuk pedestal
voetzoeker squib, cracker
vogel bird
vogelkooi birdcage
vogelverschrikker scarecrow
vogelvlucht bird's eye view
vogelvrij outlawed
voile veil
vol full, filled • (hotel) no vacancies • *ten ~le* fully
volautomatisch fully automatic
volbloed thoroughbred • *fig* out-and-out
volbrengen fulfil, achieve
voldaan satisfied, content
• (betaald) paid, received

voldoen satisfy • (betalen) pay
voldoende sufficient • enough
voldoening satisfaction
• payment
voldongen accomplished
volgeling follower
volgen follow
volgend next • following
volgens according to
volgorde order (of succession)
volgzaam docile
volharden persevere, persist (in)
volharding perseverance
volhouden persevere • persist
• maintain, keep up
volk people
volkenrecht international law
volkomen perfect • complete
volkorenbrood wholemeal bread
volksdans folk-dance
volksfeest national feast
volksgezondheid public health
volkslied popular song
• (officieel) national anthem
volksstam tribe
volkstuintje allotment
volksvertegenwoordiging representation of the people
volledig complete, full • *~e vergunning*, fully licensed
volleerd accomplished • allround
• proficient
volleybal volleyball
volmaakt perfect
volmacht power of attorney, procuration • proxy • *~ verlenen*, authorize
volmondig frank
volontair volunteer
volop plenty (of)
volpension full board

volslagen complete, total
volstrekt absolute
voltage voltage
voltallig complete, full
voltooien complete, finish
voltooiing completion
voltreffer direct hit
voltrekking execution
voluit in full
volume volume, size
volwassen grown-up, adult
volwassene adult
volzin sentence
vondeling foundling
vondst find, discovery
vonk spark
vonnis sentence, judgment
voogd custodial parent, uardian
voor *vz bijw* (iemand) for • (tijd, plaats) before • *tien minuten ~ zes*, ten minutes to six
vooraan in front
vooraanstaand prominent
vooraf beforehand, previously
voorafgaand foregoing, preceding, previous
vooral especially
voorarrest (detention on) remand
voorbaat *bij ~*, in advance, in anticipation
voorbarig premature, rash
voorbedacht premeditated • *met ~en rade*, of malice prepense
voorbeeld example, model
voorbeeldig exemplary
voorbehoed(s)middel preservative, contraceptive
voorbehoud reserve, reservation • *(z)onder ~*, with(out) reservations

voorbehouden reserve
voorbereiden prepare
voorbereiding preparation
voorbij past • beyond • (afgelopen) over • finished
voorbijgaan pass (by), go by
voorbijgaand passing • temporary
voorbijganger passer-by
voordat before
voordeel advantage, profit
voordelig profitable, advantageous
voordeur front door
voordoen show • (schort) put on • *zich ~*, present itself • arise
voordracht diction • (v. tekst) recitation, recital • *fig* discourse, lecture • (lijst) select list, nomination
voordragen recite • propose
voordringen push in
voorfilm trailer
voorgaan precede, go before
voorganger predecessor • (predikant) pastor
voorgebergte promontory
voorgerecht starter
voorgevel (fore-)front
voorgeven pretend (to)
voorgevoel presentiment
voorgoed for good (and all), definitely
voorgrond foreground
voorheen formerly, before
voorhoede vanguard • *fig* fore front • *sp* forwards
voorhoofd forehead
voorin in front • at the beginning
voorjaar spring

voorkamer front room
voorkant front
voorkennis knowledge
voorkeur preference • *er de ~ aan geven om*, prefer to
vóórkomen appearance, looks • *ww* happen, occur • (lijken) appear
voorkómen prevent
voorkómend obliging, complaisant
voorletter initial
voorlezen read to
voorlichting advice, information • (on) enlightenment
voorliefde predilection
voorlopen (klok) be fast
voorloper forerunner, precursor
voorlopig *bn* provisional • *bijw* for the present • for the time being
voormalig former, late
voorman foreman
voormiddag morning, a.m.
vóórnaam christian name, first name
voornáám distinguished • important
voornaamste chief, principal, leading
voornaamwoord pronoun
voornamelijk chiefly, mainly
voornemen intention • *zich ~*, resolve
voornoemd aforesaid
vooroordeel prejudice, bias
vooroorlogs pre-war
voorop in front • *~ gaan* lead the way • *dat staat ~* that comes first
voorouders *mv* ancestors *mv*

voorover (bending) forward
voorpoot foreleg
voorpost outpost
voorproef foretaste
voorraad store, stock • provisions • *in ~*, in stock, on hand
voorraadschuur store-house
voorradig in stock
voorrang precedence, priority • (v. auto) right of way
voorrangsweg major road
voorrecht privilege
voorruit windscreen
voorschieten advance
voorschot advance, loan
voorschrift prescription • instruction • regulation
voorschrijven prescribe
voorseizoen early season
voorshands for the time being
voorsorteren get in lane
voorspel prelude • prologue
voorspellen predict, spell
voorspelling prophecy
voorspoed prosperity
voorspoedig prosperous
voorspraak intercession • (persoon) advocate
voorsprong start, lead
voorstad suburb
voorstander advocate, champion
voorste foremost, first
voorstel proposal
voorstellen propose • (uitbeelden) represent • (kennismaken) introduce, present
voorstelling idea, notion • (toneel-) performance
voorsteven stem
voort forward, on, along

voortaan in future, from now on

voortbewegen move • propel

voortbrengen produce, bring forth, breed

voortbrengsel product

voortdrijven drive on

voortdurend continual

voortduwen push on (forward)

voorteken sign, omen

voortgaan go on, continue, proceed

voortgang progress

voortijdig premature

voortmaken make haste

voortplanting propagation • (v. geluid) transmission

voortreffelijk excellent

voortrekken favour

voorts further, moreover, besides

voortschrijden proceed, advance

voortvarend energetic

voortvluchtig fugitive

voortzetten continue, carry on • proceed

voortzetting continuation

vooruit before(hand), in advance • ahead

vooruit! get moving!

vooruitbetaling prepayment

vooruitgang progress

vooruitkomen get on

vooruitlopen go first • ~ *op*, anticipate

vooruitstrevend progressive, go-ahead

vooruitzicht prospect, outlook

voorvader forefather, ancestor

voorval incident, event

voorverkoop advance sale

voorvoegsel prefix

voorvork front forks

voorwaar indeed, truly

voorwaarde condition, term

voorwaardelijk conditional

voorwaarts forward

voorwendsel pretence, pretext

voorwereldlijk prehistoric

voorwerp object, article • *lijdend* ~, direct object • *meewerkend* ~, indirect object

voorwiel front-wheel

voorwoord preface

voorzetsel preposition

voorzichtig careful, prudent, cautious • ~! careful • caution!

voorzichtigheid prudence, care, caution

voorzien foresee (evil) • ~ *van*, provide, supply with

voorzijde front, face

voorzitter president, chair-man

voorzorg precaution, provision

voorzorgsmaatregel precaution

voorzover as far as

voos spongy • woolly

vorderen (vooruitgaan) advance, make progress • (eisen) demand, claim

vordering progress, advance • (eis) demand, claim

vorig former, last, previous

vork fork

vorm form, shape

vormelijk formal

vormen form • constitute

vorming formation, moulding, cultivation

vorst sovereign • prince • (het vriezen) frost

vorstelijk princely, lordly

vorstendom principality

vorstin queen • princess
vos fox • (paard) sorrel
vouw fold, pleat
vouwen fold
vouwstoel folding-chair
vraag question, demand • ~ *en aanbod*, supply and demand
vraagbaak oracle
vraaggesprek interview
vraagstuk problem
vraagteken question mark
vraatzucht gluttony
vracht load • (v. schip) cargo • (prijs) fare
vrachtauto motor-truck, lorry
vrachtboot cargo-boat, freighter
vrachtbrief consignment note • bill of lading
vrachtwagen truck, van
vragen ask
vragenlijst questionnaire
vrede peace
vredelievend peaceful
vredesverdrag treaty of peace
vreedzaam peaceful, quiet
vreemd (onbekend) strange • (buitenlands) foreign • alien • (planten) exotic • (raar) odd, queer, strange
vreemdeling stranger, (buitenlander) foreigner
vrees fear (of), dread • *uit ~ dat*, (for fear) lest
vreesachtig timid, timorous
vrek miser, niggard
vrekkig miserly
vreselijk dreadful, terrible
vreten eat • feed • (mensen) feed, stuff, cram (down)
vreugde joy, gladness
vrezen fear • dread

vriend friend
vriendelijk kind • friendly
vriendin (girl)friend
vriendschap friendship
vriendschappelijk friendly • *bijw* in a friendly way
vriespunt freezing-point
vriezen freeze
vrij free • (niet bezet) not engaged • *~e tijd* free time
vrijaf holiday, a day off
vrijblijvend without engagement
vrijdag Friday • *Goede V~*, Good Friday
vrijen make love
vrijer suitor, lover, sweetheart
vrijetijdskleding casual wear
vrijgeleide safe-conduct
vrijgevig liberal
vrijgezel bachelor
vrijhandel free trade
vrijheid liberty • freedom
vrijheidsbeweging liberation movement
vrijkaart free-ticket
vrijlating release
vrijloop neutral (gear)
vrijmetselaar freemason
vrijmoedig outspoken, frank
vrijpostig bold, pert
vrijspraak acquittal
vrijstelling exemption, freedom (from)
vrijuit freely, frankly
vrijwaren safeguard against
vrijwel practically, almost
vrijwillig voluntary
vrijwilliger volunteer
vrijzinnig liberal
vroedvrouw midwife
vroeg early

vroeger former • *bijw* formerly, in former times, in the past • (eerder) earlier, sooner
vroegtijdig early
vrolijk merry, cheerful
vrolijkheid mirth • merriment • gaiety
vroom devout, pious
vroomheid devotion
vrouw woman • (echtgenote) wife • (kaartspel) queen
vrouwelijk female, feminine, womanly, womanlike
vrouwenarts gynaecologist
vrucht fruit
vruchtbaar fruitful • fertile • prolific
vruchtbaarheid fertility
vruchteloos fruitless, vain
vruchten fruit
vruchtensap fruit-juice
vruchtgebruik usufruct
vuil *bn* dirty • nasty, obscene • dirt
vuilnis refuse, dirt, rubbish
vuilnisbak refuse bin, dust-bin
vuilnisman dustman
vuist fist • voor de ~, off-hand • in zijn ~je lachen, laugh in his sleeve
vuistslag blow with the fist
vulkaan volcano
vulkaniseren vulcanize
vullen fill • (vogels) stuff • (eten) farce
vulling (kies) filling
vulpen fountain pen
vulpotlood propelling-pencil
vunzig dirty, smutty, obscene
vuren fire *(op,* at)
vurenhout deal

vurig fiery • *fig* fervent • (liefde) ardent
vuur fire • *fig* ardour
vuurpijl rocket
vuurproef (crucial) test
vuurrood scarlet
vuurscherm fire-screen
vuurspuwend fire-spitting • ~e *berg*, volcano
vuursteen flint
vuurtje (voor sigaret) light
vuurtoren lighthouse
vuurvast fire-proof
vuurwapen fire-arm
vuurwerk fireworks *mv*
VVV-kantoor Tourist Information Office

W

WA (wettelijke aansprakelijkheid) third-party liability
waag weighing-house
waaghals dare-devil
waagschaal in de ~ stellen, risk, venture
waagstuk venture
waaien (woei gewaaid) • blow
waaier fan
waakhond watch-dog
waakzaam watchful, vigilant
Waal (rivier) Waal • (persoon) Walloon
waan delusion, fancy
waanzin insanity, madness
waanzinnig insane • *een ~ plan* a crazy plan • ~ *verliefd zijn* be

madly in love

waar *zn* ware, stuff • *bn* true
• *bijw* where
waaraan on (to) which
waarachtig true, veritable • ~!,
surely, certainly!
waarbij whereby
waarborg warrant, guarantee
waarborgen guarantee
waarborgsom security
waard landlord, innkeeper • *bn*
worth • worthy
waarde worth, value • *ter* ~ *van*,
to the value of
waardeloos worthless
waarderen value, appreciate
waardering valuation
• appreciation
waardevol valuable
waardig worthy, dignified
waardigheid dignity
waardoor through which • by
which
waarheen where to
waarheid truth
waarin in which
waarmerk stamp, hallmark
waarna after which
waarnemen observe • (tijdelijk)
act as, fill a place temporarily
waarnemer (van dokter) locum
tenens, substitute
waarneming observation
• performance
waarom why
waarop upon which, whereupon
waarover *fig* about which
waarschijnlijk probable, likely
waarschuwen warn • let know
waarschuwing warning
waartegen against which

waaruit from which
waarvan of which, whereof
waarvoor for what, what for?
waarzegster fortune-teller
waas haze • mist
wacht watch, guard
wachten wait
wachtkamer waiting room
wachtwoord password
waden wade
wafel waffle, (dun) wafer
wagen *ww* risk • venture, hazard
• *zn* car, coach
wagensmeer cart-grease
wagenspoor rut, track
wagenwijd very wide
wagenziek car sick
waggelen stagger, totter
wagon carriage
waken wake • watch • (bij
zieken) sit up with
wakker awake • (waakzaam)
vigilant • (flink) smart, brisk • ~
worden, wake up
wal coast, shore • *mil* rampart
• *aan* ~ *gaan*, go ashore • *aan
lager* ~ *zijn*, be in low water,
fig be broke
walg(e)lijk loathsome, disgusting
• nauseous
walgen loathe, be disgusted (at)
walging disgust • nausea
walkman walkman
walmen smoke
walnoot walnut
wals (rol) roller • *muz* waltz
walsen waltz • (technisch) roll
walvis whale
wanbegrip false notion
wanbeheer mismanagement
wanbetaling non-payment

wand wall
wandelaar walker
wandelen take a walk, walk
wandeling walk, stroll
wandelkaart road-map
wandelpad footpath
wandelstok walking-stick
wandeltocht ramble
wandluis bug
wandtapijt tapestry
wanen fancy, think
wang cheek
wangedrag misbehaviour
wanhoop despair
wanhopen despair
wanhopig desperate
wankel unsteady, unstable
wankelen totter, stagger
wanklank dissonance
wanneer when • (indien) if
wanorde disorder • confusion • *in ~ brengen*, disarrange
wanordelijk disorderly
wansmaak bad taste
wanstaltig misshapen
want *zn* (handschoen) mitten • *scheepv* rigging • *(voegw)* for, because
wantoestand abuse
wantrouwen *ww* distrust • suspicion
wanverhouding disproportion
wapen weapon, arm • (familie-) coat of arms • *onder de ~en zijn*, be under arms
wapenen *zich ~*, arm (against)
wapenrusting armour
wapenschild coat of arms
wapenstilstand armistice
wapperen wave, float, stream
war *in de ~*, confused • tangled

warboel confusion, tangle
ware *als het ~*, as it were
warempel surely, certainly!
warenhuis department store
warenkennis knowledge of commodities
warhoofd muddle-head
warm warm, hot
warmlopen overheat
warmte warmth • heat
warrig chaotic
wars *~ van*, averse to
wartaal incoherent talk
was (stof) wax • (wasgoed enz.) wash, laundry
wasautomaat washing-machine
wasbak wash-bowl
wasdoek oil-cloth
wasecht washable, fast-dyed
wasem vapour, steam
wasgoed laundry
washandje washcloth
wasknijper clothes peg
waskom wash-basin
waslijn clothes-line
waslijst laundry list
wasmachine washing machine
wasmiddel, waspoeder washing powder
wassen *ww* (schoonmaken) wash, clean • (groeien) grow • *bn* (van was) wax(en)
wasserette launderette
wasserij laundry
wastafel washbasin
wasverzachter fabric softener
wasvrouw laundress
wat what
water water • *warm en koud stromend ~*, warm and cold running water

waterdamp (water-) vapour
waterdicht waterproof
• watertight
waterfiets water bike
watergolven wash and set
waterig watery
waterkan jug
waterkering dam
waterkoeling water-cooling
waterkraan water-tap
waterleiding waterworks *mv*
• water-supply
waterlelie water-lily
watermerk watermark
waterpas level
waterplaats urinal
waterpokken *mv* chicken-pox
waterpomp coolant pump
waterpomptang universal pliers
waterreservoir water-tank
waterski water ski
waterskiën water-ski
watersnood inundation, flood(s)
waterspiegel water-level
watersport water sports
waterstand water-level
waterstof hydrogen
watertanden *ik watertand ervan*,
it makes my mouth water
waterval (water)fall
waterverf water-colour(s)
watervliegtuig hydroplane
watervrees hydrophobia
watten *mv* wadding • (verband-)
cotton-wool
wazig hazy
wc lavatory, w.c., toilets
wc-papier toilet paper
web web
website website
wecken preserve

wedden bet, wager
weddenschap wager, bet
weder(-) zie ook *weer(-)*
wederdienst service in return
wederhelft better half
wederkerig mutual, reciprocal
wederom again, anew
wederopbouw rebuilding
wederrechtelijk illegal, unlawful
wederwaardigheid vicissitude,
adventure
wederzijds mutual, reciprocal
wedijver competition
wedloop race, running-match
wedren race
wedstrijd match
weduwe widow
weduwnaar widower
wee woe
weeffout flaw
weefgetouw loom
weefsel tissue, texture
weegschaal scales, balance • (in
dierenriem) Libra
week *zn* (7 dagen) week • *bn*
(zacht) soft, tender, weak
weekblad weekly (paper)
weekdag week-day
weekend weekend
weekhartig tender-hearted
weeklacht lamentation, wailing
weeklagen wail, lament
weekloon weekly wages
weelde luxury • wealth
weelderig luxurious
weemoed sadness, melancholy
weer weather • *bijw* again • *in de
~ zijn*, be busy • *zich te ~
stellen*, defend oneself
weer(-) ook *weder(-)*
weerbaar defensible • ablebodied

weerbarstig unruly, refractory

weerbericht weather-report, weather-forecast

weerga equal, match

weergalmen resound • re-echo

weergaloos matchless, unequalled

weergave reproduction • rendering

weergeven *fig* render • reproduce

weerhaak barb

weerhaan weathercock

weerhouden keep back, restrain, stop

weerkaatsen reflect • echo • be reflected

weerklank echo • *fig* response

weerklinken ring (out), echo

weerleggen refute

weerlicht sheet lightning

weerloos defenceless

weerschijn reflection

weersgesteldheid weather conditions *mv*

weerskanten *aan ~, van ~,* on both sides

weerslag reaction

weerspannig recalcitrant, refractory

weerspiegelen reflect

weerstand resistance

weersverwachting weather forecast

weerwil *in ~ van,* in spite of

weerzien meet again

weerziens *tot ~,* so long, till we meet again

weerzin aversion, reluctance

wees orphan

weeshuis orphanage

weeskind orphan

weetgierig desirous of knowledge

weg (route) way, road • path • *(bn bijw)* (verdwenen) away • (verloren) lost • (vertrokken) gone • *op ~,* on his way

wegbrengen take away, carry away • (persoon) see off

wegdek road surface

wegdoen put away • dispose of

wegen weigh, scale • (op de hand) poise

wegenbelasting road-tax

wegenkaart road map

wegens because of

wegenwacht AA (Automobile Association)

weggaan go away, leave

weggeven give away

weggooien throw away

weghalen take away, remove

wegjagen drive away, expel

wegkomen get away

weglaten omit, leave out

wegligging road-holding

weglopen run away

wegnemen take away, remove

wegomlegging diversion

wegraken be (get) lost

wegrestaurant *Amer* roadhouse

wegrijden drive away

wegruimen remove

wegsplitsing fork

wegsterven die away

wegsturen send away • dismiss

wegversmalling road narrowing

wegversperring roadblock

wegvoeren carry off

wegwerker road-maker

wegwerpfles non-returnable

bottle
wegwijzer signpost
wegzenden send away
• (ontslaan) dismiss
wegzetten put away
wei(de) meadow
weiden graze, feed
weids stately
weifelen waver, hesitate
weifeling wavering, hesitation
weigeren refuse
weigering refusal, denial
weiland pasture • meadowland
weinig *enk* little • *mv* few
wekelijks weekly
weken soak
wekken wake • awake, awaken,
arouse
wekker alarm clock
wel *bijw tsw* well, right, why
welbehagen pleasure
welbespraakt well-spoken, fluent
weldaad benefit, benefaction
weldadig beneficial, charitable
weldoener benefactor
weldra soon • shortly
weleens occasionally
weleer formerly, of old
weleerwaard reverend
welgedaan portly
welgelegen well-situated
welgemeend well-meant
welgemoed cheerful
welgesteld well-to-do
welgevallen pleasure
welig luxuriant
welingelicht well-informed
weliswaar (it is) true
welk which • that
welkom welcome
wellevend polite, well-bred

wellicht perhaps
welluidend melodious
wellust voluptuousness
welnu well then
welopgevoed well-bred
weloverwogen deliberate
welp whelp, cub, young
welriekend sweet-smelling,
fragrant
welslagen success
welsprekend eloquent
welsprekendheid eloquence
welstand well-being, health
welterusten goodnight
welvaart prosperity
welvarend prosperous
welving vault(ing)
welwillend benevolent, kind
welwillendheid benevolence
welzijn welfare, well-being
wemelen (van) swarm (with)
wenden turn • *zich ~ tot*, apply
to • go to
wending turn
Wenen Vienna
wenen weep • cry
wenk wink, hint, nod
wenkbrauw eyebrow
wenken beckon
wennen accustom (to)
wens wish, desire
wenselijk desirable
wensen wish, desire
wentelen turn over • revolve
wenteltrap winding staircase,
spiral staircase
wereld world
wereldbol globe
werelddeel part of the world
wereldlijk worldly • secular
wereldoorlog world war

wereldrecord world record
werelds worldly • mundane • frivolous
wereldschokkend worldshaking
wereldstad metropolis
wereldtentoonstelling world(s) fair
weren prevent • *zich ~*, exert oneself
werf ship-yard • dockyard
werk work, job • *aan het ~ gaan*, set to work
werkdag work-day • *achturige ~*, eight-hours' working day
werkelijk real, actual • really
werkeloos inactive, idle • out of work
werken work
werkgelegenheid employment
werkgever employer
werking action, effect • *in ~ treden*, come into operation
werkkracht energy • (mens) hand, workman
werkkring sphere of activity
werkloos out-of-work, unemployed
werkloosheid unemployment
werknemer employee
werkplaats workshop
werkstaking strike
werkster charwoman • *maatschappelijk ~*, social worker
werktuig tool • instrument
werktuigkunde mechanics *mv*
werkvergunning working permit
werkverschaffing relief works
werkwijze (working) method
werkwillige non-striker
werkwoord verb

werkzaam active, industrious
werkzaamheid activity, industry • *~heden*, (ook) proceedings, operations
werpen throw, cast
werphengel fly rod
wervel vertebra
wervelkolom spine
wervelstorm tornado
wervelwind whirlwind
werven recruit, enlist
wesp wasp
west west • western
westelijk westerly, western
westen West, Occident
westenwind west wind
westerlengte West longitude
westers western
wet law • act
wetboek code • *burgerlijk ~*, civil code • *~ v. koophandel*, commercial code • *~ v. strafrecht*, penal code
weten know
wetenschap science • knowledge
wetenschappelijk scientific
wetenswaardig worth knowing
wetgevend legislative
wetgeving legislation
wethouder alderman
wetsontwerp bill
wettelijk legal
wettig legitimate, legal
wettigen legitimate, legalize
weven weave
we (wij) we
wezel weasel
wezen being, creature, nature • *ww* be
wezenlijk real, essential
wezenloos vacant, blank

whisky whisky
wichelroede divining-rod
wie who
wiebelen wobble
wieden weed
wieg cradle
wiegen rock
wiek (vogel) wing • (molen) sail
wiel wheel
wielklem wheel clamp
wiellager wheel bearing
wielrennen cycle-racing
wielrenner racing cyclist
wielrijden cycle
wielrijder cyclist
wiens whose
wier seaweed • *vnw* whose
wierook incense
wig wedge
wij we
wijd wide, large, broad, ample • ~ *en zijd*, far and wide
wijdbeens straddle-legged
wijden (priester) ordain • (kerk) consecrate • ~ *aan*, dedicate to, devote to
wijdte width, breadth, space • (spoorwijdte) gauge
wijdverbreid widespread
wijf woman
wijfje (van dieren) female
wijk district, quarter
wijken give way, yield
wijkverpleegster district nurse
wijlen late
wijn wine • *rode* ~ red wine • *witte* ~ white wine
wijngaard vineyard
wijnkaart wine list
wijnoogst vintage
wijnstok vine

wijs *bn* wise
wijs, wijze (manier) manner • *muz* tune, melody • *taalk* mood
wijsbegeerte philosophy
wijsgeer philosopher
wijsheid wisdom
wijsmaken make (sbd) believe (sth)
wijsneus wiseacre, pedant
wijsvinger forefinger, index
wijten impute (to) • blame (for)
wijwater holy water
wijze zie *wijs*
wijzen show, point out • (vonnis) pronounce
wijzer hand
wijzerplaat dial
wijzigen alter, modify
wijziging alteration, modification, change
wikkelen wrap (up) (in) • involve (in) • envelop (in)
wil will, desire • *ter* ~*le van*, for the sake of
wild game • *bn* wild, savage
wildbraad game
wildernis wilderness, waste
wilg willow
willekeur arbitrariness
willekeurig arbitrary • any
willen will, be willing • want
willig willing • (markt) firm
wilskracht will-power
wimpel pennant, streamer
wimper (eye)lash
wind wind
windas windlass
windbuks air-gun
winden wind, twist
winderig windy

windhond greyhound
windkracht wind-force
windmolen windmill
windscherm windscreen
windstilte calm
windstreek point of the compass
windsurfen wind surfing
windvlaag gust of wind
windwijzer weathercock
wingerd vineyard • vine
winkel shop
winkelbediende shop-assistant
winkelcentrum shopping centre
winkelen go (be) shopping
winkelhaak (scheur) tear
winkelier shopkeeper
winkeljuffrouw shop-girl, saleswoman
winkelprijs retail price
winkelsluiting closing of shops
winkelstraat shopping street
winnaar winner
winnen win • (veldslag, proces) gain
winst gain, profit
winstdeling profit-sharing
winstgevend lucrative, profitable
winter winter
winterdienst winter time-table
winterhanden *mv* chilblained hands *mv*
winterhard hardy
winterjas, wintermantel winter coat
winterslaap hibernation
wintersport winter sports • skiing
wip *in een ~*, in a trice
wipneus turned-up nose
wippen seesaw
wirwar tangle

wiskunde mathematics
wispelturig inconstant, fickle
wissel bill (of exchange), draft • (spoor) switch
wisselbeker challenge cup
wisselen change • *fig* exchange
wisselgeld change
wisselkantoor exchange office
wisselkoers exchange rate
wisselstroom alternating current
wisselvallig precarious
wisselwerking interaction
wissen wipe
wit white • (v. mens) pale • *~te bonen* white beans
witkalk whitewash
witkiel (railway-)porter
witlof chicory
wittebrood white bread
wittebroodsweken *mv* honeymoon
witten whitewash
wodka vodka
woede rage, fury
woeden rage
woedend furious
woeker usury
woekeraar usurer
woekerplant parasitic plant
woelen toss (about) • (in de grond) grub
woelig turbulent
woensdag Wednesday
woest (onbebouwd) waste, desolate • (wild) wild, savage, fierce • (kwaad) mad • wild
woesteling brute
woestijn desert
wol wool
wolf wolf • (in tanden) caries
wolk cloud

wolkbreuk cloud-burst
wolkenkrabber sky-scraper
wollen woollen
wollig woolly
wond wound
wonder wonder, miracle
wonderbaarlijk miraculous, marvellous
wonderlijk strange, wonderful
wonderolie castor-oil
wonen live, dwell
woning house, dwelling
woningnood housing shortage
woonachtig resident, living
woonkamer living-room
woonplaats residence
woonruimte living accommodation
woonschuit houseboat
woonwagen caravan
woord word
woordbreuk breach of promise
woordelijk verbal, verbatim
woordenboek dictionary
woordenwisseling dispute
woordspeling pun
woordvoerder spokesman
worden become, get, grow, turn • *hulpww* be
worgen strangle, throttle
worm worm • (made) grub
wormstekig worm-eaten
worp (gooi) throw, cast • (v. dier) litter
worst sausage
worstelen wrestle (with) • *fig* struggle
worsteling wrestling, wrestle • *fig* struggle
wortel root • (peen) carrot
wortelen take root

worteltrekking extraction of roots
woud wood, forest
wraak revenge, vengeance
wraakgierig revengeful, vindictive
wraakzucht revengefulness, vindictiveness
wrak wreck • *bn* rickety
wrang sour, acid • tart
wrat wart
wreed cruel
wreedheid cruelty
wreef instep
wreken revenge, avenge
wrevelig peevish, testy
wrijven rub
wrijving friction
wrikken joggle, jerk • (boot) scull
wringen wring, wrench • (was) wring (out)
wroeging remorse
wroeten root (rout) up the earth, grub
wrok grudge, rancour
wuiven wave
wulps wanton, lascivious
wurgen strangle
wurm worm • *fig* mite

X

x-benen *mv* turned-in-legs
xylofoon xylophone

Y

yoga yoga
yoghurt yoghurt

Z

zaad (planten) seed • (mensen (bedrijf) firm, business, concern • (recht) case
zaakgelastigde agent, proxy
zaakwaarnemer solicitor
zaal hall, room • (in ziekenhuis) ward
zacht soft, gentle • (niet streng) mild
zachtgekoot soft-boiled
zachtzinnig gentle, meek
zadel saddle
zadelen saddle
zadelpijn saddle-soreness
zagen saw
zak bag, sack • (in kleding) pocket
zakagenda pocket diary
zakdoek handkerchief
zakelijk matter-of-fact, business-like
zakenman business man
zakenreis business trip
zakgeld pocket-money
zakje paper bag
zakken fall • *laten* ~, lower, let down • (examen) fail
zakkenroller pickpocket
zaklantaarn torch

zakmes pocket-knife
zalf ointment
zalig (godsdienst) blessed, blissful • (heerlijk) lovely, heavenly
zaliger late, deceased
Zaligmaker Saviour
zalm salmon
zand sand
zandbak sand-pit
zandbank sand-bank, shoal
zandkorrel grain of sand
zandstrand sandy beach
zandweg sandy road
zang singing, song
zanger singer
zangeres singer
zangerig melodious
zangles singing-lesson
zangvogel singing-bird
zaniken nag, bother
zat satiated • drunk
zaterdag Saturday
ze *enk* she • *mv* they
zebra zebra
zebrapad zebra crossing
zedelijk moral
zedelijkheid morality
zedeloos immoral
zeden *mv* manners, morals *mv*
zedenleer morality, ethics
zedenmisdrijf sexual offence
zedig modest, demure
zee sea • *over* ~, by sea • *ter* ~, at sea
zee-egel sea urchin
zee-engte strait(s), narrows
zeef strainer
zeehond seal
Zeeland Zealand
zeeleeuw sea lion
zeemacht naval forces, navy

zeeman seaman, sailor
zeemeeuw sea-gull
zeemlap wash-leather
zeemleer chamois-leather
zeep soap
zeepbakje soap-dish
zeeppoeder soap-powder, washing powder
zeepsop soap-suds
zeer (pijn) ache • *bn* (pijnlijk) sore • *bijw* (erg) very • much
zeereis (sea-)voyage
zeerover pirate
zeespiegel sea-level
zeester starfish
zeevaart navigation
zeevis marine fish
zeewaardig seaworthy
zeewier seaweed
zeeziek seasick
zeeziekte seasickness
zege victory, triumph
zegel (sluit-) seal • (post-, belasting-) stamp
zegelring signet-ring, seal-ring
zegen blessing, benediction
zegenen bless
zegevieren triumph *(over)*, over)
zeggen say
zeggenschap (right of) say
zegsman informant
zegswijze saying, expression
zeil sail
zeilboot sailboat
zeildoek sailcloth, canvas
zeilen sail
zeilplank surfboard
zeilvereniging yacht-club
zeilwedstrijd regatta
zeis scythe
zeker certain, sure, secure • ~

weten, know for sure
zekerheid certainty • (veiligheid) safety
zekering fuse
zelden seldom, rarely
zeldzaam rare, scarce
zeldzaamheid rarity, scarceness
zelf self • *zich*~, oneself
zelfbediening self-service
zelfbeheersing self-control, self-command
zelfbewust self-conscious
zelfde same
zelfingenomen complacent
zelfkant selvage • *fig* fringe
zelfkennis self-knowledge
zelfkritiek self-criticism
zelfmoord suicide
zelfs even
zelfstandig independent
zelfstandigheid independency • (stof) substance
zelfverdediging self-defence
zelfverloochening self-denial
zelfvertrouwen self-confidence
zelfverzekerd self-confident
zelfwerkend self-acting, automatic
zelfzuchtig selfish, egoistic
zemelen *mv* bran
zemenlap wash-leather
zendeling missionary
zenden send *(om,* for)
zender transmitter
zending sending, consignment • (missie) mission
zenuw nerve
zenuwachtig nervous
zenuwinzinking nervous breakdown
zenuwslopend nerve-racking

zenuwziek suffering from nerves, neurotic

zenuwziekte nervous disease

zerk tombstone, slab

zes six

zesde sixth

zestien sixteen

zestig sixty

zet push • (schaak) move • (streek) move

zetel seat, chair

zetmeel starch

zetpil suppository

zetten set, put • (thee) make • (zetterij) compose

zetter type-setter, compositor

zeug sow

zeuren worry • tease

zeurkous bore

zeven *ww* (filteren) sieve, sift

zeven *telw* seven

zevende seventh

zeventien seventeen

zeventig seventy

z.g. = *zogenaamd* so-called

zich oneself, himself, herself, themselves

zicht sight • *op* ~, on approval

zichtbaar visible

zichzelf oneself, himself, themselves, etc.

zieden seethe, boil

ziek ill, sick, diseased

zieke patient, sick person

ziekelijk ailing • *fig* morbid

ziekenauto ambulance

ziekenfonds sick-fund • (in Engeland) National Health

ziekenhuis hospital

ziekenverpleegster nurse

ziekte illness, disease

ziekteverzekering health insurance

ziektewet health insurance act

ziel soul, spirit

zielig piteous, pitiable

zien see, look • *lot* ~s, see you again!, so long!

zienderogen visibly

zienswijze opinion, view

zier *geen* ~, not a whit

zigeuner gipsy

zigzag zigzag

zij *vnw* she • *mv* they

zij (kant) side

zijde (kant) side, flank • (stof) silk • *van verschillende* ~*n*, from various quarters

zijdelings sidelong, indirect

zijden silk • *fig* silken

zijderups silkworm

zijgang side-passage

zijkant side • *aan de* ~ on the side

zijlijn side-line • branch line

zijn *vnw* his • *de* ~*e*, his • *ww* be

zijnerzijds on his part

zijspan side-car

zijspoor side-track

zijstraat side-street

zijwaarts sideward, lateral

zijweg crossroad

zilt saltish, briny

zilver silver • (eetgerei enz.) plate

zilverdraad silver thread

zilveren silver

zilvergeld silver

zilverpapier tinfoil

zin sense, meaning • (lust) mind • (volzin) sentence • *in engere* ~, in the strict sense of the word • ~ *hebben* feel like

• fancy
zindelijk clean, neat, tidy
zingen sing
zink zinc
zinken sink • *bn* (of) zinc
zinloos pointless
zinnebeeld emblem, symbol
zinnelijk sensual
zinnen please
zinsnede passage, clause
zinspelen allude (to)
zinspreuk motto, device
zinsverband context
zintuig organ of sense
zinvol meaningful
zit seat
zitje snug corner
zitkamer sitting-room
zitplaats seat
zitslaapkamer bed-sitting room
zitten sit • (passen) fit • *gaan* ~ sit
• sit down
zitting sitting • (v. comité)
session • (v. stoel) seat
zitvlak seat, bottom
zo so, like that • (indien) if
• (aanstonds) presently • ~
groot als, as big as • ~ *ja*, if so
zoals as, like
zodanig such (as) • so • in such a
manner
zodat so that
zode sod, turf
zodoende thus, so
zodra as soon as
zoek lost • *het is* ~, it has been
mislaid, is not to be found • ~
raken, be lost
zoeken look for • search
zoeklicht searchlight
zoel mild

zoemen buzz
zoemtoon *tel* dialling-tone
zoen kiss
zoenen kiss
zoet sweet • good
zoetje *Br* sweets, *Amer* candy
zoetjes (zoetstoffen) sweeteners
zoetsappig goody-goody
zoetstof sweetener
zoetvloeiend melodious
zoetwater freshwater
zoetwatervis freshwater fish
zo-even just now
zog suck, milk • (v. schip) wake
zogen suckle, nurse
zogenaamd so-called, would-be
zoiets such a thing
zojuist just now
zolang as long as
zolder garret, loft
zoldering ceiling
zolderkamer attic, garret
zomen hem
zomer summer
zomerdienst summer timetable
zomerhuisje cottage
zomerkleren *mv* summerclothes
mv
zomersproeten *mv* freckles
zomervakantie summerholidays
mv
zon sun
zo'n such a
zondaar sinner
zondag Sunday
zonde sin
zondebok scapegoat
zonder without
zonderling *bn* singular, odd,
queer • *zn* eccentric
zondig sinful

zondigen sin
zondvloed deluge
zone zone
zonlicht sunlight
zonnebaden sunbathe
zonnebank sunbed
zonnebloem sunflower
zonnebrandcrème suntan cream
zonnebrandolie suntan lotion
zonnebril sunglasses
zonnehoed sun hat
zonnen sun oneself
zonnescherm (parasol) sunshade, parasol • (aan huis) sunblind • (winkel) awning
zonneschijn sunshine
zonnesteek sunstroke
zonnestelsel solar system
zonnestraal sunbeam
zonnig sunny
zonsondergang sunset
zonsopgang sunrise
zonsverduistering eclipse of the sun
zoogdier mammal
zool sole
zoom hem • margin • fringe
zoomlens zoom lense
zoon son
zorg care • (bezorgdheid) solicitude, anxiety • (last) trouble • ~ *dragen voor*, take care of
zorg(e)lijk precarious
zorgeloos careless
zorgen care, take care (of) • ~ *voor* look after
zorgvuldig careful
zorgvuldigheid carefulness
zorgzaam careful, considerate
zot *zn* fool • *bn* foolish

zout salt • *bn* salt(ish)
zoutarm low-salt
zouteloos saltless • *fig* insipid
zoutjes *mv* cocktail biscuits
zoutloos salt-free
zoutvaatje salt-cellar
zoutzuur hydrochloric acid
zoveel so much • so many • *vijf maal* ~, five times as much
zover so far
zowaar sure enough
zowat about • ~ *niemand*, hardly anyone
zowel as well • ~... *als*, as well... as • both... and
z.o.z. = *zie ommezijde*, please turn over • P.T.O.
zucht sigh • (begeerte) desire
zuchten sigh
zuid south • southern
Zuid-Afrika South Africa
zuidelijk southern, southerly
zuiden south
zuidenwind south wind
zuiderbreedte south latitude
zuidoost south-east
zuidpool south pole
zuidvruchten *mv* semi-tropical fruit
zuidwest south-west
Zuidzee *Stille* ~, Pacific
zuigeling baby • infant
zuigen suck
zuiger piston
zuigerklep piston-valve
zuigerstang piston rod, connecting rod
zuigerveer piston ring
zuigfles feeding-bottle
zuil pillar, column
zuinig economical, thrifty,

frugal, saving

zuipen tipple, booze

zuivel dairy-produce

zuiver pure • clean

zuiveren clean • purify • purge

zuivering cleaning, purification • (politiek) purge

zuiveringszout bicarbonate of soda

zulk such

zullen shall • will

zus sister

zuster sister • (ziekenverpleegster) nurse, sister

zuur acid • (in de maag) heartburn • (ingemaakt) pickles • *bn* sour, acid

zuurkool sauerkraut

zuurstof oxygen

zuurtje acid drop

zwaaien swing • (scepter) sway • (hamer) wield • (vlag) nourish, brandish

zwaan swan

zwaar heavy, ponderous, weighty • difficult • (stem) deep • ~ *beschadigd*, badly damaged

zwaard sword

zwaargewicht heavy-weight

zwaarlijvigheid corpulence

zwaarmoedig melancholy

zwaarte weight, heaviness

zwaartekracht gravitation

zwaartepunt centre of gravity

zwabber swab, mop

zwachtel bandage

zwager brother-in-law

zwak weak, feeble, tender

zwakstroom weak current

zwakte weakness, feebleness

zwakzinnig mentally deficient

zwaluw swallow

zwam fungus

zwammen talk rubbish

zwanger pregnant

zwangerschap pregnancy

zwart black

zwarte black

zwartehandel black market

zwartwitfoto black and white photo

zwavel sulphur

zwavelzuur sulphuric acid

Zweden Sweden

Zweed Swede

Zweeds Swedish

zweefvliegen gliding

zweefvliegtuig glider

zweem semblance • touch, shade

zweep whip

zweepslag lash

zweer ulcer, sore, boil

zweet perspiration, sweat

zwelgen swallow • *fig* revel (in)

zwellen swell

zwembad swimming-bath, swimming-pool

zwemband rubber ring

zwembroek swimming trunks *mv*

zwemen (naar) be (look) like

zwemgordel swimming-belt

zwemmen swim

zwemvest life-belt

zwemvlies web

zwemvliezen flippers

zwendel scam

zwendelen swindle

zweren (etteren) ulcerate, fester • (een eed doen) swear

zwerftocht wandering,

peregrination
zwerm swarm
zwerven wander, roam, rove
zwerver wanderer, tramp
zweten perspire, sweat
zwetsen boast, brag
zweven be in suspension • float
  (in the air) • hover (over)
zwezerik sweetbread
zwichten yield (to)
zwiepen switch
zwierig dashing, jaunty
zwijgen be silent
zwijm *in ~ vallen*, faint, swoon
zwijn pig, hog • *mv fig* swine
  • *wild ~*, boar
Zwitserland Switzerland
Zwitser(s) Swiss
zwoegen toil (and moil), drudge
zwoel sultry
zwoerd rind

Enkele grondslagen van de Engelse taal

Zelfstandige naamwoorden

Het Engels maakt geen onderscheid tussen mannelijke, vrouwelijke of onzijdige zelfstandige naamwoorden: er is één bepaald lidwoord: *the* (in het Nederlands *de* of *het*).
Het onbepaalde lidwoord (Nederlands *een*) is in het Engels *a* (of *an* als het volgende woord met een klinker begint). Bijvoorbeeld:
een huis – *a* house   een adres – *an* address
Het *meervoud* van zelfstandige naamwoorden wordt in het algemeen gevormd door *s* achter het zelfstandig naamwoord te zetten, of *es* als het woord op een sisklank eindigt.
Voorbeelden:
boek(en) – *book/books*   hond(en) – *dog/dogs*
jongen(s) – *boy/boys*   jurk(en) – *dress/dresses*

Opmerkingen:

1. Eindigt het enkelvoud op een medeklinker + y, dan verandert de y in *ies*. Bijvoorbeeld: *lady – ladies*
2. Een aantal woorden heeft een onregelmatig meervoud, zoals:

man(nen) – *man/men*   voet(en) – *foot /feet*
vrouw(en) – *woman/women*   muis (muizen) – *mouse/mice*
kind(eren) – *child/children*   tand(en) – *tooth/teeth*

Voor onbepaalde hoeveelheden (Nederlands *enige*, *enkele*, *wat*) is er het woord *some*; in ontkennende en vragende zinnen wordt dit *any*. Bijvoorbeeld:
Ik wil wat geld wisselen – I want to change *some* money
Ik heb geen Engels geld – I haven't *any* English money
Is er post voor me? – Is there *any* mail for me?

Bepalingen

Bijvoeglijke naamwoorden staan, zoals in het Nederlands, vóór het zelfstandig naamwoord. Bijvoorbeeld:
een oud huis   – *an old house*
een mooie stad   – *a beautiful city*

De trappen van vergelijking (groot-groter-grootst en dergelijke) gaan als volgt:
– bijvoeglijke naamwoorden van één lettergreep en sommige van twee, krijgen de uitgang *(e)r* bij de vergrotende en *(e)st* bij de overtreffende trap
– bijvoeglijke naamwoorden van meer dan twee lettergrepen worden voorafgegaan door *more* en *most*. Bijvoorbeeld:

Dit huis is ouder dan dat   – *This house is older than that*
Jan is de langste van allemaal – *John is the tallest of all*
Deze kat is mooier dan die   – *This cat is more beautiful than that one*

De **aanwijzende voornaamwoorden** (dit, deze, dat, die) zijn:
this (meervoud: *these*) voor alles wat dichtbij is;
that (meervoud: *those*) voor alles wat veraf is.

deze jongen – *this boy/these boys*   dat meisje – *that girl/those girls*
dit boek – *this book/these books*   die boom – *that tree/those trees*

Bezittelijke voornaamwoorden (mijn, jouw, van hem, enz.):

Ned.	Engels	Ned.	Engels
mijn	my	van mij	mine
jouw	your	van jou	yours
zijn	his	van hem	his
haar	her	van haar	hers
ons (onze)	our	van ons	ours
uw/jullie	your	van u/jullie	yours
hun	their	van hen	theirs

Voorbeelden:
Dit is mijn boek   – *This is my book*
Dit boek is van mij – *This book is mine*
Deze pen is van u   – *This pen is yours*

Persoonlijke voornaamwoorden (ik, jij, hij; mij, jou, enz.)

als onderwerp		als voorwerp	
Ned.	*Engels*	*Ned.*	*Engels*
ik	I	(aan) mij	(to) me
jij	you	(aan) jou	(to) you
hij	he	(aan) hem	(to) him
zij	she	(aan) haar	(to) her
het	it	(aan) het	(to) it
wij	we	(aan) ons	(to) us
u/jullie	you	(aan) u/jullie	(to) you
zij	they	(aan) hen	(to) them

Werkwoorden

Om zelf zinnen te kunnen vormen is het van belang de drie voornaamste tijden van de werkwoorden te kennen, plus de hulpwerkwoorden *(to) be* (Ned.: zijn) en *(to) have* (hebben). Het vervoegen van de werkwoorden zelf is eenvoudig.

Nederlands	*Engels*	*Nederlands*	*Engels*
zijn	(to) be	***hebben***	(to) have
ik ben	I am	ik heb	I have
jij bent	you are	jij hebt	you have
hij is	he is	hij heeft	he has
zij is	she is	zij heeft	she has
het is	it is	het heeft	it has
wij zijn	we are	wij hebben	we have
jullie zijn	you are	jullie hebben	you have
zij zijn	they are	zij hebben	they have

Onvoltooid tegenwoordige tijd (o.t.t.) van hoofdwerkwoorden

Nederlands	*Engels*
praten	(to) talk
ik praat	I talk
jij praat	you talk
hij/zij praat	he/she talks
wij/jullie/zij praten	we/you/they talk

Opmerkingen:

1. de derde persoon enkelvoud (hij. zij, het) van de o.t.t. krijgt altijd de uitgang *s*.

2. er bestaat nog een vorm van de o.t.t., die gebruikt wordt om uit te drukken dat iets op het moment van spreken aan de gang is en nog niet is afgelopen; deze wordt gevormd met het hulpwerkwoord *be* en het hoofdwerkwoord met *-ing* als uitgang. Voorbeelden:

I am talking	– ik ben aan het/sta te praten
you are eating	– je bent aan het eten
he/she is crying	– hij/zij huilt

De **onvoltooid verleden tijd** (o.v.t.: wilde, ging, e.d.) van regelmatige werkwoorden wordt gevormd met het achtervoegsel *ed*, en is voor alle personen hetzelfde. Net als in het Nederlands zijn er veel onregelmatige verleden-tijdsvormen. Voorbeelden:

regelmatig	*onregelmatig*
willen: want – wanted	gaan: go – went
roepen: call – called	eten: eat – ate
vragen: ask – asked	zien: see – saw

Ik wilde – I wanted   Hij ging – he went

De **voltooid tegenwoordige tijd** (v.t.t.) wordt gevormd met een vervoeging van het hulpwerkwoord *have* (Nederlands: *hebben* of *zijn*) plus het voltooid deelwoord van het hoofdwerkwoord. Het voltooid deelwoord kan regelmatig zijn en heeft dan dezelfde vorm als de onvoltooid verleden tijd, of het is *on*regelmatig. Voorbeelden:

Ik heb hem geroepen   – *I have called him*
Hij is vertrokken   – *He has left*

De o.v.t. wordt in het Engels veel meer gebruikt dan in het Nederland, en vooral wanneer er een tijdsduiding in de zin staat als *gisteren, vorig jaar* en dergelijke. Voorbeeld:

Ik heb hem gisteren gezien   – *I saw him yesterday*

Vragende en ontkennende zinnen

Om een zin vragend of ontkennend te maken moet het hulpwerkwoord *do* gebruikt worden, behalve als er al een hulpwerkwoord (will; must; can; be; have) in de zin staat. *Do* wordt vervoegd (verleden tijd: *did*) en het hoofdwerkwoord niet. Een overzicht met als voorbeeld het werkwoord *willen*:

ik wil niet	*I do not want*
jij wilt niet	*you do not want*
hij/zij wil niet	*he/she does not want*
wij willen niet	*we do not want*
jullie willen niet	*you do not want*
zij willen niet	*they do not want*
wil ik?	*do I want?*
wil jij	*do you want?*
wil hij/zij	*does he/she want?*
willen wij	*do we want?*
willen jullie	*do you want?*
willen zij	*do they want?*
ik wilde niet	*I did not want*
jij wilde niet	*you did not want*
hij/zij wilde niet	*he/she did not want*
wij wilden niet	*we did not want*
jullie wilden niet	*you did not want*
zij wilden niet	*they did not want*
wilde ik?	*did I want?*
wilde jij	*did you want?*
wilde hij/zij	*did he/she want?*
wilden wij	*did we want?*
wilden jullie	*did you want?*
wilden zij	*did they want?*

Opmerking: *do not, does not* en *did not* worden vaak samengetrokken tot *don't, doesn't* en *didn't*.